인류학의 거장들

Vision of Culture:

An Introduction to Anthropological Theories and Theorists

by Jerry D. Moore

Korean translation edition © Hangilsa Publishing Co., Ltd., 2002
Published by arrangement with Rowan & Littlefield Publishing Group, USA
through Bestun Korea Agency, Korea.

인류학의 거장들

인물로 읽는 인류학의 역사와 이론

제리 무어 지음　김우영 옮김

한길사

(위에서부터 시계 방향으로) 에드워드 타일러, 루이스 모건, 에밀 뒤르켐,
마르셀 모스, 에드워드 사피어, 앨프레드 크로버.

(위) 콰키우틀 인디언 마을.
(아래) 콰키우틀 인디언의 생김새.

(위) 프란츠 보아스와 루스 베니딕트.
(아래) 마스크를 쓰고 의례를 준비하는 주니족.

(위) 호피 인디언.
(아래) 인도네시아 발리의 한 마을에서 조사 중인 마거릿 미드.

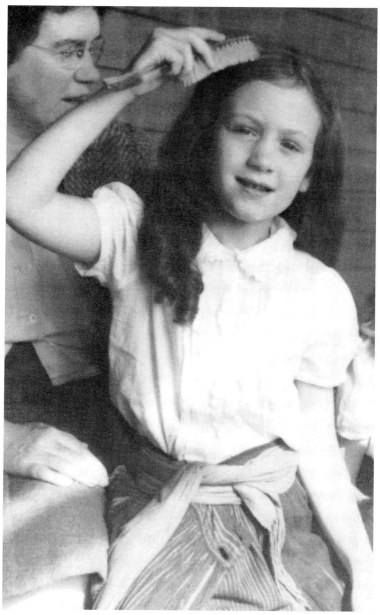

미드와 그녀의 딸 캐서린의 여덟 살 때 모습(1947).
캐서린은 미드의 육아 연구의 대상이기도 했다.

(위에서부터 시계 방향으로) 래드클리프-브라운, 에번스-프리처드, 클로드 레비-스트로스, 메리 더글러스, 빅터 터너, 마빈 해리스.

브로니슬라프 말리노프스키(1884~1942).
그의 욕구 이론은 기능주의적 접근의 핵심을 이룬다.

(위) 쿨라 교역을 위해 해변에 모인 트로브리안드인.
(아래) 콰키우틀 추장의 대변인이 포틀래치에서 나누어줄 담요 옆에서 연설하고 있다.

(위) 활과 화살을 든 안다만 도민과 그것으로 고기를 잡는 모습.
(아래) 신성한 소에게 엎드려 절하는 인도인.

아잔데의 마술사. 가슴에 걸린 마법의 호루라기에 주목하라.
그 중간에 유리 주머니를 달고 있다.

(위) 거츠가 '중층기술'한 발리의 닭싸움.
(아래) 할례의식을 위해 치장한 은뎀부족의 소년들.

(위) 철야 제의인 앵고시에서 에보가를 먹는 모습.
(아래) 차례를 기다리는 팡족의 여자 무용수들.

옮긴이의 말

이 책은 제리 무어(Jerry Moore)의 *Visions of Culture: An Introduction to Anthropological Theories and Theorists* (1997, AltaMira Press)를 우리말로 옮긴 것이다. 인류학 이론들에 대한 이해하기 쉽고 균형 잡힌 소개서로서, 타일러와 모건의 시대로부터 거츠와 포스트모더니즘에 이르는 인류학의 이론적 발달과정을 인물 중심으로 간결하게 정리하고 있다. 무어는 21명의 주요 이론가들의 중심개념과 현지조사 경험을 간략히 서술하고, 각 학자들이 문화와 사회를 분석한 사례들을 원문을 인용해가며 구체적으로 설명하면서, 이들의 인류학 이론이 어떠한 사회적·지적 배경에서 탄생했으며 오늘날의 이론과 어떤 관계가 있는지를 평가하고 있다. 책의 구성 및 논의방식에 대해서는 저자의 머리말에 충분히 설명되어 있으므로 생략하기로 한다.

이 책을 번역하게 된 것은 인류학 이론 또는 인류학의 역사를 다루는 학부 수업에 적합한 교재라고 판단했기 때문이다. 지금까지 우리말로 옮겨진 인류학 이론 또는 인류학사에 관한 개설서로는 가바리노(M. S. Gabarino)의 *Sociocultural Theory in Anthropology*(1977)를 번역한 『문화인류학의 역사』(한경구·임봉길 옮김, 일조각)와 카플란(D. Kaplan)과 매너스(R. A.

Manners) 공저의 *Culture Theory*(1972)를 번역한 『인류학의 문화이론』(최협 옮김, 나남출판)이 나와 있다. 이 두 책이 인류학 전공 학생들이나 일반인에게 좋은 입문서임에는 틀림없지만, 출판된 지 최소한 20년 이상 지난 탓에 70년대 후반 이후에 펼쳐진 인류학의 이론적 경향에 대해서는 정보를 제공하지 못하는 아쉬움이 있었다.

본서는 클리퍼드 거츠, 메리 더글러스, 빅터 터너, 제임스 페르난데스 등 지금까지 짤막하게만 소개되었거나 거의 다루어지지 않은 20세기 후반의 인류학자들을 포함하고 있다는 점에서, 기존의 번역서들을 보완하여 인류학의 근황에 대한 독자들의 궁금증을 어느 정도 해소시켜줄 것이다. 또한 이 책은 마르셀 모스, 엘리너 리콕, 에드워드 사피어 등 단편적으로만 알려졌던 인류학자들의 삶과 이론에 대해서도 제법 많은 사실을 알려준다.

물론 이 책도 인물 중심의 인류학사로 편집되었기 때문에 인류학의 최신 동향에 대해 포괄적인 논의를 제시하지는 못한다. 또한 저자가 시인하듯 모든 선발과정에 이견이 없을 수는 없다는 점과 다섯 가지 큰 주제 아래 21명의 인류학자들을 묶어야 하는 저자의 입장도 충분히 이해가 가지만, 그래도 포스트모더니즘을 대표하는 인류학자로 페르난데스를 선택한 것은 다소 의외이다. 또한 에드먼드 리치, 레이먼드 퍼스, 마이어 포티스, 맥스 글럭먼, 마셜 살린스 등이 섭섭해하리라는 사실은 짚고 넘어가야 할 것 같다.

인명과 지명은 문교부 고시 외래어 표기법에 기준하여 표기했고, 중요한 인류학 용어는 여타의 번역서를 참고하여 일반적으로 사용되는 번역어를 선택했다. 코무니타스(communitas)나 리미날리티(liminality) 같은 전문용어는 관례에 따라 그대로 표기했으며, 더글러스의 '그룹'과 '그리드'는 워낙 여러 번 반복해서 등장하기 때문에 어색하더라도 번역어를 사용하는 것이 나을 듯하여 '집단성'과 '행동준칙'이라고 옮겨보았다. 좋은 번역어는 아니라는 점을 인정하며, 여러분의 고견을 얻어 좀더 나은 용어를 찾도록 노력할 것을 약속드린다.

이 책에는 유난히 인용문이 많은데, 가능한 한 원문의 구조와 의미를 손상시키지 않고 옮기려 노력했다. 단, 수식어나 관계대명사로 이어지는 부분이 너무 길어서 문장의 호흡을 방해하고, 주어와 목적어의 관계가 애매할 경우, 원문에는 없지만 줄표를 첨가하기도 했다.

나머지 본문에서는 우리말로 옮겨 어색할 경우 약간의 첨삭을 가하고 부분적으로 의역을 시도했다. 가급적 윤문을 자제하고 원문에 충실하려고 노력한 데에는 언어의 경제성에 대한 고려와 개인적 취향도 작용했지만, 무엇보다도 옮긴이의 인류학 지식이나 우리말 구사능력이 부드럽고 매끈한 번역을 해내기에는 턱없이 부족하다는 엄연한 사실 때문임을 고백해야겠다. 특히 거츠나 레비-스트로스의 쉽지 않은 인용문을 대하면서 오역의 가능성을 줄이기 위해서는 옮긴이의 판단을 유보하고 글자 그대로 옮기는 것이 나을 수도 있다는 생각을 하게 되었다. 인류학 관계자와 독자 여러분의 비판과 가르침을 기대하는 바이다.

이 책이 젊은 인류학도들에게, 무릇 모든 학문의 기초를 다지기 위해서는 물려받은 학문적 유산에 대한 끊임없는 재검토가 필요하다는 점을 각인시키는 자그마한 자극이 되었으면 하는 바람을 가져본다.

번역 초고의 일부 또는 전부를 읽어보고 조언을 아끼지 않은 서울대 인류학과 대학원의 이영진, 서울대 비교문화연구소의 양영균 선생님, 강원대의 한건수 선생님과 아내 강은주에게 고마운 마음을 전한다. 또 이 책이 나오기까지 도움을 주신 한길사 김언호 사장님과 관계자 여러분에게도 감사드린다.

2002년 6월
김우영

인류학의 거장들
인물로 읽는 인류학의 역사와 이론

제2부 문화의 성격

제3부 사회의 성격

제4부 진화론, 적응론, 유물론

제5부 구조, 상징, 의미

요점이 뭡니까

수년 전 나는 중서부의 한 명문 주립대학 인류학과 학생들이 연 주말 회의에 참석한 일이 있다. 아름다운 호숫가의 통나무집에서 열린 그 회의는 진지한 발표를 이끌어내고, 맥주를 나누며 자연스러운 분위기 속에서 교수와 학생들이 함께 토론하기에는 그만이었다.

대화로 지친 하루가 끝날 무렵, 논의는 이론적인 문제로 옮아갔다. 많은 학생들이 모 교수의 인류학 이론과 이론가들에 관한 과목을 수강하고 있었는데, 취기가 오른데다 해당 교수가 너무 바빠 회의에 불참한 바람에 용감해진 학생들이 그 과목에 대한 불만을 털어놓기 시작했다.

한 학생이 일어나 말했다. "에드워드 타일러부터 배우기 시작했는데, 그 교수님은 타일러가 그저 안락의자 인류학자에 불과하다고 가르쳤습니다. 모두가 훌륭한 현지조사가라고 인정하는 말리노프스키를 읽었을 때는 인종차별주의자라 비판하셨고, 마거릿 미드를 다룰 때에는 거짓말쟁이라고 깎아내리셨습니다."

그 학생은 잠시 고개를 좌우로 젓고 나서 따지듯 물었다.

"도대체 요점이 뭡니까?"

참으로 좋은 질문이었다.

인류학이 위기에 빠져 있다는 주장은 이제 진부하기조차 하지만, 그것이 사실이라면 우리 자신이 자초한 위기인 셈이다. 미국 인류학회 회장을 지낸 제임스 피콕은 인류학의 잠재적 공헌을 요약한 후 문제점을 되돌아보며 이렇게 말했다. "……승리한 듯 보이다가 퇴각하고, 방향을 바꾸고, 스스로에 탐닉하고, 어리석은 논쟁 속에 우리의 자원을 낭비하고, 좁디좁은 세계로 전망을 좁히고, 위급한 사태의 와중에 사소한 일로 허송세월하고 있다."[1]

인류학처럼 다양성을 생명으로 하는 분야에서 서로 다른 의견이 존재하는 것은 불가피하며, 논쟁이 있다는 것 자체는 큰 문제가 아니다. 그러나 갈등 속에서 우리는 인류학의 지적인 성취들과 인류학자들의 개인적 공로를 잊고 있다. 더욱 안타까운 것은, 선생으로서 관심과 세밀한 검토와 존경을 받아 마땅한 인류학자들의 유산을 학생들에게 전달하는 데 실패하고 있다는 사실이다.

이 책은 현재의 인류학을 형성했으며, 또 지속적인 영향을 미치고 있는 주요 이론가와 이론에 대한 입문서로서 인류학을 전공하는 학생들을 위해 쓰였다. 먼저 21명 학자들의 주된 이론적 개념들을 요약하고, 이 개념들을 각 학자의 건설적 영향, 인류학적 조사, 지적인 틀, 개인적 전망과 연결시킴으로써 각 인류학자의 면모를 살펴볼 수 있도록 했다.

21개의 장은 다섯 가지 주제별 부문으로 나뉘고, 각 부문은 같은 범주에 속한 인류학자들의 공통된 문제의식과 관심사를 서술하는 간단한 개론적 논평으로 시작된다. 각 장은 한 학자가 인류학에 이바지한 바를 소개하고, 현지조사와 주요 저작에 역점을 두어 그의 전문가적 삶을 일별하며 중요한 학문적 성과를 논할 것이다. 친족체계에 대한 모건의 비교론적 접근, 뒤르켐의 집합의식, 말리노프스키의 욕구 이론, 레비-스트로스의 신화에 대한 구조주의적 접근, 터너의 사회적 드라마 등이 그것이다.

학생들의 심화학습을 위해 이 책 말미에 주(註)와 참고문헌을 실었다. 손쉽게 접할 수 있는 자료를 인용하려고 노력했으며, 찾기 어려운 잡지에 실린 원래의 문헌보다는 이들을 모아 최근에 출간한 책을 위주로 언급했다. 이 참고문헌은 각 인류학자의 모든 출판물을 나열하려는 것이 아니라 주요 서지자료의 대표적인 단면을 보여주려 한 것이다.

이 책은 여타의 인류학 이론서와는 다르게 구성되어 있다. 우선 영국 사회인류학자들에 대한 애덤 쿠퍼의 훌륭한 연구서[2]가 다룬 내용보다는 훨씬 넓은 범위의 인류학적 관점을 표현하려고 노력했다. 둘째, 엘빈 해치의 『인간과 문화의 이론』(*Theories of Man and Culture*)[3]에서 논의된 것보다는 인류학의 최신 경향을 더 많이 예시하려고 애썼다. 아마 가장 뚜렷한 차이는 각 인류학자가 인류학 이론에 기여한 바를 비판할 건 비판하되 균형 있게 읽어내려고 했다는 점일 것이다. 이는 마빈 해리스의 『인류학 이론의 발생』(*The Rise of Anthropological Theory*)처럼 특정 이론을 개인적으로 내세우지 않았음을 뜻한다. 본서에서 논의되는 학자들은 허수아비도, 희생양도 아니다. 이 책에서 다루는 개개인의 인류학자는 지적인 장점을 지니고 있다. 그들이 포함된 이유는 그들의 생각이 중요하고 이해되어야 할 만한 가치가 있기 때문이다.

마지막으로, 나는 인류학자를 그의 지적인 환경이라는 맥락에서 소개했다. 그들을 오늘날 인류학의 이론적 흐름에 비추어 평가하지 않았다는 뜻이다. 예를 들어 문화생태학이나 문화진화론은 오늘날 인기가 시들하지만 1945년쯤부터 1975년까지는 중요한 이론적 연구방향이었다. 또한 기능주의의 갖가지 변형들은 오늘날과 달리, 1920년대 중반에서 1960년대 중반까지 인류학에서 큰 비중을 차지하고 있었다. 그러한 관점들은 일부 현대 이론가들이 보기에는 이미 용도폐기된 것이지만, 인류학 이론의 발달에 미친 영향을 감안하면 거론하지 않을 수 없다.

이 책은 근대 인류학을 형성한 사람들을 중심으로 편성되었다. 사람보다 사상을 강조하며 인류학 이론에 접근하는 방법도 있지만, 내가 전기적 구조를 택한 데에도 타당한 이유가 있다고 믿는다. 사상은 진공 상태에서 존재하는 것이 아니라 개인의 경험 속에서 형성되는 것이다. 물론 그 가운데 어떤 사상은 일반적으로 받아들여져 공유의 자산이 되기도 한다. 유기체적 유추, 진보의 개념, 사회의 기능, 포스트모던 비판 등은 널리 퍼져 현존하고 있다. 하지만 그것들은 '위인' 혼자의 힘으로 창조한 것이 아니다. 내가 인류학자들의 이론을 읽는 방식은, 그러한 큰 개념들의 포괄적 기반 위에서 특정 학자들이 이론적 구조를 구축한다는 것이다. 인류학자 개개인의 생각을 보다 직접적으로 형성하는 다른 요인과 문제들이 있다.

여기서 인류학적 현지조사의 경험이 두드러진다. 강조컨대 인류학자들은 다른 문화를 이해하려고 노력하는 과정을 통해 그들의 이론적 입장에 도달하게 된다. 베니딕트와 주니족, 미드와 사모아인, 래드클리프-브라운과 안다만인, 말리노프스키와 트로브리안드인, 에번스-프리처드와 아잔데족, 스튜어드와 쇼쇼니족, 해리스와 브라질 농민, 터너와 은뎀부족, 거츠와 자바인, 페르난데스와 광족의 관계처럼, 조사라는 맥락에서 일어나는 인류학자와 연구대상 사이의 변증법적 관계가 있다. 이론의 일반적 논의에서 현지조사라는 경험적 맥락이 종종 무시되곤 하는데, 이는 부끄러운 일이다. 왜냐하면 민족지적 조사(인류학자가 현지조사를 통해 특정 문화의 여러 측면에 대해 수집한 자료를 상세하고 정확하게 기술한 보고서를 민족지[民族誌, ethnography]라 하며, 민속지[民俗誌]로도 번역된다―옮긴이)는 인류학이 사회과학에 추가시킨 가장 중요한 성과이고, 다른 문화의 경험을 번역하는 일은 인류학이 지식사회에 미친 영구적 업적이기 때문이다.

어떠한 편집이라도 "누가 포함되어야 하는가?"라는 기본 문제에 봉착한다. 선택과정은 농구 팬들이 완벽한 '드림 팀'에 대해 설왕설래하는 것과 같다. 매직 존슨, 마이클 조던과 래리 버드는 모든 팬들이 염두에 두겠지만 나머지 두 명은 누구를 뽑을 것인가? 월트 체임벌린 아니면 카림 압둘 자바? 제리 웨스트 또는 닥터 제이(줄리어스 어빙의 애칭)? 어떻게 결정할 것인가?

주요 인류학자를 모두 다룰 수 없다는 점이 명백하므로, 나의 선택을 정당화할 필요가 있다. 첫째, '문화의 성격은 무엇인가?' '개인과 사회의 관계는 무엇인가?' '다른 문화가 인류학적 이방인에 의해 어떻게 이해될 수 있는가?' 등과 같이 핵심적인 문제들을 다룬 인류학자들을 고려했다. 19세기 후반 이후 인류학자들은 이러한 근본적인 문제들과 씨름해왔지만, 모든 인류학자들이 이런 이론적 쟁점에 초점을 둔 것은 아니었다. 이론적·실질적으로 인류학에 상당히 기여한 주요 인물들을 무시했다는 점을 인정하며, 그들과 그 제자들, 그리고 사후의 지지자들에게 사과하는 바이다. 둘째, 생존시에는 중요했지만 그 후 시의성을 잃은 저작을 남긴 학자들은 고려하지 않았다(예를 들어 애커먼의 제임스 프레이저 경에 대한 논의[4]를 보라). 셋째, 인류학의 기본적인 경향——단선진화론, 보아스파의 역사주의, 기능주의, 문화유물론, 구조주의, 기호학, 페미니즘, 포스트모더니즘——을 대표하는 인류학자들을 뽑으려고 했다. 넷째, 인류학자들의 출신지를 미국, 영국, 프랑스로 한정하고, 이 책의 독자들이 가장 큰 관심을 보일 영미 인류학에 주안점을 두었다. 마지막으로 마르크스, 프로이트, 베버, 부르디외, 기든스 등 인류학에 커다란 영향을 미친 인접 분야의 사회사상가들은 논하지 않았다. 그들을 포함한다면 사회과학의 전기적 백과사전을 쓰는 격이 되는데, 그것은 나의 목표나 의도가 아니기 때문이다.

최종 선택된 21명의 인류학자 명단은 결코 완전하다고 할 수 없다. 다만 독자적이고 창조적인 문화의 전망을 제시하여 인류학의 틀을 잡은 학자와 그 사상에 대한 보다 심층적인 연구와 강의실 토론, 학생들의 탐구를 위한 하나의 출발점일 따름이다.

제1부

창시자들

인류학은 수천 년 동안 인간이 고찰해왔던 일련의 질문들을 다룬다. 사회의 성격은 무엇인가? 문화는 왜 변하는가? 개인으로서의 인간과 특정 사회집단의 구성원으로서의 인간 사이에는 어떤 관계가 있는가? 인간다움의 뚜렷한 특징은 무엇인가? 왜 문화들은 서로 다른가?

이러한 탐구를 문자화한 기록은 최소한 2,500년에 걸쳐 있다. 기원전 4세기 아테네의 아리스토텔레스는 국가의 조직에 대해 숙고하여 19세기와 20세기의 인류학에서 빈번히 등장하는 주제가 된 유기체적 유추(organic analogy)—사회를 살아 있는 유기체에 비유하는 것—를 사용했다. 14세기 아랍의 지리학자 이븐 할둔(Ibn Khaldun)은 문화의 차이를 기후라는 요인으로 설명했다. 따뜻한 기후에는 정열적이고 현시적(顯示的)인 사회가, 추운 기후에는 절제되고 침착한 문화가 존재한다는 것이다. 1725년 이탈리아의 가난한 학자였던 비코(Giambattista Vico)는 『신과학』(*Scienza nuova*)을 통해 인간사회 진화의 역사적 모델을 약술했다. 1700년대에 이르러서는 넓은 범위의 도덕철학자들이 헤로도토스, 베가(Garcilaso de la Vega), 라피토(Joseph Lafitau) 등의 민족지적 자료에 바탕을 두고 인간문화의 성격을 검토했다.

그렇다면 우리는 어떻게 에드워드 타일러, 루이스 모건, 에밀 뒤르켐, 프란츠 보아스 이 네 사람을 인류학의 '창시자들'이라고 부를 수 있는가? 첫째, 19세기 후반부터 20세기 초에 활약한 이들 학자들의 사상과 오늘날 인류학의 쟁점들 사이에 직접적인 연관이 있기 때문이다. 찰스 다윈의 『종의 기원』(*The Origin of Species*, 1858) 출간과 함께 사회과학에는 중요한 변화가 일어났다. 다윈의 직접적인 영향은 스토킹(Stocking)에 의해 거론된 바 있는데,[1] 다윈의 생물학적 변종 이론이 인간의 문화적 차이를 연구하는 모델이 되었다는 점은 자명해 보인다. 19세기 중반은 분기점이다. 초창기 작가들도 문화의 차이나 인간성의 성격에 대해 나름대로 생각했겠지만 그들의 접근방법은 다윈 이후의 과학과는 별개의 것이었다. 이는 초창기의 학자들이 문화적 차이를 의식하지 못했다는 것이 아니라, 문화적 차이를 어떻게 과학적으로 설명할지에 대해 어떤 실마리도 찾지 못했다는 뜻이다.[2] 모건, 타일러, 뒤르켐, 보아스는 그 지적인 구분의 후자에 속하며, 따라서 그들의 사상은 인류학의 형성과 보다 직접적인 관련이 있다.

『옥스퍼드 영어사전』에 따르면, 1860년 이전의 인류학은 생리학과 심리학을 포함하는 인간성 연구를 뜻했으나, 1860년 이후에는 포괄적 의미의 인류 연구를 의미하게 되었다. 이 용례상의 차이는 모건, 타일러, 보아스, 뒤르켐의 저작들이 부분적으로 만들어낸 지적 영역의 변화를 반영한다.

둘째, 이들 각자는 실질적인 의미의 창시자들이다. 그들은 인류학을 하나의 학문 분야로 확립하는 데 산파 역할을 했다. 1860년과 1900년 사이 인류학은 관심을 공유한 느슨한 조합에서 제대로 틀을 갖춘 인간과학으로 변모했다. 타일러, 모건, 뒤르켐, 보아스는 새로운 인류학 제도를 만드는 데 직접 관여했다. 타일러는 옥스퍼드에서 처음으로 인류학 교수직을 맡았으며 최초의 인류학 교재를 썼다. 모건은 스미소니언 연구소와 미 정부로부터 인류학 조사를 지원받았다. 뒤르켐은 사회 연구를 위한 새 교과과정의 기틀을 마련하고 영향력 있는 잡지를 창간했으며, 1970년까지 프랑스 사회과학을 형성한 핵심적인 학생 및 동료 집단을 만들었다. 보아스는 최초의 미국 인류학 박사를 지도했고, 새로운 잡지와 조직을 구성했으며, 글자 그대로 미국 인류학의 폭넓은 연구 범위를 정립했다.

끝으로 타일러, 모건, 뒤르켐, 보아스는 기존의 개념적 틀과 사고에 바탕을 두긴 했지만, 일련의 새로운 인류학 문제들을 천명하고 과학적 연구방법을 제안했다. 그렇게 함으로써 그들은 인간의 문화에 대해 생각하는 방법을 발전시켜 아직까지 우리의 탐구를 규정하고 있으며, 20세기 인류학의 진로를 확실히 결정했다. 타일러의 문화 정의, 모건의 사회 진화 연구, 뒤르켐의 사회과학(a science of society) 창설, 보아스의 역사적 특수주의에 입각한 문화관은 19세기 후반부터 오늘날에 이르기까지 인류학이라는 새로운 분야의 판도를 형성했다. 이들은 창시자들이었다.

I 에드워드 타일러

문화의 진화

타일러(Edward Burnett Tylor, 1832~1917)는 영국 인류학의 창시자로 간주된다. 타일러는 옥스퍼드 최초의 인류학 교수였고, 인류학 조직과 연구소를 만드는 데 적극적이었으며, 그의 사상은 다윈의 『종의 기원』에 의해 촉발된 19세기 후반의 지적 논쟁에 이바지했다. 그의 친구 해든(A. C. Haddon)이 말하길, 타일러의 저작들은 "해박한 지식으로 충만하면서도 시사하는 바가 많고, 잔잔한 유머로 품위를 더해 '고전'이 되었으며, 근대의 사고에 지대한 영향을 미쳤다. 그의 저서는 세상에 첫선을 보였을 때부터 지도자가 신생 학문의 앞날을 안내하는 것으로 인식되었다."[1] 동시대의 종교학자 막스 뮐러가 인류학을 '타일러 씨의 학문'이라고 부른 것은 한 학문 분야를 형성하는 데 타일러가 미친 영향을 인정한 것이다.

타일러의 핵심적인 공로는 문화에 대한 정의에 있다.

문화 또는 문명이란, 넓은 민족지적 의미에서 보았을 때 지식·신앙·예술·도덕·법·관습 및 사회의 성원인 인간에 의해 획득된 모든 능력과 습관들을 포함하는 복합적 총체이다.[2]

그의 주저 『원시문화』(*Primitive Culture*, 1871)의 서두에서 타일러는 처음으로 "기술적인(technical) 또는 인류학적인 의미에서 근대적인" 문화의 정의를 제시했다.[3] 이 문화의 정의는 보해넌(Bohannan)과 글레이저(Glazer)에 의하면 "대부분의 인류학자가 정확하게 인용할 수 있는 유일한 것이며, 다른 정의들이 거추장스럽다고 판명되었을 때 의지할 수 있는 것이다."[4]

그러나 오늘날 그를 면밀히 검토한 학자 스토킹(George W. Stocking, Jr.)은 "현재의 교재들에 비추어 판단컨대, 타일러가 현대 인류학에 대해 할말은 별로 없다"[5]고 말한다. 스토킹은 후대의 많은 독자들이 타일러의 문화 개념을 그저 오해했다고 주장하면서[6] 마르크스, 프로이트, 베버나 뒤르켐 같은 거장들과 비교하면 타일러는 "근대 인문과학의 전반적인 지적 자원을 형성한 주요 인물 가운데 한 명"은 아니었다고 결론짓는다.[7]

이상하게도 타일러는 이후의 영국 사회인류학보다 미국 인류학에 더 지속적으로 영향을 미쳤다(예를 들어 유명한 옥스퍼드 선배에 대한 에번스-프리처드의 간략한 논의를 보라[8]).이에 비해, 로이(Robert Lowie) 같은 미국 인류학자는 타일러를 "증거를 다각도로 검토하려는 차분한 의지"를 가진 신중한 학자라고 칭송했다.[9] 타일러와 그의 동시대 미국인 모건에 관한 다양한 평가에 대해, 포티스(Meyer Fortes)는 모건이 영국 사회인류학을 탄생시킨 반면, 영국인 타일러는 미국 문화인류학을 창설했다는 의견을 제시했다.[10]

이렇게 상충되는 평가들을 어떻게 이해해야 할까? 타일러는 왜 당대에 그토록 커다란 영향력을 행사했으며, 그의 사상이 갖는 지속적인 가치는 무엇인가?

배경

　1832년 태어난 타일러의 가족은 당시 영국 중산층으로 확고히 편입했으나 종교적으로는 소수인 퀘이커교도였다. 타일러는 종교 때문에 영국 국교회 신자에게만 학위를 주던 옥스퍼드나 케임브리지에서는 교육받을 수 없었다. 그는 16세에 가업이던 주조소 사업에 뛰어들기 전까지 퀘이커교도를 위한 학교에서 교육을 받았다. 이러한 교육 배경은 그를 불가지론으로 이끌고, 결과적으로 종교의 기원에 대한 연구를 부추기게 된다. 애커먼은 타일러가 "위안보다는 교리에 관심이 많았다"는 점에 주목하여, 타일러의 불가지론은 그로 하여금 종교를 신앙의 표현이 아니라 지적인 체계로 파악하도록 인도했다고 진술한다.[11]

　타일러는 20대 초반에 결핵의 징후를 보여, 매럿(Marrett)의 신중한 표현을 빌리자면 "겨우 몸을 추스를 정도의 기력만 남아" 건강회복을 위해서 가업을 접고 따뜻한 곳으로 여행을 떠났다. 쿠바에서 그는 영국의 사업가이자 열성적인 고고학자 크리스티(Henry Christy)를 만났으며, 둘은 타일러의 첫 저서 『아나우악 또는 멕시코와 멕시코인』(*Anahuac or Mexico and the Mexicans*, 1861)에 기술된 4개월간의 멕시코 여행을 떠난다. 『아나우악』은 폭넓은 독서에 의한 해박함이 드러나고, 세세한 부분을 식별하는 눈과 대화를 경청하는 귀로 장식된 여행기이다.

　타일러와 크리스티는 베라크루스 항부터 멕시코 시까지의 내륙을 역마차로 이동했고, 고고학자 크리스티가 길가의 작은 계곡에서 흑요석 화살촉을 찾는 바람에 자주 멈춰야 했다.[12] 둘은 테오티우아칸(Teotihuacan)이나 촐룰라(Cholula) 같은 고고학 유적지를 방문해 새로 경작된 땅에서 토기 파편을 찾고, 멕시코 유물을 최근 유럽에서 발견된 것과 비교했다.

그러나 『아나우악』의 대부분은 과거가 아니라 당대의 멕시코를 그리고 있다. 타일러와 크리스티는 사탕수수 농장, 직물 공장, 용설란술(pulque) 가게, 대농장(hacienda)을 방문했다. 그는 멕시코의 정치 불안과 빈곤을 기술했다. 타일러의 반목회자적(anticlerical) 기질은 성당에 대한 통렬한 비판에서 분출된다. 그의 비판은 워낙 신랄하여 타일러 자신도 "로마 가톨릭 성직자를 항상 공격하기는 어렵다"고 인정하면서도, 곧바로 민중들의 '수심에 찬 무지'와 빈곤을 성직자들의 잘못으로 돌린다.[13] 『아나우악』에서 타일러는 편견이 없지는 않지만 해박하고 주의 깊은 작가로서의 면모를 드러낸다.

그 후 4년 동안 타일러는 보다 진지한 인류문화의 연구자로 성숙했다. 1865년 그는 자신이 평생 발전시킬 분석적 주제들을 개관한 『인류의 초기 역사와 문명의 발달에 대한 탐구』(*Researches into the Early History of Mankind and the Development of Civilization*)를 출간한다. 타일러에 의하면, "사실을 수집하고 분류함으로써 인류의 초기 문화사를 귀납적 학문으로 다룰 수 있다."[14]

타일러는 선교사들의 기록, 탐험가들의 일지, 고대 문서, 민족지적 보고를 면밀히 검토하여 인류문화 사이의 유사성을 찾았다. 타일러는 "비슷한 예술이나 관습, 신앙 또는 전설이 여러 지역에서, 계통이 다른 사람들 사이에서 발견될 때, 이러한 유사성을 어떻게 설명해야 하는가?"라고 물었다.[15] 본질적으로 두 가지 설명이 가능하다. 즉 유사성은 독립적 발명의 결과——"비슷한 조건

아래에서 이루어진 이성(理性)의 유사한 작용"――이거나 사회간 접촉(직접 또는 간접, 최근 또는 과거의)으로 인한 문화적 정보의 전파가 있었다는 증거이다.

타일러의 초기 저작에서는 전파가 중요시되었지만 점차 전파나 독립적 발명보다 진화의 중요성을 강조하게 되었다고 스토킹은 지적한다.[16] 16년 후 타일러는 "다양한 삶의 영역에서 진보의 존재와 그 경로를 증명하는 일련의 장들"로『인류학』이라는 교재를 구성하여 거의 전적으로 진화를 강조하게 된다.

진화와 진보는 타일러의 본격적인 첫 민족지에서도 중요한 화두였다.『인류의 초기 역사와 문명의 발달에 대한 탐구』의 거의 절반 가량은 언어와 상징의 진화를 고찰하고 있다. 비록 "인간이 말을 사용하지 않고 사회생활을 했다는 증거는 없다"고 인정하긴 했으나, 타일러는 "말이 너무 불완전해서 일상사를 얘기하면서도 몸짓으로 보충해야 하는" 어떤 사회들에 대해 기술하고 있다. 여러 가설을 저울질하면서 그는 그런 사회들이 "인류의 역사에서 알려진 대표적인 퇴화의 사례이거나, 신체 언어가 인류의 원초적 언어의 일부임을 설득력 있게 입증한다"고 제안한다.[17] 자신의 본격적인 첫 인류학 저서에서 타일러는 이후의 연구에서 발달시킬 여러 주제들――신화의 해석, 꿈에 대한 원주민의 생각, 공감주술(sympathetic magic: 머리카락이나 옷 등 신체의 일부, 또는 신체에 접촉한 것을 이용하여 상대방에게 어떤 작용을 가할 수 있다는 사고방식―옮긴이)의 논리 등등을 스케치하고 있다. 이 책은 또한 인간사회의 진화를 어떻게 기록할 것인가에 대한 초창기의 방법론적 고민도 포함하고 있다.

『인류의 초기 역사와 문명의 발달에 대한 탐구』는 찰스 라이엘의 『지질학의 원리』나 다윈의 『종의 기원』 등 19세기 최고의 과학서적을 펴낸 존 머리 앤드 선스(John Murray and Sons) 출판사에 의해 출간되었다. 이는 학계에서 타일러의 위상이 높아지고 있다는 증거였다. 조앤 레오폴드[18]에 의하면, 1860년대 후반에 이르러 타일러는 "학계의 권위자 반열에 올라" 앨프레드 윌리스, 토머스 헉슬리 등 빅토리아 시대의 저명인사들과 교분을 나누었고, 주요 간행물에 논문과 서평을 기고했으며, 대중을 상대로 강연도 했다. 타일러는 1871년 왕립학회(Royal Society) 회원으로 추대되고 『원시문화』가 출판되면서 더욱 입지를 굳혔다.

『원시문화』

『원시문화』에서 타일러는 인류문화의 역사를 재구성하기 시작하면서 중요한 문제에 봉착한다. 기록되지 않은 선사시대 인류의 역사를 어떻게 알 수 있는가? 타일러는 영국과 프랑스의 석기 도구와 멸종 포유류의 유골 등 당시의 고고학적 발견을 면밀히 추적했으나, 파편적인 유골과 석기들은 문화 또는 문명의 복합적 총체를 재구성하기에는 충분하지 않았다. 그래서 타일러는 균일론(uniformitarianism)과 잔재(survivals)의 개념이라는 두 원리 위에서 자신의 재구성을 진행했다.

다양한 인류사회에서 발견되는 문화의 조건은, 그것이 일반적 원리 아래에서 조사될 수 있는 한, 인간 사고와 행위의 법칙을 연구하기 위한 적절한 주제이다. 문명에 깊이 침투해 있는 균일성은 한편으로는 동일한 원인이 동일하게 작용한 데 기인한다. 다른 한편, 문명의 여러 등급은 발전 또는 진화의 단계로 간주될 수 있으며, 각 단계는 이전 역사의 결과인 동시에 미래의 역사를 만드는 데 나름대로의 역할을 하게 되는 것이다.[19]

균일론은 여러 권으로 구성된 라이엘의 저서 『지질학의 원리』(1830~33)에서 따왔다. 라이엘은 노아의 홍수처럼 극적이고 특수한 재앙이 아니라 오늘날 관찰되는 침식·퇴적 등의 지질학적 과정들이 지구를 형성했다고 주장한다. 오늘날의 과정을 관찰하면 지구의 역사를 재구성할 수 있는데, 이는 동일한 지질학적 과정이 지금처럼 과거에도 작용했기 때문이다.

이는 문화에도 그대로 적용되는데, 그 이유는 문화가 보편적으로 유사한 인간심리에 의해 창조되고 동일한 인지의 법칙에 의해 지배되기 때문이라고 타일러는 주장한다. 그와 같이 "폭넓은 관점에서 개관하면" 다음과 같다.

······이탈리아 속담에 '온 세상은 한 나라'라고 하듯 인류의 특징과 습관은 유사성과 일관성을 동시에 보여준다. ······ 이러한 유사성과 일관성은 인간성과 삶의 여건이 보편적으로 동일하다는 사실에 기인하며, 거의 같은 등급의 문명을 가진 인종들을 비교함으로써 적절히 연구될 수 있다.[20]

'문명의 등급' 문제를 잠시 보류할 때, 타일러의 요점은 인간의 사고가 비슷하므로 언제, 어디에 살든, 모든 사람들에게 일어나는 문화의 과정은 비슷하다는 것이다.[21] 이것이 그의 균일론을 이루는 핵심 논리이다. 문화 또는 문명은 지식, 신앙, 예술, 도덕, 관습, 그리고 다른 정신적 구성체들로 이루어진다. 인간의 정신작용은 보편적이므로, 인간사회는 진보에 의해 규정되고 문화의 진화로 표현되는 '거의 동일한 통로'를 따라 문화를 발전시켜왔다.

이는 세 가지 함의를 갖는다. 첫째, 인종은 문화적 차이를 설명하지 않는다. 타일러는 "인간의 유전적 다양성이나 인종에 대한 고려를 배제하는 것이 가능하고 바람직하다"고 믿었으며, 그의 연구가 같은 도구를 사용하고 같은 관습을 따르며 같은 신화를 믿는 종족들의 신체적 형태나 머리카락, 피부색이 얼마나 다른지를 고려하지 않고도 문화의 단계가 비교될 수 있음을 입증했다고 주장했다.[22] 만약 두 사회가 유사한 문화특질(culture traits: 예컨대 토기, 일신교, 가축시장)을 가졌다면, 그것은 인종적 유사성 탓이 아니라 그 특질이 한 사회에서 다른 사회로 전파되었기 때문이거나, 유사하게 구성된 인간성이 유사한 상황에 대처하여 독자적으로 비슷한 특질을 발명한 결과라고 해석될 수 있다.

둘째, 유사한 문화특질을 가지는 사회들은 인간 문화의 발전도상에서 유사한 단계를 나타낸다. "한 무리의 야만인들은 다른 야만인 무리와 같다"는 새뮤얼 존슨의 모욕적인 발언을 인용하면서, 놀랍게도 타일러는 "이 일반화가 얼마나 진실한가는 모든 민속박물관이 보여준다"[23]고 외친다. 문화간의 유사성은 신화·친족·사회생활의 다른 측면에도 존재하지만, 특히 기술 분야(수렵·어로·점화·요리 등을 위한 도구들)에서 두드러진다고 타일러는 곧 설명한다. 이러한 유사성은 현존하는 사회들간의 비슷한 문화 발달단계를 반영하고, 또한 선사시대의 사회를 재구성할 수 있게 해준다. 정신의 법칙은 동일하므로, 현존하는 '원시' 사회의 유형은 사라진 선사시대인들의 그것과 유사할 수밖에 없으며, "오늘날 미개 부족들은 서로 다르고 지리적으로도 떨어져 있지만, 인류의 초기상태의 유물로 보이는 일정한 문명의 요소들을 공유하는데, 이들이 처한 상황은 가상의 원시적 상태와 거의 일치한다."[24] 애커먼이 말하듯이, 타일러의 기본적인 주장은 "인간성과 발전은 비교적 동질적이어서, 현존하는 원시인들의 행위에서 살아 있는 진화의 연결고리를 발견할 수 있다"는 것이다.[25]

셋째, 타일러의 균일론은 독특한 신앙이나 도덕, 일련의 문화적 지식에 다다르는 특수한 과정을 재구성할 수 있게 했다. 문화란 유사한 인간의 마음이 실존의 문제를 합리적이지만 때로는 오류가 개입된 방식으로 해결하면서 생성된 인지구조이므로, 타일러는 미신이나 민간신앙 또는 '비합리적' 관행에 이르게 하는 논리적 단계를 되돌아볼 수 있었다.

인간문화의 진화에 대한 타일러의 재구성은 **비교방법**(comparative method)과 **잔재의 원리**(doctrine of survivals)에 뿌리를 둔다. 비교방법은 유사한 현상들이 역사적인 연관을 갖는다는 직설적인 논리에 기반한다. 유인원과 영장류와 인간이 다섯 손가락을 가진 것은 이 동물들이 역사적으로 연결되기 때문이다. no, non, nein이라는 단어들이 유사한 것은 영어, 프랑스어, 독일어가 역사적 뿌리를 공유한 탓이다. 타일러의 시대에 비교방법은 다른 분야에서 큰 진전을 보인다. 이 방법은 퀴비에(Georges Cuvier, 1769~1832)의 비교동물학이나 비교언어학의 눈부신 발전, 특히 산스크리트의 언어적 파편을 토대로 재구성된 인도-

유럽어족 원형의 발견에서 두드러진다.

비교방법은 기원사(起源史)의 근간을 이룬다. 타일러는 자신의 비교방법을 인간문화의 자연사로 제시한다. "문명연구의 첫 단계는 그것을 세부항목들로 나누고, 이들을 적절한 집단으로 분류하는 일이다."[26] 예를 들어 신화를 태양에 대한 신화, 일식 또는 지진에 대한 신화, 지명에 대한 신화, 부족의 성립에 대한 신화 등으로 분류할 수 있을 것이다. 개별적인 신화는 '신화'라는 속(genus)의 종(species)이 되며, 민족지는 자연사가 된다고 그는 주장한다. "인류학자가 할 일은 그 세부 항목들의 지리적·역사적 분포 및 그들 사이에 존재하는 상관 관계를 염두에 두고 그 세부 항목들을 분류하는 작업이다."[27]

문화특질의 시간적·공간적 분포는 어쩌면 상이한 과정을 반영할지도 모른다. 어떤 유형들은 다른 문화들간의 접촉과 문화특질 전파의 결과일 것이다. 또 다른 유형들은 유사한 실존의 문제에 대한 독자적 해결을 나타낸다. 어망이 전 세계적으로 비슷한 것은 고기를 잡을 수 있는 방법이 한정되어 있기 때문이다. 뿐만 아니라 타일러가 '잔재'라고 부르는 특징, 즉 인류문화의 초기단계를 반영하는 문화적 유형도 있을 수 있다.

예를 들어 우리는 미국 전역에서 'Ye Olde Steak House'(오래 된 스테이크 집)나 'Ye Olde Coffee Shoppe'(오래 된 커피 숍) 또는 내가 가장 좋아하는 'Ye Olde Pizza Parlor'(오래 된 피자 가게) 같은 간판들을 볼 수 있다. 대부분의 미국인들은 'Ye'를 '예'로 발음하고 고대 영어 단어인 것으로 알지만, 'Y'가 'th'음을 상징하며, 따라서 'Ye'는 그저 'The'라는 사실은 모른다. 그 의미는 제대로 이해되지 않지만, 상징은 살아 남았다. 'Ye'는 잔재인 것이다.

타일러는 잔재를 "과정, 관습, 의견 등이 습관의 힘에 의해 발상지와는 다른 새로운 상태의 사회로 전달된 것으로, 문화의 옛 상태로서 그로부터 새로운 문화가 진화해온 증거이자 표본으로 남아 있는 것"으로 정의한다.[28]

누군가 재채기를 할 때 "신의 가호가 있기를"(God bless you)이라고 말해주는 이유는 그 표현이 잔재이기 때문이지, 아직도 재채기로 인해 영혼이 육체를 떠난다고 믿기 때문은 아니다. 할로윈을 경축하는 것은 잔재이기 때문이지, 만성절(萬聖節) 전야에 악령을 진정시키기 위함이 아니다. 악수는 관습적인 인사의 한 형태이지, 무장하지 않았음을 보여주기 위한 것이 아니다. 우리가 자주 사용하는 단어, 동작, 속담, 관행 중에는 원래의 의미를 상실했지만 일상생활에서는 살아 남은 것이 많다.

잔재는 단순히 오래된 습관이 아니라 과거 문화의 흔적이라고 타일러는 주장한다. "어린이의 놀이, 유명한 속담, 어이없는 관습은 실질적으로는 중요하지 않을 수 있으나, 문화의 초기단계에 대해 철학적으로 시사하는 바가 크다."[29] 그러한 '원시 미개성의 유물'은 인류학자로 하여금 초기의 문화유형을 재구성하고, 나아가 문화의 진화를 정의하게끔 해준다.

인간사는 진보에 의해 특징지어진다고 타일러는 믿었다. 기술 분야에서 소형 화기의 발달은 화승총, 윤수총, 수발총, 격발뇌관, 자동소총 순의 확실한 진보를 보여준다. 기술 변화의 순서는 명백하여 하나의 혁신이 다른 혁신을 유도한다. 석궁은 틀림없이 큰 활에서 파생된 것으로, 문자 기록이 없더라도 그 관계는 의심할 여지가 없다.[30] 이와 마찬가지로 문화의 다른 차원도 진보적 관계를 맺는다고 볼 수 있어 "고대에서 현대에 이르는 주된 경향은 야만에서 문명으로 향하는 것"임을 입증한다.[31]

이 시점에서 타일러의 논리는 빈약해진다. 그에 의하면 특정 문화특질이 초기 문화의 흔적을 보여주는 잔재이듯이, 사회 전체가 인간 진화의 초기단계를 반영할 수 있다. 19세기 후반에 석기를 사용하는 사회는 단순히 철기가 없는 사회가 아니라 글자 그대로 선사의 흔적, 즉 '석기시대' 문화이다. 현존하는 '원시' 사회의 연구는 "야만적 사고와 생활을 보여주는 고대 유물"의 탐구이고, 이를 통해 인류──최소한 일부 인류──가 진보해온 진화의 단계를 재구성해볼 수 있다.

여기에서 타일러의 조심스러운 주장은 본질적으로 비성찰적인 가정과 편견으로 빠져든다. 그에 따르면 문명은,

> 인간의 도덕성·능력·행복을 증진시키는 것을 목표로, 개인과 사회의 수준 높은 조직에 의해 이루어진 인류의 전반적 진보라고 간주된다. 이런 이론상의 문명은 야만사회와 미개사회, 미개사회와 오늘날의 개화된 생활을 비교함으로써 추적할 수 있는 실재의 문명과도 적잖게 일치한다. 물질적·지적 문화만을 고려한다면, 이는 틀림없는 사실이다. 세계의 물리적 법칙에 대한 지식과 이에 의거해 인간의 목적에 맞게 자연을 순응시키는 능력은 대체로 야만사회에서 제일 뒤떨어지고, 미개사회에서는 다소 발달하며 근대 계몽국가에서 최상의 수준에 이른다.[32]

타일러가 말하는 '물리적 법칙'이 서구 과학의 원리임은 새삼

말할 필요도 없다. 그 원리에서 벗어나는 인식론은 오류로 가득 찬 전(前)과학적 미개함의 잔재일 뿐이다. 사회가 '물질적·지적 문화'를 통제하는 능력에 근거하여 타일러는 진화단계상의 상대적인 등급을 매기고 있다.

따라서 비교된 사실의 확실한 근거 위에서 인류학자들은 최소한 문명의 개략적인 단계를 설정할 수 있다. 오스트레일리아인, 타히티인, 아스텍인, 중국인, 이탈리아인 ─ 이 인종들이 문화의 수준이 높아지는 순서대로 바르게 나열되었다는 점에는 별다른 이의가 없을 것이다.[33]

분명히 많은 사람들, 특히 오스트레일리아인·타히티인·아스텍인·중국인이 이 순위를 논박할 것이다. 편견에 물들지 않고서야 어떻게 사회를 등급화할 수 있겠는가? 격동의 20세기를 돌아보건대 '근대 계몽국가'가 인간의 도덕성과 능력, 행복을 성공적으로 증진시켰다고 보기는 어렵다. 오늘날 대부분의 독자들은 타일러가 당연시한 그 생각에 당혹스러워할 것이다.

이보다는 덜 분명하지만, 사회 전체를 인간 진보의 초기단계의 진화적 잔재로 보는 시각도 문제이다. '잔재'의 개념은 어떤 문화적 관행 ─ 'Ye' 또는 '건강 조심하세요'(Gesundheit) ─ 이 변하지 않고 과거로부터 현재로 전달됨을 암시하며, 우리는 그런 '잔재'의 사례도 들 수 있다. 그러나 하나의 인간 집단 전체가 고정되고 화석화된 초기 문화 단계의 후계자라고 생각하는 것은 성격이 다른 문제다. 타일러가 오스트레일리아인이나 타히티인의 역사를 단순하다거나 정지되어 있다고 생각할 근거는 없으며, 그 사회들이 단지 특이한, 당대의 유형이 아니라 인류문화의 초기 형태를 반영한다고 가정할 어떤 이유도 없다. 이는 단지 인간의 진보에 대한 타일러의 가정에 의해 정당화되었을 뿐이다.

진보와 『인류학』

진보는 최초의 인류학 교재인 타일러의 『인류학』(*Anthropology*, 1881)의 근간을 이룬다. 일반 대중을 위해 쓴 이 책에서 타일러는 비진화적(nonevolutionary) 과정에 대한 대부분의 언급은 삭제하고, 대신 "인류가 어떻게 오늘날의 인류로 진화하여 현재처럼 생활하게 되었는가"[34]라는 발달의 문제에 초점을 둔다. 그는 문화적 과정의 진보를 강조한다. "역사는……조야한 상태에서 시작된 예술, 과학, 정치제도가 세대를 지나면서 목표 해결을 위해 좀더 지적이고 체계적이며 완벽하게 배열 또는 조직되는 과정을 보여준다."[35] 진보에 치우친 『인류학』에서 타일러는 『인류의 초기 역사와 문명의 발달에 대한 탐구』나 『원시문화』 등에서는 거의 찾아볼 수 없는 명료함과 목적의식으로 언어, 기술, 종교에 대한 논의를 요약한다.

타일러의 진화론은 일관성 없는 결정론을 드러낸다. 한편으로, 인류 역사는 단순한 것에서 복잡한 것으로 변형되고, 야만에서 문명으로의 궤적을 따르며, 퇴화가 아닌 진보에 의해 진행된다. 다른 한편으로, 타일러의 도식에서 진보는 역사의 흐름을 결정하는 무의식적 경향에서 의식적인 신조로 변모하기도 한다. "세계 곳곳에서 일어나는 사건과 그 결과에 정통하게 되면, 우리는 더욱 자신감을 갖고 개선을 향해 우리의 앞날을 설계할 수 있다."[36] 인류학은 인간의 진보에 기여한다. "먼 옛날부터 지금까지" 인간 역사의 방향을 아는 것은 "미래를 예측할 수 있게 도와줄 뿐만 아니라, 지금보다 나은 세상을 남길 의무를 다하도록 우리를 인도할 것이다."[37] "문화과학은 본질적으로 개혁의 학문이다"라고 타일러는 말한다.[38] 아마도 퀘이커교도로서 품었던 자유주의가 그로 하여금 진보와 개혁을 감싸 안게 했는지도 모른다.[39]

타일러는 성년기의 대부분을 옥스퍼드에서 생활했으며, 1883년 대학 박물관의 학예관이 되었다. 1884년에는 인류학 강사직을 받아 재직하다가 1896년 최초의 인류학 교수로 임명되었다. 그는 인류문화의 기원, 신화와 주술, 문화특질의 분포 등을 강의했다. 『인류학』 출간 이후 타일러는 새로운 저작을 쓰는 대신 학생들을 가르치고 연구소 및 인류학 학회를 육성하는 일에 주력했다. 그러나 타일러는 영국 인류학의 발달에 여전히 지대한 영향을 미치고 있었다. 그는 조사지에서 연구자가 던질 만한 질문들을 개발했고, 제임스 프레이저나 A. C. 해든과 W. R. 리버스 등의 학자에게 영향을 주었으며, 수많은 대중강연을 했다. 『원시문화』는 10판을 찍었고, 타일러 생전에 러시아어·독일어·프랑스어·폴란드어로 번역되었다.

1909년 명예교수로 옥스퍼드에서 은퇴한 타일러는 업적을 인정받아 1912년 작위를 받았다. 말년에는 명석함이 점차 사라졌고, 친구들은 타일러가 다시는 『원시문화』처럼 위대한 작품을 내지 못한 것을 애통해했다.[40]

결론

에드워드 타일러는 인류학을 하나의 탐구 분야로 발달시켰다. 그의 비교방법은 많은 학자들에 의해 모방되었고, 그 후 보아스와 다른 미국 문화인류학자들로부터 맹렬히 공격을 받았다. 종교의 기원에 대한 타일러의 사상은 프레이저를 비롯한 학자들이 종교를 지식의 체계로 연구하도록 이끌었고, 애니미즘 개념은 비교 종교 연구에서 중요한 공헌으로 남아 있다.[41]

그러나 타일러의 업적 가운데 가장 오래 남은 것은 문화의 정의다. 사회적 차이의 비생물학적 근거를 주장함으로써, 그는 고대 그리스 이후 서구사상을 특징짓는 인종적 설명에서 벗어났다.[42] 타일러는 사회생활의 일반원리를 개관함으로써 인간생활의 비교론적 탐구에 새로운 방향을 제시했다. 마지막으로, 인간 실존의 문화적 차원을 정의하면서 에드워드 타일러는 인류의 연구, 즉 인류학을 창조했다.

사회의 진화

빅토리아 시대의 진화론자들은 흔히 인류학 현지조사의 변화 무쌍함이나 살아 있는 사람들과의 복잡한 상호작용과는 담을 쌓은 채 도서관 연구에 의존해 결론을 내린 이들로 치부된다. 20세기에 인류학적 현지조사를 혁신한 말리노프스키(제10장 참조)는 19세기 진화론자들을 문화생활의 복잡다단한 사실들로 뒤엉키지 않은, "경직되고 자기충족적인 현상에 도달하는 데 만족하는" 사람들로 특징지었다.[1] 그러나 모건(Lewis Henry Morgan, 1818~81)은 주목할 만한 예외였다.

이로쿼이(Iroquois) 부족연맹의 하나인 세네카(Seneca)족과의 개인적·직업적 유대(법률가였던 모건은 인디언의 법률소송을 대리하기도 했고, 세네카 인디언 출신인 파커와 오랜 우정을 쌓았는데, 인디언들과 자주 접촉하면서 그들의 문화에 매료되었다—옮긴이)로 인해 민족지에 빠지게 된 모건은 다양한 이로쿼이 집단을 여러 차례 방문했다. 그의 비망록과 일지는 "예리하고 자료 수집 능력이 뛰어난 관찰자"의 모습을 보여준다.[2] 모건은 또한 캔자스와 네브래스카의 아메리카 토착 집단(1859~60), 미주리 북부(1862), 아메리카 남서부(1878)도 연구했는데, 비록 장

기간의 답사는 아니었지만 매우 집약적인 현지조사를 포함했다. 인류학자이자 크로(Crow) 인디언 전문가인 로버트 로이는, 모건의 크로 친족체계에 대한 기술은 단기간의 답사에 바탕을 두긴 했지만 "이 방면에서 내가 처음 시도한 것보다 훨씬 낫다"고 논평했다.[3] 로이는 "기본적인 사실들이 이미 모건에 의해 파악되어 있던 상태에서 내가 저지를 실수는 용납하기 어려운 것"이라고 토로했다. 현장 관찰과 통문화적(cross-cultural) 자료를 종합하여 모건은 위대한 인류학적 정보를 편찬해냈다.

그렇다면 말리노프스키의 비판에 진실성이 있는가? 아마도 그럴 것이다. 그러나 모건에 한해서라면 그것은 분명 잘못 겨냥되었다. 모건은 민족지적 자료에 관심이 없었던 게 아니라 그 자료를 하나의 진화론적 틀 안에서 분석했을 따름이다. 모건의 진화론적 접근은 보아스와 크로버 등으로부터 공격을 받았지만, 마르크스·엥겔스·화이트의 유물론적 접근방식에 영향을 주기도 했다. 엥겔스의 『가족, 사유재산 및 국가의 기원』(1884)에는 '모건의 『고대사회』(Ancient Society)의 발견에 기초한 것'이라는 부제가 붙어 있다. 다윈은 모건을 미국에서 가장 저명한 사회과학자로 보았고, 엄격한 반진화론자 로이조차도 "현란하지 않고 보기 드물게 정직하며, 깊이 있고 끈기 있는 지성인……"으로 모건을 숭배했다.[4] 한 전기작가는 그의 경력을 가리켜 "미국 지성사에서 가장 특이한 것 중 하나"[5]라고 했다.

배경

1818년에 태어난 모건은 서부 뉴욕의 변방에서 성장하여 명백한 운명(manifest destiny: 1845년 오설리번이 한 논설에서, 미 대륙을 확대하는 것은 해마다 크게 증가하는 인구의 자유로운 발전을 위해 신이 베풀어주신 명백한 운명이라고 주장한 데서 비롯된 말로, 그 후 미국 영토 확장의 정책적 논거로 이용되었다—옮긴이), 경제적 팽창과 몰락, 미국 시민전쟁을 배경으로 일생을 살았다. 법률가로 교육받았고, 성격이나 정치성향이 보수적이며, 시장과 공화국의 열렬한 신봉자였던 그가 마르크스주의 이론에 기여했다는 사실은 상상조차 하기 어려운 아이러니다.

셰넥태디의 유니언 칼리지에서 교육받은 모건은 필연적인 사회과정인 동시에 개인적 규범이기도 한 진보를 몸소 구현한다. 1842년에 변호사가 되었으나 장기간의 경기침체로 일감을 찾지 못하자 금주(禁酒), 고대 그리스와 19세기 중반 미국의 유사성 등을 주제로 강연과 논문 저술에 몰두했다. 1844년 후반에 모건은 뉴욕 주 로체스터에서 변호사업을 시작했다. 당시 그 계층의 많은 사람들이 그랬던 것처럼 모건도 그리스-로마 주제에 기인한 '고르디우스의 매듭 동맹'(Order of the Gordian Knot: 고르디우스 매듭이란 그리스 신화에서 프리기아의 왕 고르디우스가 만들었다는 풀기 어려운 매듭으로, 흔히 해결하기 힘든 난제를 뜻한다—옮긴이)이라는 사교 클럽에 합류했다. 그러나 모임은 점차 미국적 특성을 강조하는 쪽으로 변했고, 모건의 제안에 따라 '이로쿼이 대동맹'(Grand Order of the Iroquois)으로 개명되었다.

모건은 이로쿼이 문화 연구에 빠지게 되었고, 민족지적 사실들을 클럽의 의전규범에 통합시켰다. 1840년대 후반에 모건은 본격적으로 이로쿼이 연구에 파묻히게 되었다. 하지만 많은 시간을 민족지에 바치면서 변호사 활동에 지장이 생기자, 그는 일단 이로쿼이 조사 내용을 정리한 뒤 변호사업에 복귀하기로 결심했다. 이리하여 6개월 만에 완성한 것이 『이로쿼이 부족연맹』(*League of the Iroquois*)이다.

『이로쿼이 부족연맹』은 이로쿼이족의 종교, 가내 건축, 정부와 사회조직, 물질문화, 언어, 지명에 대한 모건의 연구를 요약한 것이다. 풍부한 그림과 지도가 들어 있는 이 연구서는 단어 목록, 지명, 도면 같은 상세한 민족지 자료를 제공하는 매우 소중한 문헌이다. 모건의 작업은 만장일치는 아니지만 전반적으로 긍정적인 평가를 받았다. 미국의 탐험가이자 인류학자인 존 파웰은 그것을 "처음으로 세상에 나온 인디언 부족에 대한 과학적 설명"이라고 기술했다.[6] 반면 역사학자 프랜시스 파크먼은 모건이 "다른 부족에도 공통적인 것을 이로쿼이만의 독특한 특성으로" 간주해 이로쿼이의 독자성을 과장했다고 주장했다.[7] 파크먼의 비판은 경청할 만하다. 이 시점까지 모건의 인류학 지식은 깊이는 있으나 편협했다.

이후 10년간 모건은 법과 사업에 전념하여 채광, 부동산, 철도 등에서 생긴 수입을 기반으로 상당한 부를 축적했다. 그러나 1850년대 후반 모건은 민족학(ethnology), 특히 이로쿼이의 친족과 사회조직 연구로 되돌아간다.

『이로쿼이 부족연맹』에서 이로쿼이 친족을 다루었던 모건은 1857년 미국 학술진흥원에서 '이로쿼이의 출계율'(조상과 개인 사이의 계보를 추적하여 혈통을 따지고, 개인을 그 혈통에 따라 형성된 친족집단의 성원으로 귀속시키는 것을 출계라 하며, 여기에 적용되는 원리를 출계율이라 한다. 남성을 따라 출계를 따지면 부계, 여성을 따라 출계를 인정하면 모계라 한다—옮긴이)에 관한 증보 논문을 발표했다. 이로쿼이 친족체계는 모건을 놀라게 했다. 예를 들면 방계(collateral) 친족이 직계(lineal) 친족으로 분류되어 아버지와 아버지의 형제, 어머니와 어머니의 자매, 형제자매와 평행사촌(parallel cousin: 부모와 성(性)이 동일한 형제자매를 통해 연결된 사촌으로 우리의 친사촌과 이종사촌이 여기에 속함—옮긴이)을 부를 때 같은 용어가 사용된다. 세네카족의 출계(出系)는 모계를 통해 인식되어 아이는 아버지가 아니라 어머니 종족의 구성원이다. 모건은 나아가 이로쿼이의 정치조직은 친족의 확장임을 관찰했다. "사실 그들의 유명한 연맹은 이러한 (친족) 관계를 복합적이고 방대하기까지 한 민간 정치조직의 체계로 정교하게 다듬은 것이다."[8]

1859년 모건은 미시간 북부의 오지브와(Ojibwa)족, 그리고 다코타(Dakota)족과 크릭(Creek)족도 유사한 친족체계를 사용한다는 사실을 발견했다.[9] 이에 따라 모건은 민족지 자료에 새롭게 접근했다. 이로쿼이족의 민속과 고귀함만을 기록하는 대신, 모건은 친족이라는 공유된 체계에 반영되는 다른 사회들 사이의 관계를 탐색하기 시작했다. 인류학자 화이트의 표현에 의하면, 모건의 위대함은 "친척을 호명하는 관습이 과학적으로 중요하다는 사실"을 발견한 데 있다.[10] 그 발견은 모건의 거작 『인류의 혈연 및 인척 체계』(*Systems of Consanguinity and Affinity of the Human Family*)에 기록되어 있다.

친족과 진화

모건은 친족체계에 대한 범세계적 탐구를 시작했다. 스미소니언 연구소와 국무성의 지원을 받아 친족 용어에 관한 정보를 요청하는 설문지를 전 세계의 영사관 직원과 선교사, 학자들에게 보냈다. 모건은 이 통문화적 조사 결과를 자신의 현지연구와 결합하여 북아메리카, 오세아니아, 고대 및 현대 유럽의 139개 다른 집단에 관한 친족 자료를 만들어냈다(아프리카, 남아메리카, 오스트레일리아는 본질적으로 미제로 남았다).

모건의 목표는 친족체계들간의 연결을 추적하고, 인류가 '미개시대'를 거쳐 발전시켜온 친족체계의 진화를 조사하는 데 있었다.[11] 여기서 모건은 『고대사회』의 설명구조를 이루는 진화론적 틀을 개관하지는 않았다. 오히려 친족체계는 언어인 양 접근하고 분석은 비교방법을 따랐다. 학자들이 언어적 유사성에 바탕을 두고 상이한 어군들의 발달과 그들 사이의 역사적 관계를 증명해왔듯이, 모건도 "위대한 인간집단의 친족체계에는 인간 사고와 경험의 오랜 유산 일부가 침전하여 보존되고 있다"고 주장한다.

모건은 모든 친족체계가 두 개의 큰 집단, 즉 기술적(descriptive) 체계와 유별적(classificatory) 체계로 나뉠 수 있다고 보았다. 영어에서 사용되는 것과 같은 기술적 체계는 직계친과 방계친을 구분한다. 아버지와 아버지의 형제는 동일한 용어로 불리지 않는다. 기술적 체계에는 특수한 친족 용어가 적으며, 이 용어들은 '에고'(Ego)로 지칭되는 당사자의 비교적 가까운 친척에게 적용된다.[12]

반대로 유별적 체계는 직계친과 방계친을 동일한 것으로 취급하여 세대(에고의 아버지와 할아버지)와 성(에고의 남자사촌과 여자사촌)을 구별하지만, 아버지와 아버지의 형제, 어머니와 어머니의 자매를 부를 때에는 동일한 용어를 사용하는데, 이는 모건이 이로쿼이에서 처음 확인한 유형과 비슷하다.

이 조사에서 모건은 세 개의 기술적 체계(셈, 아리아, 우랄)와 세 개의 유별적 체계(말레이, 투란, 가노완)를 합하여 여섯 개의 친족체계군을 확인했다. 셈 친족체계는 아랍·히브리·아르메니아에서 발견되고, 아리아 친족체계는 페르시아어·산스크리트 사용자와 모든 고대 및 현대의 유럽어군이 이용하며, 우랄 친족체계는 투르크족·마자르인·핀족·에스토니아인에게서 발견된다. 유별적 체계 가운데 가노완(Ganowan)이란 용어는 모든 북아메리카 원주민들을 포함하기 위해 모건이 직접 만들었다(세네카어의 '활과 화살'에서 따왔다). 투란(Turan) 체계는 중국·일본·힌두·기타 인도 대륙을 포함하고, 말레이 체계는 하와이·마오리·기타 오세아니아 집단을 포괄한다.

이러한 여섯 개의 친족체계군은 모건에 의하면,

> ……크게 두 부문으로 나뉜다. 한쪽에는 셈·아리아·우랄 체계가, 다른쪽에는 가노완·투란·말레이 체계가 있는데, **양 체계의 구분은 문명화된 국가와 문명화되지 못한 국가 사이의 경계선과 거의 일치한다**(이하 고딕체 강조는 제리 무어).[13]

이는 깜짝 놀랄 만한 결론이다. 유별적 체계와 기술적 체계의 차이가 야만과 문명 사이의 구분을 나타낸다. 모건은 어떻게 이런 결론을 내릴 수 있었을까? 어떻게 친족체계의 차이를 문화적 발달의 단계와 연결했을까?

모건의 논리는 교묘하지만 결점이 있다. 첫째, 친족체계는 "자연스러운 연상 작용", 즉 "정상적인 지성의 활동에 의해 자동적으로 마음에서 일어나는" 원시적 사고에 근거한다고 주장했는데,[14] 이는 타일러가 문화의 정신적 구성을 강조하는 점과 비슷하다. 기술적 체계는 결혼이 단혼제(monogamy, 일부일처제)에 근거를 둘 때 출계(出系)에 대한 자연스러운 추론이었다. 친족들은 혼인한 일련의 조상들을 준거로 그들 사이의 관계를 설명하려 노력할 것이라고 모건은 주장한다.[15] 타일러처럼 모건도 문화를 '원시 철학자들'에 의해 만들어지는 현실에 대한 합리화라고 생각했고, 그 논리적 근거는 인류학자에 의해 재구성될 수 있다고 보았다.

그렇다면, 유별적 체계는 어떻게 생겨났는가? 모건에 따르면 유별적 체계 역시 복혼제(polygamy, 일부다처제 또는 일처다부제), 공동혼(communal marriage), 난혼(promiscuity)이 존재하는 곳의 사회적 관계로부터 추론된 것이다. 그 예로 모건은 하와이형 친족 분류를 논하는데, 여기서 에고는 아버지·아버지의 형제·어머니의 형제를 같은 친족 용어로 부르고, 어머니·어머니의 자매·아버지의 자매를 다른 용어로 부른다. 모건이 해석하기에 하와이형 친족이 반영하는 것은,

규정된 범위 내에서의 난혼관계[이다]. 이런 관습의 존재는 필연적으로 형제자매간의, 그리고 어쩌면 부모자식간의 동거를 포함하는 난혼 상태를 전제한다. 그리하여 하등동물에 가까운, 우리가 가능한 인간의 상태라고 여기는 데 익숙해진 것보다 훨씬 미개한 조건에 처한 인류가 발견된다.[16]

유별적 체계는 난혼관계와 애매한 친자관계에 기초한 합리적인 결과이다.[17] (나는 내 형제의 부인과 관계를 가지므로 형제의

자식을 내 자식이라 부르는 것으로, 누가 누구의 자식인지 어찌 알겠는가. 우리는 행복한 대가족일 따름이다.)

모건은 구분되는 친족체계들로부터 상이한 사회관계를 유추해내고, 이를 '가장 원시적인 것'에서 '가장 개화된 것', 난혼에서 단혼에 이르는 연속선상에 배열한다. 그러나 "가내 제도(do-mestic institution)의 자연적 안정성"[18]을 감안할 때, 왜 한 체계가 다른 것으로 바뀌는가? 유별적 체계는 왜 기술적 체계로 진화하는가? 친족은 왜 변화하는가?

모건은 이전 사회 상태의 '개량'을 상정하는 혼합적인 설명을 제시한다. 공동의 남편들이 공동의 부인들을 다른 남자들로부터 보호하면서 난혼 사회는 부분적으로 '개량'된다. 이로부터 시작된 과정이 궁극적으로 "오늘날 존재하는 가족"[19] 즉 단혼에 기반을 두는 독립적인 핵가족에 이르게 된다.

그러나 진정한 변화는 사유재산의 발생 이후 일어난다. 여기서 모건은 그의 연구가 함축하는 바를 극적으로 확대한다.

특수한 상황하에서 유별적 형태를 전복시키고 기술적 형태로 대체하는 강력한 동기가 있지만, 이는 문명을 이룬 후에 일어난 것이다. 이것은 재산권의 상속이다. 그래서 재산의 증식과 그 분배를 해결하는 일이 혈연을 보다 엄밀하게 구분하도록 유도한다고 추측할 수 있다……[20]

"재산의 성립, ……그 권리의 양도"에 의해, "무엇보다도 직계 후손에게 재산을 물려주는 관습이 확고해지면서……" 기술적 친족체계가 진화하고 결국 핵가족이 발달했다. 가족은 "재산에 대한 권리와 특전에 의해 조직화되고 개별화되었다."[21] 사회구조와 경제는 그렇게 연결된다.

영국의 사회인류학자 마이어 포티스는 모건의 '통찰력과 착각의 혼재'에 대해 언급하면서, 모건이 사유재산의 역할에 집착한 점은 "순수한 추측, 즉 급속한 경제성장을 경험하는 사회에서 당시 미국인으로서 그의 개인적 가치를 투영한 것"이라고 주장한다.[22] 가정만 많고 억측의 역사에 의존한 모건으로서는 하와이형 친족 용어가 난혼집단의 유물이라거나, '미개 민족들'이 재산상속을 몰랐다는 점을 입증할 수 없었다.[23]

그러나 모건은 친족체계의 중요성과 그것이 경제나 정치 같은 인간생활의 다른 측면과 맺는 관계를 탐구한 최초의 인물이다. 사회들간의 역사적 연관성을 이해하는 방법으로 시작된 것이 『고대사회』에 이르면 정교하게 다듬어진 틀, 즉 모든 인간사회의 발전을 이해하는 도식으로 전환된다.

『고대사회』

이 고전의 중심을 이루는 신조는 서두의 문장에 적혀 있다.

인류의 초기 상태에 관한 최근의 연구는 인간이 낮은 단계에서 생활을 시작하여 서서히 경험적 지식을 축적함으로써, 야만시대(savagery)로부터 문명시대(civilization)로 진보해왔다는 결론으로 기울어지고 있다.

일부 인종은 야만 상태에 있고, 다른 일부는 미개(barbarism) 상태에 있으며, 또 다른 일부는 문명 상태에 있다는 사실을 부정할 수 없는 것과 마찬가지로, 이 세 가지 다른 상태가 필연적이고 자연스런 진보의 연속선상에서 서로 연결된다는 점 또한 부정하기 어렵다.[24]

그래서 상이한 인종들──그들이 아시아, 유럽, 아프리카, 오스트레일리아, 아메리카 대륙 어디에 있든──은 진보라는 공동의 진행선상에서 다른 지점을 나타낸다. 모건에 따르면, "인류의 역사는 근원도 하나, 경험도 하나, 진보도 하나이다."[25] 한 문화는 야만시대, 다른 문화는 미개시대, 또 다른 문화는 문명시대에 속하게 되는 것은 상이한 인종들이 후진성 또는 발전성을 유전적으로 선고받은 결과가 아니다. 그들은 다만 문화적 진화라는 공동의 과정에서 다른 단계에 자리잡은 사회들이다. 모건은 말한다.

　　마지막으로 인류의 경험은 거의 동일한 경로를 거쳐왔고, 유사한 상태에서 인간에게 필요한 것은 대동소이했으며, 모든 인류에게 고유한 두뇌의 균일성 덕분에 정신적 원리가 동일하게 작용해왔다고 말할 수 있을 것이다.[26]

모건에게 '야만시대', '미개시대', '문명시대'라는 용어는 네 종류의 문화적 성취──발명과 발견, 통치의 관념, 가족의 조직, 재산의 개념──에 의해 측정되며, 잘 정의된 진보의 단계들을 대표한다. 진보의 방향은 발명과 발견의 분야에서 제일 분명한데, 이는 어떤 발명이 필연적으로 다른 발명에 선행되어야 하기 때문이다(토기 이전의 불, 유목 이전의 수렵). 따라서 모건은 기술발달을 유일하지는 않지만 주된 '진보의 시금석'으로 삼아 문화 발전의 다른 단계들을 구분했다.

모건은 최초의 단계 또는 '민족적 기간'(ethnical period)을 최초의 인간과 함께 시작되고 불과 수렵에 대한 지식으로 마감하는 **야만시대의 하급상태**, 불과 수렵으로 시작하여 활과 화살의 발명까지 지속된 **야만시대의 중급상태**, 활과 화살로 시작해 토기의 발달로 끝나는 **야만시대의 상급상태**로 분류했다.

토기의 발명은 야만시대와 미개시대의 경계선을 표시한다. **미개시대의 하급상태**는 토기로 시작해서 구세계의 가축사육 및 신세계의 관개농업, 견고한 건축이 발달할 무렵까지 지속된다. 가축사육과 관개농업, 그리고 건축의 발전이 **미개시대의 중급상태**를 나타내며, 이 시기는 철광석을 제련하는 방법이 발명될 때까지 계속된다. **미개시대의 상급상태**는 철광석의 제련으로 시작해서 표음 문자인 알파벳이 발달할 때까지 계속되는데, 이는 **문명시대**의 출현을 나타내며, 이 단계는 더 이상 세분되지 않고 오늘날에 이른다.

모건은 "연속적인 생계수단"이 "지구상에서 인간의 우월성을 확보하는" 기반이라고 주장하면서, "인간 진보의 위대한 시기는 생계 자원의 확충과 대체로 일치해왔다"[27]고 지적한다. 이러한 문화적 진화의 물질적 토대는 이후의 진화론자들, 즉 마르크스와 엥겔스, 레슬리 화이트(제13장), 마빈 해리스(제15장), 엘리너 리콕(제16장)에 의해 모건의 주요한 유산으로 간주되었다. 그러나 『고대사회』는 정치·가족·재산 등의 다른 영역에서의 변화에 대해 관념론적인 설명을 통합하므로, 일관된 유물론은 아니다.

'통치관념의 발달'에 대한 모건의 논의는 『고대사회』의 60퍼센트를 차지한다. 모건은 근대 인류학자들이 말하는 사회조직과 정치조직을 합쳐 '통치'(government)라 부른다. 모건은 친족 유대에 기초한 사회질서(societas)와 정치적 유대에 기초한 사회질서(civitas)를 명쾌하게 구분한다.

인류의 경험은……기획(plan)이란 말을 학문적인 의미에서 사용한다면, 두 개의 통치기획만을 발달시켜왔다. 양자는 명확하고 체계적인 사회조직이다. 오래 전에 성립된 첫번째는 씨족(gens), 협족(phratry) 및 부족(tribe)에 기초한 사회적 조직이었다. 근자에 생긴 두번째 것은 영토와 재산에 기반을 두는 정치적 조직이었다. 첫째 기획 아래에서는 씨족사회가 형성되었고, 여기에서 통치기구는 그 씨족과 부족에 대한 관계를 통하여 개인을 지배했다. 이 관계는 전적으로 개인적인 것이었다. 두번째 기획에서는 정치적 사회가 조직되었고, 이때 통치기구는 읍·군·주 등의 영토에 대한 관계를 통하여 개인을 지배했다. 이 관계는 전적으로 영토적이었다. 이 두 기획은 근본적으로 다르다. 하나는 고대사회에 속하며, 다른 하나는 근대사회에 속한다.[28]

모건은 공동 가족과 형제자매 가족에 관한 자신의 재구성을 반복하면서 성(sex)에 기반한 사회조직을 간략히 기술하고는, 그의 주된 관심인 씨족——또는 오늘날의 인류학 용어로는 종족(lineage)——으로 넘어간다. 모건의 용어에서 씨족은 공동의 조상으로부터 계통을 잇는 혈연친족(즉 혼인이 아니라 혈통에 의해 연결되는 친족)으로 구성되는, 고유명칭을 가진 사회적 집단이다.[29]

모계(matrilineal)든 부계(patrilineal)든, 씨족은 세계 곳곳의 문화에서 발견되고 야만시대에서 문명시대에 이르기까지 "고대사회의 근본적인 토대"였다.[30] 둘 이상의 씨족집단이 뭉쳤을 때—모건은 이를 '협족'(phratry)이라 불렀고 지금은 클랜(clan)이라 부름—그 친족 중심의 사회제도는 권리, 재산, 정치적 직무를 배분하는 구조를 제공했다. 씨족 또는 협족의 모임이 집단 전체를 가리키는 하나의 이름을 갖고, 동일한 방언을 쓰며, 최고 통치기구와 일정한 영토를 갖추면 사회질서는 부족의 수준에 이르게 된다.[31] 때가 되어 부족들이 연합하여 하나의 단위를 이루면 국가가 나타난다. 그래서 모건은 정치형태가 난혼적 집단에서 형제자매 집단가족으로, 집단가족에서 씨족으로, 그리고 협족, 부족, 국가의 단계로 발전적으로 진화한다고 주장했다.

모건의 가족 진화의 개요는 주로 『인류의 혈연 및 인척 체계』의 논의에서 이끌어낸 것이지만, 재산에 대한 논의는 『고대사회』에서 진일보했다. 재산의 발달은 "발명 및 발견의 진보와 보조를 맞추며" 재산의 보유와 상속은 진보하는 사회조직의 형태에 의해 규제된다고 주장하면서, 모건은 재산의 개념을 기술적·사회적 진화와 그대로 연관짓는다.[32] 야만단계에는 재산이 미미했으며, 주인이 죽었을 때 부장품으로 묻었기 때문에 상속되지 않았다. 미개시대의 하급상태에서는 재산의 양은 늘어났으나, 사망시 특별히 배우자에게 상속되지 않고 씨족원들 사이에서 분배되었다.[33] 미개시대의 중급상태에 이르면 농경의 발달과 함께 재산은 양적·질적인 증가를 보인다. 사람과 토지 사이에 새로운 관계, 즉 개인이 경작 및 사용권을 갖지만 매매권은 없는 다양한 형태의 공동체적(communal) 토지소유가 생긴다. 미개시대의 상급

상태가 끝날 무렵에는 국가의 소유권과 개인의 소유권, 두 가지 형태의 토지소유가 나타나는데, 이들은 문명시대라는 기간에 잘 정립된다.

그렇다면 모건은 본질적으로 기술적 발명, 통치와 재산의 형태에 의해 정의되는 발달단계들 사이의 관계를 어떻게 결정하는가? 기본적으로 두 가지 방법이 있다. 첫째, 그는 야금술이 불의 발명을 전제하듯이, 사회조직과 재산의 다양한 형태는 반드시 앞 단계의 보다 단순한 형태에 기반을 둔다고 주장하면서, 그럴듯하지만 억측에 가까운 역사를 제시한다.

둘째, 모건은 원시사회가 사회진화의 초기단계들을 대표해서 사회 및 재산 형태의 상대적 지위를 보여준다고 가정했다. "역사적 단계까지 남아 그 상태를 예증할 부족들이 없는" 야만시대의 하급상태를 예외로 하면, 원시적인 비서구 사회들은 문화적 진화의 특정한 단계들을 대표하는데, 이 점은 타일러도 지적했고 후에 프랑스의 사회이론가 에밀 뒤르켐도 되풀이한다(제4장 참조).

인류 진보의 여러 단계는 상당히 잘 보존되어 있어서, 완전히 원시적인 기간(즉 야만시대의 하급상태)을 제외하면 미개시대뿐 아니라 야만시대에 살고 있던 인류 조상의 가내 제도조차 여전히 일부 인종들에게서 거의 완벽한 실례를 찾아볼 수 있을 정도다. 그것들(진화의 각 단계들)은 처음에는 성에, 다음에는 혈연에, 그리고 마지막으로는 영토에 기초를 두고 있는 사회조직에서, 연속적인 혼인과 가족의 형태 및 그에 의해 형성되는 혈연체계를 통하여, 가정생활과 건축을 통하여, 그리고 재산의

소유권과 상속에 관한 관습의 진보를 통하여 구현된다.[34]

그리하여 오스트레일리아 원주민, 이로쿼이족, 또는 고대 로마의 민족지적 연구는 다른 문화의 연구가 아니라 문화적 진화의 특수 단계를 대표하는 표본의 연구다. 문명국가는 유사한 단계들을 거쳐 진보해왔고, 야만적이고 미개한 조상들의 "영웅적 노력과 끈기 있는 투쟁"에 크게 힘입었는데, 이러한 과정은 "야만인으로부터 미개인을, 그리고 이 미개인으로부터 문명인을 탄생시킨 신의 설계도 가운데 일부"였다.[35]

결론

여러 면에서 『고대사회』는 모건의 대표작이지만 신빙성은 가장 떨어지며, 영향력이 큰 만큼 원성도 많이 샀다. 앞서 말했듯이, 재산관계와 사회질서의 관련에 대한 모건의 진술은 엥겔스에 의해 발전되었고, 엥겔스의 저작을 통해 모건의 사상은 전 세계로 퍼져나갔다. 프란츠 보아스는 인류가 단선적인 진보의 단계를 거쳐왔다는 생각을 공격하면서, 모건과 타일러의 '비교방법'을 맹렬히 비판했다(제3장 참조).

기술적 영역에 대한 모건의 강조는 1940년대에 레슬리 화이트(제13장 참조)에 의해 문화진화론으로 개작되었다. 사실 모건은 '생계를 해결하는 기술'이 화이트가 제안하는 인과적 결정인자라고 확신하지는 않은 것처럼 보이며, 화이트의 작업에는 문화의 발달이 인간의 의지와 합리적 선택에 의해 이루어진다는, 『고대사회』 도처에 나타나는 관념론적 요소가 보이지 않는다.[36]

오류가 없진 않지만 인류학에 대한 모건의 공헌은 근원적이고 영속적이다. 첫째, 모건은 유별적 체계의 의미, 사회조직에서 직계 출계 집단(lineal descent group)의 역할, 친족에 기초한 정치질서와 비친족적 관계에 기초한 질서의 상호보완적 유형 등을 인식하여, 친족체계 연구의 중요성을 개관했다. 둘째, 모건은 체계적이고 전 세계적인 조사를 수행했는데, 이는 인간관계 지역자료(Human Relations Area Files: 민족지적 자료들을 집대성하여 지역별로 분류해놓은 것으로, 이를 통해 분포된 문화적 특징들의 상관 관계를 알아보고 역사적 궤적을 추적할 수 있음—옮긴이) 같은 대규모의 통문화적 연구보다 100년이나 앞선 것이다. 마지막으로, 모건은 문화적 차이를 단지 민족지적 호기심으로 다루는 데 그치지 않고 문화진화라는 분명한 틀에 의해 인류학 자료를 조직하려고 시도했다.

루이스 모건은 1881년 12월 17일, 63세의 나이로 세상을 떠났다. 그의 오랜 친구 매킬베인 신부(Joshua McIlvaine)—『인류의 혈연 및 인척 체계』를 헌정받은 장본인—는 먼저 유별적 친족체계의 분석을 소개한 후 축도를 했다. 이는 자연의 법칙을 발견하는 이성의 능력에 대한 자신감이 곳곳에 묻어나는 모건의 평생 업적에 어울리는 헌사였다.

문화의 맥락

보아스(Franz Boas, 1858~1942)는 20세기 미국 인류학의 방향을 잡았다. 그의 제자였던 앨프레드 크로버는 보아스 사후 얼마 지나지 않아 "세상은 가장 위대한 인류학자를, 미국은 가장 다채로운 지성인 중 한 명을 잃었다"고 적었다.[1] 스토킹은 30년 후이 평가에 동조하며 "20세기 전반 미국 인류학을 형성하는 데 보아스가 가장 중요한 인물이었다는 점에는 의문의 여지가 없다"고 말했다.[2]

보아스의 영향은 제도적이고 지적이며 또한 개인적이다. 타일러와 뒤르켐처럼 보아스는 인류학을 대학 안으로 끌어들이고, 학회와 잡지를 만들어내며, 대중과 정책입안자, 다른 과학자들로부터 제도적 지원을 받는 기본적인 연결망을 구축하는 데 주도적인 역할을 했다.

보아스는 미국 인류학자들이 추구하는 탐구의 주된 분야를 정의했다. 형질인류학에서 언어학에 걸친 그의 광범위한 관심은 미국 인류학에 폭넓은 주제를 제공했는데, 이는 사회인류학이 압도적으로 우세하여 고고학이나 형질인류학이 별도의 분야로 취급되는 영국이나 프랑스에서는 찾아보기 어렵다. 미국 인류학이 사회-문화 인류학, 언어학, 형질인류학, 고고학——이른바 네 분야의 접근방식——을 포함하게 되었다는 사실은 부분적으로 보아스의 넓은 관심을 반영한다.

보아스는 모건, 타일러, 뒤르켐과는 전혀 다른 인류학을 만들어냈다. 보아스는 문화적 행위를 일반적인 진화단계와의 관련 속에서 설명할 것이 아니라 특수한 문화적 맥락 속에서 파악해야 한다고 주장한다.

한 예로 보아스와 인류학자 메이슨(O. T. Mason)은 박물관의 민족지 자료 진열 문제를 놓고 열띤 토론을 벌인 적이 있다. 격렬한 논쟁의 주제라고 보기는 어렵지만, 서로 주고받은 의견이 시사하는 바는 컸다. 진화론자인 메이슨은 스미소니언 연구소의 민족지 자료를 전시할 때 원산지에 상관없이 유물의 종류——토기, 석기, 악기——에 따라 배치하여 '일군의 유물들에서의 유사성'을 보여주자고 제안했다. 메이슨은 인간의 특성에서 진화론적 유사성을 보여주기를 원했으며, 문화적 산물은 엇비슷한 보편적 원인으로부터 유래한다고 주장했다.

보아스의 반응은 즉각적이고 의미심장했다. 그는 문화적 특징이란 일반적인 진화 추세와의 막연한 연관보다는 특수한 문화적 맥락에 의해 우선적으로 설명되어야 한다고 단언했다. 보아스가 말하길, "국립 박물관의 소장품을 보면 아메리카 북서지역 부족들의 현저한 특징이 거의 보이지 않는데, 이는 한 부족의 유물이 건물 여러 곳에 흩어져 있고 다른 부족의 유물과 함께 전시되어 있기 때문이다."[3] 민족학 관련 소장품은 기술발전 단계에 따라 소개될 것이 아니라 "각 집단의 독특한 스타일을 알려주기 위해 부족에 따라 정리되어야만 한다. 한 집단의 기술과 특징적 스타일은 그 생산물들을 총체적으로 연구해야만 이해될 수 있는 것이다."

그 후 10년간 보아스는 이러한 비판을 모건, 타일러, 기타 진화론자들의 이론에 대한 대규모 공격으로 확대했다. 문화는 특정 문화들에 대한 상세한 연구로부터 이해되어야 한다는 보아스의 기본적인 접근방법은 최초의 전문적인 미국 인류학자 집단에 전수되었고, 앨프레드 크로버(제5장), 루스 베니딕트(제6장), 에드워드 사피어(제7장), 마거릿 미드(제8장) 등은 글자 그대로 인류학 탐구 분야를 구체화한다. 인류학자 마빈 해리스에 의하면, 보아스의 제자들은 차례차례 "전국 각지의 주요 교육기관에서 인류학적 조사와 교육의 발달을 위한 강령을 마련했다."[4] 보아스와 제자들 사이의 개인적 교류는 그의 지적인 영향력을 넓혔고 미국 인류학의 제도적 기틀을 형성했다.

그러나 크로버가 지적하듯이 "……인류학에서 보아스가 이바지한 바가 무엇인지를 비인류학자들에게 전달하는 일은 오랫동안 골치 아플 정도로 어려웠다"(크로버는 결국 이 작업에 실패했다).[5] 어쩌면 보아스가 미국 인류학의 성립에 미친 영향은 말로 표현하기 어려울 만큼 심원하다는 사실 자체가 보아스의 공헌이 지닌 본질적 가치를 간략히 설명해주는지도 모른다.

배경

미국 인류학의 창시자는 독일 북서부에서 진보적인 교육과 정치에 헌신적이던 유복한 유대인 집안에서 태어났다. 그는 자신이 "1848년 혁명의 이상이 살아 있던 독일 가정에서" 자랐다며, 보통선거권, 출판과 집회의 자유, 기타 자유민주적 개혁을 위해 투쟁했지만 결국 군부와 독재에 의해 억압된 유럽의 혁명에 대해 언급했다. 부모의 유대교에 대해 보아스는 "아버지는 당신의 부모님 댁에서 행하던 의례에 대해 애정 어린 감정을 간직하고 있었지만, 그로 인해 당신의 지적인 자유를 방해받지는 않았다"고 말하며, "부모님은 교리의 속박을 타개해나왔다"고 결론지었다. 그 자신의 설명대로, 이러한 영향이 보아스의 인류학과 사회활동에 나타난다.

보아스는 고향에서 교육을 받다가 여러 대학에서 물리학, 수학, 지리학을 공부하기 위해 떠났다. "나의 대학생활은" 지리학으로 대변되는 "세상의 현상에 대한 정서적 관심"과 수학·물리학의 형식적 분석에 대한 "지적 관심" 간의 "절충"이었다고 보아스는 회상했다.[6] 그의 학위논문은 물의 색깔에 대한 것이었는데, 지리학보다는 물리학이 강조된 주제였다. 그는 1881년 23세의 나이로 박사학위를 받았다. 크로버는 보아스가 물리학자로 교육받은 것이 "추상적 형태나 구조를 다루는 재능과 지적인 정확성과 엄밀성"을 길러주어 "그의 지적 경력 전체에 심대한 영향을 주었다"고 주장했다.[7]

1년간의 군복무 후 보아스는 특별히 하는 일 없이 시간을 보냈다. 그는 인간사회를 연구하고 싶었지만 어디에서도 재정 지원을 받을 수 없었다. 몇 번의 좌절 끝에 1883년 6월, 독일의 북극 탐사에 합류한 보아스는 이누이트(Inuit)족 조사에 착수했는데, 이는 "아주 특수하고 단순치 않은 사례를 연구함으로써, 사람들의 생활과 환경 사이의 관계를 규명하는 데 얼마나 큰 도움이 되는가를 발견하기" 위함이었다.[8] 베를린의 한 신문에 자유기고문을 써보내 생계를 유지하면서 보아스는 캐나다 북서지역의 배핀

(Baffin) 섬에서 1년을 보냈다. 영하 50도에 이르는 북극의 겨울에 개가 끄는 썰매를 타고 이동하면서 보아스는 배핀의 해안선을 지도에 그리고, 이누이트족의 전설을 수집하고, 의식과 의례를 관찰했다. 나중에 그는 이때의 민족지 조사를 '깊이가 없는' '실망스러운 것'이었다고 불만을 표했지만 그 1년이 "이전의 관심사에서 벗어나 인간 행위를 결정짓는 것이 무엇인가를 이해하려는 욕구를 충족시켜줌으로써, 내 견해를 발전시키는 데 상당한 영향을 주었다⋯⋯"[9]고 인정했다.

북극에서 돌아온 보아스의 앞날은 불투명했다. 미국에서 직업도 연구비도 얻지 못하자 독일로 건너가 18개월간 일한 후 다시 미국으로 돌아왔다. 1886년 가을에는 브리티시컬럼비아 남부의 '캐나다 지질학 조사국'에서 일하면서, 밴쿠버 섬 근처에서 간략한 민족지 조사를 수행했다.[10] 1887년 뉴욕으로 돌아온 보아스는 『사이언스』(Science)지의 편집 보조직을 맡게 되면서 경제적으로 다소 안정되었고, 곧 결혼해서 미국 시민이 되었다.

『사이언스』지 덕에 보아스는 단숨에 그의 영향력을 넓힐 수 있었다. 1888년에는 영국 학술진흥원이 보아스에게 북서 해안지대의 민족지 자료 수집을 의뢰했다. 성공적인 여정 이후 영국 학술진흥원은 1889년 두번째 북서 해안지대 답사도 지원했다. 그곳에서 보아스는 토착 언어 연구와 인체 측정, 콰키우틀족(Kwakiutl)과 침시아족(Tsimshian)의 사회조직 조사를 진행했다.[11] 같은 해 매사추세츠 주 우스터에 신설된 클라크 대학의 교수직을 얻었고, 1892년 그의 지도 아래 미국 최초의 인류학 박사 학위가 수여되었다.[12] 1892년 대학의 재정 악화로 많은 교직원이 사직하게 되었을 때, 보아스도 학교를 떠나 아메리카 원주민들의 유물을 전시하는 작업을 하던 '시카고 세계 콜럼버스 박람회'의 인류학자들과 합류했다. 새로 생긴 시카고의 '필드 자연사 박물관'에서 잠시 일한 다음 스미소니언의 임시직을 거쳐, 영국 학술진흥원 후원으로 다시 한 번 북서 해안지대를 답사했다. 하지만 평소 소망하던 뉴욕의 '미국 자연사박물관' 자리는 얻지 못했다. 이런 직업적인 불안은 자식의 사망으로 인해 더욱 깊어졌다.[13]

참으로 암울하고 어려운 시간이었다. 필드에서 보낸 보아스의 편지는 완수한 조사에 대한 예리한 설명과 재정적 불안으로 의기소침해진 서술 사이를 오가고 있으며, 그 밑바닥에는 부인과 살아 있는 자식들을 향한 깊은 그리움이 깔려 있었다.

그러나 1895년 사태는 호전되기 시작한다. 존 파월이 보아스에게 스미소니언 연구소 내 '미국 민속국'에서 편집일을 맡아달라고 제의하자 '미국 자연사박물관'이 여기에 자극을 받아 맞제안을 내놓은 것이다. 같은 해 12월 보아스는 자연사박물관에 취임하면서 마침내 안정된 자리를 확보했다. 하이엇에 의하면, 그는 이제 "더 이상 경제적 생존을 걱정하지 않고 인류학이라는 학문과 그 적용에 전념하게 되었다."[14]

뉴욕을 근거지로 보아스는 미국 인류학에 영향을 미치기 시작했다. 1896년 5월 그는 컬럼비아 대학 형질인류학 강사로 채용되었고, 1899년에는 교수로 임용되었다. 이 기간에 그는 자연사박물관의 자리도 유지했으며, 1901년에는 인류학 학예관이 되어 자연사박물관과 컬럼비아 간의 유대를 긴밀히 했다. 보아스는 엄청난 에너지와 전문성으로 주어진 기회를 장악했다. 업적이 많은 학자인 해리스(제15장 참조)도 이렇게 말할 정도였다.

교육자, 관리자, 조사가, 수많은 모임의 발기인이자 회장, 편집인, 강사, 여행가로서 보아스의 공적은 지켜보기에도 버겁다. 출판을 할지 말지 망설여본 적이 있는 사람은, 이 모든 활동이 끊임없이 이어지는 책과 논문의 간행을 동반했다는 사실을 알면 등골이 오싹해질 것이다.[15]

1895년부터 그가 사망한 1942년까지 보아스의 이력서는 마치 초기 경력에서의 좌절을 보상이라도 하듯 출판물과 업적들로 가득 채워져 있다. 1899년 보아스는 컬럼비아 대학 정교수가 되었고, 1900년 학술원에 추대되었다. 그는 '미국 인류학회' 설립을 도왔고, 잡지 『미국 인류학자』(*American Anthropologist*)를 되살렸다. 보아스는 아직까지도 출판되고 있는 『미국 언어학지』(*International Journal of American Linguistics*)를 1917년 창간했고, 멕시코 고고학 조사단 설립을 도왔으며, 특히 북서부 해안에 대한 일련의 조사계획들을 감독했는데, 그러는 동안에도 저술활동을 멈추지 않았다.

보아스는 6권의 책과 700편이 넘는 논문을 썼으며, 그의 문헌목록은 다양한 연구를 증언해준다.[16] 수적으로 가장 많은 것은 북극과 북서부 연안 조사 논문과 보고서들로, 콰키우틀과 침시아, 그리고 다른 북서부 연안 사회들에 대한 출판물들을 합하면 1만 페이지가 넘는다.[17] 보아스는 언어연구에도 공이 컸다. 그는 40년 동안 컬럼비아 대학에서 두 개의 세미나를 지도했는데, 하나는 통계적 방법이었고, 다른 하나는 북아메리카 인디언 언어에 관한 것이었다. 보아스는 북서부 연안 인디언 언어에 대해 집중적으로 출판했으며, 북아메리카 언어를 기록하는 조사강령을 확

립했다.[18]

셋째, 보아스의 인체 측정 작업은 공공정책에 시사하는 바가 큰 중요한 시도였다. 보아스의 시대에 인종은 고정된 생물학적 범주로 간주되었다. 즉 개개의 인종은 특수한 신체적·정신적·문화적 속성을 갖는다고 여겨졌다. 많은 형태적 연구가 피부색처럼 명백한 특징보다는 두개골 측정에 기반한 인종적 변이를 정의했다. 두개골의 형태는 보다 영구적인 특징이고 그래서 인종의 범주를 정하는 훌륭한 기반이라고 생각되었지만, 두개골의 영속성은 입증된 것이 아니라 단지 가정되어왔을 뿐이었다.

1911년 보아스는 1만 7,821명의 이주자를 대상으로 한 대규모 두개골 연구 결과를 발표하고, 자료를 정밀하게 통계 분석했다 (컴퓨터 없이 작업이 이루어졌음을 상기하라). 보아스는 이주해 온 부모와 미국에서 출생한 자녀들의 두개골 형태가 상당히 다르다는 사실에 의거해, 그것이 전혀 영구적이지 않다는 점을 보여주었다.[19] 보아스는 고정되어 있다고 믿어진 특징, 유전적으로 전해진 특징이 사실은 환경에 의해 바뀐다는 것을 증명했다. 또한 두개골의 형태처럼 변하지 않을 것 같은 인종적 특징이 환경의 영향을 받아 변한다면, **모든** 인종적 분류와 특징은 의심해보아야 한다는 점을 인식시켰다.

1931년 보아스는 미국 학술진흥원에서 '인종과 진보'라는 제목의 기조연설을 했다.[20] 보아스는 40년간의 연구를 요약하고 그것을 미국 사회의 암적인 문제인 인종차별주의(racism)에 적용했다. 그는 일생을 통해 인종과 지성을 연결하는 인종차별적인 사이비과학적 연구들을 공격했다. 개인간 변이가 인종간 변이보다 크다고 주장하면서, 보아스는 "인종간의 생물학적 차이는 작다. 한 인종이 다른 인종보다 선천적으로 좀 더 똑똑하고 강한 의지력을 타고나거나 정서적으로 보다 차분하다고 믿을 하등의 이유가 없다"고 결론지었다.[21] 여기에는 보아스가 저급한 학문에 대해 느낀 불쾌감뿐만 아니라, 개인적으로 경험한 반유대주의(anti-Semitism)도 한몫했다. 이런 요인들이 인종차별을 논리적이고 열성적으로 배척하도록 이끌었다. 보아스는 미국 유색인종 지위향상협회(NAACP)의 창립에 관여했으며, 학술지뿐 아니라 대중잡지에도 인종에 대한 글을 기고했다.

그의 1931년 연설은 인종차별주의에 맞서온 오랜 싸움을 결산하는 중요한 성명이었다. 인종간 결혼이나 성관계로 인해 생물학적으로 '순수한' 인종은 존재하지 않으며, 당시의 상식과는 반대로 인종의 '혼합'이 해로운 결과를 낳는 것이 아니라고 보아스는 주장했다. 게다가 인종 내 개인간의 변이가 인종간의 차이보다 크다고 보았으며, 아이큐 검사의 중요성도 의심했고 인종에 따른 지능차를 보여주는 연구도 폄하했다. 그는 생물학적인 인종 개념 외에 사회적 개념도 비판했다. "우리에게 인종간 반목은 부인할 수 없는 현실"이라고 진술한 후 미국이 안고 있는 커다란 문제는 인종적 특징에 기초한 계층분화이며, 이것이 다양한 갈등을 유발한다고 역설했다.[22] 보아스는 다음과 같이 근본적 문제에 도전하며 기조연설을 마무리한다.

우리가 인종적 층위의 〔사회-경제적〕 위계화를 고집하는 한, 인종간 투쟁이라는 값비싼 대가를 치르게 될 것이다. 지금까지 해왔던 대로 밀고 나갈 것인가, 아니면 우리를 괴롭히는 뿌리 깊은 적대감의 원인을 파악하려고 노력할 것인가?[23]

보아스는 계속해서 인종차별주의에 반대하는 목소리를 냈으며, 1933년경 그는 남보다 앞서 나치즘을 비판했다. 보아스는 그들의 인종정책을 비판하고 히틀러와 그의 지지 세력을 정신병동에 감금해야 한다고 주장하면서, 지하 연합군이 독일에 몰래 반입한 반나치 격문을 썼다.[24] 보아스는 헌신적이고 대중적인 지식인이었던 것이다.[25]

문화의 통합

다른 학자들의 학문적 진전과 마찬가지로 보아스의 견해도 그의 생애를 통해 꾸준히 발전해왔지만, 그가 일관되게 견지한 입장은 문화란 보편적 진화단계의 반영이 아니라 특수한 역사적 과정에 의해 이룩되는 통합적 총체(integrated whole)라는 것이다. 보아스의 초창기 저술에서는 에드워드 타일러가 대필했을 법한 단락을 발견할 수 있다. "역사적 접촉이 없는 문화영역(cultural area)에서 유사한 현상들이 자주 나타나는 것은……인간의 정신이 어디에서나 동일한 법칙에 따라 발달한다는 점을 보여준다."[26] 하지만 1890년 후반에 이르면, 보아스는 진화론적 설명의 틀과 비교방법에 대한 그의 비판을 발전시킨다. 보아스는 모건과 타일러의 비교론적 접근방법에는 세 가지 오류─① 단선적(unilineal) 진화의 가정, ② 현존하는 원시사회 일부를 진화상의 잔재로 보는 관점, ③ 취약한 자료와 부적절한 기준에 바탕을 둔 사회 분류─가 깔려 있다고 주장한다. 이러한 오류들이 보아스식 공격의 대상이었다.

보아스는 모건과 타일러 등의 진화론적 도식은 검증되지 않았고 검증될 수도 없는 것으로 보고 배격했다. 「민족학의 방법」에서 보아스는 진화론적 입장을 다음과 같이 정리했다.

〔진화론은〕 인류의 문화생활에서 역사적 변화의 경로는 일정한 법칙—어디에나 적용될 수 있고, 문화적 발달의 주된 방향이 모든 인종과 집단에 동일하게 나타나게 하는—을 따른다고 전제한다. **보편적 진화의 가설이 수용되기 전에 먼저 증명되어야 한다는 사실을 인정하는 순간, 전체구조는 그 기반을 상실한다.**[27]

보아스는 19세기 문화진화론의 기반을 통째로 흔들어놓았다. 우리는 어떤 기술발달 과정들이 내재적인 진화적 질서—토기를 만들기 위해서는 먼저 불이 있어야 하고, 부싯돌식 발화장치는 자동소총 이전에 발명되었다—를 갖는다는 점에서는 모건이나 타일러에 동의할 수도 있다. 하지만 모계 친족체계가 부계 친족체계에 선행했다거나 애니미즘에 기초한 종교가 다신교보다 먼저 발달했다는 그들의 주장을 뒷받침할 만한 어떤 민족지 자료도 없다. 보아스는 이런 단선적 순서 매김은 그저 가정일 뿐이라고 주장한다. 역사적 관계가 증명되지도 않았고, 그러한 관계를 증명할 방법도 없다는 것이다. 그러므로 진화론적 도식은 민족지 자료로부터 산출된 이론이 아니라 자료 위에 덮어씌운 증명되지 않은 가정일 뿐이다.

또한 다른 사회들을 단선적으로 분류하는 것은 유사한 문화유형(즉 하와이형 친족 분류방법이나 활과 화살의 사용)을 갖는 별개의 사회들이 비슷한 진화의 수준에 있음을 전제로 한다는 것이 보아스의 입장이다.

진화론적 입장과 달리 보아스는 매우 유사한 문화행위들이 다른 원인에서 생길 수 있다고 믿었다. 그에 따르면, 인류학의 주요 임무는 "문화의 형태와 개인의 문화에 대한, 그리고 문화의 개인에 대한 역동적 반응을 기술하여 특수한 문화의 깊이 있는 분석"을 제공하는 것이다.[28] 보아스는 일부 제자들과는 달리 인간 행위의 일반적 법칙이 아예 존재하지 않는다고 가정하지는 않았으나, 그러한 법칙은 특수한 역사적 과정의 이해를 통해서만 이끌어낼 수 있다고 생각했다.

인간 문화의 발달을 지배하는 일정한 법칙들이 있다는 데 동의하며, 우리의 작업은 이 법칙들을 발견하는 것이다. 탐구의 목적은 문화의 어떤 단계가 발생하는 과정을 찾는 것이다. 관습이나 신앙 자체가 궁극적인 조사의 목표는 아니다. 우리는 그러한 관습과 신앙이 존재하는 이유를 알고자 한다. 다시 말해서 우리는 그것들이 발달해온 역사를 찾고 싶은 것이다.

……관습을 실천하는 부족의 문화 전체와 인근 부족 사이에서 그것이 지리적으로 분포된 상태를 염두에 두고 그 관습을 상세히 연구하면, 우리는 어떤 역사적 원인이 문제가 되는 관습의 형성을 유도했으며 그것의 발달에 작용한 심리적 과정을 지배했는지를 상당히 정확하게 규명할 수단을 얻게 된다. 탐구의 결과는 세 가지 측면을 갖는다. 그것은 문화적 요소를 창조하거나 수정(修正)시킨 환경적 조건들을 드러낼 수 있고, 문화를 형성시키는 데 작용한 심리적 요인들을 명백히 밝힐 수 있으며, 역사적 연관성이 문화의 성장에 미친 영향을 가시화할

수 있을 것이다.[29]

따라서 보아스는 잘 확립된 민족지 사례에 의해 입증될 경우에만 적응적·심리적·역사적 요인에 바탕을 둔 엄격한 일반화가 가능하다고 본다.

비교방법과 역사적 방법은(이런 용어들을 써도 된다면) 오랫동안 우위를 차지하려고 다투어왔지만, 각자는 머지않아 적절한 위치와 기능을 찾으리라고 본다. 역사적 방법은 문화의 유사성만 발견되면 연관성을 가정하는 잘못된 원리를 포기함으로써 보다 건전한 토대에 이르렀다. 비교방법은 그것을 찬양하는 수많은 말과 글에도 불구하고 뚜렷한 결실을 보지 못해왔다. 그런데, 동질적인 문화진화의 체계적 역사를 구성하려는 공허한 노력을 포기하고, 내가 윤곽을 잡으려고 시도한 광범위하고 건실한 기초 위에서 비교를 시작하기 전에는 성과를 거두기 어려울 것으로 보인다. 지금까지 우리는 재기발랄한 발상〔즉 비교방법〕에 지나친 환호를 보냈다. 견실한 작업은 여전히 우리 앞에 놓여 있다.[30]

결론

보아스는 특수한 사회의 상세한 연구는 문화행위의 전 범위를 참작해야 한다고 주장했고, 이에 따라 인류학적 총체주의(anthropological holism)와 문화적 특수주의(cultural particularism)라는 개념은 미국 인류학의 두 신조가 되었다. 말년이 되면서 그는 문화적 법칙의 도출 가능성에 대해 점점 회의를 품게 되었고, 1932년의 저술에서 이렇게 결론지었다.

문화현상은 워낙 복잡해서 타당한 문화적 법칙이 발견될지 의심스러워 보인다. 문화적 사건들의 인과적 조건은 항시 개인과 사회의 상호작용에 놓여 있고, 사회의 분류학적 연구는 이 문제를 해결할 수 없다. 사회의 형태적 분류는 어떤 문제에 대한 우리의 관심을 환기시킬지는 모르나 문제를 해결하지는 못한다. 모든 경우 그것은 같은 근원, 즉 개인과 사회의 상호작용으로 환원될 수 있다.[31]

불행히도 보아스는 문화적 요소들과 문화적 총체 사이의 관계를 명백히 밝히지 못했다. 스토킹은 보아스의 연구에서 해결되지 않은 역설을 이렇게 지적한다.

한편으로 문화는 그저 개별적 요소들이 우연히 축적된 산물이다. 다른 한편 유기체적 성장에 대한 보아스의 단념에도 불구하고 문화는 그 요소들의 형태를 어느 정도 결정하는, 통합되어 살아 숨쉬는 총체이기도 하다.[32]

보아스는 진화론적 도식을 타파하고, 특수한 문화를 조사하는 방법론을 제시했으며, 개인과 사회, 문화 요소들과 문화 전체 사이의 관계에 대한 암시를 남겼지만, 실제로 문화가 어떻게 통합적 총체가 되는가에 대해서는 답하지 않았다.

미국에서 보아스가 인류학 활동에 미친 엄청난 영향으로 말미암아 20세기 초 인류학 연구는 이론에 반대하는 방향으로 선회했고, 많은 연구들이 사회간의 유사성보다는 차별성에 중점을 두었다. 문화적 요소들이 공통점을 보일 때, 이는 단선적 진화가 아니라 역사적 접촉과 전파의 증거로 해석되었다. 반진화론적 입장은 1940년대 레슬리 화이트(제13장)와 줄리언 스튜어드(제14장)의 작업에서 진화론적 접근이 재구성되기 전까지 미국 인류학을 주도했다.

1942년 세상을 떠날 때까지 보아스는 남달리 구체적이고, 매우 다양한 인간 연구를 계속했고, 많은 제자들이 보아스가 중요한 연결고리라고 본 개인과 사회의 관계로 관심을 돌리게 되면서 수십 년 후에도 그의 영향이 지속되었다.

4 에밀 뒤르켐

유기체적 사회

사회통합의 성격에 관심을 갖는 인류학적 탐구의 전통은 프랑스의 사회학자이자 교육가인 뒤르켐(Emile Durkheim, 1858~1917)의 저작에서 유래한다. 이 전통은 뒤르켐으로부터 그 제자들, 특히 마르셀 모스(제9장)에게 전해지며, 또 그들을 통해 래드클리프-브라운(제11장), 에번스-프리처드(제12장), 그리고 최근에는 메리 더글러스(제20장) 등으로 대표되는 영국의 사회인류학에 전해진다. 이 학자들은 기초적인 사회적 단위(segments)의 배열 및 접합에 대한 관심을 공유한다. 하나의 응집된(coherent) 사회가 존재하기 위해서 상이한 친족집단, 계층, 정치적·경제적 단위들은 어떤 식으로 구조화되어야 하는가? 사회적 통합에 분석의 초점을 둔 것과 더불어, 뒤르켐의 영향은 영국 사회인류학, 인류학적 종교연구, 국가의 기원과 사회적 복합성의 진화에 대한 의문 등 인류학적 시도에 광범위하게 퍼져 있다.

뒤르켐 사상의 영향을 감안할 때, 그가 초기의 미국 인류학에 별다른 반향을 일으키지 못했다는 사실은 언뜻 이해하기 어렵다. 한 역사가가 주목했듯이, "……미국의 인류학자들(루스 베니딕트, 클라이드 클룩혼, 마거릿 미드)은 주로 뒤르켐이 내린 여러 결론에 동의하지 않았지만, 비록 의견이 상충할 경우에도 그에게 상당한 빚을 지고 있다."[1] 인류학자 폴 보해넌에 의하면, "소수의 문화인류학자들은 뒤르켐을 철저히 거부했고, 다른 이들은 자신들의 취향에 맞게 그를 수정했으며, 대부분은 그를 그냥 무시했다."[2]

이러한 비호의적 평가와 무관심의 원인은 무엇인가? 그것은 부분적으로 언어의 장벽 때문이다. 뒤르켐의 저서 중 『종교생활의 원초적 형태』(*The Elementary Forms of the Religious Life*) 한 권만이 그의 생전에(1915) 영어로 번역되었고, 1893년에 나온 그의 다른 고전인 『사회분업론』(*The Division of Labor in Society*)은 1933년에 가서야 번역되었다. 일부 미국 인류학자들은 현지조사의 결여, 특정 사회(오스트레일리아의 아룬타족 같은)가 원형적인 원시상태를 대표한다는 가정, 구체적인 민족지 자료에 대한 무관심 등을 이유로 뒤르켐을 받아들이지 않았다. 그러나 미국 인류학자들과 뒤르켐 및 그의 영향을 받은 학자들 사이에 존재하는 보다 근본적인 장벽은 문화와 사회의 기본적인 구분이었다.

제1장에서 거론했듯이 타일러의 문화 정의는 문화의 지적·관념적 측면을 강조했다. 문화는 공유되고 학습되며 유형화된 '지식'이었다. 20세기 대부분의 기간을 통해 미국 인류학은 이런 방식으로 '문화'에 접근했으며, '문화'를 '사회'로부터 구분했다. 예를 들어 앨프레드 크로버는 개미나 벌처럼 "문화가 없는 (cultureless), 또는 기본적으로 문화를 갖지 않은 하등사회의 존재"를 사회와 문화의 차이를 나타내는 증거로 원용했다.[3] "사회에 대한 과학"(a science of society)을 창조하려 했던 뒤르켐은 미국 문화인류학자들에게는 다소 무관한 인물로 비쳤다. 1950년

미국인류학회 연설에서 크로버는 놀랄 만큼 담담한 태도로 뒤르켐을 다루었다.

　　요컨대 뒤르켐은 실증주의자로 평가할 수 있다. 원칙적으로 경험론자지만, 광범위한 맥락을 고려하려는 충동은 약하다. 그의 동포 대부분이 그러하듯이〔크로버는 반프랑스적인 비방을 하고 있다〕비교 자료의 다양함보다는 엄격한 원리에 더 큰 관심을 두며, 자민족중심적(ethnocentric)은 아니지만 상대주의적·다원론적 인식에는 미치지 못하고, 문화현상이 순수한 사회적 개념 아래 충분히 포섭될 수 있다고 끝까지 믿었다. 뒤르켐은 학계를 떠났고, 그의 실질적이고 건설적인 영향은 래드클리프-브라운과 그 추종자들에게 미친 것을 제외하면, 프랑스밖에서는 미미한 정도다.[4]

　　오늘날의 관점에서 보면, 뒤르켐에 대한 크로버의 평가는 모욕적일 뿐만 아니라 타당하지도 않다. 분명 이런 오해에는 언어 장벽 이상의 그 무엇이 있다. 크로버, 로이 등 다수의 미국 인류학자들은 프랑스어에 익숙한 세계주의적 학자들이었다. 따라서 뒤르켐의 현재 위상이 잘못되었거나, 아니면 크로버와 그 동료들이 뒤르켐 사상의 지속적 가치를 이해할 수 없었던 것으로 보아야 할 것이다.

배경

뒤르켐은 1858년 동부 프랑스 알자스 지역의 유대인 가정에서 태어났다. 뒤르켐의 생애는 대부분 독일과 프랑스의 갈등(1870년과 1871년에 걸친 보불전쟁——프랑스는 참패했고, 나폴레옹 3세는 포로가 되었으며, 알자스는 독일에 양도되었다——부터 제1차 세계대전에 이르기까지)에 휩싸여 있었다. 프랑스와 동맹국들은 심각한 파멸을 경험했으며, 다른 사람들처럼 뒤르켐도 아들 앙드레, 마르셀 모스를 제외한 제자들 모두를 포함해 그가 사랑하는 많은 사람들을 잃었다. 여러 정황들을 종합해보면, 전쟁이 그를 나이보다 일찍 늙게 만들었고, 결국 그는 59세라는 많지 않은 나이에 세상을 떠났다.

젊은 시절 뒤르켐은 영민함을 인정받았으며, 중앙집중적인 프랑스 교육제도의 단계를 차곡차곡 밟아나갔다. 여러 군데의 리세(lycée: 프랑스의 국립 고등학교)에서 17세 소년들에게 철학을 가르치는 강사로서, 그리고 독일에서 1년간 안식년을 보낸 후에는 보르도 대학의 사회과학 교수로서 성년기도 그 체제 안에서 지냈다. 1902년에는 파리 대학의 부름을 받았고, 1906년에는 교육·철학·종교를 가르치는 정교수가 되었다.

뒤르켐에게 사회학은 '사회에 대한 과학'이었다.[5] 뒤르켐의 사회학에는 미국 사회학을 상징하는 서구 산업사회에 대한 강조가 빠져 있다. 프랑스의 대학에서는 사회학을 철학의 한 차원으로 가르쳤지만, 뒤르켐의 가르침이 시사하는 바는 다른 분야에서도 감지되었다. 페이르는 "사회학이 촉매가 되어" 법학이나 경제학·지리학·인류학·민족학 등의 "다른 분야를 변모시켰다"고 말하는데,[6] 이는 모스(제9장), 레비-스트로스(제17장), 그 밖의 여러 세대에 걸친 프랑스 사회과학자들의 연구에 의해 예증된다.

여기서 다시 역설이 등장한다. 그렇게 영향력 있는 학자가 어떻게 초기 미국 인류학에 별다른 파급효과를 미치지 못할 수 있었는가? 대답의 일부는 기계적 연대(mechanical solidarity)와 유기적 연대(organic solidarity)의 개념과 **집합의식**(conscience collective)이라는 뒤르켐의 두 가지 핵심적 주제의 해석과 관련된다.

기계적 연대와 유기적 연대

그의 고전인 『사회분업론』 서문에서 뒤르켐은 "우리는 과학으로부터 윤리를 도출하려는 것이 아니라 윤리에 대한 과학을 확립하기를 원하는데, 이는 사뭇 다르다. 도덕적 사실도 다른 현상처럼 어떤 뚜렷한 특징들에 의해 인지되는 행위의 규칙들로 구성된다"는 예리한 문구로 논의를 시작한다.[7] 뒤르켐에게 '도덕'(moral)은 가치만이 아니라 전망도 내포한다는 점을 이해하고 나면, 그가 가치·세계관·신념의 연구를 말하고 있으며, 그것들이 과학적 탐구에 적절하다는 사실을 제안하고 있음이 분명해진다.[8] 뒤르켐 연구의 명확한 초점은, 그의 말을 빌리면 다음과 같다.

……개인과 사회적 연대의 관계에 대한 문제. 왜 개인은 점차 자율적이 되는 한편, 사회에 더 의존하게 되는가? 어떻게 그는 보다 개별화되는 동시에 보다 통합적일 수 있는가? 상충하는 것처럼 보이는 이 두 동향은 틀림없이 유사한 방식으로 발달하고 있다. 이것이 우리가 제기하는 문제다.[9]

잠시 생각해보면 뒤르켐이 무엇을 염두에 두고 있는지 알 수 있다. 수렵채집인은 군단(band)의 통합적 일부로 생활하는데, 그는 혼자 힘으로도 충분히 생존할 수 있다. 그는 개인적 생존에 필요한 모든 기술을 갖고 있지만, 집단의 구성원으로서의 사회적 정체성을 가진다. 산업사회의 구성원인 우리는 독립적으로, 때로는 고립되어 생활하지만, 음식을 만들어내고 차를 수리하고 노동의 가치를 정하는 일 등에서 다른 사람들에게 의존한다. 우리는 사회적으로 독립적이지만, 타인 없이는 살아갈 수 없다. 『사회분업론』은 노동의 성적(性的) 분업에 대한 것이 아니라, 어떻게 사회가 분절적인 동시에 일원적인지, 또 어떻게 동질성과 이질성이라는 특징을 번갈아 가지면서도 전체적으로 통합을 이룩하는지에 대한 연구이다.

뒤르켐의 시대에 분업은 낯선 주제가 아니었다. 그것은 산업혁명 동안 변모된 유럽인의 생활을 규정하는 것이었다. 그것은 애덤 스미스의 『국부론』의 요체이자, 마르크스의 자본주의 비판의 중심에 있었고, 유혈 진압된 1871년 파리 코뮌 봉기 같은 대규모 사회적 격변을 유발한 현안들과도 연관되었다. 분업과 새로운 사회계층의 등장은 인종 및 민족 관계의 학문적 토론이 오늘날 미국인들에게 직접 관련되듯이, 뒤르켐의 시대에 실질적인 영향력을 갖던 사회적 분석의 주제였다. 그래서 뒤르켐은 자신이 속한 사회가 어떻게 출현하게 되었는가를 최소한 부분적으로라도 이해하려고 노력했던 것이다.

이 문제를 파헤치기 위해 뒤르켐은 비교방법을 택했는데, 이는 문화특질을 찾아내어 역사적 관계를 재구성하기 위해 타일러와 모건이 사용한 비교방법과는 논리와 의도가 달랐다. 뒤르켐의 비교방법은 사회적 통합의 제 차원을 알아내기 위해 사회 전체를 대조하는 것으로 이루어진다.

뒤르켐은 사회가 상이한 형태의 사회적 통합 또는 '연대'(soli-darity)를 갖는다고 제의한다. 그는 서로 다른 사회는 사회 존속의 기반이 되는 특징적인 연대 형태를 지닌다고 주장하고, 이를 '기계적 연대'와 '유기적 연대'라 불렀다. 기계적 연대는 "한 사회의 구성원이 공유하는 몇 가지 의식상태에서 나온다."[10] 기계적 연대는 모든 구성원들이 공통된 사회적 경험을 공유하지만 생존을 위해 반드시 서로 의존할 필요가 없는 사회에 적용된다. 이 형태의 유대관계를 기계적이라 부르는 까닭은 뒤르켐에 따르면 "기계적인 또는 인위적인 수단에 의해 생성되었기 때문이 아니다. 생물의 요소들로부터 하나의 통일체를 만드는 응집력과 대비되는 방식으로, 무생물의 요소들을 묶어주는 결속에 관한 유추에 의해 그렇게 부르는 것이다."[11] 기계적 연대의 사회에서는 개인이 직접적으로 그리고 평등하게 사회에 소속되며, 규범적 가치가 공유되어 개인적 가치보다 중요시되고, 사회 내의 특별한 하위집단(subdivisions)은 없다고 뒤르켐은 믿었다.

이는 다양한 상호의존적 하위집단들이 공식적인 제도에 의해 연결되어 하나의 사회를 이루는 것과 대비된다. 이 형태의 연대를 뒤르켐은 복합적인 생물학적 유기체라는 의미에서 '유기적'이라 불렀다.

이 유대관계는 고등동물에서 관찰되는 결합과 유사하다. 각 기관(organ)은 본질적으로 특수한 외관과 자율성을 가진다. 게다가 **유기체의 결합은 그 부분들의 개체화가 뚜렷할수록 공고해진다.** 이러한 유추 때문에 분업에 기인한 연대를 유기적이라

부르는 것이다.[12]

이렇게 뒤르켐은 대조적인 두 사회구조를 나타내는 두 방식의 사회적 통합을 개관했다. 기계적 연대의 사회는 "완전히 동질적인 집단으로 구성부분들이 구분되지 않고, 결과적으로 구조가 없다."[13] 반면에 유기적 연대의 사회는,

> 유사하고 동질적인 부분들의 복제가 아니라 상이한 기관들—각각이 특정한 역할을 맡고 있으며, 그 자체도 여러 부분들로 구성된—의 체계에 의해 형성된다. 사회적 요소들이 동일한 성격을 갖지 않음은 물론, 같은 방식으로 분배되지도 않는다. 그것들은……유기체의 나머지 부분들을 총괄하는 중앙기관을 축으로 서로 조정되고 주종관계를 이룬다.[14]

예를 들어 미국 사회의 기업, 혼인과 가족, 비영리 집단, 관직 등 광범위한 제도들은 어떤 의미에서 법체계에 의존하고 있다. 각각의 제도는 독립적이고 다르지만, 미국 사회의 여러 기관에 '통제적 영향'을 행사하는 법의 지배에 종속된다.

기계적 연대와 유기적 연대의 차이는 현저하므로 한 형태의 발달은 다른 형태의 희생에 의해서만 가능한데, 역사적으로 이는 기계적 연대가 쇠퇴하면서 유기적 연대로 진화했음을 의미한다.

뒤르켐은 성경, 고전 문헌, 원시 민족지로부터 전통적 비서구 사회의 예를 추려내어, 오스트레일리아 원주민, 미국 및 아프리카의 불특정 부족들, 이스라엘 부족 등 다양한 집단이 모두 기계적 연대를 보여준다고 설명했다.[15] 반대로 프랑크족과 초창기 로

마 공화국 같은 사회는 유기적 연대를 나타낸다.[16] 뒤르켐은 이렇게 빈약한 경험적 토대 위에서 일련의 역사적 예측, 일련의 발달가설을 이끌어냈다.

첫째, "낮은 단계의 사회는 인구의 크기에 비해 넓은 지역에 흩어져 있는 반면, 보다 진보한 민족의 인구는 점점 집중되는 경향이 있다"고 뒤르켐은 제시했다.[17] 이 과정은 농업의 발달에서 시작되었고(정해진 영역 안에서 생활할 필요가 있었기 때문에), 산업화에 의해 본격화되었다. 둘째, 도시의 발달은 기계적 연대와 유기적 연대의 분기점이 된다. 도시는 "개인들이 계속해서 서로를 최대한 가까운 접촉범위 안에 두려는 필요에 의해 생기는 법이다"라고 뒤르켐은 말했는데, 이는 아마도 분업에 의해 구분된 그들의 다양한 작업이 가치를 갖기 위해서는 교환되어야만 하기 때문일 것이다. 반대로 "사회가 근본적으로 분절적인 한〔그래서 연대가 기계적인 한〕, 도시는 존재하지 않는다."[18] 이와 동시에 기계적 연대에서 유기적 연대로의 전환은 흩어져 있는 사회적 부분들을 하나로 묶는 연결망인 "통신과 운송 수단의 수와 속도"[19]에 의해 나타난다.

이런 식으로 뒤르켐은 현존하거나 역사적으로 알려진 사회를 범주화할 뿐만 아니라, 다른 사회형태의 진화에 대한 이론을 제공하는 모델을 약술했다. 기계적 연대에서 유기적 연대로의 전환은 진전된 분업의 결과로 나타났고, 분화된 작업의 수가 늘어나면서, 구조들을 통합시킬 필요성도 증대했다. 한편, 한 지역에 사람들이 더 집중되면서 분업도 현저해졌는데, 이는 뒤르켐의 가설에 따르면, "사회의 인구가 성장하고 그 밀도가 높아지면서 일이 점점 분화되는 것은 외부 환경의 변이가 커지기 때문이 아니라 생존투쟁이 심각해지기 때문이다.”[20] 뒤르켐은 다윈의 논리를 직접 차용하여 많은 사람들이 모여 살면 자원을 둘러싼 경쟁이 심화되는데, 이에 반응하여 사람들은 서로 다른 경제활동을 모색하며 상이한 사회집단으로 진화한다고 주장한다. 일단 인구집중 경향이 일어나기 시작하면, 사회조직이 근본적으로 달라지는 중대한 결과가 초래된다.

그렇다면 사회를 하나로 묶는 법과 계약과 시장을 제외하고, 무엇이 사회에 독특하고 공통적인 정체성을 부여하는가? 뒤르켐은 사회과학에서 흔히 오해되고 있는 관념들 가운데 하나인 집합의식이라는 개념으로 이 문제를 분석했다.

집합의식

인류학자 폴 보해넌은 “다른 독창적 사상가들과 마찬가지로 뒤르켐도 그의 사상을 설명하기 위해 사용하는 언어를 한계, 어쩌면 그 이상까지 확충시켜야 했다”고 말한다.[21] 집합의식이라는 개념은 용어 자체의 내재적 모호성에 더해 프랑스어에서 영어로 옮길 때 뉘앙스가 사라져버린 탓에 이해하기가 어렵다. 프랑스어 ‘conscience’는 영어의 ‘의식’(consciousness)과 연관되는 인식(awareness)의 의미와 ‘양심’(conscience)에 해당하는 규제적 기능의 의미를 합친 것이다. 이 밖에도 ‘누군가가(또는 여러 명이) 인식하고 있는 그 무엇’을 뜻하기도 한다. 보해넌에 따르면, “이 관념에 해당하는 유일한 영어 단어는 인류학적 용어 ‘문화’이다. 그래서 프랑스어 ‘conscience’는 내면화된 제재, 인식, 감지된 문화, 이 세 가지를 의미한다.”

어떤 것을 인식함과 인식의 대상이라는 두 개념의 조합으로 인해 'conscience'라는 말은 영어 사용자에게는 파악하기 어려운 것이 되었지만, 뒤르켐의 작업에서는 중요한 것이었다. "알아내는 수단과 알려진 것, 즉 의식과 문화가 애매하게 하나의 개념으로 동화된 것이 뒤르켐의 사상에는 긴요했다"고 보해넌은 말한다.[22] "영어권 사상가들, 최소한 사회과학 종사자들에게는 두 개의 명사인 아는 이(the knower)와 알려진 것(the known)을 포괄하면서 뒤르켐은 그들 사이의 동사적 접합부──'알아냄'(the knowing) 또는 그의 표현대로라면 표상(representation)의 과정──에 초점을 둔다."[23]

집합의식의 미묘함이 초기 미국 인류학에서 뒤르켐이 무시되는 풍조에 한몫했을지도 모른다. 보아스와 크로버에게 문화는 학습되고 공유되는 지식과 행위로 구성되고, 기술·사회조직·언어와 같은 다양한 방면에서 표현된다. 더구나 문화적 지식은 그것이 획득된 과정과 분리되며, 그 지식을 가지고 있는 사회와도 구분된다. 끝으로 1930년까지는 문화적 획득과정──문화화(enculturation)──에 관심 있는 미국 인류학자들이 거의 없었다. 뒤르켐의 집합의식은 영어의 화자가 구별하는 두 용어를 결합할 뿐 아니라, 초기의 미국 인류학자들이 고려조차 하지 않던 '문화적 알아냄'의 과정으로 주의를 돌린다. 그 개념이 혼란스럽거나 쓸데없어 보인 것은 당연하다.

그러나 집합의식은 다른 형태의 사회적 유대를 특정 사회 내의 문화화 과정과 연결시키기 때문에 뒤르켐의 저작에서 중추적 역할을 한다. 집합의식은 기계적 연대에 기반을 두는 사회와 유기적 연대에 기반을 두는 사회에서 각기 다른 속성을 보인다. 먼저 기계적 연대하에서 개인은 다른 사회성원들과 가치나 견해를 공유하는 경향이 있다. 이런 의미에서 기든스가 말하듯이, 기계적 연대하에서 "개인적 '의식'은 집합의식의 소우주에 불과"하지만, 유기적 연대에서는 경우가 다르다.[24] 둘째, 기계적 연대에 의해 묘사되는 사회에서는 집합의식이 지적·정서적으로 개인을 장악하는 힘이 매우 크다. 셋째, 기계적 연대의 특징을 갖는 사회에서는 집합의식이 보다 엄격해서, 어떠한 행동들이 요구되거나 금지되며 그것이 무엇인지 모든 사람들이 알고 있는 반면, 우리와 같은 유기적 사회에서는 수용 가능한 행동이나 적절한 가치를 두고 논쟁이 끊이지 않을 것이다. 마지막으로, 내용상 차이가 있다. 기계적 연대와 관련된 사회에서 집합의식은 종교와 넓은 관련을 맺고 있어서, 사회적 규범의 구속력은 초자연적인 존재로부터 나온다. 유기적 연대에 의해 특징지어지는 사회에서 종교의 역할은 줄어든다. 뒤르켐에 따르면,

역사가 우리에게 일러주는 단 하나의 진실이 있다면, 그것은 종교가 포용하는 사회생활의 부분이 점점 줄어들고 있다는 것이다. 원래 그것은 무소불위하여 모든 사회적인 것은 종교적이었고 두 단어는 동의어였다. 그러다가 정치적·경제적·과학적 기능들이 조금씩 종교적 기능으로부터 스스로 해방되어 독립적으로 스스로를 구성하고 점차 널리 알려진 바대로 세속적 성격을 띠게 되었다. 처음에는 모든 인간관계에 현재했던 신은 점차 그들로부터 손을 떼었다. 그는 세상을 인간과 그들의 다툼에 내주었다.[25]

뒤르켐은 이렇게 극적인 방식으로 그때까지 사회과학자들에 의해 체계적으로 연구되지 않았던, 종교가 사회에서 차지하는 중요성을 역설했다. 뒤르켐은 "종교가 무엇인지에 대한 어떠한 과학적 개념"도 없음을 한탄하면서,[26] 그의 고전 『종교생활의 원초적 형태』에서 그 상황을 변화시키기 시작했다.

『종교생활의 원초적 형태』

이 책에서 뒤르켐은 그가 알고 있는 가장 원시적인 사회조직인 오스트레일리아 중부의 원주민들을 연구함으로써 종교생활의 기본요소들을 기술하는 작업에 착수했다. 책의 첫 문장에서 그는 자신의 방법론을 개진한다.

〔우리는〕 실제로 알려진 가장 원시적이고 단순한 종교를 조사하고 분석하여 이를 설명할 것을 제안한다. 어떤 종교가 관찰될 수 있는 가장 원시적인 종교체계라고 불리기 위해서는 첫째로 조직이 가장 단순한 사회에서 발견되며, 둘째로 그 이전의 종교로부터 차용한 어떠한 요인도 사용하지 않고 설명될 수 있다는 두 가지 조건을 충족시켜야 한다.[27]

뒤르켐은 그래서 종교의 기본적인 구성요소뿐 아니라 종교의 기원까지 확인하려고 시도했다. 그때까지 종교의 기원에 대해서는 두 가지 기본적인 견해가 발달해 있었다. 첫째는 타일러에 의해 발전된 애니미즘(animism)으로, 이 개념에 따르면 종교는 이해되지 않는 현상을 개인이 설명하려는 것에 기원을 둔다. 애니미즘은 만물에 영혼이 깃들여 있다는 관념이다. 인간이 잠들거나 깨어 있고 살아 있거나 죽어 있는 여러 상태를 경험하는 것이 생명력의 존재를 뜻하듯이, 물체에도 정령(anima)이 있으며, 원시적 종교행위들은 그러한 영혼들을 피하고 진정시키고 위로하는 것을 중심으로 이루어진다. 다른 개념인 자연주의(natural-ism)는 종교가 날씨, 불, 바다, 번개 등 자연적인 힘과 대상의 표현이라고 본다. 뒤르켐은 자연주의의 주창자인 막스 뮐러를 인용하여 "한눈에 보기에도 자연처럼 부자연스러운 것은 없다. 자연은 위대한 놀라움이며, 공포의 대상이고, 불가사의이자 살아 있는 기적이었다……"라고 적었다.[28] 종교란, 뮐러가 생각하기에, 이런 현상들을 이해하려는 시도에서 나온다. 그래서 애니미즘이나 자연주의는 공통적으로 인간이 자연적 현상을 설명하려는 시도에서 종교가 비롯되었다고 본다.

뒤르켐의 접근은 근본적으로 달랐다.

> 종교는 현저히 사회적인 것이다. 종교적 표상은 집합적인 실체를 표출하는 집합표상(collective representations)이다. 의식(rites)은 운집한 집단 사이에서 발생하는 행위의 양식으로, 이 집단의 정신적 상태를 고취시키고, 유지하거나 재창조하게 되어 있다. 종교적 기원을 지닌 범주라면 모든 종교적 사실에 공통적인 이 세계에 동참해야만 하며, 그것은 사회적인 것이고 집합적 사고의 산물임에 틀림없다.[29]

이러한 이유로 뒤르켐은 오스트레일리아 중부 원주민들이 표현하는 토템(totem)에 관심을 가졌다. 토템은 동물, 식물, 천상의 존재, 신화적 조상 등 사회 집단과 관련된 사물들의 범주를 가리킨다. 토템의 명칭, 예를 들어 '빨간 캥거루'는 그 토템과 관련된 씨족을 가리킨다. 토템은 씨족의 이름이자 문장(emblem)이며 종교적 실천의 의식에 통합된다. 뒤르켐에 따르면, 토템은 '성스러운 것의 전형'이다.[30] 그 성스러움은 그와 관련된 대상들에게 전해지고, 그것을 잃는다는 것은 상상할 수 있는 최대의 재앙이며, 특정한 금기(taboo)는 동물이나 물체를 성스러움의 화신으로 변모시킨다. 그런데 특수한 토템은 다른 씨족이 아니라 특정 씨족에게만 성스러운 것이다. 이런 식의 간단한 요약을 통해 뒤르켐의 토테미즘 분석이나 이어지는 그의 방대한 연구를 정당하게 평가한다는 것은 무리가 있지만, 뒤르켐이 종교의 사회적 성격을 어떻게 인식했는가를 알 수 있다.

뒤르켐은 종교의 기본적인 속성을 다음과 같이 강조했다.

> 종교란 성스러운 것, 즉 분리되고 금지된 것과 관련된 믿음과 행위의 통합적 체계다. 믿음과 행위는 그것을 신봉하는 모든 이들을 교회라 부르는 하나의 도덕공동체로 묶어준다.[31]

종교를 독특하게 하는 것은 성스러운 것—그 자체가 사회적으로 구성된—에 초점을 둔다는 것이다. 세상에는 내재적으로 성스럽거나 속된 것은 없다. 장소, 상징, 또는 인물이 성스러워지는 것은 그것이 사회적으로 성스럽게 분류되기 때문이다. 숭배의 대상과 성스러움을 사회적으로 정의하는 과정은 분리될 수 없다. 다시 말해서 '아는 이'와 '알려진 것'(보해넌의 표현을 사용하면)은 나눌 수 없으며, '알아냄'의 과정에 의해 서로 영향을 주고받는다.

성스러움에 대한 진실은 뒤르켐이 '집합표상'이라 부르는 또 하나의 공유된 인식범주에도 그대로 적용된다. 집합표상은 주요 방위, 시간의 분할, 색의 범주, 사회적 구분—각 사회에 독특한 분류—같은 지식의 체계를 포함한다. 자의적이지만 매우 체계적인 집합표상의 성격(즉 모든 미국인들은 남쪽이 북쪽의 반대이며, 한 시간은 60분이라는 사실에 동의한다)은 그것이 다만 존재의 본질에 대한 개인적 고민의 산물이 아니라는 사실을 보여준다. 종교의 집합표상은 개인적 심리에서 유래한 것이 아니다. 왜냐하면,

이 두 종류의 표상에는 개인적인 것과 사회적인 것 사이에 존재하는 모든 차이들이 있기 때문이다. 후자를 전자로부터 추론할 수 없는 것은 개인으로부터 사회를, 부분에서 전체를, 단순한 것에서 복잡한 것을 이끌어낼 수 없는 것과 마찬가지다. 사회는 **독자적인** 실체(a reality *sui generis*)로서, 이 세상의 그 무엇과도 비견될 수 없는 나름의 고유한 특징을 갖는다.[32]

개인과 사회라는 인간 지식의 두 영역이 있기에 집합표상이 존재하고, 에밀 뒤르켐은 문화적 지식의 사회적 근거에 대한 이론을 발달시켰다.

결론

초창기 미국 인류학자들은 뒤르켐이 현지조사 경험이 없고, 소수의 민족지에 지나치게 의존하며, 상당히 다른 사회들을 단순히

'원시적'이라는 범주로 분류한 점을 비판했다. 그러나 대다수 미국 인류학자들은 뒤르켐이 추구했던, 사회에 대한 이론의 구성을 잘못 이해했던 것 같다.

뒤르켐이 사회과학에 미친 공헌들 가운데 가장 심오한 것은 아마도 사회라고 하는, 다른 근원에서 유래하지 않은, 인간 실존의 독특한 영역이 있다는 사상일 것이다. 사회는 특징적인 구조들을 갖고 있어서 우리로 하여금 기계적 연대에 기초한 사회형태와 유기적 연대에 기초한 사회형태를 구별하게 해준다. 뒤르켐이 "참다운 사회적 원형, 그로부터 모든 사회적 유형이 발달하는 맹아"라고 한 기계적 연대의 순수한 사례에서 유기적 연대의 기원을 찾을 수 있다.[33]

유기적 연대로의 변화는, 경제 혁신이 인구밀도에 영향을 주고 이것이 다시 세분화된 분업을 야기함에 따라 체계적으로 일어났다. 이러한 발달은 개인의 믿음이 만인의 믿음을 대표하는 정도, 믿음의 통제력, 종교적 제도의 중요성 감퇴와 세속적 제도의 득세 등 집합의식의 변화와도 병행한다. 이 문제를 파헤치기 위해 뒤르켐은 종교란 현저히 사회적인 것이며, 개인적 생각이 다수의 사람에게 퍼진 것이 아니라는 점을 보여주었다. 다른 범주와 함께 성과 속의 경계는 집합적인 ─ 사회적인 ─ 표상이다. 그러므로 인간 존재의 다양한 추세를 이해하려면 다양함이 창조되고 정의되며 표현되고 전달되는 사회적 차원에 초점을 두어야 한다. 이러한 것들이 뒤르켐이 창조한 사회과학의 주요 개념들이다.

문화의 성격

비교방법과 진화론적 도식에 대한 보아스 학파의 비판은 분석적 공백상태를 낳았다. 타일러의 표현대로 문화 유형이 '거의 동일한 경로'를 거쳐온 인간 발달의 초기단계를 반영하는 것이 아니라면, 문화 유형은 무엇을 반영하는가? 문화가 본질적으로 발명·전파·이주 등의 특수한 역사적 환경들에 의해 집합된 다양한 특징과 가치들의 우연한 축적이라면, 문화는 어떻게 통합적 총체일 수 있는가? 보아스가 말하듯이 "문화적 사건들의 인과적 조건이 항상 개인과 사회의 상호작용에 있다"면, 그 상호작용의 성격은 무엇인가? 무엇이 문화를 묶어주는가? 문화에 고유한 본질을 부여하는 것은 무엇인가?

이러한 질문들이 앨프레드 크로버, 루스 베니딕트, 에드워드 사피어, 마거릿 미드 같은 보아스의 제자들을 괴롭혔다. 그들이 내놓은 답은 달랐지만, 그들 각자의 연구는 다음 세 가지 개념─문화의 인과적 우위, 소우주적 개념, 문화적 지식이 급속히 사라지고 있다는 인식─으로 구성되었다.

단선적 진화와 인종에 근거한 설명방식에 대한 보아스 특유의 비판은 문화란 특수한 문화적 유형과의 관련 속에서만 설명된다는 일반적 결론에 이르렀는데, 문화를 바라보는 보아스파의 관점은 다음 세 가지로 요약될 수 있다. 첫째는 문화가 문화를 설명한다는 **문화결정론**(cultural determinism)[1], 둘째는 특정한 사회의 관습적 행위들은 그 특수한 문화적 맥락에서만 이해될 수 있다는 **문화상대주의**(cultural relativism)[2], 셋째는 전파·이주·발명의 역사적 과정들이 어떻게 특수한 문화 유형을 낳게 하는가를 이해해야 한다는 **역사적 특수주의**(historical particularism)[3]이다. 이상은 크게 보면 문화란 문화적 요인이 아닌 인간 생물학이나 개인 심리학 또는 어떤 다른 요인들과 연결해 설명될 수 없다는 것을 의미한다.

그렇지만 그런 요인들을 어떻게 확인할 것인가? 보아스와 그 제자들은 문화를 지배하는 법칙이 만약 존재한다면, 그것은 문화를 상세히 검토할 수 있는 소규모 사회의 연구를 통해서만 발견될 수 있다고 믿었다. 20세기 초에는 격리된 캠프나 원시적 마을 같은 소규모 사회가 문화의 유형을 축약하여 관찰할 수 있는 뚜렷한 분석 단위를 제공한다는 일반적 전제가 있었다. 인류학자들은 그런 '단순사회'에서 규모가 크고 보다 복잡한 사회에서는 눈에 띄지 않는 문화의 제 차원을 명료하게 관찰할 수 있을 것이라고 기대했다.

하지만 소규모의 전통적인 문화들은 빠른 속도로 사라지고 있었다. 미국과 영국의 인류학계에는 서구 식민주의와 세계화의 물결 속에서 전통적인 문화지식이 상실되어간다는 넓은 공감대가 형성되었다. 인류학자들이 보인 반응은 전통문화의 마지막 흔적을 '구제'하기 위해 현지로 떠나는 것이었다. 인류학자 마커스와 피셔에 의하면, "민족지가 학문으로 발달한 주된 동기는 문화적 다양성을 구제하는 것이었다. 인류학자는 글쓰기를 통해 변화하는 문화의 고유한 본질을 파악하여, 인류학의 거대한 비교론적 프로젝트에 포함될 기록을 남기려 했다."[4]

그 비교 프로젝트로부터 문화의 일반적 법칙, 즉 소규모 전통사회의 구체적 연구에서 추론된 법칙이 등장할 것이다. 이러한 공통된 전제로부터 작업을 시작하여 크로버, 베니딕트, 사피어, 미드는 각기 다른 분석적 각도에서 문화의 유형을 이해하려 시도했다.

크로버에게 문화는 사회나 개인, 유기체와 구분되는 현상이다. 문화는 그 자신의 분석 차원에 존재하며, 다른 차원의 현상으로 환원될 수 없고, 자체의 특징적 속성에 의해 설명될 수 있다. 타일러가 말했듯이 문화는 학습되고 공유되지만, 동시에 가변적이고 유연하며 가치를 담고 있으며, 초개인적이고 익명성을 띤다. 문화적 혁신은 고독한 천재의 창작이 아니라 형태와 스타일, 의미의 '규칙성'(regularity)이 표현된 것이다. 어떤 문화적 차원의, 특히 스타일의 변화는 문화의 구성원들 모르게 일어나는 초유기체적 진동(superorganic oscillation)에 의해 실질적으로 지배된다. 그래서 문화는 개인과 구분되며, 개인을 지배한다.

베니딕트에게 있어서 문화는 부분의 합 이상이다. 그것은 문화마다 다른 근본적인 존재의 가치에 기초한 형태이다. 문화가 뚜렷한 본질을 갖는 것은 특정 문화의 구성원인 개인들에 의해 핵심적 가치들이 학습되기 때문이다. 미국 사회는 역동적이고 항시 변하며 분산적이라는 특징을 갖는데, 이는 미국인들이 개인주의·혁신·성공을 가치 있게 여기기 때문이다. 개인과 사회의 연결은 가치에 기반을 둔다. 기질과 훈련을 통해 그 사회의 가치를 공유하는 개인은 성공하지만, 그렇지 못하면 일탈자가 된다. 그러나 그 핵심가치들은 사회마다 다르고, 그래서 한 문화에서 성공한 자가 다른 문화에서는 일탈자가 된다.

미드도 비슷한 접근방식을 취했다. 베니딕트처럼 개인과 사회의 관계가 가치에 기반을 둔다고 보았지만, 미드는 육아를 통해 전달되는 아주 특수한 가치에 중점을 두었다. 미드는 전반적인 통합형태 대신 특수한 문화적 가치들의 조합에 더 큰 관심을 가졌다. 사춘기의 성관계가 충격적인가 또는 대수롭지 않은가, 아기가 보챌 때 젖을 물리는가 아니면 거칠게 떼어버리는가, 식량이 공유되는가 또는 사장(私藏)되는가? 이런저런 사례를 보면, 육아 방식이 아이의 성장 과정을 결정하며, 그 과정이 사회에 특징과 형태를 부여한다.

사피어의 설명은 사뭇 다르다. 문화는 공적 논의에 참여한 개인들에 의해 창조되어 끊임없이 편집되는 문서라고 사피어는 주장한다. 개인들은 수동적인 문화의 피조물이 아니라, 그들의 행위와 말을 통해 문화를 만들어간다. 문화가 근본적이고 영구적인 가치의 집단적 표현이기는커녕, 문화의 가장 기본적인 논점조차도 논쟁과 불일치의 대상이 된다고 사피어는 역설한다. 그러나 의견차이에도 한계가 있는데, 그 경계는 언어에 의해 정해진다.

상이한 언어의 범주들은 어떻게 우주가 인식되고 인과관계가 설명되며, 시간·크기·공간·수 등이 개념화되는가에 대한 기본적인 생각들을 표현한다. 같은 언어를 말하는 사람들은 유사한 언어적 범주를 사용하게 될 것이다. 예를 들어 시간 약속을 하고 만난 사람들은 누가 늦었는가를 따지게 되지, 한 시간이 몇 분인가 논쟁하지는 않는다. 이런 언어적 범주들은 어린이가 말을 배우면서 무의식적으로 주입되는데, 워낙 깊이 스며들기 때문에 논쟁의 대상이 되지 않는다. 따라서 언어와 상징의 사용은 인간이 적극적으로 새로운 문화형태를 만들게끔 해주지만, 언어에 내재한 언어적 범주가 문화적 경험의 전체적인 테두리를 잡아준다.

보아스가 미국 인류학에 엄청난 영향을 미쳤다고 흔히들 말하는데, 그것은 아마도 문화의 성격을 이해하려는 제자들의 노력에서 극명하게 나타나는 것 같다.

문화의 형상

크로버(Alfred Kroeber, 1876~1960)는 인류학의 마지막 르네상스인이 아닌가 생각된다. 85년의 생애를 통해 크로버는 인류학의 주된 변화——이국적인 것을 단순히 기록하는 것으로부터 인간 생활의 여러 영역에 관심을 갖고, 문화적·생물학적 맥락 속에서 인간에 대한 총체적 관점을 발전시키는 쪽으로 변모한——를 겪으면서 한편으로는 그 변화를 주도하기도 했다. 크로버는 그 모든 분야에 걸쳐 있었으며, 인류학 최후의 만능인이었다.

크로버 시대 이후 인류학자의 수와 인류학 조사의 양이 폭증하면서, 다른 분야는 고사하고 한 분야의 문헌을 따라잡기도 어렵게 된다. 1892년과 1901년 사이 미국 대학에서 6명의 박사가 배출되었는데, 크로버는 그 가운데 한 명이었다. 1995년에는 484명에게 박사학위가 수여되었다.[1] 인류학은 공동의 노력에 의해 전반적으로 총체적·다차원적 시각을 유지하고는 있지만, 하나 이상의 분야를 추구하는 인류학자는 거의 없다. 우리는 사회인류학자이거나 고고학자, 형질인류학자이거나 언어학자이다. 그 분야 안에서도 캘리포니아 고고학자, 안데스 고고학자, 또는 마야어·로망스어·오스트로네시아어를 전공하는 언어학자 등으로 한층 전문화되어 있다.

크로버의 시대 이후 다방면의 전문가가 없는 것은 모든 학문 분야에서 정보가 폭발적으로 늘고 점점 전문성을 강조하게 되었기 때문이다. 그러나 크로버의 해박함은 당시에도 예외적인 것이었으며, 미국 인류학에서 거의 모든 것이 새롭던 시절에 살아 움직이던 철저히 독창적이고 창조적인 정신을 반영한다.

배경

앨프레드 크로버는 리틀빅혼(Little Big Horn) 전투에서 커스터(Custer) 장군이 패했던 해인 1876년 뉴저지에서 태어났다. 아메리카 원주민의 생활과 언어에 대한 그의 조사 대부분은 아메리카 인디언 독립의 황혼기 무렵에 이루어졌다. 크로버의 가정은 비교적 부유한 중산층의 독일계 미국인으로 가정교사와 사립학교, 근면성실을 강조하는 성취적 교육제도를 고수했다. 그는 16세 때 컬럼비아 대학에 입학해 영어를 전공했고, 후에 영국 희곡에 대한 논문으로 석사학위를 받았다. 크로버의 초기 교육은 곧바로 인류학에 관해 보다 '인문주의적인' 접근으로 이어졌다. 크로버는 프란츠 보아스가 자신의 식탁에서 주재한 아메리카 인디언 언어 세미나에 참석하면서 인류학에 빠져들었다.[2] 보아스는 아라파호(Arapaho)족의 예술에 관한 크로버의 박사학위논문을 지도했다.[3] 그것은 28페이지의 짧은 논문이었다.

학위논문은 매우 간략했지만, 크로버는 수많은 연구 성과를 남긴 매우 생산적인 작가였다. 1936년 그의 회갑을 기념할 때, 그의 저술목록은 175편에 달했다(이는 과소평가된 것으로, 이후 다시 만든 목록은 306편의 작업을 보여준다). 보통 사람이라면 쇠퇴기에 해당하는 그 후 25년 동안의 저작은 논문, 연구서적, 서평, 책의 서론, 평론 등 532편으로 늘어났다.[4]

그 제목들을 검토해보면, 크로버의 주된 관심을 알 수 있다. 첫째는 캘리포니아 원주민에 관한 작업이다.[5] 크로버는 캘리포니아 대학 버클리 분교 인류학과의 첫 교수진 가운데 한 명이었다. 그는 캘리포니아 인디언 연구를 위해 채용되었으며, 주로 접촉 이전의 인디언 언어와 사회가 구미 사회에 의해 완전히 사라지기 전에 그 흔적들을 복원하는 '구제 민족지'를 작성했다. 크로버는 캘리포니아 원주민의 민족학을 주제로 70여 편의 저작을 냈는데, 대표작으로 『캘리포니아 인디언 편람』(*Handbook of California Indians*)이 있다.[6] 1,000페이지에 달하는 이 대작은 캘리포니아의 모든 원주민 집단에 대한 그의 조사를 요약한 것이다. 원주민의 추정인구, 지명 목록, 생계, 우주관, 친족, 사회조직의 상세한 기술을 망라한 주목할 만한 개론서다. 수도 없이 다닌 답사여행과 수많은 원주민 취재, 문헌의 정보를 요약하고 선교기록들을 섭렵한 이 책은 중요한 정보의 보고이며, 많은 경우 유일한 정보원이기도 하다.

크로버는 이처럼 급속히 사라지는 문화지식을 보존하고픈 열망을 보아스나 미드 같은 미국 인류학자들 및 영국 인류학자들과 공유했다.[7] 인류학자들이 조사를 수행하기 시작하면서, 전통사회들이 파괴되고 있음이 명백히 드러났다. 케임브리지의 인류학자이자 심리학자인 리버스(W. H. R. Rivers)는 1913년 "세상 여러 곳에서 노인들의 죽음과 함께 무엇으로도 대신할 수 없는 지식이 사라지고 있다"고 말했다. 미국과 영국에서는 날마다 사라져가는 정보가 존재해야만 중요한 이론적 쟁점도 토론할 수 있다는 공감대가 형성되어 있었고, 이것이 남아 있는 경험적 자료를 수집하려는 공동의 노력에 자극제 역할을 했다.

크로버의 구제 민족지는 민족지 분석의 기본적 접근방법인 문화요소 분포목록(culture element distribution list)을 탄생시켰다.[8] 그는 몇 가지 기본적인 문제에 직면했다.[9] ① 문화를 어떻게 정의할 것인가? ② 남아 있는 정보로부터 어떻게 접촉 이전의 관행들을 재구성할 것인가? ③ 문화들간 상호작용을 어떻게 측정할 것인가? 북아메리카 원주민들의 문화행위는 지리 분포에 따라 뚜렷한 차이를 보였다. 남서부와 미시시피 동부의 인디언들은 옥수수를 길렀지만 평원 인디언들은 달랐다. 그러나 이런 거친 분류는 특정 문화영역 내의 미묘한 변이를 포착하지 못하며, 그 영역들의 애매한 경계를 설명할 수 없고, 문화의 어떤 측면, 예를 들면 농업이 다른 것보다 더 중요하다고 가정한다.

크로버가 캘리포니아에서 작업을 진행함에 따라, 캘리포니아 인디언들 사이에도 중요한 차이가 있다는 점이 확실해졌다. 실례로 캘리포니아 원주민들은 여타 지역에 비해 매우 다양한 언어를 사용해서 한 학자는 '고대 미국의 바벨탑'이라 부를 정도였다.[10] 이런 문화적 다양성을 측정하고 설명하기 위해 크로버는 문화요소 목록을 고안했다. 크로버는 곧잘 자연사 연구가처럼 문화의 분석에 임했는데, 그는 집단 내의 변이에 관심 있는 진화론적 분류학자라기보다는 종의 분류에 관심 있는 린네류의 분류학자에 가까웠다. 문화요소 조사는 이런 접근방식을 반영한다.

크로버는 문화를 질적으로 특징지을 수 있는 최소단위로 나누었다. 예를 들면 특정 집단이 '일처다부제'(polyandry)나 '화장'

(火葬)을 실행하는지, '합성궁'(sinew-backed bow: 활 가운데 가장 발달된 구조를 가진 강력한 것으로, 나무로 된 궁체 뒷면에 동물의 힘줄을 팽팽하게 붙여 만든다―옮긴이)이나 '비버 이빨로 만든 주사위'를 사용하는지, 옥수수죽을 먹는지, 젊은이들이 횐독말풀로 만든 위험한 환각제를 마시는지 등이다. 이러한 목록을 준비하여 대학원생들로 하여금 원주민 정보제공자들을 면접해서 요소들을 대조하도록 했고, 그 결과를 일람표로 만들어 출판했다. 크로버가 지도하던 대학원생들 가운데 한 명인 줄리언 스튜어드는 다음과 같이 말했다.

크로버는 4년에 걸친 야심찬 요소목록 현지조사 프로젝트를 위해 기금을 얻었고, 13명의 조사자를 투입했다. 로키 산맥 서부의 254개 부족 및 부족 하위집단이 조사 대상이었다. 목록에는 3,000에서 6,000여 개의 요소들이 포함되었으며, 각 지역집단별로 요소의 존재 여부가 기록되었다.[11]

문화요소 조사 결과는 특정 문화의 경계를 이해하기 위해 도면 위에 표시되었고, 이는 문화들 사이의 상호작용 문제로 이어졌다. 계속해서 스튜어드는 말한다.

요소의 분포지역 표시는 각 요소들이 어떻게 전파되는가에 대한 질문을 제기한다. 그때까지 전파의 메커니즘은 인접성으로 인해 한 사회가 문화적 특징들을 다른 곳으로 전달하는 매우 단순한 과정으로 인식되었다. 크로버는 문화적 산물이 원산지와 전혀 접촉이 없는 집단에 의해 모방될 수도 있다는 점을

보여줌으로써 이 개념을 수정했다.[12]

뒤돌아보면 요소 조사방법에는 몇 가지 결점이 있다. 첫째, 문화를 잘게 쪼개 각 요소의 중요도가 같다고 간주하는 점이다(비버 이빨로 만든 주사위의 사용과 일처다부제의 실행은 확실히 중요성의 차원이 다르다). 둘째, 한 사회에 존재하는 특정 문화요소는 다른 사회에 존재하는 그 문화요소와 동등한 의미를 지닌다고 가정한다. 예컨대 만(卍, swastika)자는 북아메리카 원주민, 인도, 나치 독일에서 쓰였고, 현재 미국에서도 사용되고 있다. 만자가 이 모든 지역에서 발견된다 하더라도, 그것은 분명 여러 다른 의미를 지닌다. 셋째, 문화요소 조사는 정체적이고 공시적인(synchronic) 사회관을 만들어내어, 문화변화의 유일한 장치는 발명(새로운 문화특질의 개인적 창조)과 이주(새로운 문화특질을 갖는 사회의 새로운 지역으로의 이동), 그리고 전파(이주 없이 이루어지는 문화특질의 보급)라는 사실을 암시한다는 점이다. 그러나 모든 결점에도 불구하고 문화요소 조사는 붕괴되어가는 사회에 대한 체계적 정보 제공이라는 중요한 목표를 충족해주었다.

문화와 형상

크로버는 세부적인 것뿐 아니라 전체 사회를 특징짓는 넓은 문화의 유형들 또는 그가 주요 스타일이라고 언급하는 특수한 문화적 형상(configuration)에도 관심을 보였다. 제6장에서 논의할 베니딕트의 개념과 유사하게, 크로버는 "유형이란 어떤 문화가 마구 흐트러진 부스러기들의 단순한 축적이 되지 않도록 문화에 통합성 또는 설계도를 부여하는 내적 관계의 배열이나 체계"라고 언명했다.[13] 그러한 유형들 "……또는 형상들이나 형태들(Gestalts)을 문화에서 분별하거나 구성하는 것이 내게는 가장 생산적인 일로 보인다"라고 그는 말했다.[14]

크로버는 문화와 사회 사이에 뚜렷한 경계선을 긋는다. 사회는 집단생활이 있는 곳이면 어디서나—벌이나 개미 같은 군거성 곤충들 사이에서도—일어나지만 문화는 관습과 신념이라는 학습되고 공유되는 요소들로 이루어진다.[15] 나아가 그 관습과 신념은 그것을 보유하는 개인과는 독립적으로 존재한다고 크로버는 믿었다. 1946년 한 무리의 인류학자들과 가진 짧은 식후 대담에서, 크로버는 그의 입장을 정리한다. 문화는 인간의 상호작용에 의해, 즉 "유전에 의한 발생론적 장치가 아니라 구성요소들의 상호 조절작용에 의해" 전달된다. 그 기원에 상관없이 "문화는 곧 초개인적인 것이 되고 익명성을 띠게 되며, 유형이나 형태, 스타일, 의미의 규칙성으로" 귀속된다. 끝으로 크로버는 문화가 "사회적으로 공식화된 관례나 사람들의 몸에 밴 생활방식에서 드러나는 가치를 구현하며, 인류학자들이 하는 일 가운데 일부는 그 가치를 묘사하고 정의하는 것"이라고 주장한다.[16] 따라서 문화에 대한 크로버의 기본 정의는 문화가 학습되고, 공유되며, 유형화되고, 유의미하다는 것이다.

20세기 초 인간에 대해 생각하는 방식을 지배한 두 극단적 입장, 인종결정주의와 위인이론(Great Man Theory) 사이에서 크로버는 자신의 분석을 조율하려고 노력했다. 그는 경력 초기에 (1917), 보아스의 영향을 뚜렷이 보이면서 인종이 다르면 타고난 속성도 다르다는 관념을 비판했다. 에스키모인이 선천적으로 지방질을 좋아한다거나 프랑스인은 원래 언어를 잘 다룬다는 식으로 유전적 배경과 행동을 연결시키는 몇몇 가정과 '인종'과 '문명'을 동일시하는 경향에 의문을 제기했다.

동시에 크로버는 위인이론에 반대하여, 천재들조차 그들의 문화를 형성하는 게 아니라 대표할 뿐이라고 주장했다. 라이프니츠(1684)와 뉴턴(1687)의 독립적인 미적분 발명, 다윈과 월리스에 의한 자연선택설의 발달, 풀턴과 최소한 네 명의 동시대 발명가들에 의한 증기선 발명 등 여러 천재들이 공존하는 숱한 사례를 발견한 크로버는 "발명의 역사는 동시다발적 사례들(parallel instances)의 연속"[17]이라고 적었다. 그러한 발명들의 동시발생은 유전이나 천재보다 위대한 어떤 힘이 작동한다는 증거라고 결론지었다. 그 힘은 유기체보다 위대한, **초유기체적인**(superor-ganic) 것이다.

정신적 유전이 문명과 거의 관계가 없는 이유는 문명이 정신의 행위가 아니라 정신적 산물의 모임 또는 흐름이기 때문이다. 사회적이거나 문화적인 것은 본질적으로 비개인적이다. 문명은 개인이 끝나는 곳에서 비로소 시작되는 것으로, 이 사실을 어느 정도 인지하지 못한 사람은 문명에서 어떤 의미도 찾지 못할 것이다. 그에게 역사란 단지 골치 아픈 잡동사니에 불과한 존재이거나, 아니면 창작활동의 기회[즉 사실들을 조작하는]일 것이다.[18]

크로버에게 역사를 구성하는 힘은 비유전적이고, 공유되며, 익명성을 띠고, 유형화된 지식인 문화였다.

문화의 형상은 일련의 특수한 문화적 가치들의 역사에 의해 생성된다. 크로버는 "······문화의 성격은 그 특성상 자체의 축적된 과거에 의해 강하게 조율되므로, 그것을 이해하는 데에는 역사적 접근법이 가장 생산적"이라는 사실에 주목했다. 역사적 접근은 시간과 공간에 나타난 그대로 문화요소간의 광범위한 연결을 입증했다.[19) 요소들을 이런 식으로 정리하면 형상과 그 발달, 융성, 쇠퇴, 대체 등을 확인할 수 있다. 크로버가 느끼기에 이것이 설명의 본령이었다.

크로버는 페루 고고학과 아메리카 인디언 언어학 등 여러 주제로 관심을 돌렸는데, 아마도 그의 가장 흥미로운 분석은 뜻밖의 주제인 여성복의 변화에 대한 것이리라. 그것은 크로버가 두 차례(처음에는 1919년, 나중에는 1940년)에 걸쳐 다룬 논제였다. 크로버가 여성 패션 연구에 매료된 것은 그것이 '순수한' 스타일을 반영하고, 파리 패션 잡지들을 역사적으로 연구함으로써 패션의 변화를 통한 시대 추정이 가능했기 때문이다. 두번째로 패션을 연구할 무렵, 크로버는 1787년에서 1936년에 걸친 자료를 갖고 있었다. 그는 옷의 길이나 폭 같은 변수의 범위를 측정하고, 다음으로 통계분석과 시계열분석(time series analysis: 통계숫자를 시간의 흐름에 따라 일정한 간격마다 기록한 통계 계열을 시계열이라고 하며, 특정한 원인에 의거해 나타나는 변동 부분만을 분리하여 추출하거나 소거하는 통계기술을 사용하는 연구를 시계열분석이라 한다―옮긴이)을 실시했다.

그가 찾아낸 것은, 일부 주요 변동들이 상이한 주기를 갖는다는 점이었다. 옷의 길이는 18세기와 19세기 중·후반에 가장 길었고, 짧은 옷은 1815년과 1931년경 가장 흔하게 나타났다. 게다가 크로버는 흥미로운 스타일 변화의 유형을 발견했다. 대부분의 기간에, 긴 옷이 유행했든 짧은 옷이 유행했든 상관없이 주류로부터의 변이는 미미했으나, 어떤 시기에는 주류적 유행이 재확인되기 전에 상당한 정도의 변이가 있었다. 크로버는 다양한 역사적 원인들——예를 들면, 정치 불안이 단의 길이에 큰 변이를 초래하는가?——을 고려했지만, 단순하고 초유기체적인 스타일의 변동 외에는 그 원인을 규명하는 데 실패했다.

〔유행이 변하는〕일차적 요인은 무의식적이긴 하지만 이상적인 것으로 간주되는 여성 정장의 유형에 따르거나 그로부터 벗어나려는 것처럼 보인다. 일정한 비율의 등급에 대한 일정한 편차의 변이성——치마가 가장 짧거나 길었던 시기에는 전체적인 치마의 길이도 작은 편차를 보인다는 사실〔즉 치마가 가장 짧았던 시기에는 모든 이의 치마가 짧다〕——은 다른 결론의 여지를 남기지 않는다.[20]

요컨대 크로버는 문화가 무엇인가에 대한 그의 생각을 예시하기 위해 여성의 패션을 연구했다. 분명히 비유전적인 현상으로 패션은 유전형질의 영향으로부터 자유로운 것이 명백하다. 분명히 공유되는 것으로, 패션은 천재의 독특한 창조 이상이다. 요소들로 환원이 가능하므로 패션의 특징들은 시간상 표시될 수 있다. 이 경우 파리 패션만을 고려했으므로 공간은 고정적이다. 패션은 분명히 유형화되어 장기간의 체계적 변동을 겪었다. 마지막으로, 패션의 변천은 외부적 요인에 의해서는 이해될 수 없고, 오직 그것의 특수한 문화적 형상 내에서만 밝혀질 수 있기 때문에,

그것의 설명은 역사적이다. 그러므로 이 뜻밖의 주제에 대한 크로버의 분석은 그의 문화에 대한 접근방법의 기본적 특성을 드러냈다.

크로버는 파리 패션이라는 좁은 분야의 미시적 분석을, 세계 문명에 관한 방대한 연구인 『문화성장의 형상』(*Configurations of Culture Growth*, 1944)에서 반복하려고 애썼다. 그는 문화요소 분포를 연구하며 문화정점(culture climax)의 개념을 발전시켰다. 문화정점은 "역사적으로 알려진 문화적 성장이……문화의 제 방면의 전성기와 실제로 일치할" 때를 말한다.[21] 크로버는 문화적 혁신을 '위인'의 작품이 아닌 '독립적 발명'의 산물이라고 오랫동안 주장해왔기 때문에, 우수한 발명의 연구는 "사회가 간헐적으로 그 문화를 최고 수준으로 발달시키는—특히 지성적·예술적 측면에서, 하지만 보다 물질적이고 실용적인 측면에서도—흔히 볼 수 있는 습성"을 입증한다.[22] 천재가 단순히 유전적인 산물이라면, 우수한 발명은 무작위적으로 발생할 것이다. 즉 그러한 발명은 "어떤 문화요소의 인과적 관여나 천재의 개인 활동에 개입하는 초개인적 힘"[23]을 의미하지 않는다. 크로버는 "다루어지고 있는 현상들에서 어떤 진정한 법칙의 증거—주기적으로 순환되거나, 규칙적으로 반복되거나, 아니면 필연적인—를 찾지 못했다."[24] 그것은 문화는 환원될 수 없다는 그의 견해를 강화할 뿐이었다.

크로버에게 문화란 여타의 현상들과는 전혀 다른 정신적 구조물이었다. 그에 의하면 문화는 "비록 유기체로서의 개인들이 전달하고, 관여하며, 생산하는 것이나, 학습에 의해 습득된다는 점에서 초유기체적이며 초개인적이다."[25] 문화는 말리노프스키의 주장처럼 유기체적인 개인의 욕구에 의해 설명될 수 없으며,[26] '사회'의 등가물로 취급될 수도 없다.[27] 문화유형은 시간상의 변화와 새로운 문화유형의 문화적 내력, 그리고 특수한 형상 내의 문화 현상들에 대한 이해의 중요성을 강조하는 역사적 접근법 내에서만 이해될 수 있다.[28]

결론

인류학에 대한 광범위한 공헌으로 인해 크로버의 경력을 한마디로 요약하는 것은 불가능하지만, 스튜어드(1961)의 부고(訃告)는 크로버가 지녔던 기본적인 견해들 중 많은 것을 보여준다. 크로버는 "문화는 문화로부터 파생하며" 심리학적이거나 적응주의적, 또는 유기체적인 설명은 옹호될 수 없다고 믿었다. 그의 역사적 접근법은 "초유기체적이고 초개인적이며", 일단 "그 내용상의 세부항목들로" 문화의 성격을 규정하면서 동시에 "주된 양식, 철학, 가치들을 추구하는 양면성을 지녔다."[29]

미국 인류학계에서 크로버의 업적은 복합적인 유산으로 남아 있다. 즉 민족학, 민족지, 언어학, 고고학 분야에 대한 그의 실질적인 업적에 대해서는 거의 의문의 여지가 없다. 하지만 이와는 대조적으로 초유기체나 문명의 양식과 유형, 또는 문화의 익명성 등에 대한 크로버의 관심에 대해서는 현재 이렇다 할 반응이 없다. 이론가로서 크로버의 입장은 수용되기보다 반박받는 일이 훨씬 더 많았다.[30] 그럼에도 불구하고 문화의 통합적 기반을 발견하려는 그의 시도는 베니딕트, 사피어, 미드 등을 위시하여 그의 많은 동료들이 직면했던 중심과제였다.

6 루스 베니딕트

문화의 유형

신기하게도 베니딕트(Ruth Benedict, 1887~1948)의 생애에 대한 관심은 인류학자로서 개인과 사회의 관계에 초점을 두었던 그녀의 사상을 압도한다. 베니딕트는 세 전기의 주인공이다.[1] 뛰어난 인류학자였을 뿐 아니라 인류학자이기 이전에 뛰어난 여성이기도 했기 때문에 전기작가에게는 매력적인 대상이다. 그녀는 사회과학자로 유명해진 최초의 여성 가운데 한 사람이었으며, 그녀의 일생은 미국 사회에서 여성이 당면하는 어렵고, 때로는 이율배반적인 선택의 사례를 잘 보여준다. 이런 현실이 그녀의 삶과 인류학 경력의 궤적을 형성했다.

배경

루스 베니딕트(본래 성은 풀턴)는 1880년대에 여성을 남성과 평등하게 교육한다는 목적으로 설립된 배서 대학에서 수학했다. 베니딕트가 1905년 등록했을 당시 여성의 대학교육은 시작된 지 20년이 지났지만 여전히 새로운 현상이어서, 1905년 『여성과 가정』(Ladies Home Journal) 10월호에는 「말괄량이 여대생 대소

동」이라는 제목의 기사가 실렸고, 이어 11월호에는 「여대생은 무엇을 먹는가」라는 기사가 눈길을 끈다.[2] 베니딕트는 문학과 시를 공부했고, 후에 문예지나 잡지에 시를 발표하기도 했다. 그러나 시보다는 비판적 분석과의 만남이 그녀의 인류학 연구에 더 큰 영향을 주었다. 배서 대학에서 그녀는 진보당의 광범위한 정치현안과 근대주의 예술풍조, 매력적인 영국 및 독일 문학서적들, 특히 니체의 작품과 만났다.

오늘날 대부분의 미국인은 니체의 작품을 읽지 않지만 「2001: 스페이스 오디세이」의 도입부 선율──실제로는 리하르트 슈트라우스가 니체의 『차라투스트라는 이렇게 말했다』에 기초해 작곡한 교향시──은 알고 있다. 니체는 페르시아의 철학자 차라투스트라(조로아스터)가 말하는 형식을 취한 철학적 선언집을 쓰기로 했다. 사실 그것은 창조성, 순종에 대한 저항, 치열한 삶과의 투쟁을 요청하는 니체 자신의 처방이었다. 캐프리에 따르면,

　　니체는 창조적인 우상타파를 주창했다. 자아는 그 자신을 뛰어넘어 창조하기를 바란다. 그는 "창조함, 즉 고통으로부터의 위대한 구원, 그리고 삶의 개선"이라고 적었다. 그가 대변한 창조성은 새로운 가치의 창조였다. "새로운 소음의 발명가가 아니라 새로운 가치의 창조자를 중심으로 세상은 돈다. 조용히 돈다." 그런데 가치의 변화란 낡은 것을 파괴하고 새로운 것으로 대체하는 것까지 포함한다. "그릇된 인습에 기대어 안주하려는 잘못은 선남선녀가 주는 교훈"인데, 왜냐하면 '선남선녀' 〔사회의 모범적 인간〕는 창조할 수 없고, 오히려 진정한 창조자를 박해하기 때문이다. …… 〔니체는〕 창조성을 억압하는 인

습적 도덕이나 순종의 파괴를 역설했다. 그는 육체적 쾌락은 지지했다. 그는 물질만능주의를 포기할 것을 종용했으며, 독자들에게 자신들 안에 있는 신을 계발하라고 외쳤다. 이 모든 것이 베니딕트가 중요하다고 믿는 자질들이었다. ……『차라투스트라는 이렇게 말했다』는 그녀에게 구속적인 과거로부터의 해방감과 그녀의 미래를 열어갈 목적의식을 부여했다.[3]

베니딕트는 1914년 스탠리 베니딕트와 결혼했으나, 그들의 결혼은 많은 문제를 안고 있었다. 마지못해 사회봉사에 고개를 내밀고 원만한 결혼생활을 위해 자신의 관심을 억누르던 그녀는 31세 때 학업을 계속하기 위해 신사회조사연구원(New School for Social Research)으로 돌아갔다. 1년 후에는 컬럼비아 대학에서 대학원 과정을 밟았고, 거기서 프란츠 보아스와 연을 맺어 그 만남은 1921년부터 보아스가 사망한 1942년까지 지속되었다. 보아스는 베니딕트의 학위논문 「북아메리카에서 수호정령의 개념」을 지도했으며, 이 논문은 후에 미국인류학회에 의해 출판되었다.[4] 현지조사가 아니라 도서관 조사에 기반을 둔 논문이지만, 세 학기 만에 학위를 취득했다는 사실은 여전히 경이롭다. 남부 캘리포니아의 세라노(Serrano)족에 대한 1922년의 간단한 연구[5]를 제외하고, 베니딕트의 초기 저작들은 모두 도서관 조사에 기반을 둔 것이었다.[6] 하지만 그녀는 1920년대 중반부터 미국 남서부로 떠나 1924년 주니(Zuni)족, 1925년 주니족과 코치티(Cochiti)족, 1927년 오탐(O'otam)족, 1931년 메스칼레로 아파치(Mescalero Apache)족 사이에서 하계 현지조사 연구계획을 수행했다. 베니딕트의 주니족 연구는 1934년 작 『문화의 유형』의 핵심을 이룬다.

이 기간에 베니딕트는 문화와 인성(personality)에 대한 관심을 키우고, 『미국 민속학지』(*Journal of American Folklore*)를 편집하고, 컬럼비아에서 강의하며 보아스와의 관계를 더욱 돈독히 했다. 스승으로서의 역할을 다한 보아스는 자신이 학과장으로 있던 인류학과에 그녀의 자리를 마련하여 동료로서 함께 일했다. 베니딕트는 점차 유능한 교원이 되었으며, 1948년 세상을 떠날 때에는 컬럼비아 대학에서 가장 유명한 교수 가운데 한 사람이었다.

『문화의 유형』

『문화의 유형』(*Patterns of Culture*)은 1934년 출판될 때부터 아주 인기 있는 책이었다. 10여 개 언어로 번역되었으며, 1946년 정가 25센트의 보급판이 나온 이후 1974년 기준으로 160만 부나 팔렸고,[7] 지금도 시판되고 있다. 이 책의 사상은 학계를 벗어나 미국 사회 일반에 확산되었고, 오늘날 사람들이 당연하게 받아들일 정도로 근대 미국 문화에 깊숙이 파고들었다. 『문화의 유형』은 비인류학자를 위해 저술되었으며, 캐프리의 평가대로 "사회과학계에서, 그리고 미국 사회에서 커다란 패러다임의 변화가 마침내 수용되었음을 나타내는 신호이자 촉매제로 작용했다……."[8] 베니딕트는 지적인 창조활동을 통해 니체가 말했듯이 고통이 완화됨을 알게 되었는데, 『문화의 유형』은 그 지성의 활동을 보여주는 명백한 증거다.

우선 이 책은 생물학과 대조되는 문화의 중요성을 강조했다.

주니족, 도부(Dobu)족, 콰키우틀족의 현저히 다른 생활유형들을 대비시킴으로써 베니딕트는 근대적 인간들 사이의 차이를 이해하는 데 문화의 인과론적 우위를 증명했다. 이를 확대 해석하면, 베니딕트는 미국 사회와는 크게 다른 이 세 사회의 성격을 보여줌으로써 결과적으로 미국의 생활을 통제하던 빅토리아풍의 엄격한 관습의 힘을 약화시켰다.

둘째, 문화의 **유형**에 대한 베니딕트의 강조는 상당히 복잡한 개념을 새롭게 조명하는 것이었다. 유형의 개념은 어느 면에서는 크로버와 여느 학자들이 거론했던 문화요소 복합체──상이한 문화적 집단의 특성을 나타내는 문화특질의 유형화된 동시발생──와 유사하다. 예를 들어 인류학자 위슬러(Clark Wissler)는 평원 인디언들 사이의 말-복합(the horse-complex)을 기술했는데, 이는 티피(들소 가죽으로 만든 원추형 천막──옮긴이), 트러보이(travois: 막대기 2개를 엮어 매어 말이나 개가 끌도록 한 운반용구로 들소사냥에도 동원되었다──옮긴이), 들소사냥, 급습, 태양춤(Sun Dance: 대평원 서부의 아라파호족·샤이엔족·쇼쇼니족 등에서 행해졌던 종교의식으로, 매년 여름 부족이 모여 가운데 기둥을 세우고, 그 위로 태양을 보면서 춤을 추는 것에서 유래했다──옮긴이)을 포함하여 말을 중심으로 되풀이되는 문화적 행위들의 통합체이다. 비슷하게 우리는 광고판, 휴대전화, 통근권 안의 학교 등 광범위한 문화적 요소들이 자동차의 존재에 의해 연결되는 미국 자동차 문화를 정의할 수 있을 것이다.

그러나 베니딕트와 기타 인류학자들은 보다 미묘하면서도 심오한 그 무엇, 즉 일련의 사물과 행위 사이의 관계만이 아니라 특수한 사회를 규정하는 기본적인 생각과 가치, 도덕적 이념 사이의 관계를 추구하고 있었다. '게슈탈트'(Gestalt) 형상의 개념은 당시 상당한 영향력을 행사했다. 심리학자들은 물리적 형체의 윤곽을 뜻하는 독일어에서 유래한 이 개념을 학습행위 실험에 적용하여, 사람들은 직접적인 자극에 반응하는 것이 아니라 특수한 사건에 의해 환기되는 기본적 유형에 반응하며 학습한다는 점을 강조했다. 그래서 떠들썩한 행동이 교회에서 적절하지 않다는 것을 배우면 우리는 그 지식을 성당이나 예배당, 공공 기념물(링컨 기념관), 뒤뜰의 결혼식 등으로 확대하게 된다. 새로운 상황에서도 우리는 이미 학습된 지시에 따르는데, 이는 새로운 상황이 기본적으로 학습된 유형을 불러내기 때문이다. 캐프리에 따르면, "형상의 게슈탈트 개념은 미국인의 개방적 사고방식을 엄습했다. 형상이란 사실과 사건을 그 바탕에 깔린 태도 및 가치와 연결하는 유형의 형태였다."[9] 게슈탈트/형상/유형은 베니딕트의 연구에서 핵심적인 개념이 되었다.

게슈탈트(형상) 심리학은 부분이 아니라 전체를 출발점으로 삼는 것이 중요함을 정당화하는 데 몇몇 괄목할 만한 성과를 거두었다. 게슈탈트 심리학자들은 가장 단순한 감각인식에서 독특한 지각 대상들의 분석은 전체적인 체험을 설명할 수 없다는 사실을 보여주었다. 지각 작용들을 객관적인 파편으로 분리하는 것만으로는 충분하지 않다. 주관적인 틀, 즉 과거의 경험에 의해 부여되는 형태도 결정적으로 중요하며 결코 생략될 수 없다.[10]

베니딕트가 '객관적'과 '주관적'을 대비할 때, 주관적이라고 말하는 것은 '단순한 의견'과의 동의어 또는 자민족중심적인 투영

(projection)이 아니다. 그녀는 특정 사회의 구성원들이 일정한 방식으로 행동하는 이유를 설명해주는 주관적 가치들의 특징을 나타내려 노력하고 있는 것이다. 베니딕트는 사회의 기본적인 '존재의 가치'를 가리키기 위해 유형의 개념을 사용했다. "문화는……그 특징들의 합 이상이다. 우리는 한 부족의 혼인형태·의례적 춤·성년식의 분포에 대해서는 많이 알고 있으나, 이러한 문화요소들을 자신의 목적에 맞게 사용하는 총체적인 문화에 대해서는 전혀 이해하지 못한다."[11]

베니딕트는 현격한 차이를 보이는 잘 연구된 세 사회를 대비함으로써 문화적 유형의 차이를 보여주었다. '푸에블로' 인디언(주니와 호피)과 뉴기니 동부 남안의 섬에 사는 도부족, 퓨젓 만과 남서 알래스카 사이에 사는 북서 연안 인디언(침시아족, 콰키우틀족, 코스트살리시족)이 그들이다. 이 세 집단은 베니딕트가 신뢰하는 인류학자들이 연구했다는 이유로 선택되었다. 포천(Reo Fortune)은 도부족을 연구했고(그는 당시 마거릿 미드와 결혼한 상태였다), 보아스는 아메리카 북서 연안에서 작업했으며, 베니딕트 자신은 푸에블로 주니족을 조사했다. 그들은 또한 본질적으로 다른 문화적 형상을 가진 완전히 다른 사회였다. 방대한 민족지적 세부항목들을 정리하여, 베니딕트는 문화유형의 기본요소들을 걸러냈다. 예를 들어 도부족에 대해서는 다음과 같이 규정한다.

도부인들은……무뚝뚝하고 점잖은 체하며, 정열적이고, 질투와 의심과 분노에 사로잡혀 있다. 유복한 순간에 도부인은 악의에 가득 찬 세상에서 적을 물리친 투쟁으로 자수성가했다고 생각한다. 훌륭한 사람이란, 그가 어느 정도의 부를 축적하고 생존해 있다는 사실에서 누구나 알 수 있듯이, 자타가 공인하는 그런 투쟁을 많이 경험한 사람이다. 그가 도둑질을 하고, 아이들이나 가까운 사람들을 요술로 죽이며, 원할 때면 언제나 남을 속이는 일은 당연한 것으로 여겨진다.[12]

베니딕트는 이를 주니족이 이상으로 삼는 좋은 사람과 대비시킨다.

주니족의 이상적인 인간은 남 앞에 나서지 않고 이웃들의 구설수에 오르지 않는, 묵직하고 온화한 사람이다. 아무리 옳은 경우라도 싸움을 하면 자기 책임으로 돌아온다. 결점이 없는 주민을 묘사하는 최고의 칭찬은 다음과 같다. "그는 아주 예의바른 사람이다. 그에게서 나쁜 말을 들어본 사람이 없다. 그는 말썽을 부리지 않는다. 그는 오소리 씨족원이고, 무헤크웨 (Mu-hekwe) 키바(kiva: 주니족의 하위집단들이 갖추고 있는 의식용 제실로, 각 집단을 가리키는 명칭으로도 사용된다. 어느 키바의 성원이 되는가는 태어날 때 결정된다—옮긴이)의 구성원이며, 여름 무도회에서 항상 춤을 춘다." 주니족이 인정하는 좋은 사람이란 '말을 많이 해야' 하고(즉 항상 다른 사람들을 편하게 해주어야 하고), 일할 때나 의식(ritual)에서나 다른 사람들과 잘 어울려야 하며, 거만한 느낌을 주거나 뚜렷한 감정을 나타내서는 안 된다.[13]

베니딕트는 집단에 대한 그녀의 편견을 들려주는 것이 아니라, 다른 사회들의 특징적 가치들에 대해 민족지적 정보에 입각한 일반화를 제시하고 있는 것이다. 그 판이한 사회들을 표현하기 위해 베네딕트는 니체의 작품에서 두 개념, 즉 존재에 대한 아폴론적 접근과 디오니소스적 접근을 차용한다. 베네딕트는 주니족 및 기타 푸에블로 인디언들의 형상과, 콰키우틀족 및 여타 북아메리카 집단들의 형상을 대비시킨다.

푸에블로족의 문화와 북아메리카의 다른 문화 사이의 근본적인 대비는 니체가 그리스 비극의 연구에서 명명하고 기술했던 대비이다. 니체는 존재의 가치에 도달하는 완전히 배치되는 두 가지 방법을 논하고 있다. 디오니소스적인 인간은 "존재의 일상적인 범위와 한계를 완전히 파괴함"으로써 존재의 가치들을 추구한다. 그는 자신에게 가장 귀중한 순간에, 오감이 자신에게 부과한 경계로부터 탈출하여 또 다른 존재의 질서로 돌파해 들어가려 한다. 개인적인 체험이나 의식(ritual)에서 디오니소스적인 인간의 욕망은 그것을 한계까지 몰고 가 어떤 정신적인 상태, 즉 극단을 달성하고자 한다. 그가 추구하는 감정에 가장 가까운 유추는 만취상태이며, 광란상태의 계시를 높이 평가한다. 그는 블레이크(Blake)처럼 "극단의 길은 지혜의 궁전으로 통한다"고 믿는다.

아폴론적 인간은 이 모든 것을 불신하며, 그러한 경험의 성격에 대해 거의 알지 못한다. 그는 그러한 경험을 이겨내는 방법을 의식적인(conscious) 생활에서 발견한다. 그는 오직 하나의 법칙, 즉 그리스적 의미의 기준만을 알고 있다. 그는 중도(中道)를 지키며, 상식적 규범 안에만 머무르고, 파괴적인 정신적 상태에는 쓸데없이 개입하지 않는다. 니체의 멋진 문구를 빌리자면, 춤이 고양된 상태에서도 그는 "자기 자신으로 남아 있으며, 시민으로서의 본분을 간직한다."[14)

베니딕트에 따르면, "남서 푸에블로족은 아폴론적이어서" 많은 북미 집단들과 대조를 이룬다.

주니족의 이상과 제도는……이 점에서 엄격하다. 모든 아폴론적 인간에게 알려진 길, 즉 중도는 주니족이 공유한 전통에 구현되어 있다. 중도 안에 머무른다는 것은 자신을 전례(前例), 즉 전통에 맡긴다는 것이다. 따라서 전통에 강하게 반대하는 세력은 조화를 이루지 못하고 그들의 제도에서 최소화되는데, 이 가운데 가장 큰 세력은 개인주의이다.[15)

푸에블로 이외의 지역에서는,

멕시코 인디언〔예를 들면 아스텍인〕을 포함하여 아메리카 인디언은 전체적으로 정열적인 디오니소스적 인간이다. 그들은 모든 격렬한 경험, 즉 인간으로 하여금 일상적인 감각의 궤도를 벗어날 수 있게 해주는 모든 수단들을 소중히 생각하고, 그런 모든 경험에 최고의 가치를 부여한다.[16)

베니딕트는 아메리카 원주민 집단들이 언어와 문화에서의 많은 차이점에도 불구하고, 디오니소스적 행위를 강조하는 공통점을 지닌다고 보았다. 가장 눈에 띄는 증거는 환상 찾기(vision quest)─개인이 단식, 마약, 자해 등을 통해 일상적인 존재를 벗어나 초자연적인 힘과 직접 접촉함으로써 개인적 환상을 얻으려는 시도——이다. 그런 일련의 핵심적 가치들이 보다 큰 문화적 행위들을 형성하고, 그 결과 문화의 독특한 유형들이 생겨나는 것이다.

그렇지만 모든 개인이 용인된 문화생활의 유형에 쉽게 적응하는 것은 아니다. 베니딕트는 자신의 경험에서 이를 체득했다. 그녀는 개인적으로 1920년대 미국 여성의 규범적 가치에는 더 이상 동조할 수 없는 지점에 이르러 있었다. 자신이 속한 문화의 모든 핵심적 가치들을 받아들이지 않은 그녀는 개인과 문화 사이에 갈등이 잠재해 있다고 보았고, 이는 다른 사회에서도 일어나리라고 여겼다.

『문화의 유형』 마지막 부분은 이 문제를 다루고 있다. 베니딕트에 따르면, "우리는 모든 사회가 가능한 인간 행동반경의 일부만을 선택하는 것을 목격해왔고, 그것이 통합을 이루는 한, 그 제도는 선택된 부분의 표현을 강화하고 대립적 표현은 억제하는 경향이 있다."[17] 인간의 본성은 유순하고, 한 문화의 교훈은 명시적이며, 불복종에 대한 제재는 엄격하기 때문에, 대부분의 사람들은 핵심적 가치를 받아들일 뿐 아니라 "그들만의 특수한 제도가 궁극적이고 보편적인 타당성을 반영한다고 가정하게 된다."[18]

하지만 모든 이들이 주어진 문화의 제도에 똑같이 편안함을 느끼는 것은 아니며, 그 사회가 선택한 행동 유형과 가장 근사하게 일치하는 잠재적 가능성을 가진 자들이 보다 쉽게 적응한다.[19] 베니딕트는 '일탈'이 본질적으로 개인의 인성과 특정 사회의 가치 사이의 갈등이지, 모든 인간에게 적용되는 하나의 차원은 아니라고 주장했다. 도부족 사회의 일탈자는 '꾸밈없이 우호적인 사람'이며,[20] 디오니소스형 사회에서 명예를 얻은 자는 아폴론형 문화에서는 경멸당하는 부랑아이다.

이렇게『문화의 유형』은 개인과 문화 사이의 흥미로운 갈등을 제기했다. 한편으로 문화는 대부분의 사람들이 배우고 흡수하는 핵심가치(core values)의 표현이다. 다른 한편, 문화를 정의하는 가능성의 반경에서 특정 부분의 밖에 있는 개인적 인성들이 존재한다. 그러므로 문화적 가치는 상대적이며, 일탈의 정의 자체도 상대적이다. 베니딕트의 책은 문화와 인성의 관계에 대한 연구의 기틀을 마련한 인류학 교재들 가운데 하나다.

결론

베니딕트는 물론『문화의 유형』이외에도 저술을 남겼다. 제2차 세계대전 동안 미국의 전쟁을 지지하기 위해 다른 문화에 대한 출판물들을 정리하여 '원거리 문화' 연구를 수행함으로써, 전쟁 정보국에 도움을 주었다. 널리 알려진『국화와 칼』(*The Chrysanthemum and the Sword*, 1949)은 일본 사회의 핵심가치와 그러한 가치가 전쟁 중이나 전쟁 후 미국 점령시 일본인의 행동에 미치는 영향을 탐구한 것이다. 태국인과 그 문화에 대한 이전의 연구(1952: 1943년에 작성되었음)는 비교적 덜 알려져 있는데,『국화와 칼』의 방법론을 예고하는 것이었다.

베니딕트는 색다른 방식으로 전시체제에 기여하기도 했다. 그녀는 웰트피시(Gene Weltfish)와 함께 1943년『인류의 인종』이라는 제목의 10센트짜리 반인종주의 소책자를 만들었다. 나치의 인종정책과 미국 내 인종간의 갈등에 직면하여, 그리고 미군이 전 세계에서 전투를 치르게 되면서 인종은 가장 중요한 문제로 부각되었다. 베니딕트와 웰트피시는 인종에 대한 당시의 과학적 견해들을 요약하고, 문화적 차이와 비교해볼 때 인종적 차이는 미미한 것이라고 주장했다. 이 주장은 『문화의 유형』에서도 개진되었으며, 인종에 관한 보아스의 논의를 되풀이하는 것이었다. 미군이 이 책자를 배포하기로 결정했을 때, 한 보수적인 의원이 그것을 '공산당 선전'이라고 공격했다. 하지만 이 명백히 어리석은 비방 덕에 책자는 오히려 75만 부 이상 팔려 나갔고, 7개국어로 번역되었다.[21]

나름대로 성공을 거두기는 했지만, 베니딕트의 다른 작품들은 이론적 파급효과라는 점에서 『문화의 유형』을 능가하지 못했다. 사회의 기본 유형과 문화적 조화를 만드는 기본 가치를 드러내는 명료한 주장은 근원을 파고드는 것이었다. 『차라투스트라는 이렇게 말했다』의 도입부 선율이 장조에서 단조로 바뀌면서 우주의 장엄함과 신비감을 전달하듯이, 아폴론과 디오니소스라는 원형은 사회의 어떤 본질을 재현한다. 베니딕트는 문화의 분류체계를 창조하려고 한 것은 아니었다는 점에 주목해야 한다. 물론 그렇게 보일 수도 있지만. "범주란, 그것이 모든 문명과 사건에 필연적으로 적용될 수 있다고 생각하는 순간 무거운 책무가 되어버린다"라고 그녀는 말했다.[22]

문화란 역사적 우연에 의해 함께 던져진 요소들이 마구잡이로 축적된 것은 아니다. 베니딕트는 문화적 차이란 오히려 사회의 핵심적 가치들의 다면적 표현이라는 점을 보여주었다. 인류학의 목표는 이런 다양한 유형들을 밝히는 것이다. 베니딕트는 『문화의 유형』 마지막 부분에서 그 과정의 사회적 성과를 다음과 같이 말한다.

　우리는 인류가 실존이라는 원료로부터 스스로 창조해온 다
양한 삶의 유형이 똑같이 소중하고 타당하다는 사실을 받아들
이고, 이를 희망의 근거로 또 관용의 새로운 발판으로 삼아 보
다 현실적인 사회적 신념에 도달할 수 있을 것이다.[23]

7 에드워드 사피어

문화, 언어, 개인

사피어(Edward Sapir, 1884~1939)는 "과학자와 학자들 사이에서 천재라고 불리는 드문 사람들 가운데 한 명이었다"고 그의 한 제자가 술회했다.[1] 루스 베니딕트는 『미국 인류학자』(*American Anthropologist*)에 실린 사피어 추도문에서 "사피어 교수처럼 비범한 재주를 타고난 학자는 별로 없으며, 언어학과 인류학이 입은 손실은 헤아릴 수 없다. 그의 친구였던 우리에게, 그의 죽음은 채워질 수 없는 공백을 남겼다"고 피력했다.

사피어는 아메리카 인디언 언어 연구를 쇄신한 그 시대의 걸출한 언어학자로, 많은 이들에게는 '천재'로 각인되었다.[2] 그는 또 인간관계와 제도의 통학문적(interdisciplinary: 학제적 또는 학제간으로 표현되기도 함―옮긴이) 연구와 후에 '문화와 인성'으로 알려진 분야를 구상했다. 그러나 사피어가 제시한 귀중한 인류학 이론은 언어에 의해 역동적으로 형성되는 개인과 문화의 관계에 대한 것이다.

사피어의 이름은 그의 제자 벤저민 워프(1897~1941)와 그 유명한 사피어-워프 가설(Sapir-Whorf hypothesis)에서 결합되는데, 그것은 언어 내에서 발견되는 의미의 범주들과 그 언어의 화자가 세계를 기술하고 분류하는 데 사용하는 정신적 범주들 사이의 관계를 상정한다. 그것은 의미의 모든 차원을 이해하는 것이 사피어의 작업 이전까지 언어학의 주된 영역이던 음성학·구문론·문법의 이해만큼 중요하다는 점을 시사한다. 사피어–워프 가설이란 다른 언어는 다른 지각 체계를 나타내며, 각 사회의 상이한 문화적 행위는 언어적 의미 구조에 의해 전달되고 그 구조 내에서 정보화된다는 이론이다. 다른 문화의 언어를 연구하는 것은 그들이 어떻게 말하는지를 조사하는 것 이상이다. 그것은 문화적 존재가 어떻게 창조되는가를 탐구하는 작업이다.

사피어는 특히 프란츠 보아스의 작업에 의해 형성된 오랜 전통의 인류학적 언어학에 기여했다. 대부분의 민족지 조사가 언어 숙달을 요하지 않는 문화의 요소들, 즉 물질문화의 특징이나 통역을 통해 이루어지는 연구에 중점을 두고 있을 때, 보아스가 비서구어 습득의 중요성을 강조한 것은 혁신적이었다. 1911년에 그의 『아메리카 인디언 언어 편람』(*Handbook of American Indian Languages*)에서 보아스는 다음과 같이 말했다.

〔한 부족의〕 언어를 구사한다는 것은 정확하고 철저한 〔민족지적〕 지식을 획득하는 데 불가결하다. 그 이유는 원주민들의 대화를 듣고 그들의 일상생활에 참여함으로써 많은 정보를 접할 수 있기 때문인데, 이런 정보는 관찰자가 말을 제대로 모른다면 무용지물이 되어버린다.[3]

그러나 이런 조사 도구로서의 언어 개념보다 중요한 것은 언어가 문화의 다른 차원들에 대한 통찰력을 제공한다는 생각이다. 보아스는 특별히 화자가 불러주는 원주민의 언어 원본을 집중적으로 기록하는 것이 중요하다고 강조했다. 이 원본에서 우리는 얻을 수 있는 정보를 마지막 한 방울까지 짜내고, 또 그것을 다른 정보원들과 관련시켜볼 수 있다. 언어학자 야콥슨(Roman Jakobson)은 보아스의 생각이 미친 영향을 이렇게 기술한다.

보아스는 언어를 민족학적 현상 전반의 일부일 뿐 아니라 '가장 시사하는 바가 큰 탐구분야'로 보았는데, 그의 통찰력은 경탄할 만하다. 보아스는 『아메리카 인디언 언어 편람』의 훌륭한 서론에서, "언어학이 제공하는 가장 큰 장점은 형성된 범주들이 언제나 무의식 속에 남아 있기 때문에 그것의 형성을 유도한 과정을 이차적 설명에 수반되는 오해 및 혼동요인들[민족학에서는 흔한] 없이 추적할 수 있다는 사실이다"라고 밝힌다.[4]

야콥슨은 계속해서, 이 '창조적이고 개척적인' 생각이 의미하는 것이 무엇인지를 말하고 있다.

다양한 민족학적 현상 가운데 언어적 과정(또는 작용)이 가장 인상적으로 그리고 명백하게 무의식의 논리를 예증한다. 이 때문에 보아스는 "언어적 과정이 무의식적이라는 사실 자체가 민족학적 현상의 명료한 이해를 도와주며, 그 중요성은 결코 과소평가할 수 없다"고 주장한다. 다른 사회체계와의 관계에서 언어가 차지하는 위상과 다양한 민족학적 유형의 면밀한 통찰을 위해 언어학이 갖는 의미가 이렇게 정확히 언명된 적은 없었다.[5]

그래서 교차사촌(cross cousin: 부모와 성[性]을 달리하는 형제자매를 통해 연결된 사촌으로, 우리의 고종사촌과 외종사촌이 여기에 속함—옮긴이)과 평행사촌이 크로족에서는 언어적으로 구분되지만 영어에서는 안 된다는 사실은 두 언어가 다른 용어를 사용하기 때문이 아니라, 특정 친척이 화자, 곧 에고(Ego: 분류를 하는 당사자—옮긴이)와의 관계에서 맡는 사회적 역할(예를 들면 잠재적인 배우자인가 아닌가)에 따라 친족의 분류가 달라지기 때문이다. 글자 그대로 언어는 인간에 의해 지각되는 세계를 반영하고 형성하며, 언어적 의미의 조직을 이해하면 문화의 기본 구조가 해명된다. 보아스의 언어학 접근에 뿌리를 둔 이 기본 개념은 사피어의 연구에서 정교해지고 세련된다.

배경

프로이센에서 태어난 유대인 사피어는 다섯 살 때 유럽인들의 대이민 물결에 섞여 부모와 함께 엘리스 섬을 거쳐 뉴욕에 도착했다. 뉴욕 동부에서 가난하게 성장한 사피어는 일찍부터 천부적 재능을 보였다. 그는 장학금을 받고 컬럼비아 대학에 들어갔고, 1904년 3년 만에 학부과정을 마치고 졸업했는데, 이때 그의 나이 스물이었다.[6] 그는 곧 보아스의 지도 아래 컬럼비아에서 대학원 공부를 계속했으며, 1905년 컬럼비아 강 하류의 위시램(Wishram)족을 현지조사했다. 그 연구결과는 1909년에 발표되었다. 사피어는 1906년 조사에서 타켈마(Takelma) 언어 연구를 위해 오리건으로 갔고, 이 연구는 그의 학위논문의 기초가 되었다. 타켈마어의 난해함으로 인해 그의 학위논문은 더욱 눈에 띄었다. 베니딕트는 "사피어의 언어연구에는 학습 기간이 없었다. 이 청년의 작업에서 드러나는 음성학적·형태론적 재능은 장기간의 꾸준한 경험을 가진 학자에게서나 볼 수 있는 것이다"라고 언급했다. 사피어는 학위를 마친 해(1907)에 타켈마 민족학에 대한 두 편의 논문을 『미국 인류학자』와 『미국 민속학지』에 발표했다.[7]

1907년과 1908년 사이 사피어는 버클리에서 캘리포니아 원주민 언어인 야나(Yana)어를 연구하는 조사보조원으로 있었고, 그후 남부 파이우트(Paiute)족 조사를 지원해준 펜실베이니아 대학에 가서, 쇼쇼니족 언어에 대한 최초의 과학적 연구를 수행했다. 사피어는 펜실베이니아 대학 박물관이 고용한 파이우트인 토니 틸로하시와 함께 남부 파이우트어의 문법을 정리하여 원주민의 직관적인 언어사용을 세심히 고려하는 새로운 기준을 마련했다.[8]

1910년 사피어는 오타와에 근거를 둔 캐나다 지질학 조사국 인류학 분과의 책임자로 처음 정규직을 얻었다.[9] 이 자리에서 사피어는 브리티시컬럼비아의 눗카(Nootka)족과 다양한 아타바스카(Athabaska) 언어들을 조사했다. 이 작업의 결과로 하이다(Haida)나 틀링깃(Tlingit) 같은 북서 해안의 언어들과 나바호를 포함한 아타바스카어로 구성되는 나데네(Na-Dene) 어족이 탄생했다.

15년 동안 오타와에 머물면서 사피어는 역사언어학의 문제로 관심을 돌렸다. 1929년 판 『브리태니커 백과사전』에 사피어는 "어휘와 음성의 어떤 유사성은 한 언어가 다른 언어로부터 차용된 데 기인한다. 하지만 예를 들어 쇼쇼니어, 피마어, 나우아틀어 또는 아타바스카어와 틀링깃어 등에서 증명되는 보다 뿌리 깊은 유사성은 공동의 기원——음성학적 법칙, 문법적 발전과 손실, 유추의 혼란, 구성요소의 차용 등의 작용에 의해 지금은 상당히 모호해진——에서 유래함에 틀림없다"[10]고 적었다. 이러한 역사적 관련성을 이해하기 위해 사피어는 아메리카 인디언어의 재분류를 제안했다.

위대한 탐험가이자 지질학자, 민족학자였던 존 파웰 소령이 제안한 분류는 각기 뚜렷하게 구분되는 것으로 취급된 55개의 서로 다른 북아메리카 어군들을 상정했다. 사피어는 북아메리카 언어들 사이에 좀더 연관성이 있다고 보고 파웰의 도식을 단순화시켜 6개 어족으로 대체했다. ① 에스키모-알류트(Eskimo-Aleut), ② 알공킨(Algonkin), ③ 데네(Dene), ④ 파이우트(Paiute), ⑤ 호카(Hoka), ⑥ 아스텍-타노아(Aztec-Tanoa: 오늘날의 유토아스텍). 각 어족 내의 언어들은, 예컨대 영어·독일어·네덜란드어·스웨덴어·노르웨이어처럼 서로 소통되지는 않더라도 분명한 유사성과 공통의 기원을 보여준다. 사피어가 아메리카 인디언 언어를 여섯 단위로 분류한 것은 1960년대까지 미국 언어학계에서 통용되었으며, 지금도 아메리카 원주민 언어를 조직하는 중요한 틀로 남아 있다.[11]

오타와 시기에 사피어는 지적으로 고립되어 있었다. 오타와는 인류학의 중심지인 뉴욕·버클리·시카고와 멀리 떨어져 있는데다, 지질학 조사국에서 사피어는 직책상 강의도 없었으므로 학생들과의 의견교환을 통해 얻을 수 있는 자극이 없었다. 이 시기 베니딕트와 주고받은 편지에는 그의 소외감이 분명히 묻어난다.

그러나 오타와 기간은 그의 엄청난 창조력이 돋보이는 시간이기도 하다.[12] 사피어는 광범위한 지식을 갖고 있었으며, 말과 관련된 것이면 무엇에나 매료된 듯이 보였다. 오타와 기간의 출판물들은 대단한 생산성을 보여주며, 민족학과 언어학 관련 저술 외에도 시, 서평, 비인류학적 주제에 대한 논평도 출판했다. 1922년 발표된 26개의 출판물에는「북부 야나어의 기본 요소」나「아타바스카어의 음조」같은 학술논문,『신공화국』(*The New Republic*)과『다이얼』(*The Dial*) 그리고『캐나다 평론』(*Canadian Bookman*)에 실린 시와 소설 평, 16편의 자작시와 프랑스계 캐나다인의 민요 번역 3개 등이 포함되어 있다. 이처럼 그는 보기 드물게 다방면의 취미를 드러냈다.

1925년 시카고 대학의 자리를 흔쾌히 받아들인 사피어는 자신의 진가를 알아줄 대학원생들을 가르치게 되었고, 의미론 (semantics) 및 문화와 인성 분야에 대한 관심을 발전시킬 수 있었다. 특히 인성 분야에 대한 관심으로 인해 그는 문화에서 개인이 차지하는 역할에 비중을 두었고, 문화의 성격에 대해 당대의 사상가들과 결별하게 된다.

문화와 개인

20세기 초 문화에 대한 정의는 문화의 초유기체적·초개인적 성격을 강조했다. 초유기체의 개념은 크로버의 연구에서 크게 발달했는데, 그는 문화란 그것을 만든 개인들과는 독립적으로 움직이는 초유기체적 속성을 가지며, 문화와 사회 그리고 개인은 환원 불가능한 별개의 현상이라고 주장했다. 사피어의 입장은 이와는 매우 달랐다. 그는 사회에 대한 폭넓은 일반화는 잘못된 것

이며, "한 집단에 많은 개인이 있는 만큼 문화들도 많다"고 믿었다.[13]

이 생각은 사피어가 1938년에 쓴 논문 「문화인류학이 정신분석학자를 필요로 하는 이유」의 배경을 이룬다.[14] 사피어는 도시(J. O. Dorsey)의 오마하 인디언 연구와 여러 가지 인류학적 일반화("오마하족은……라고 믿었다")를 논하는데, 여러 곳에서 그가 "두 크로인이 이를 부정했다"고 말한 사실에 주목하면서 논문을 시작한다. 사피어는 자신이 학생 때 이를 읽고 충격을 받았다고 인정했는데, 이는 도시가 독자들에게 다른 사회에 대한 매끈한 시각을 제공하는 인류학적 책임을 다하지 않고, 두 크로인의 이견이 오마하 문화의 일반적 유형과 어떤 관련이 있는지 평가할 책임을 독자에게 전가한 것이라고 단정했기 때문이다. 그러나 사피어는 이렇게 회고했다.

지금 보니 도시는 시대를 앞서 있었다. 오마하 인디언들과 가깝게 지내면서, 그는 자신이 원시인의 사회나 표본 또는 원시문화사의 단면이 아니라, 확정되지는 않았지만 한정된 수의 인간들을 다루고 있다는 점을 알고 있었다. 그 인간들은 일반적으로 '사생활'이라 간주되는 면에서만이 아니라, 분명히 사적인 개인의 관심을 뛰어넘는 문제에서도 남들과 다를 수 있는 특권을 가지며, 이 점은 인류학자[도시]가 정의하는 대로 명백하게 발견될 수 있는 문화를 가진, 명백하게 범위가 정해진 사회의 개념에 함축되어 있다.[15]

사피어는 두 크로인의 '반대' 문제로 몹시 고민했는데, 그것이 다른 문화에 대한 우리의 이해에 시사하는 바가 많음을 알았기 때문이다. 첫째는 방법의 문제로, 비록 객관적으로 보이는 문제에서조차 변이에 대한 탐구는 매우 유익할 수 있다. 예를 들어 나머지 오마하인들이 여덟 씨족이 있다고 말하는데, 두 크로인은 일곱 씨족이 있다고 한다 치자. 사피어는 "어찌 이럴 수가 있을까?" 의아해한다.[16] 한 씨족은 실제로는 더 이상 존재하지 않지만, 두 크로인을 제외한 모든 이들(기억력이 비상한 노인도 그들의 일부이니까)이 기억하고 있다. 아마도 그 씨족은 그 존재를 무시하지 못할 만큼 특수한 사회적·의례적 기능을 가졌을지도 모른다. 아마 두 크로인은 지금은 사라진 그 부족을 싫어하는 부족 출신이어서 쉽게 잊을 수 있었고, "부족 안에는 오직 일곱 씨족만 있다고 말해야 한다는 완벽하게 정직한 확신"을 가졌을 수도 있다. 두 크로인은 "일부는 사실에, 일부는 개인적인 취향에 근거한 특별한 종류의 정직함"을 가졌다. 그러나 이보다 더 중요한 것은 두 크로인의 의견이 갖는 기본적인 함의이다.

문제의 본질은 두 크로인과 그들의 일관된 부인을 오래 생각해보면, 우리는 어떤 의미에서 그들이 틀리지 않았다는 점을 인정해야만 한다는 것이다. 소수의 의견은 사회과학에서 큰 의미를 갖지 않지만, 과학 전반의 엄격한 방법론이라는 면에서 완전히 무시할 수 없는 것이다. 두 크로 반항아가 현실적으로 자신들의 사실인식이나 소신 또는 구미에 맞추어 다른 사람들을 설득할 수도 있다는 사실은 관습으로부터의 일탈이 처음부터 문화화된 행위의 본질적 가능성임을 보여준다.[17]

그래서 우리는 규범적 행위와 일탈적 행위가 똑같이 문화적 행위이며, "사회화된 행위의 세계는 의견합의에 지나지 않는다"[18]라는 마치 선문답 같은 역설—직관에 반하는 단순함이라는 측면에서—에 도달하게 된다. 사회는 개인들로 구성되고, 문화는 합의이며, 문화행위에 대한 일반화는 개인적·일탈적 행위에 의해 균형이 잡힌다는 것이 개인과 사회의 관계에 대해 사피어가 내놓은 답이다. 이는 개인과 문화를 양분하여 제시하고, 경험과 인성을 통해 자신의 문화에 쉽게 적응하는 개인들은 성공하고 그렇지 못하면 일탈자가 되는 베네딕트의 접근방식과 다르다. 사피어는 개인과 문화 사이의 암묵적 대립을 거부했다.

최후의 분석에서 집단의 문화 개념과 개인적 문화 개념 사이에 진정한 대립은 없다. 그 둘은 상호의존적이다. 건전한 민족문화는 수동적으로 수용되는 과거로부터의 유산이 아니라 공동체 성원들의 창조적 참여를 의미한다. …… 그러나 활동의 바탕이 되는 문화적 유산이 없으면 개인은 무력해진다.[19]

놀랄 것도 없이, 사피어는 문화행위에 대한 이 견해를 문화적 실천의 전형인 언어로 확장한다.

사회를 구성하는 다양한 집단과 그 성원들 간의 상호이해를 쌓아올리기 위해서, 어떤 의사소통 과정이 필요하다는 사실은 너무도 명약관화하다. 우리는 흔히 사회가 전통에 의해 규정되는 정체된 구조인 것처럼 말하지만, 이는 근본적으로 사실이 아니다. 오히려 사회는 온갖 크기와 복합성을 지닌 조직단위의 구성원들 사이에서 부분적인 또는 완벽한 상호이해가 이루어지도록 해주는 고도로 복합적인 망(network)이다……. 그것은 단지 겉보기에만 사회제도의 정태적 합이다. 실제로 그것은 참여하는 개인들 사이에서 유행하는 의사소통적 성격의 특수한 행위에 의해 날마다 소생되거나 창조적으로 재확인된다.[20]

언어에 대하여

1921년 사피어는 대중을 위해 그가 쓴 유일한 책 『언어: 말의 연구에 대한 입문』(*Language: An Introduction to the Study of Speech*)을 출간했다. 사피어의 전기를 쓴 다넬은 이 책이 민족학과 언어학에 기초가 없는 넓은 독자층을 겨냥한 것이었다고 말한다.[21] 다넬이 관찰하기에, "인류학자들은 현지조사에 대해서는 알지만 언어학적 방법을 모르고, 언어학자들은 방법에 대해서는 알지만 그것을 인간 언어의 넓은 범위에 적용할 줄 모른다. 교육받은 대중은 둘 다 모른다."[22] 문학에 기원을 두고 인도유럽어족에 초점을 맞추는 전통 언어학과, 방법론이 약하고 비서구 사회를 강조하는 인류학은 서로 일치할 공통분모가 없다. 다넬에 따르면, "학문적 경계로 인해 언어의 실질적 창조성 ─ 어느 문화에서나 언어는 사고를 표현하는 풍부하고 정확한 매체이다 ─ 을 인식할 기회가 차단되었다. 사피어는 어느 정도 배우고 열린 마음을 가진 사람이라면 누구나 이해할 수 있는 책을 만들어내는 일에 도전했다."[23]

먼저 사피어는 인간 의사소통의 역동적 인위성(artificiality)에 주목했다. "언어는 자연히 생산된 상징체계를 수단으로 생각·

감정·욕망을 전달하는 순수하게 인간적이고 비본능적인 방법이다."[24] 사피어는 이어서 단어는 특수한 지각 또는 특수한 사물의 상징이 아니라 언제나 사물의 개념을 지칭하며, "수천 가지 독특한 경험들을 포용하고도 또 수천을 더 받아들일 준비가 되어 있는 편리한 사고의 캡슐"[25]이라는 사실을 보여준다. 이 사고의 캡슐은 우리의 사고를 표현할 뿐만 아니라, 언어 습득 과정에서 경험의 지각을 조직하기 위해 사용하는 개념을 통해 우리의 사고를 형성하기도 한다. 이는 환경을 기술하는 가장 단순한 용어에서도 마찬가지다.

예를 들어 한 집단의 물리적 환경에 어떤 종류의 동물이 있다는 사실만으로는 그것을 지칭하는 언어적 상징을 성립시키기에 충분치 않다. 그 동물이 집단 성원들 모두에게 알려지고 그 성원들이 미미하더라도 그것에 약간의 관심을 보여야, 비로소 물리적 환경의 그 특별한 요소를 가리키기 위해 그 공동체의 언어가 태어나는 것이다. 달리 말하면 언어에 관한 한, 모든 환경적 영향은 최종 분석에서 사회적 환경의 영향으로 환원된다.[26]

사피어는 언어가 사회적으로 중요한 환경의 측면을 반영하는 수많은 사례들을 인용한다. 한 예로, 사피어는 쇼쇼니 파이우트 족이 불모의 고향 경관을 설명하기 위해 사용하는 시내가 있는 협곡, 물이 없는 협곡, 산기슭의 언덕, 햇빛을 받은 협곡의 벽면, 그늘진 산언덕이나 협곡의 벽면 등등 18가지 지형적 특징들을 열거한다.[27] 사피어는 지나가는 말로, 수렵채집을 하는 아메리카 원주민들은 우리가 무수히 많은 종류의 식물들을 단지 '잡초'

라고 부르는 사실을 알면 충격을 받을 것이라고 지적한다. 그러나 우리의 언어적 표현은 종자 채집에 대한 우리의 사회적 무관심만을 반영하지는 않는다. 우리가 쓰는 단어와 그것이 의미하는 개념적 범주는 우리가 세계를 지각하는 방식을 형성한다. 우리가 빈 대지를 바라보았을 때 우리 눈에 띄는 것은 잡초뿐이다. 이 기본적 사실이 언어의 범주와 세계의 문화적 인지를 연결하는 사피어-워프 가설의 핵심이다.

사피어-워프 가설

벤저민 워프는 1941년 마흔네 살의 나이로 요절하기까지 겨우 10여 년간 활동하면서, 언어학에 지대한 공헌을 남긴 대단한 인물이었다. 워프는 미국 특유의 천재형 인물이었다.[28] 그는 하트퍼드 화재보험회사에서 22년간 화재예방기사로 일했는데, 퇴근 후와 연장 휴가 기간을 이용해서 언어학을 연구했다. 그의 언어학 입문은 우회적인 방법을 통해 이루어졌다. 아스텍 문명에 대한 관심이 아스텍 언어인 나우아틀어에 대한 관심으로 이어졌던 것이다. 그의 언어학 연구는 충분히 인상적이어서 1930년에는 멕시코의 나우아틀 연구를 위한 보조금을 받기도 했다. 완전 독학으로 이루어낸 워프의 업적과 성취는 매우 감동적이다.

그러나 워프는 사피어를 만나면서 언어학적 경력에 일대 전기를 맞는다. 1931년 가을에 사피어는 시카고 대학을 떠나 예일 대학으로 왔고, 워프는 곧 사피어의 세미나에 등록했다. 예일에서 워프는 그의 아메리카 인디언 언어 연구를 심화시켰고, 미국 언어학에 큰 기여를 한 예일의 대학원생 그룹——스와디시(Mor-ris

Swadesh), 호켓(Charles Hockett), 보글린(Carl Voeglin)을 포함하는──의 주요 멤버가 되었다. 사피어는 워프가 유토아스텍어, 특히 호피 언어를 연구하도록 도움을 주었고, 두 사람의 공동작업 결과 사피어-워프 가설이라는 하나의 기본 개념이 도출되었다.

앞에서 논했듯이, 사피어-워프 가설은 언어적 범주가 문화적으로 학습된 존재의 지각을 구조화하고 전달한다고 제안한다. 언어·문화·지각의 관계에 대한 가설에서 각자가 기여한 바를 결정하기는 어렵다. 워프의 생각은 사피어의 저술과 가르침에 기초한 것이 분명하지만, 사피어는 워프의 저작 대부분이 출간되기 전에 세상을 떠났기 때문에 사피어-워프 가설에 대해 직접 논평하지는 않았다.[29]

1940년에 작성했지만 1952년에야 출간된 「호피 건축용어의 언어적 요인」이라는 제목의 논문에서 워프는 호피족의 푸에블로 건축물과 관련된 건축용어와 개념, 그리고 보다 일반적인 공간의 개념을 약술했다. 워프는 호피 용어가 "한결같이 기하학적 의미의 입방체, 견고하고 단단한 덩어리, 고체 위에 놓인 확실히 구획된 부분이나 고체를 관통하는 것들을 표현한다"는 점에 주목했다. 이 단어들은 벽의 일부, 미완성된 벽, 붕괴된 건물의 벽을 가리키는 té'kwa, 지붕을 지칭하는 kí.ʔàmi, 통풍구, 유리를 끼우지 않은 창문, 또는 굴뚝을 가리키는 poksö 등을 포함한다.[30] 워프가 발견하지 못한 것은 3차원 공간을 표현하는 다양한 단어들, 즉 회랑·복도·통로·지하실·옥탑방·다락·저장실·침실·방 등인데, 영어에는 이 단어들이 있다. 이는 호피족이 건물을 설명할 때 언어적으로 빈곤해서가 아니라, 공간을 기능적·주격

(nominative) 용어가 아닌 위치적 용어로 기술하기 때문이다.

이것은 호피족이, 그리고 유토아스텍 어군에 속한 대부분의 집단이 위치나 지역을 공간에 나타내는 방식이다. 그 용어들은 사람·동물·특징적 형태를 가진 사물의 집합이나 인간 집단, 인간관계를 가리키는 용어처럼 하나의 문장에서 기능할 수 있는 주체로 설정되지 않고, 부사구의 형태처럼 **전적으로 관계적인 개념**으로 취급된다. 그래서 방·침실·복도 같은 비어 있는 공간은 그 대상이 무엇인지 **명명되는 것**이 아니라 다만 **위치지어진다.** 다시 말해서 그것들이 빈 공간에서 차지하는 위치를 보여주기 위해 다른 것들의 자리가 지정되는 것이다.[31]

워프에 의하면, 호피어는 내부 공간보다는 견고한 건축적 요소들을 강조하고, 상호간의 공간적 관계에 따라 공간을 설명한다. 이는 건축상의 위치설정이 기능적 요소까지 포함하는(이층에 아이들 공부방이 있는 식으로) 영어에서 건축적 공간을 생각하는 것과는 근본적으로 다른 방법이다.

건축물의 내부 공간을 다르게 취급하는 것처럼, 호피어와 영어는 건물 전체를 가리키는 용어에서도 차이를 드러낸다. 워프가 지적하기를, 영어에는 다른 기능을 가진 건물을 나타내는 많은 어휘들, 예를 들어 종교적 구조물만 해도 교회·예배실·성당·예배당·교회당·신전·제단 등이 있는데, 호피어의 경우 사정이 다르다. 호피족은 구조물을 나타내는 세 단어가 있는데, 제단(té*tèska)과 텐트(mecávki)를 가리키는 부차적인 단어 두 개와 건물을 가리키는 ki*he가 그것이다. 호피족도 다른 유형의 건물들——주거 공간, 저장소, 피키-하우스('피키'라는 얇은 옥수수 과자를 구울 때에만 사용), 의례에만 쓰이는 반지하 원형 제실 (kiva)——이 있지만 그 언어는 구조와 활동을 하나의 기능적 조합으로 융합시키지 않는다. "그들은 우리에게는 자연스러운 유형, 곧 '교회'라는 제도를 말하는 용어가 참석해보기 전에는 그 특징을 잘 알 수 없는, 그 제도를 위해 사람들이 회합하는 장소로 사용되는 건물의 종류를 뜻하는 '교회'와 부지불식간에 합쳐지는 유형을 갖고 있지 않다"[32]고 워프는 관찰한다.

건축 공간을 설명하는 이 근본적인 차이는 색, 방향, 기상현상, 동식물 분류, 친족관계, 사회적 의무 등 외부세계에 대한 기본 분류의 차이와도 일맥상통한다. 이러한 분류는 같은 사물이나 개념에 다른 단어들이 적용된다는 것뿐 아니라, 사물과 개념이 본질적으로 다른 방식으로 지각되고 구상된다는 사실을 반영한다. 이러한 근본적인 인식, 사피어-워프 가설의 기본 신조는 인류학 및 여타 사회과학계에 반향을 일으켰고, 의미의 문제에 관심을 집중시켰다.

결론

사피어와 워프는 불과 몇 년 간격으로 비교적 젊은 나이에(사피어 54세, 워프 44세) 세상을 떠났다. 그들이 앨프레드 크로버처럼 장수했다면 얼마나 많은 업적을 이루어냈을지 알 수 없다. 언어 분석과 다방면의 성취 외에, 사피어의 작업은 오늘날의 인류학적 사고에 매우 중요한 요소들을 포함하고 있으며, 특히 의미의 문제는 핵심적이다. 사피어의 연구를 통해 언어 분석의 초점이 단어에서 그 의미로 바뀌면서, 의미의 문화적 창조에 대한 생각들이 도출되었다. 만약 두 크로인이 증명한 것처럼 사회화된 행위의 세계가 단순히 그러나 의미심장하게 공적인 의견의 합의라면, 그러한 합의는 주장·논쟁·소문·의례, 그리고 거츠 같은 인류학자들이 '담론'(discourse)이라 부르는[33] 갖가지 상징적 상호작용의 결과 얻어진 것이다.

그러나 사피어와 워프의 관점에서, 문화는 개인적 의견들이 혼란스럽게 뒤엉킨 것은 아닌데, 이는 언어 자체가 지각에 일정한 구조를 부여하기 때문이다. 한 문화의 성원으로, 한 언어의 화자로서, 우리는 어떤 암묵적 분류를 배우고 이 분류가 세계의 정확한 표현이라고 간주한다. 그리고 그런 범주들이 사회마다 다르므로, 각 문화는 서로 다른 의견을 가질 수 있는 개인들로 구성되지만 존재의 성격에 대해 독특한 합의를 보여주는 것이다.

8 마거릿 미드

개인과 문화

1978년 11월 미드(Margaret Mead, 1901~78)가 세상을 떠났을 때, 그녀는 미국에서 가장 널리 읽히는 인류학자였고, 아마 지금도 그럴 것이다. 1928년 출판된 그녀의 첫 저서 『사모아의 사춘기』(*Coming of Age in Samoa*)는 나오자마자 고전이 되었으며, 인류학 서적 가운데 최고의 베스트셀러로 남아 있다.[1] 이 책의 폭넓은 인기는 사람들이 흥미를 느낄 만한 그 핵심적인 질문에서 비롯된다. 왜 우리는 지금처럼 살고 있는가? 미드는 대부분의 사람들이 공유하는 세 가지 경험—어린 시절, 부모노릇, 성—에서 그 답을 찾았고, 따라서 그녀의 연구는 수백만 사람들의 피부에 직접 와닿는 것이었다. 미드의 작업과 사상에 대한 폭넓은 관심은 그녀의 수많은 출판물들이 음반, 테이프, 영화, 비디오 등 갖가지 매체로 존재한다는 사실에서도 나타난다.

1976년을 기준으로 그녀의 저술목록은 책, 학술잡지에 기고한 논문, 서평, 신문 기고문, 의회에서 증언한 진술, 회의보고서, 수많은 잡지에 실린 글을 포함하여 1400편 이상이다.[2] 잡지 기고문의 제목과 내용도 흥미롭다. 1929년 9월 『부모』(*Parents*

Magazine)에 「육아에 대해 남태평양이 주는 힌트」, 1948년 7월 호 『마드모아젤』(*Mademoiselle*)에 「아이들은 미개인가?」라는 글이 실렸다. 1960년대에는 『레드북』(*Redbook Magazine*)에 한 달에 한 번씩 독자들의 질문에 답하는 칼럼을 연재했다. 「마거릿 미드 답하다: 학교기도, 행복, 텔레파시 등」(1963년 2월), 「마거릿 미드 답하다: 집안일은 50년 전보다 쉬워졌는가? 셰익스피어는 실존인물인가? 야구의 결정적인 매력은 무엇인가?」(1964년 11월), 「마거릿 미드 답하다: 장 폴 사르트르에 대한 질문, 통학버스, 사람들이 머리카락 끝을 세우기 좋아하는 이유 등」(1965년 3월). 이는 어떤 저돌적 성향, 거의 모든 것에 대해 쓰려는 과감한 의지를 보여준다. "미드가 인류학에 매료되었던 것은 무엇보다도 틀에 갇히지 않은 학문이라는 점 때문이었는데, 인류학조차도 그녀를 완전히 포용할 수는 없었다."[3]

미드를 자극한 것은 사회의 중요한 문제들을 쟁점화하면서, 비교론적 인류학 자료에 바탕을 두고 사회적 조건을 개혁하고픈 열정적 신념이었다. 예를 들어 고정된 시간에 수유하지 않는 사회도 있다는 사실은 수유습관이 전적으로 학습된 행위이며, 따라서 마음만 먹으면 고칠 수도 있음을 의미한다. 상이한 육아방식이 성인의 인성에 미치는 영향을 평가할 수 있다면, 이에 바탕을 두고 바람직한 습관들을 널리 알려 채택하도록 함으로써 사회를 개선해나갈 수 있다. 그녀의 딸 메리 캐서린 베이트슨은 미드가 자신을 실험 대상으로 삼은 것에 대해 "아이의 일생이 걸린 탐구 과정은 오로지 신념이라는 맥락에서만 추구될 수 있는 것이었으며, 마거릿에게 신념은 결코 멀리 있지 않았다"고 말했다.[4]

육아에 대한 미드의 통찰력은 미국 사회에 널리 퍼졌다. 미드는 정신분석 감정을 받은 벤저민 스폭 박사를 딸의 소아과 의사로 선택했고,[5] 메리 캐서린은 '보챌 때 모유를 먹은' 미국 최초의 아기가 되었다. 인류학자로서 미드는 아기가 먹기 원할 때를 기록하여 시간상의 패턴을 알아내고, 거기에 맞추어 일정을 짜서 가르치고 집필하는 시간을 마련했다. 이것은 스폭 박사의 육아에 관한 저술에, 또 결과적으로 제2차 세계대전 이후 높은 출산율을 보인 시기에 태어난 아이들의 육아에도 영향을 주었다. 좋든 싫든 미국인들 가운데 상당수가 간접적으로 미드의 영향 아래 성장했고, 또 현재 그렇게 아이를 키우고 있다. 그녀의 딸이 말하듯, "부모로서 미드가 만들어낸 혁신들 대부분이 이미 미국 사회의 규범으로 통합되었기 때문에 그 파급효과는 지금 사람들이 생각하는 것보다 훨씬 크다."[6]

그녀의 풍성한 저술활동에도 불구하고, 아니 어쩌면 그 때문에 마거릿 미드가 인류학에 미친 영향은 다소 산만하다. 핵심 개념들이 깔끔하게 요약되고, 그로부터 시사하는 바가 추론되는 사피어나 베니딕트 같은 이론가들과 달리, 마거릿 미드의 중심 사상─사람들 사이의 차이는 대체로 어릴 때 전해지는 문화적 차이이다─은 확연한 전망을 내놓지 않고, 대신 일반적인 의견의 변화나 아이가 특정 사회의 성인 구성원으로 바뀌는 과정에 대한 관심을 이끌어내는 정도이다. 그리고 미드의 소신 있는 공인으로서의 역할은 그녀의 인류학적 조사의 신빙성에 대한 시비를 불러일으켰다.[7] 마거릿 미드는 장수했고, 열심히 연구했으며, 인간이 처한 상황을 개선하기 위해 사회적 혁신과 전통에 대한 존중을 결합하자고 주장했다. 그녀의 삶과 노력의 결과는 강렬하고 지속적이다.

배경

마거릿 미드는 1901년 중상층의 교양 있고 사회적으로 안정된 가정에서 태어났다. 아버지는 경제학 교수였으며, 어머니는 대학 교육을 받고 다양한 사회활동——시민의 권리, 여성의 참정권 획득, 모피 거부——에 적극적인 여성으로 그녀의 소신을 딸에게 물려주었다. 미드는 드포 대학을 1년간 다니다가, 뉴욕 중심부의 컬럼비아 대학과 자매결연을 한 바너드 여대로 옮겼다. 바너드에서의 생활을 즐기며, 그녀는 다른 학생들과 우정을 쌓고 모더니즘의 발달과 함께 학내에 만연한 주요 이론과 정치적 쟁점, 논쟁들을 섭렵해나갔다.

영문학과 심리학을 전공하던 미드는 4학년 때 프란츠 보아스의 강의에 매료되어 그 후 컬럼비아에서 보아스가 하는 모든 강의와 세미나에 참석했다. 미드는 또한 보아스의 조교로 있던 루스 베니딕트에게도 마음을 빼앗겼는데, 그녀는 미드에게 대학원에서 인류학을 공부하도록 설득했다. 바너드에서 마지막 학기가 끝나갈 무렵 미드는 인류학 공부를 시작할 준비와 함께 훗날 유명한 고고학자가 되는 루터 크레스먼과의 첫 결혼도 앞두고 있었다. 그녀는 후에 베니딕트의 『문화의 유형』에서 거론된 고전적 민족지 『도부의 요술사』(Sorcerers of Dobu)의 작가인 인류학자 리오 포천과도 결혼하며, 마지막으로 20세기의 가장 독창적이고 우상파괴적인 사회과학자 가운데 한 사람[8]인 그레고리 베이트슨과 결혼한다. 미드는 포천 및 베이트슨과 함께 현지조사를 수행했으며, 베이트슨과의 사이에 인류학자이자 작가인 딸 메리 베이트슨을 두었다. 미드의 인류학적 조사와 개인으로서의 인생은 성, 어린 시절, 사회의 관계를 탐구했다는 유사성을 보여준다.

성, 육아, 문화: 현지조사와 이론

미드는 자신의 현지조사를 통해 직접 이론적 개념들을 발전시켰다. 1925년과 1939년 사이 그녀는 다섯 번의 조사여행에 참여했고, 여덟 개의 다른 사회를 연구했다. 이상하게도 그녀의 학위논문은 현지조사가 아니라 보아스가 할당한 주제인 폴리네시아의 물질문화에 대한 도서관 조사에 기초한 것으로, 이를 두고 어떤 이들은 구체적이고 만족스럽다고,[9] 다른 이들은 그저 그렇다고[10] 평가한다. 미드의 첫 조사연구는 사모아에서 이루어졌는데, 그녀는 1925년 그곳에서 8개월을 보냈다. 그녀의 저서 『사모아의 사춘기』는 굉장히 인기 있는 성과물이었으며, 조사결과는 여전히 논쟁거리다.

사모아에서 돌아오는 길에 미드와 포천은 두 가지 조사계획에 착수했다. 1930년 여름의 간단한 오마하족 조사(그녀의 유일한 아메리카 원주민 집단 연구)와 『세 부족사회의 성과 기질』(*Sex and Temperament in Three Primitive Societies*, 1935)에 기술된 통문화적 비교인 장기간의 뉴기니 연구계획(1931~33)이 그것이다. 후에 그녀는 그레고리 베이트슨과 함께 1936년과 1938년 사이, 그리고 1939년에 다시 발리를 조사했으며, 1938년에는 뉴기니의 이아트물(Iatmul)족도 조사했다. 발리조사는 사진을 조사도구로 사용한 점이 주목되며, 『발리인의 성격』(*Ba-linese Character*)으로 결실을 본다.[11]

이러한 세 시기의 현지조사가 미드의 주요 업적──육아 관습이 인성을 형성하며 이것이 특수한 사회에 본질적 성격을 부여한다——을 뒷받침하는 민족지적 기반이 된다. 『사모아의 사춘기』 서론에서 미드는 말한다.

> 다른 생활방식 이야기는 주로 교육에 관한 것인데, 여기에서 교육이란 문화를 지니지 않고 세상에 태어난 어린 아기가 어엿한 사회구성원으로 성장하는 과정을 말한다. 〔이 책에서는 특히〕 사모아에서의 교육——가장 넓은 의미에서의——이 우리 자신의 교육과 어떻게 다른지를 가장 집중적으로 부각시킬 것이다. 그리고 우리는 이러한 대비로부터 자의식과 자기비판 능력을 새롭고 분명히 하여 현재 우리 자녀들이 받고 있는 교육을 재평가해봄으로써 어쩌면 지금과는 다른 방식으로 만들어나갈 수도 있을 것이다.[12]

미드가 제시하는 사모아식 교육법의 윤곽은, 미국령 사모아의 동쪽 끝에 위치한 마누아 제도를 이루는 세 섬 가운데 가장 큰 타우 섬의 이웃해 있는 세 마을에서 8세부터 20세에 이르는 68명의 소녀를 상세히 조사한 것에 바탕을 두고 있다. 표본 기록 용지[13]를 보면 미드가 사모아인들이 서로를 평가하는 방식(가장 아름다운 소녀, 가장 현명한 사람, 인기 없는 소년)에 대해 다양한 인적 자료와 가족사항을 수집했으며, 숫자의 기계적 암기 같은 일련의 기본적 심리검사를 수행했음을 알 수 있다. '그러나' 미드는 다음 사실을 인정한다.

> 〔이〕러한 양적 자료는 수개월에 걸쳐 각 가정이나 소일하는

곳에서 개별적으로 개인과 집단을 관찰하여 모은 자료의 앙상한 뼈대에 불과하다. 이런 관찰로부터 가족과 또래집단에 대한 아이들의 태도, 그들의 종교적 관심이나 그것의 결여, 구체적인 성생활에 대한 대부분의 결론을 이끌어낼 수 있었다. 이 정보들은 통계적 진술의 도표로 환원될 수 없다.[14]

기본적인 결론은 사모아 사회에는 전반적으로 스트레스가 없으므로, 사모아의 사춘기는 소녀들에게 스트레스를 주는 시기가 아니라는 것이다.

성장을 쉽고 간단한 문제로 만드는 사모아의 배경은 전체 사회가 전반적으로 평상적이라는 것이다. 누구도 크게 성공하려고 모험을 하지 않으며, 많은 대가를 치르지 않고, 소신을 굽히지 않는다고 핍박받지 않으며, 특별한 목적 때문에 목숨 걸고 싸우지 않는 곳이 사모아이기 때문이다. 부모자식간의 불화는 자식이 길 건너편으로 이사하면 해결되고, 주민과 마을 사이의 불화는 그 주민을 옆 마을로 추방하면 끝나며, 남편과 부인의 정부 사이의 다툼은 멋진 매트 몇 개면 해결된다……. 그리고 인간관계에서 보살핌은 대수롭지 않다. 사랑과 미움, 질투와 보복, 슬픔과 사별은 모두가 몇 주를 넘기지 않는다. 처음 태어난 순간부터 아기는 여러 여성들의 손을 거쳐 소홀히 다루어짐으로써 한 개인을 지나치게 돌보지 말고 어느 관계에나 지나친 기대를 하지 말라는 교훈을 얻는다.[15]

미드는 자신의 결론을 지지하는 몇 가지 관찰을 원용한다. 사모아인은 아기가 두세 살이 될 때까지 울면 젖을 물리지만, 으깬 파파야나 코코넛유 같은 음식도 첫주부터 먹이기 시작한다. 젖을 뗀 후 막 걷기 시작한 아기는 예닐곱 살 된 여자아이에게 맡겨진다. 이 아이들은 자신들이 맡은 아기들을 돌보고, 아기들이 저지른 잘못에 대해 책임을 진다. 사모아의 가구는 양변(bilateral: 아버지와 어머니 양쪽으로 모두 계통이 추적된다는 뜻—옮긴이)으로 이어지며, 흔히 확대 가족을 이룬다. 가구 구성은 핵가족부터 결혼, 혈연, 양자, 친구 관계로 맺어진 15~20명이 함께 사는 가구까지 다양하다. 이런 융통성 때문에 사모아의 아이들은 집에서 갈등이 있을 때 다른 친척들과 거주할 수 있는 것이다.

미드는 성관계가 빈번히 일어나지만 별다른 문제를 야기하지 않는다고 기술했다. 미드가 조사한 사춘기가 지난 여성 30명 중 17명은 이성과, 22명은 동성과 관계를 가졌다. 대부분의 처녀들은 기독교 목사의 집에서 살고 있었다. 통정(通情)은 해변에서 또는 겁없는 연인이 집으로 숨어 들어왔을 때 이루어진다. "남자가 다른 사람에게 돌아갈 성적 호의를 몰래 훔치는 짓"(moe-totolo)과는 대조적으로 강제적 관계는 드물다.[16] 임신을 중절시킬 수도 있지만, '비합법적인' 아이를 집에 들일 때에도 특별히 야단법석을 떠는 일이 없다.

이처럼 순탄한 전환기, 지위 변화의 융통성이 사모아의 어린 시절과 사회의 특징이라고 미드는 주장했다. 이는 단지 어린 시절이 사회를 형성한다거나, 사회가 어린 시절에 영향을 준다는 것이 아니라 양자 모두임을 뜻한다. 이 연구가 보여주는 의미, 그리고 사춘기의 동요가 인간 본연의 특성이 아니라는 발견 때문에 미드의 저작은 대단히 중시되었다.

또한 그것은 55년 후 벌어진 논쟁의 근원이기도 하다. 1983년 프리먼(Derek Freeman)은 미드가 체계적으로 사모아 사회를 왜곡했다고 주장하는 『마거릿 미드와 사모아: 인류학적 신화 만들기와 그 정체』(*Margaret Mead and Samoa: The Making and Unmasking of an Anthropological Myth*)를 출간했다. 그 자신도 사모아 전문가인 프리먼은 미드가 사모아인들의 "문화, 사회, 역사, 심리의 복합성을 몹시 과소평가하여" 그것들이 "매우 단순한" 것으로 가정했다고 주장했다.[17] 그 단순함이란 한마디로 미드의 사모아어 구사능력 부족, 사모아의 지위 및 정치 체제의 복합성에 대한 무지, 열대 낙원인 사모아에 대한 천진난만한 자아도취를 반영하는 것이라고 보았다. 프리먼의 비판에서 피하기 힘든 문제는, 미드가 사춘기와 같은 인생의 과도기에 대한 인간의 반응을 결정하는 것은 생물학적 요인이 아니라 문화라는 점을 입증하려는 미리 정해진 의도를 가지고 사모아에 갔다는 사실이다. 프리먼은 말한다.

이 시기부터 사모아나 다른 남태평양의 문화에 대한 그녀의 저술은 인간 행위의 생물학적 설명을 배격하고 보아스 학파의 원리를 옹호하려는 노골적인 의도를 가진 것이 확실하다. …… 미드가 베니딕트나 보아스와 공유하던 논리의 타당성을 증명하려는 열렬한 소망이 사모아에서 그녀의 믿음에 배치되는 증거들을 무시하게 했다는 데에는 의문의 여지가 없다……[18]

프리먼의 비난은 증거의 평가 문제와는 동떨어진 시끌벅적한 논쟁을 촉발시켰다. 그가 1960년대 이후로 미드와 상충되는 증거를 가지고 있었음에도 불구하고 그녀 사후에야 그 증거들을 내놓았기 때문이다. 언론에도 소개된 이 논쟁은 점점 격렬해졌는데, 중추신경을 건드린 것이 화근이었다. 바로 가장 유명한 미국 인류학자의 대표적인 작품을 폄하한 것이 문제의 발단이었다.[19)]

그러나 논쟁이 시작되기 오래 전, 미드의 사모아 연구는 기타 오세아니아와 멜라네시아 지역에서 일련의 구체적인 민족지 연구의 방향을 결정했다. 『세 부족사회의 성과 기질』은 미드가 세 뉴기니 사회에서 1931년부터 1933년까지 조사한 결과를 소개하고 있다. 그녀의 조사는 두 성의 사회적 인성을 조건짓는 것에 대한 근본적 문제를 탐색한 것이다.

이 연구는 양성 사이에 양적이든 질적이든 실질적이고 보편적인 차이가 존재하느냐 존재하지 않느냐에 대한 것이 아니다. 이 연구는 진화론이 인간의 가변성을 강조하기 이전에 주장되었던 것처럼 여성이 남성보다 더 가변적인지, 아니면 그 후 주장된 바대로 덜 가변적인지에 대한 것도 아니다. 이 책은 또한 여성의 권리에 대한 논문도, 페미니즘의 근거에 대한 탐구도 아니다. 이 연구는 단지 세 원시사회가 성적 차이라는 분명한 사실에 대한 기질과 관련해서 어떤 사회적 태도를 구성해왔는가를 설명하려는 것이다. 내가 이 문제를 단순한 사회에서 연구한 까닭은, 이 사회들이 복합적 사회구조와 질적으로 같으나 크기와 규모가 다른, 문명의 드라마가 축약된 사회적 소우주이기 때문이다……. 산에 사는 상냥한 아라페시(Arapesh)족, 사납고 야만적인 먼더거머(Mundugumor)족, 그리고 우아한 머리사냥꾼 챔불리(Tchambuli)족 사이에서 나는 이 문제를 연구했다. 각 부족은 다른 사회들과 마찬가지로 성적 차이를 사회생활의 줄거리를 엮는 하나의 주제로 사용하며, 이를 각기 다른 방식으로 발전시켜왔다.[20]

이 세 집단은 파푸아 뉴기니의 북부 해안에서 반경 100마일(약 160킬로미터) 이내에 살고 있지만 그들의 인성은 전혀 딴판이다. 미드에 의하면 아라페시족은,

> 인간의 본성이 악해서 견제와 구속이 필요하다고 생각하지 않는다……. 그들은 남자와 여자 모두 선천적으로 상냥하고 호의적이며 협조적이고, 어리고 약한 이들의 요구를 기꺼이 들어주려 하며, 또 그렇게 함으로써 큰 만족을 얻는다고 본다. 그들은 우리가 특히 모성적이라 여기는 부모노릇, 즉 어린아이에 대한 섬세하고 사랑스러운 보살핌과 그 아이가 성장해나가는 것을 바라보는 기쁨을 소중히 여긴다.[21]

아라페시족의 육아 책임은 어머니와 아버지 사이에 고루 나뉘어 있어서, 만일 어떤 중년 남자에 대해 멋있다는 말을 하면, 사람들은 "멋있다고요? 정말? 그가 애들을 낳기 전에 봤어야 했는데"라고 답한다.[22]

먼더거머족은 완전히 다르다. "동일한 성의 모든 성원들 사이에는 타고난 적대감이 있다는 이론에 기초를 둔" 사회에 살면서, 먼더거머의 부자와 모녀는 적수다. 미드가 말하기를, "먼더거머족의 사내아이는 적대적 세계에 태어난다. 그 세계에서 모든 남성은 그의 적이며, 성공을 위한 주된 수단은 폭력을 행사하고 모

욕을 알아채고 보복하는 능력임이 분명하다……"[23) 이 적대적인 기질은 남녀 모두 갖고 있다. 먼더거머족은 "여성이 기질적으로 남성과 다르지 않다고 생각한다. 단지 물리적인 힘이 약할 뿐 여성도 남성만큼 폭력적이고, 공격적이며, 질투가 강하다. 여성이 결코 만만한 상대가 아니라는 점을 아는 남편들은 아내를 때리기 전에 악어의 턱뼈로 무장하고 그녀가 무장하지 않았는지를 살핀다."[24)

챔불리에서 미드는 기질과 성의 기본 주제가 다르게 정의되는 사회를 발견했다.

아라페시족이 먹을거리를 마련하고 아이들 기르는 일을 일생일대의 과업으로 생각하며, 먼더거머족이 전투와 여성쟁취에서 가장 큰 보람을 느끼듯이, 챔불리족은 기본적으로 예술을 위해 살아간다고 말할 수 있다. 모든 남성은 예술가이며 대부분의 남성이 춤, 조각, 직조, 그림 등 다방면에 재능이 있다. 각 남성은 사회라는 무대에서 자신이 맡은 역할을 의식하며, 정교한 복장, 자신이 지닌 아름다운 가면, 피리 연주실력, 의례의 성공적인 마무리, 그리고 자신의 공연에 대한 세인들의 인정 및 평가에 주된 관심이 있다.[25)

챔불리의 남성들이 예술에 사로잡혀 있는 반면, 여성은 실질적 권한을 갖고 어로와 중요한 공예품들을 통제하며 남성을 "따뜻한 인내와 이해의 눈길로"[26) 바라본다.

『세 부족사회의 성과 기질』이 중요한 이유는 당시 미국에서 성적인 역할 분담이란 필연적이고 자연스러운 성별 차이에 기인한다고 인식되었기 때문이다. 미드는 이런 행동 유형들이 사실은 굉장히 유동적이며 **문화적** 차이를 반영한다는 점을 역설했다.

미드와 그레고리 베이트슨은 1936년에서 1938년까지 발리 현지조사에서 인성의 문화적 기반을 탐구하기도 했다. 그들의 목표는 "가끔 예술가에 의해 포착되기는 하지만, 과학자들에 의해 성공적으로 기록되지 않은 문화의 측면들을 과학적 탐구의 요건을 충분히 만족시키는 명료하고 확실한 정보교환의 형태로 옮기는 것"이었다.[27]

문화의 에토스(ethos)를 표현하도록 고안된 복합적인 과학적 어휘가 없는 상태에서, 미드는 평범한 영어 단어에 의존했다—비록 그 단어의 의미는 발리의 경험과는 완전히 다른 문화적 배경에서 나온 것이지만.[28] 이 진퇴양난의 궁지에서 빠져나오는 방법은 전통적인 민족지와 사진기록을 결합하여 관찰이 기록되고 교환될 수 있도록 하는 것이었다.

결과는 환상적인 인류학 기록이다. 바종게데(Bajoeng Gede)의 산촌 공동체 연구에 기반을 두고 미드와 베이트슨은 방향성(orientation)에 기초한 생활양식을 기록했다. 미드가 보기에 "시간, 공간, 지위의 방향성은 사회적 실존의 본질이다."[29] "각자는 마을의 사회적 구도에서 자신의 자리를 알고 있다"고 미드는 말한다.[30] 지위의 차이는 공간(상급자는 하급자의 동쪽이나 안쪽에서 자야 한다), 수직적 높이(높은 신분에는 높은 의자), 언어(지위가 높은 이에게 말할 때에는 교양 있는 언어를 사용), 자세, 몸짓에 반영된다. 바종게데에서 "공간과 시간과 사회적 지위는 스트레스나 부담이 거의 없는 질서정연한 체계를 구성하며, 고정되고 복잡한 일련의 규제·의무·특권 안에서 사람들은 편안하고 차분하다."[31] "방향성은 구속이라기보다 보호로 여겨지며, 그것을 잃으면 심한 불안감이 생긴다."[32]

이러한 문화적 지식은 실제로 태어날 때 전승된다. 미드는 다음과 같이 적고 있다.[33]

발리의 산파는 갓 태어난 아기를 들어올리며 이렇게 중얼거린다. "나는 그저 불쌍한 갓난아기일 뿐이고 제대로 말하는 법도 모르지만, 내가 태어나는 것을 보러 이 돼지우리 같은 집을 찾아주신 고명하신 여러분께 깊은 감사를 드립니다." 그 순간부터, 유아기를 거치면서 아이는 자신의 능력이나 발달단계를 훨씬 뛰어넘는 행동과 책임감 있는 언사와 사고, 복잡한 몸짓 등 사회생활에 필요한 격식에 적응해간다.

아이는 점차 이러한 말씨와 행동 유형을 받아들이는데, 미드는 그 과정을 "다른 사람이 맞추어놓은 것이지만, 전에 입어본 듯한 오래된 옷 속으로 몸이 들어가듯 말씨 속으로 빠져든다"고 멋지게 비유한다.[34]

"자세와 몸짓도 말씨와 마찬가지다"라고 미드는 말하며, 베이트슨의 사진에서 우리는 어머니가 자식의 손을 기도하는 자세로 취하게 하고, 무용 선생이 아이들의 팔을 뻗게 하여 기계적인 근육 운동을 가르치고, 어머니가 어린 동생을 형의 머리 위로 들어올려서 정상적인 나이, 지위, 높이를 전도시켜 자식을 놀리는 것을 본다. 베이트슨은 통산 16밀리 필름 2만 2,000피트(약 6,700미터)와 2만 5,000장의 사진을 촬영했고, 이것이 미드의 집중적인 민족지 기록과 결합하여 "비견할 수 없는 구체적이고 광범위하며 혁신적인 자료 더미, 특히 사진자료를 만들어냈다"고 낸시 맥도웰이 평했다.[35] 그것은 자료수집과 분석의 걸작으로 남아 있다.

결론

『발리인의 성격』은 미드 연구의 요체인 개인과 문화 유형 사이의 관계를 잘 나타낸다. 그것은 '문화와 인성'이라고 알려진 접근방법으로, 베니딕트의 문화 유형 접근법과 공통점을 갖기도 하지만, 심리학 이론과 자료수집 방법을 보다 명시적으로 이용했고, 개인과 문화적 에토스 사이의 역동성을 좀 더 의식했다는 특징을 보여준다.

문화가 개인의 확대판만은 아니라고 미드는 주장했다. 개인은 사람을 공통적이지만 특별한 방식으로 형성시키는 문화적 행위의 산물인데, 그 방식은 유아가 성인이 되고, 아이가 부모가 되는 과정에서 재해석되고 재표현되며 재생된다. 개인과 문화의 관계는 역동적이고 복합적이며, 그 과정에 의해 인간은 인간다운 인간, 그러나 매우 특징적인 종류의 인간이 되는 것을 배워나간다.

그녀의 동료 크로버, 베니딕트, 사피어처럼 미드도 무엇이 문화를 독특하면서도 통합적이게 만드는가를 발견하려고 노력했다. 인간사회는 표면상 드러나는 것뿐만 아니라 본질적인 면에서도 상당히 다른데, 그러면서도 어떻게 특수한 사회 내에 가치나 관행에 대한 합의가 존재할 수 있는가? 빅토리아 시대의 진화론자에게 그 답은 쉬웠다. 사회가 서로 다른 것은 각 사회가 보편적인 진화과정의 상이한 단계에 속하기 때문이다. 보아스의 비판은 그 쉬운 답을 없애버렸지만 그 자리를 채우지는 못했다. 보아스가 제안한 최선책은 좋은 민족지 자료를 지속적으로 모아 언젠가 인간 문화의 법칙이 자명해지기를 기다리는 것이다.

　그러나 그것은 보아스의 제자들, 최소한 크로버·베니딕트·사피어·미드를 만족시키지 못했다. 이들 각자는 문화의 통합성을 설명할 다른 길을 찾았다. 크로버는 초유기체, 베니딕트는 문화의 핵심가치, 사피어와 워프는 언어에 내재한 개념적 범주, 그리고 미드는 인간 발달의 과정—유아를 목욕시키는 법, 남편과 아내가 공유하는 친밀감, 아이들에게 제자리를 가르치는 작은 몸짓—에 주목했던 것이다.

제3부

사회의 성격

1920년을 기점으로 미국과 영국의 인류학은 근본적으로 나뉜다. 미국에서는 인류학이 관념의 조합인 문화에, 영국에서는 행위의 결과인 사회에 초점을 맞추게 된다. 미국 문화인류학자들에게 설명은 가치와 문화적 행동 사이의 관계를 보여주는 작업을 동반하며, 영국 사회인류학자들에게 설명은 사회의 상이한 부분들과 그들을 접합하는 제도 분석을 요구한다.

역설적이지만 영국 사회인류학의 기원은 프랑스에 있다. 사회의 분절과 접합에 대한 강조는 기계적·유기적 연대에 대한 뒤르켐의 논의에서 직접 파생된 것이며, 그것은 분명히 래드클리프-브라운에 의해 영국 인류학에 도입되었다. 사회인류학의 본질을 이루는 수사학적 표현은 사회가 유기체와 같다는 유기체적 비유──서구 사상에 주기적으로 등장하는 은유──다.

생명체가 특정한 일을 수행하는 기관들로 이루어지고 각 기관들은 신경·순환·호흡 체계에 의해 접합되듯이, 인간사회도 다른 기능을 수행하는 독특한 하위단위들로 이루어지고 이들이 경제적·정치적·종교적 제도를 통해 다양하게 결합된다. 그러므로 특수한 사회 유형의 설명은 구조의 기술과 기능의 분석을 수반한다. 일반적인 사회 유형의 해명은 그 기능의 통문화적 유용성을 입증해야 한다. 그래서 1899년 마르셀 모스와 앙리 위베르는 「주술의 성격과 기능에 관한 논문」을 썼는데, 그들이 사회 분석에 접근하는 방법은 미국에서는 어떠한 비교 대상도 찾을 수 없는 것이었다.

미국 문화인류학과 영국 사회인류학은 다른 경로를 따라 발달했다. 우선 설명의 성격이 아주 다르다. 보아스에게 설명이란 역사적 해설이었고, 그의 제자들에게는 공유된 정신적 구성체의 표출이었다. 뒤르켐의 전통에서 활약한 자들에게 설명은 법칙에 기반을 두는, 현상의 규칙성에 대한 진술이었다. 크로버는 이러한 법칙에 따른 일반화에 호소하는 것을 단호히 거부하며 "역사의 발견을 자연과학의 증거처럼 확증할 수는 없다"라고 표명했다.[1] 하지만 이것은 바로 말리노프스키와 래드클리프-브라운이 제안했던 것이다.

그들은 기능주의적 설명이 과학적 설명이라고 주장했으며, '과학'이란 말은 그들의 저작에서 현저히 부각된다. 두 학자가 말하는 문화의 기능은 각기 다르다. 말리노프스키에게 문화는 개인의 생물학적 욕구에서 유래하여 축적된 사회적 욕구를 충족시키는 기능을 하며, 래드클리프-브라운에게 문화는 사회를 유지하고 재생산하는 기능을 한다. 하지만 어느 경우든, 특수한 문화적 형태가 여러 문화에서 발생하는 것은 그것의 유용성이 재현된다는 사실을 입증한다.

공감주술, 이로쿼이형 친족체계, 권상법 토기(coil-made pottery: 捲上法이란 점토반죽을 엿가락처럼 길게 늘여서 코일 모양으로 감아올려 제작하는 수법이다. 우리 나라에서도 신석기시대의 빗살무늬토기부터 삼국시대 이후 물레가 사용되기 전까지 성행한 제작기법이다—옮긴이)의 통문화적 존재는 보편적 진화나 역사적 맥락, 공유된 가치의 산물이 아니다. 이런 문화적 관행들이 계속 발생하는 것은 상이한 사회에서 같은 기능을 충족시키기 때문이며, 그 반복성은 과학의 법칙적 진술에 의해 규정될 수 있다.

상이한 설명 방식 외에도, 영국과 미국의 인류학은 주제에서도 갈라진다. 영국 사회인류학은 사회적 제도와 작용을 분석하는 민족지를 만들어낸다. 개별적인 사회적 행위자는 역할과 지위에 따라 규정되고, 미리 정해진 행위의 틀 내에서 움직이는 것으로 그려진다. 전체적으로 사회적 형태들은 서로를 강화시키는 작용을 하며, 분열적 갈등의 해결과 사회구조의 영속성, 한마디로 사회의 지속적 기능을 보장한다.

대조적으로 가치로서의 문화를 강조하는 미국 인류학은 개인에 대해, 특히 문화적 관습이 개인의 성격을 형성하는 방식에 대해 보다 큰 관심을 보인다. 그것은 심리학과 밀접한 관계에 놓여 있었으며, 1910년과 1950년 사이에는 특히 프로이트 심리학과의 접목이 시도되었다. 이로 인해 미국 인류학에는 문화와 인성이라는 하나의 조류가 생겨났는데, 이는 영국에서는 찾아볼 수 없는 것이다.

1930년대에 이르면 미국 문화인류학과 영국 사회인류학은 각기 워낙 다른 길을 걷게 되어, 인류학자들이 이론적 경계를 넘어 의사소통하는 데 어려움을 겪게 되었다. 가끔 그렇듯이 이론적 논쟁이 개인적인 갈등에 휘말리면 상호이해의 가능성은 훨씬 희박해진다. 래드클리프-브라운과 말리노프스키가 미국에서 강의하고 가르치면서, 그리고 일단의 미국 기능주의자들이 영향력을 키우면서 그 간격은 어느 정도 줄어들었다. 그럼에도 불구하고 하나는 관념을 강조하고 다른 하나는 행위를 중시하는 인류학의 두 가지 특징적인 경향은 사라지지 않고 지속되었다.

기본적 범주, 총체적 사실

모스(Marcel Mauss, 1872~1950)는 인간사회의 성격에 대한 자신의 50년 연구를 관통하는 큰 줄기는 "협동 연구야말로 고립과 허황된 독창성 추구를 방지하는 추진력이라는 확신"이었다고 회고하면서, "나 자신과 학파의 작업은 불가분의 관계에 있다"고 적었다.[1] 그의 학문 생활을 통해 모스는 처음에는 제자로, 나중에는 후계자로 뒤르켐의 사회학적 유산과 연결되어 있었다. 뒤르켐과 『사회학 연보』(*Année sociologique*)를 중심으로 한 학자들 집단의 창립 멤버로서 모스는 그의 경력 대부분을 다른 학자들과의 공동작업이나 뒤르켐, 위베르(Henri Hubert), 헤르츠(Robert Hertz)의 유작 편찬에 쏟아부었다. 모스는 "내가 협동작업을 너무 많이 했는지도 모른다"고 했다. 사실 그의 작업을 따로 떼어내거나 그것의 특징적인 가닥을 찾아내기란 어렵다.

그렇지만 모스는 20세기 인류학의 중추적 인물이다. 스승으로서 모스는 모리스 린하르트, 마르셀 그리올을 위시한 수많은 제자들에게, 그 중에서도 특히 클로드 레비-스트로스[2]에게 영향을 미쳤다. 하지만 미국에서는 주로 언어의 장벽 탓에 고루 알려지지는 않았다.[3] 모스는 다작가여서 오스트레일리아 주술의 기원,

자아의 개념, 베다 문학, 볼셰비즘 같은 다양한 주제에 대해 350 편 이상의 평론과 수많은 논문을 썼다.[4] 그의 작업들이 세 권짜리 전집[5]에 수록되기 전까지, 그의 저술들은 "고약하게 단편적인 형태로 여기저기 흩어져 있었다."[6] 모스의 저작은 10여 편만이 영어로 번역되었으며, 그의 주저는 1960년대 이후에나 영어로 읽을 수 있었다.[7]

모스의 연구는 경제인류학, 문화생태학, 종교의 역사, 사회조직의 본질을 포함해 여러 분야에 걸쳐 있다. 모스는 철학자로 훈련받았지만, 인간성을 이해하기 위한 경험적 기반을 중시했다. 모스에 따르면, "나는 내가 평생을 바친 분야의 유일한 목표—가장 정확하고 직접적인 사실들과 접촉함으로써 인간의 생활에서 사회생활이 차지하는 역할을 표출하고 규정하는 것—를 한시도 잊은 적이 없었다."[8]

배경

마르셀 모스는 1872년 로렌의 정통 유대교 가정에서 태어났다. 에밀 뒤르켐은 모스의 삼촌으로 어린 조카에게 엄청난 지적 영향력을 행사했다. 모스는 뒤르켐과 공부하기 위해 보르도 대학에 진학했으며, 뒤르켐은 조카의 교육에 큰 관심을 보였다. 한 예로 그는 모스의 지적 욕구에 맞게 종교의 기원에 관한 과목을 만들 정도였다.

모스는 뒤르켐을 중심으로 프랑스 사회학을 설립한 청년학자집단의 리더 격이었다.[9] 그는 자신을 가리켜 지리학·법학·철학·언어학·범죄학 등 다양한 분야의 학생들을 모아 각자의 전문적 지식을 뒤르켐의 '사회과학'에 이바지하게 하는, 뒤르켐을 위한 '모집책'이라고 묘사했다.[10] 1898년에 나온 『사회학 연보』 첫 권은 '뒤르켐 학파의 상징이자 기관지'[11]였다. 제1권에는 근친상간(incest)의 기원에 관한 뒤르켐의 논문과 사회 형태의 유지에 대한 지멜(Georg Simmel)의 논문, 그리고 130여 개 이상의 짧은 주석과 서평이 실렸는데, 그 가운데 4분의 1은 모스가 쓴 것이다. 모스는 뒤르켐을 둘러싼 전도유망한 학자들의 집단을 '맹목적인 신봉자들의 학파'가 아니라 뒤르켐의 사회과학에 이끌린 제자들의 동호인 모임으로 만드는 데 큰 역할을 했다.[12]

그러나 제1차 세계대전은 『사회학 연보』의 청년들을 앗아갔고 생존자들에게도 슬픔을 안겨주었다. 헤르츠와 뒤르켐의 아들 앙드레, 그리고 많은 이들이 전투에서 사망하여 『사회학 연보』의 구성원 수는 줄어들었고, 어쩌면 이런 충격이 1917년 뒤르켐의 때이른 죽음을 몰고 왔는지도 모른다. 모스는 뒤르켐 학파를 대표하는 짐을 떠안게 되었다.

제1차 세계대전 후 모스는 두 권의 『사회학 연보』(1925~27)를 편집했다. 그 후 재정적 이유로 나오지 못하다가 『사회학 연감』(*Annales Sociologiques*)으로 재간되어 1934년에서 1942년까지 발행되었는데, 제2차 세계대전으로 다시 한 번 정간되었다.

모스의 박식함은 전설적이며, 그의 폭넓은 교육은 보르도에서 시작되었다. 그는 자신의 학부 공부가 법의 연구, 종교 사회학, 도시의 역사, 인간의 공간 조직, 자살에 관한 뒤르켐과의 공동연구 사이를 오갔다고 진술했다.[13] 그러나 모스의 주관심사는 종교적 현상 연구였고, 이를 위해 그는 역사와 언어에 대한 방대한 연구를 종합해야 했다. 광범위한 공부 덕에 모스는 영어, 독일어,

러시아어, 그리스어, 라틴어, 산스크리트, 켈트어, 고대 히브리어를 구사했다. 그는 의욕적인 연구 계획에 도전하기 위해 두 논문 주제 가운데 하나로 '모든 측면에서 본 기도'를 택했다. "짧은 기간의 철학적 연구"가 되리라는 애초의 생각과는 달리 그는 베다어와 고대 히브리의 탈무드, 기독교 의식문집 등을 5년 동안 탐구해야만 했다.[14] 박학다식함은 모스의 경력을 특징짓는다. 예를 들어 『증여론』(The Gift)의 주해는 화폐의 진화, 고대 산스크리트의 상업적 어휘, 게르만법의 뉘앙스, 콰키우틀족의 재산 형태 등에 관한 소논문을 포함하고 있다. 정치에 적극적이고 열렬한 사회주의자였던 모스는 박식할 뿐만 아니라 상냥하고 털털한 사람이어서 학생들의 존경을 한몸에 받았다.[15] 모스의 제자들은 "모스는 모르는 것이 없다"고 단언했다.[16]

모스는 성년기를 교육기관에서 보냈다. 대학을 졸업한 그는 1895년 교수 자격시험(agrégation)에서 3위를 차지했고, 1900년에는 파리 대학의 고등연구원(Ecole Practique des Hautes Études)에 합류했다. 1901년에 모스는 '비문명인들의 종교사' 분야의 책임자로 지명되었으며, 1939년 나치의 프랑스 점령으로 은퇴할 때까지 그 자리를 지켰다. 1925년 모스는 폴 리베, 뤼시앵 레비-브륄과 함께 파리 대학에 민족학 연구소(Institut d'Ethnologie)를 설립했는데, 이것은 후대의 프랑스 인류학자들을 교육하는 장이 되었다. 모스는 스승으로 명성이 높았으며, 그의 강의초록을 보면 '북아메리카의 친족과 종교'(1905), '종교 언어의 원시적 형태'(1913), '오스트레일리아의 극시(劇詩)'(1924) 등을 주제로 한 다양한 강의에 놀랄 만한 폭과 깊이를 부여했음을 알 수 있다. 클리퍼드에 따르면,

연구 업적이 매우 중요하기 때문에 조금이라도 가치 있는 생각은 다음 논문이나 연구서적을 위해 아껴두는 오늘날 지식계의 풍토와 비교해보면, 모스가 고등연구원에서 교육에 쏟아부은 엄청난 정력은 경이로울 뿐만 아니라 감동적이기까지 하다.[17]

모스는 민족지적 조사를 직접 한 적은 없지만, 인류학적 지식의 근거로서 집약적인 참여관찰의 중요성을 강조했다. 민족지적 관찰에 대한 그의 가르침은 『민족지 교본』(1947)이나 '신체 기술'에 관한 연구(1979b)에서처럼 구체적인 민족지적 세부사항에 대한 인류학자의 관심을 드러낸다.

하지만 모스가 인류학에 가장 크게 기여한 바는 그가 인간 행위의 근본적 범주들을 탐구했다는 것이다. 그는 스스로도 '인간 심성에 관련된 범주의 사회사'에 기여했다고 말했다.[18]

범주의 사회사

모스가 추구한 문화적 범주의 사회사는 뒤르켐이 사용한 방법론, 즉 기본적 형태의 탐색에 의거했다. 민족지적 비교는 원시문화의 연구를 통하여 본질적이고 원형적인 인류 문화의 요소들을 결정할 수 있다. 이런 근원적인 구조의 탐구는 모스의 연구에서 되풀이되는 주제다.

예를 들어 1899년 모스는 앙리 위베르와 함께 공희(供犧, sacrifice)에 관한 논문을 썼는데, 힌두·구약·그리스·라틴의 희생제례들(sacrificial rites)을 비교하여 '단순하고 기본적인 제도의 형태를 분리'하는 것이 목적이었다. 위베르와 모스는 격리, 신성화, 희생, 재통합(통과의례에 대한 반 헤네프[19]의 통찰력을 예견하는 모델)을 포함하는 희생의례의 도식을 확인했다. 그런 다양한 의식들이 단일 형태의 원시적 의식에서 나온 것은 아니라고 주장하면서, 위베르와 모스는 두 가지 원리에서 공희의 통일성을 발견했다. 모든 공희의례는 제물이라는 매개를 통해 '성스러운 세계와 속된 세계 사이의 의사소통 수단'을 확립하지만, 한편 신성화된 후 살해되는 제물은 어느 세계에도 속하지 않으므로, 이로 인해 두 영역은 구분된 채 남게 된다. 즉 제물의 희생은 두 세계를 '통합시키면서' 동시에 분리시킨다.[20]

논문의 마지막 부분에서, 위베르와 모스는 공희의 사회적 기원과 기능을 논한다. 우선 그것은 인과관계에 대한 개인적 혼란이 아니라(타일러와 뮐러의 종교 기원론에 대해 뒤르켐도 비슷한 반응을 보였다) 사회적 사실(social fact)로 구성된다고 주장하면서, 사회규범을 유지하기 위한 희생의 역할을 약술한 후, 마지막으로 공희의례를 둘러싸고 조직된 비종교적인 신념과 관행을 간단히 요약하는 것으로 마무리하고 있다. 그들의 분석에서 공희는 원형적인 사회 범주이다.

위베르와 모스의 논문은 뒤르켐과 그 제자들이 추종했던 기본 방법 — 비교 자료의 사용, 기본 범주의 탐색, 원시사회는 산업사회에서 사라진 근본적인 사회 유형을 보존하고 있다는 가정 — 을 채택했다. 제4장에서 거론된 바와 같이, 이런 방법론적 근거가 뒤르켐으로 하여금 오스트레일리아 원주민들의 종교적 신앙을 분석하게 만들었는데, 그들의 신앙은 뒤르켐이 보기에 가장 '기본적'이었기 때문이다. 뒤르켐과 모스는 이러한 전략이 민족지적 '사실'에 기반을 둔다는 면에서 사회적 개념의 기원에 대한 철학적 고찰보다는 우월하다고 믿었다.

뒤르켐과 모스는 오스트레일리아 원주민처럼 전통적이고 기술적으로 덜 발달한 사회가 선사시대 사회상을 재현하는 화석화된 잔재가 아니라는 점을 미처 깨닫지 못한 듯하다. 예를 들면 모스는 『증여론』에서 트로브리안드인과 다른 연구 사례들을 '위대한 신석기시대 문명의 좋은 표본'[21]이라고 기술한다. 이러한 가정은 모스나 뒤르켐에게 특유한 것은 아니며, 상이한 이론적 색채를 띠는 수많은 인류학자들의 저작에서 발견된다. 모스는 그의 가정을 정당화하지는 않았고, 다만 문화적 형태는 단순한 것에서 복잡한 것으로 변하며, 전통적 사회는 근대 산업화 사회보다 덜 복잡하다고 전제했을 따름이다.

이런 오류를 의식하지 않은 채, 모스는 독자적으로 또 뒤르켐 및 다른 사람들과 공동으로 과감한 방향의 조사를 추진했다. 예를 들어 『원시적 분류』(Primitive Classification)에서 뒤르켐과 모스는 "인류가 만든 가장 기본적인 분류를 조사하고 어떤 요소들로 그 분류가 구성되어왔는지 알아보기 위해" 사회 체계와 우주론적 범주 사이의 관계를 탐구했다.[22] 공간, 시간, 색, 유기체 등의 분류체계는 워낙 복합적이어서 개인적인 관찰과 추론을 통해 자발적으로 창출되기는 불가능하다. 모든 분류체계는 학습된 것이라고 뒤르켐과 모스는 결론짓는다.[23] 그렇다면, 독창적인 원시적 분류의 기원이나 모델은 무엇인가? 뒤르켐과 모스는 분류가 사회생활의 범주에 바탕을 둔다고 주장하는데, 이 중요한 점은 메리 더글러스의 작업에서 재등장한다.

우선 오스트레일리아 원주민에게 눈을 돌리면서, 뒤르켐과 모스는 씨족을 동등한 두 개의 단위로 범주화한 반족(半族, moieties)──부족의 모든 사람들은 한 씨족의 구성원이며, 씨족은 다시 어느 한쪽의 반족에 포함되는 이원적 사회 분류──에 기초한 사회조직을 요약한다. "**사물의 분류는 이제 이러한 사람의 분류를 재생산한다**"고 말하면서[24] 뒤르켐과 모스는 오스트레일리아, 북아메리카(주니족·수족), 고대 중국의 추가 자료를 가지고 이 주장을 진전시킨다. 두 사람은 주니 푸에블로 내에서 씨족의 공간적 배치가 세계의 공간적 구분과 대응한다는 것을 지적하면서, 중국의 복합적인 우주관은 어렴풋이 고대 씨족의 토템을 반영하는 것으로 분석했다. 뒤르켐과 모스는 분류체계의 상이한 측면은 그 **사회적 기원**──관련성을 은유적으로 설명하는 친족관계("인간은 인류라는 과[family]의 구성원이다"), 하위씨족·씨족·반족이라는 중층적인 사회 단위를 반영하는 범주의 위계적 성격, 사람과 사물의 공간적 정리──을 표출한다고 결론내린다. 이들에 따르면, 원시적 분류는 개인이 아니라 '사회'에 기초를 둔다.[25] 그들은 계속해서 말하길, "객관화되는 것은 사람이 아니라 사회다."

『원시적 분류』의 영어본 서론에서, 니덤(Rodney Needham)은 뒤르켐과 모스가 채택한 논리·방법·증거를 구체적으로 비판하여 그들 논문의 치명적 오류를 드러냈다.[26] 그렇지만 니덤의 결론에 따르면 그 논문의,

> 가장 큰 장점──모든 오류를 덮을 수 있는──은 사회학적 탐구 사상 처음으로 인간의 사고와 사회생활을 이해하는 데 근본적으로 중요한 주제에 관심을 기울였다는 사실이다.[27]

대학자다운 활력으로 모스는 끊임없이 긴요한 논제들을 최초

로 제기했다. 통찰력과 해박함의 결합은 그의 유명한 저서 『증여론』의 특징이다.

『증여론』, 총체적 증여와 총체적 현상

모스의 『증여론』(*Essai sur le Don*)은 에번스-프리처드[28]가 말했듯이 학자로서의 모스의 중요성을 이해하는 데 필수적이다. 『증여론』은 모스가 '총체적 증여'(total prestations)라 부르는 제도, 곧 자발적으로 보이지만 사실은 의무적이며 승인된 제재에 의해 강화되는 교환에 대한 비교문화적 분석이다. 모스는 『증여론』을 계몽시대와 그 이후까지 프랑스 사회이론을 관통하는 화두인 계약——경제적, 사회적——이라는 더 큰 연구의 맥락에 놓는다.[29] 그는 구체적인 민족지적 사실에 의거하여 이 논의에 이바지했다.

개인들이 자유롭고 공개적인 시장에서 경쟁하고 수요 공급에 의해 교환 가치가 결정되는 '자연 경제'(natural economy)는 전통사회에 존재하지 않는다고 모스는 단언한다. 그의 주장에 따르면, '고대' 사회의 교환은 오히려 고립된 개인들 사이가 아니라 무리를 대표하는 집단(추장, 씨족의 지도자, 신부 집안에 대한 신랑 집안) 사이에서 발생한다.

나아가 교환은 재화와 용역의 교환만이 아니라 "호의, 오락, 의례, 군사적 도움, 여성, 어린이, 춤, 잔치"의 교환이기도 하다. 부의 교환은 "광범위하고 지속적인 계약의 일부"에 불과하다.[30] 그러한 교환은 개인들 사이의 자발적인 "받든지 말든지" 식의 협상과는 거리가 멀고, 사회적으로 승인되고 제재되는 의무에 둘러싸여 있다. 자발성을 풍기는 '선물'이라는 언어로 표현되지만, 총체적 증여는 줄 의무·받을 의무·보답할 의무라는 3개조의 의무에 의해 정의된다.[31) 모든 교환이 이 형태를 취하는 것은 아니지만, 총체적 증여는 반복적으로 일어나는 사회현상이다.

엄청난 학식을 발휘하며 모스는 오세아니아, 아메리카 북서 해안, 고대 로마, 고대 힌두법, 독일 부족국가에서의 총체적 증여를 입증한다. 예를 들면 모스는 북서 해안의 포틀래치(potlatch), 즉 정교한 의례적 과시에서 많은 양의 재화가 축적되고 분배되며 탕진되기까지 하는 경제적 제도를 논하고 있다.[32) 모스는 포틀래치를 "사실상 무제한 소비하고 탕진하는" 적대적 증여의 한 형태로 분석했다. 포틀래치는 '부의 전쟁'인 것이다.[33)

서구 경제학자에게 그러한 부의 파괴적 재분배는 무의미할 것이다. 모스에 따르면 그러한 교환은 특수한 문화적 맥락에서만 이해될 수 있다. 그러나 보다 중요한 것은, 그가 포틀래치나 쿨라 환(kula ring: 쿨라는 말리노프스키가 조사한 트로브리안드 제도에서 행해지는 의례적 선물교환의 일종으로, 두 종류의 의례용 물건이 거대한 환(環)을 따라 서로 다른 방향으로 교환된다. 이는 상호신용을 기반으로 넓은 섬지역을 연결하는 교역의 일종이다―옮긴이) 같은 교환이 단순한 경제적 거래가 아니라 **총체적 현상**(total phenomena)임을 보여준 점이다.

포틀래치는 분명 경제적 제도지만, 주된 참가자들이 영혼과 조상의 화신으로 간주된다는 면에서 종교적 제도이기도 하다. 포틀래치는 또한 다른 씨족, 가족, 사회적 집단들이 모이면서 사회적 결속이 생기기도 하고 갈등의 요소가 부각되기도 한다는 점에서 사회적 현상이기도 하다. 포틀래치는 증여하는 자와 그 가족에게 사회적 위계 상승의 기회를 제공한다. 따라서 그것은 상이한 경제적·사회적·종교적·법적 생활의 요소들을 연결시키는 북서 해안 사회의 중추적인 제도이다.[34] 모스의 총체적 증여 탐구는 경제인류학의 실재론(substantivism: 소규모 전통사회에서 경제행위나 경제현상은 다른 사회적 현상과 불가분의 관계를 맺고 있으므로 경제논리에만 의거해서는 이해하기 어렵다고 보는 입장—옮긴이) 대 형식론(formalism: 신고전파의 형식적인 경제이론이 전통적인 사회에도 적용될 수 있다고 보는 입장—옮긴이) 논쟁의 중요한 교과서가 되었다. 그것은 경제가 사회의 다른 영역과 분리될 수 없는 '포섭된(embedded) 과정'[35]임을 보여준다.

다수의 미국 인류학자들은 『증여론』을 경제인류학에 기여한 것으로 이해하지만,[36] 레비-스트로스는 모스의 총체적 사회현상 논의를 강조한다.[37] 달리 표현하면, 미국 인류학자들은 그 작업을 선물 교환의 형태를 띤 경제에 대한 연구로 여기는 반면에, 레비-스트로스는 선물 교환을 예로 사용하여 총체적 사회현상을 모범적으로 분석한 작품으로 다룬다.

레비-스트로스는 『증여론』을 모스의 명작으로 평가했는데, 그 이유는 모스가 이 저서에서 어떤 새로운 사실 자체를 소개했기 때문이 아니라,

민족지적 사유의 역사상 처음으로……경험적 관찰을 뛰어넘어 심층적 실체에 도달하려고 노력했기 때문이다. 처음으로 사회적인 것이 일화, 호기심, 교훈적 설명이나 학문적 비교를 위한 자료에 그치지 않고 하나의 체계──그 부분들 사이의 연관성, 동등성과 상호의존적 측면들이 발견될 수 있는──가 되었다.[38]

모스는 "'총체적' 사회현상의 탐구보다 시급하고 전도유망한" 것은 없다고 말할 정도로 그 개념의 중요성을 의식하고 있었다.[39] 모스의 개념은 개인적인 것과 사회적인 것, 특수한 것과 일반적인 것, 그리고 구조와 과정을 연결하는 것이었다.

우리는 그렇다면 일련의 주제 이상의, 제도적 요소들 이상의, 제도들 이상의, 심지어 법적·경제적·종교적·기타의 부분으로 구분되는 제도들의 체계 이상의 그 무엇을 다루고 있다. 우리는 총체적인 것, 전체로서의 체계에 관심이 있는 것이다. …… 그것들을 총체적으로 고려함으로써 우리는 그것들의 본질, 작용 그리고 생생한 움직임을 파악할 수 있었고, 사회와 그 구성원들이 자신들을 되돌아보고, 타인들에 대한 자신들의 입장을 정서적으로 살펴보는 찰나적 순간을 포착할 수 있었다.[40]

레비-스트로스[41]는 모스가 구조주의 직전까지 도달했다는, 논쟁의 여지가 있는 주장[42]을 펼쳤다. 리콕은 사회현상의 통합에 관한 모스의 강조는 그의 작업을 관통하는 것이라고 주장하면서 좀더 조심스런 평가를 내놓았다.[43] 그러나 '총체적인 사회적 사실'(total social facts)이라는 개념은 쉽게 파악하기 어렵다. 모든 민족지적 사실들이 잠재적으로 총체적인지, 아니면 일부는 총체적이고 나머지는 아닌지 분명치 않다. 제임스 클리퍼드가 지적하듯이, 그것은 민족지적 조사에 관한 상이한 접근법들을 무차별적으로 정당화시키는 모호한 개념이다.[44] 그 개념은 "어떤 규준, 단서, 참조사례를 선호해야 할지에 대해 도움을 주지 않는다"고 클리퍼드는 말한다.[45] "사회적 실체와 도덕적 세계가 여러 가지 가능한 방식으로 구성되는 것으로 보이기 때문에, 어느 것도 특권을 부여받기 어렵다."

어쩌면 모스는 이 점에서 아주 현대적이다. 그의 관심은 클리퍼드 거츠의 '중층기술'(thick description)에 반영되고, 역동적인 사회현상의 강조는 빅터 터너의 사회적 드라마 개념을 예견케 하며, 다양한 대안들에 대한 모스의 탐구는 20세기 후반의 포스트모더니즘을 암시한다. 그러나 그러한 가능성은 채 발전되지 않은 상태로 남았으며, 본질적으로 의도된 것은 아니었다. 모스는 일차적으로 다양하지만 구체적인 사회현상의 분석에 관심을 보였다.

결론

모스의 작업에 대해 몇 가지 이론(異論)이 제기될 수 있을 것이다. 첫째, 모스는 뛰어난 학자이긴 하지만 자신의 견해를 뒷받침하기 위해 민족지 자료를 인용만 했을 뿐 검증하지는 않았다. 모스는 모순되는 증거가 나와도 가설이 틀렸음을 인정하지 않고 무시하기 일쑤였다. 다루기 껄끄러운 사실들은 최소한 모스의 구미에 맞게 설명될 수도 있었을 것이다.

둘째, 모스의 연구에는 사람을 답답하게 하는 애매함과 논의의 생략이 있다. 예를 들어 그가 정확히 무엇을 '사회 형태학'(social morphology)이라 했는지 분명치 않으며, '신체 기술'에 관한 그의 논문[46]에는 '비정상인을 위한 치료방법'이란 부분이 있는데, 전체 내용이라고 해야 "마사지 등을 말함. 다음 논의로 넘어감"이 고작이다.

셋째, 모스는 비서구 사회가 고대 사회 유형의 원시적 잔재를 표현한다는 가정을 면밀히 검토해보지 않았는데, 보아스와 모스 자신이 의식하고 있던 다른 영미 인류학자들의 반진화론적 비판을 감안할 때, 이는 중대한 과실이다. 끝으로 그처럼 창조적인 사상가가 상아탑을 벗어나 현실 사회에서 장기간의 현지조사를 했더라면 어떻게 바뀌었을지 궁금할 따름이다.

그렇지만 모스는 스승으로서, 편집자로서, 학자로서 프랑스의 사회학과 민족학에 지대한 공헌을 했다. 그의 광범위한 식견과 적극적 사고는 오랫동안 자극제가 되었으며, 그의 연구는 사회생활의 본질을 탐구하는 기본적인 출발점으로 남아 있다.

문화의 기능

　말리노프스키(Bronislaw Malinowski, 1884∼1942)는 사람들의 열띤 반응을 불러일으켰는데, 그 자신도 분명 그것을 원했던 것 같다. 말리노프스키에 대한 이야기는 중립적인 것이 없고, 열광적이거나 냉담한 것이다. 인류학자들은 말리노프스키를 세 가지 근거――현지조사가로서, 이론가로서, 인격체로서――로 평가하는 경향이 있다. 현지조사가로서의 말리노프스키에 대해서는 민족지 조사를 위한 새로운 기준을 세워 후대의 인류학자들에게 영향을 주었다는 만장일치에 가까운 합의가 있다. 이론가로서의 말리노프스키에 대한 의견은 분분하다. 영국의 사회인류학자 리처즈(Audrey I. Richards)는 "말리노프스키가 발달시킨 문화의 개념은 당대의 인류학적 사고를 크게 고무시켰다"며, 이 업적이 '상당히 과소평가'되어왔다고 결론짓는다.[1] 이와는 딴판으로, 리치(Edmund Leach)는 말리노프스키의 귀중한 현지조사와 그의 이론적 기여를 대비시킨다.

　민족지적 탐구의 전반적인 양식과 목적에 주의를 환기시킨 것 외에 말리노프스키는 시공을 초월하여 타당한 것으로 간주되는 일반적·추상적·사회학적 성격의 수많은 이론을 천명했다. 내가 판단하기에 이 시도는 실패했다. 내게 있어 트로브리안드인에 대해 말하는 말리노프스키는 영감을 주는 천재지만, 문화 일반을 거론하는 말리노프스키는 흔히 상투적이고 지루한 인물이다.[2]

놀랍게도 이렇게 다른 의견들은 말리노프스키의 첫 제자이자 가장 충실한 추종자였던 퍼스(Raymond Firth)가 편집한 한 심포지엄 논문집에 나타난다. 그가 죽은 지 10여 년 후 작성된 그 책에는 말리노프스키가 인류학에 이론적으로 기여한 바에 대한 기고자들의 다양한 평가가 폭넓게 반영되어 있다. 그의 이론에 대한 반응이 각양각색이라면, 인간으로서의 말리노프스키에 대해서는 사랑 아니면 미움이라는 엇갈린 평가가 내려진다. 한 지지자(Kaberry)는 "그가 진정 창조적인 정신과 국제적인 전망, 예술가적 접근법과 상상력을 지녔다"고 말한다.[3] 이와 반대로 인류학자 클룩혼(Clyde Kluckhohn)은 『미국 민속학지』에 실린 추도문에서 그를 '맹신자들의 과시적인 구세주'라고 불렀다.[4] 이렇게 전혀 다른 반응을 일으키는 이 사람은 누구인가?

배경

그의 삶은 크라쿠프에서 시작되었지만, 남태평양에서 만개했다. 1884년 유명한 슬라브어 교수의 아들로 태어난 말리노프스키는 귀족의 후예였고 폴란드의 지성인들 틈에서 자랐다.[5] 그는 1908년 수학과 물리학으로 학위를 받았는데,「사고의 경제원리에 대하여」라는 제목의 논문은 오스트리아 제국에서 최고의 영예를 차지했고, 학위수여식은 음악이 연주되는 화려한 분위기 속에서 거행되었다.[6] 그러나 질병과 여건 탓에 그는 물리과학 분야에서 사회학과 인류학으로 진로를 바꾸었다.

1910년 말리노프스키는 런던 정경대학에서 셀리그먼(C. G. Seligman)과 함께 대학원 공부를 시작했는데, 셀리그먼은 1898~99년 케임브리지 대학 토레스 해협(Torres Straits: 오스트레일리아 북부와 뉴기니 사이의 다도해 항로) 탐사대의 일원이었다. 쿠퍼가 기술한 것처럼,[7] 이 기간은 영국 인류학자들이 보아스와 크로버의 '구제 민족지'와 유사하게 적극적으로 경험적 자료를 찾던 때였다.

토레스 해협 탐사는 영국 인류학에 체계적인 조사방법을 도입했다. 토레스 탐사 및 중부 오스트레일리아 부족에 대한 스펜서와 질런[8]의 초기 연구로부터 얻은 오스트레일리아 민족지 자료는 뒤르켐과 프로이트 같은 다양한 사회사상가들을 자극했다. 이와 비슷하게 말리노프스키의 첫 저작 『오스트레일리아 원주민 가족』(*The Family Among the Australian Aborigines*)은 그의 박사학위논문(1913년 수여됨)처럼 이전에 수집된 민족지 자료에 기초를 두었다. 거의 서른이 될 때까지 말리노프스키는 어떠한 조사도 하지 않았다.

그러나 기회는 우연히 찾아왔다. 말리노프스키는 '대영 학술협회'의 임원 자격으로 오스트레일리아에 가는 인류학자 매럿(R. G. Marett)의 비서로 채용되었다. 그들이 오스트레일리아에 있는 동안 제1차 세계대전이 발발했고, 오스트리아 신민이었던 말리노프스키는 적국인으로 분류되었다. 하지만 매럿과 다른 사람들이 오스트레일리아 당국에 개입하여 말리노프스키는 풀려났고, 뉴기니를 포함한 오스트레일리아 영토 안에서의 체류와 조사가 허용되었다. 이것은 그의 경력을 바꾸어 놓은 절호의 기회였다.

말리노프스키는 조사를 위해 세 번 뉴기니를 찾았다. 먼저 투론 섬의 마일루(Mailu)족을 6개월 동안(1914년 9월~1915년 3월) 방문했고, 트로브리안드 도민들을 두 차례에 걸쳐(처음에는 1915년 6월에서 1916년 5월까지, 다음에는 1917년 10월에서 1918년 10월까지) 방문했다.[9] 의기소침과 성적인 욕구불만, 고된 작업, 그리고 지적인 흥분의 시간이었던 이때의 일부가 그의 사후 25년 만에 출간된 말리노프스키의 일기에 기록되어 있다.[10] 일기와 사적인 편지들[11]에는 복잡하고 흠이 있긴 하나 뛰어난 한 인간의 모습이 적나라하게 드러난다.

말리노프스키의 저술은 또한 민족지 자료의 체계적 수집——그가 트로브리안드 주민에 대한 고전적 연구『서태평양의 항해자들』(*Argonauts of the Western Pacific*)의 서두에서 논하고 있는 주제——에 심혈을 기울인 인류학자의 모습도 보여준다. 말리노프스키가 믿기에 인류학자가 반드시 고려해야 할 것은,

상투적이고 단조롭고 일상적인 것과 놀랍고 진기한 것을 불문하고, 연구되는 부족 문화의 모든 측면에서 발견되는 현상의 전 범위〔이다〕. 동시에 조사에서는 부족 문화의 총체적 영역이 **그 모든 측면에서** 검토되어야 한다. 각각의 측면에서 얻어진 일관성, 법칙과 질서는 그것들을 하나의 통합적 총체(coherent whole)로 묶는 데 이바지한다.[12]

이를 달성하기 위하여 말리노프스키는 세 부분으로 된 체계를 추천했다. 우선 그는 복잡한 관계를 도식적으로 보여주는 친족 차트에 착안, '개관적 차트'(synoptic chart)를 고안해서 경제적 거래, 교환, 법적 관행, 주술적 의례, 경작 및 어업권 등 문화의 제 차원의 관계를 예시하려 했다. 개관적 차트는 민족지 자료들 사이의 관계를 표현했고, 족보·지도·도표·설계도로 보충되어 문화적 행위의 틀을 제시하는 데 도움을 주었다.

그러나 이는 문화적 존재의 앙상한 뼈대만 다룰 뿐이다. 말리노프스키는 언제나 약동하는 사회생활의 복합성에 흥미를 느꼈다. 이러한 행동과 행위의 뉘앙스를 그는 **헤아릴 수 없는 실생활**(imponderabilia of actual life)이라 불렀다. 그 표현에는 인류학자들이 원형적 사회의 추상적 구조만이 아니라 다른 인간 집단이 경험하는 일상생활의 주관적인 역학을 기록해야 한다는 말리노프스키의 소망이 담겨 있다. 그에 따르면, 인류학자는 특수한 의식에서 특정 행위자들과 구경꾼들을 반드시 기록해야 하며, 또한 의례의 언명된 목적과 구조를 알고 있다는 사실을 잊어야만 하고,

진지하게 또는 익살스럽게 행동하는 사람들, 성실하게 몰입하거나 지겨워서 산만해진 사람들, 일상적인 느긋한 분위기를 유지하거나 팽팽한 고도의 긴장감에 빠진 사람들을 비롯해 다양한 사람들이 운집한 의례의 분위기에 자신도 빠져들도록 노력해야 한다.[13]

말리노프스키는 모든 인류학자들이 별 어려움 없이 원주민의 생활에 합류할 수는 없다는 사실을 알고 있었지만――"아마 슬라

브인의 기질이 서구인들의 기질에 비해 더 유연하고 선천적으로 야만적"인 것 같다고 농담하면서——그러한 노력이 민족지적 추상화의 균형을 잡아주는 중요한 것이며, 인류학자에게 그의 대상은 박물관의 표본이 아니라 살아 있는 사람임을 환기시켜준다고 단정했다. 애덤 쿠퍼 같은 예리한 비평가조차도 "……말리노프스키의 위대함은 이론의 망을 뚫고 뽐내는가 하면 위선적이고 세속적이면서도 합리적인〔각양각색의〕현실 속 인간에게 다가가는 그의 능력에 있다"고 인정한다.[14]

말리노프스키는 모든 동기가 개관적 차트나 관찰되는 행위로 환원되지는 않는다는 것을 알고 있었으며, 따라서 다른 문화의 주관적인 정신 상태를 재구성해야 한다고 보았다. 이러한 정보는 "원주민의 사고방식의 물증이 되는 민족지적 진술, 특징적인 이야기(narratives), 전형적인 말투, 민간전승의 요소들과 주술적 처방……"의 집합에서 끌어낼 수 있다.[15]

이런 방식으로 말리노프스키는 트로브리안드인들에 관한 자료를 수집했고, 이는 인류학에 깊은 영향을 미쳤다. 쿨라 환의 원거리 교환에 나타나는 사회적 차원에 관한 그의 자료는 마르셀 모스의 『증여론』에 영향을 주었고, 경제인류학의 형식론자와 실재론자의 논쟁이 전개되는 과정에서 핵심적인 교과서였다. 주술과 과학의 성격에 대한 말리노프스키의 통찰력은 인지인류학(cognitive anthropology)에 대한 커다란 관심을 유발시켰고, 1960년대와 1970년대에 등장한 생태인류학의 접근에서도 나타난다.[16] 트로브리안드인들은 고전적인 민족지 사례연구의 하나가 되었고, 그 사례연구의 강점을 기반삼아 말리노프스키는 영국으로 돌아가 사회인류학의 주요 인물이 되었다.

쿠퍼는 말리노프스키가 그의 인생역정을 사회인류학이라는 새로운 분야의 '신화적 헌장'(mythical charter: 신화에 바탕을 두고 현존하는 사회적 관계나 신념, 행위 등을 정당화하는 틀을 뜻하는 것으로, 쿠퍼는 말리노프스키 자신이 인류학의 방향을 제시하고 주도하는 선구적 인물임을 자처한 사실을 강조하기 위해 이 표현을 인용했다—옮긴이)으로 작용하는 '구세주적 자아상'으로 바꾸어놓았다고 주장한다.[17] 뛰어난 폴란드 학생이 인류학으로 전향하여, 우연한 운명으로 멜라네시아의 망망대해에 갇혔다가, 문명세계로 돌아와 그의 사도들의 도움으로 무지한 기존 질서를 전복시키는 전투에 가담한다.[18]

그러나 이런 희화화를 떠나, 말리노프스키는 영국에 돌아오기 이전부터 실질적인 민족지 논문을 발표하기 시작했고, 『서태평양의 항해자들』은 1922년에 출판되었다. 그는 1920년대 초 런던 대학에서 가르치기 시작했고, 1927년 사회인류학과 학과장이 되면서 수많은 학생들을 유치하고 국제적인 명성도 얻게 되었다. 1930년대부터 말리노프스키는 유럽과 북미 각지에서 강의하게 되었는데, 제2차 세계대전의 발발로 미국에 체류하다 그곳에서 1942년 향년 58세의 나이로 세상을 떠났다.

말리노프스키의 연구들은 민족지의 고전으로 남아 있으나, 인류학 이론에 그가 기여한 바에 대해서는 그의 생전에도 논쟁이 있었고 지금도 논란의 여지가 있다. 그의 민족지적 관심사는 문화가 개인의 욕구를 충족시키는 방식이었으며, 그것은 래드클리프-브라운이 제시하는 다른 관점—문화가 어떻게 사회의 욕구를 충족시키는지를 강조하는—과 충돌했다. 두 사람은 '기능주의자'라 명명되었는데, 그 용어는 특수한 욕구들을 충족시키기 위해 문화가 어떻게 '기능하는지'에 대한 그들의 시각을 강조하는 것이었다.

20년대 초반부터 30년대 후반까지 래드클리프-브라운과 말리노프스키는 서로를 기능적으로 통합된 총체(functionally integrated whole)로서의 문화를 강조하는, 새로운 접근을 옹호하는 동반자로 보았다.[19] 그러나 양자는 욕구의 원천을 달리 보았고──말리노프스키는 개인을, 래드클리프-브라운은 사회를 부각시켰다──점점 멀어지던 두 사람의 관계는 뚜렷한 성격 차이로 인해 서로 혐오하는 사이로 전환되었다. 그 차이를 이해하고 말리노프스키의 이론적 공로를 평가하기 위해 우선 그의 욕구 이론을 살펴보도록 하자.

욕구 이론

말리노프스키의 욕구 이론(theory of needs)은 개인과 사회를 연결하는 이론적 진술로서 문화의 기능주의적 접근의 핵심을 이룬다. 그 개념은 간단하다. 문화는 개인의 생물학적·심리적·사회적 욕구를 만족시키기 위해 존재한다. 그러나 우리가 말리노프스키가 말하는 기능의 개념, 욕구의 위계, 상징의 역할을 이해하지 못한다면, 그리고 말리노프스키의 사고가 형성된 지성사적 맥락을 무시한다면 그 이론은 지나치게 단순해 보일 것이다.

우선, 말리노프스키는 기능을 생리적인 의미로 본다. "이러한 지극히 단순하고 기본적인 인간 행동에서 기능은 적절한 행위에 의한 유기체적 충동의 충족으로 정의할 수 있다. 형태와 기능은 확실히 서로 복잡하게 얽힌 관계를 맺고 있다."[20] 말리노프스키는 생리학적 유추를 더욱 발전시킨다. 예를 들어 정상적인 폐가 어떻게 작용하는가를 기술하려면 과정의 형태를 기술하면 되지만, 폐가 특정한 방식으로 작용하는 이유를 설명하려면 그 기능에 관심을 가지게 된다고 그는 주장한다. 말리노프스키에 의하면, "형태적인 접근은 생명의 연쇄과정(vital sequence)을 진술하는 관찰과 기록의 방법에 대응하는 반면, 기능은 과학적 원리에 의해 무엇이 일어났는가를 재천명하고……유기체 및 그 환경과 관련해 발생한 것들을 완벽하게 분석하는 것이다."[21] 이는 몇 가지 명심할 바를 시사한다. 첫째, 사회는 통합적 총체이며, 인류학자들은 상이한 문화 영역들의 상호 연결관계를 검토할 필요가 있다. 둘째, 각 영역은 그것의 보완적인 기능들에 의해 연결되며, 이러한 인과적 연결을 설명할 수 있는 유일한 수단은 기능적인 설명방식이다. 따라서 문화의 기능에 관심을 기울이지 않는 인류학자는 과학과는 무관함에 틀림없다.

말리노프스키는 문화적 형태들이 단순하거나 단일한 기능을 갖는 것은 아니라고 인식하여, "어떤 〔문화적〕 제도도 하나의 기본적 욕구, 원칙적으로 하나의 단순한 문화적 욕구에 기능적으로 연결될 수는 없다. …… 문화는 특정한 생물학적 욕구에 대한 특정한 반응이라는 식의 복제품이 아니며 그렇게 될 수도 없다"고 말했다.[22] 대신 말리노프스키는 문화적 제도들은 다양한 욕구에 대한 통합된 반응이라며, 그 욕구들을 약술하기 위해 그의 개관적 차트를 변형시켜 이용했다.[23]

기본 욕구	문화적 반응
1. 신진대사	1. 식량공급

2. 생식(재생산)	2. 친족
3. 육체적 안락	3. 안식처
4. 안전	4. 보호
5. 동작	5. 활동
6. 성장	6. 훈련
7. 건강	7. 위생

말리노프스키는 각각의 욕구와 문화적 반응을 자세히 설명했지만, 몇 가지 예를 들어 그의 주장을 살펴보도록 하자. 첫번째 인간의 욕구인 **신진대사**는 "음식의 섭취, 소화, 부수적인 분비, 영양분의 흡수, 노폐물의 제거……"를 지칭한다.[24] **식량공급**(commissariat: 원래 식량의 분배를 맡는 병참부 장교를 뜻함)이라 명명된 문화적 반응이 포함하는 것은, ① 어떻게 식량을 생산하고 준비하고 소비하는가, ② 어디에서 어떤 사회적 단위로 식량이 소비되는가, ③ 식량 분배의 경제적·사회적 조직(예를 들면 연어 통조림의 교역이나 재배 농산물의 호혜적 교환), ④ 식량 분배가 일정하게 일어나도록 유지하는 법적·관습적 규정, ⑤ 그 규정들을 집행하는 권위이다.

기본 욕구인 **안전**은 단지 "기계적 사고나 동물 또는 다른 인간의 공격에 의한 신체적 부상의 방지를 일컫는다."[25] 그러나 문화적 반응인 **보호**는 조수로 인한 파도의 위험을 피해 말뚝 위에 집을 짓고, 공격에 대비해 무장 대항군을 조직하고, 주술을 이용해 초자연적 힘을 불러오는 여러 행위를 포함할 수 있다. **성장**──인간의 성장은 유아들의 오랜 의존기간에 의해 구조화된다──은 인간이 언어와 다른 상징, 다양한 무대와 상황에 어울리는 행위

를 배우고, 사회적·심리적으로 성숙할 때까지 교육받는 훈련이라는 문화적 반응을 초래한다.[26]

분명히 말리노프스키는 복잡한 문화적 체계들을 간단한 생물학적 욕구로 환원시키지 않고 있다. 그는 연어 통조림공장이 알래스카에 있는 것은 인간이 먹을 필요가 있기 때문이라고 주장하지 않는다. 오히려 문화적 반응은 새로운 조건, 새로운 환경을 규정하고 그것이 새로운 문화적 반응을 끌어낸다.

인간이나 인종의 유기체적 또는 기본적 욕구의 충족이 각 문화에 부과된 최소한의 조건임은 분명하다. 인간의 영양, 생식, 위생적 욕구에 의해 생긴 문제들은 반드시 해결되어야 한다. 그것들은 이차적이거나 인위적인 새로운 환경을 구성함으로써 해결된다. **바로 문화 그 자체인** 이러한 환경은 영원히 재생산되고 유지되며 관리되어야 한다. 이것이 새로운 생활의 기준이라는 아주 일반적 의미의 술어로 표현되는 바를 창출하는데, 그 기준은 공동체의 문화적 수준, 환경, 집단의 효율성에 달려 있다. 하지만 문화적 생활의 기준은 새로운 욕구가 나타나고 새로운 필수요건이나 결정인자가 인간의 행위에 부과됨을 뜻한다.[27]

기본 욕구와 대조적으로 이 새로 파생된 욕구 또는 문화적 명령은 "자신의 안전과 안락함을 확대하려는 인간 본연의 경향에 의해 인간에게 부과된다."[28] 그러나 파생적 욕구를 없어도 되는 것으로 생각하는 것은 잘못이다. 말리노프스키에 의하면, "인간이 생물학적 요인 때문에 창이나 활과 화살로 사냥하고, 독화살을 사용하며, 울타리나 대피소·갑옷으로 자신을 방어하는 욕구를 갖는 것은 아니다. 하지만 환경에 대한 인간의 적응력을 향상시키기 위해 일단 채택되고 나면, 그런 장치들은 인간의 생존을 위한 필요조건이 된다."[29] 그러한 항목들——그리고 훈련, 원료교환, 협동작업 등 그들이 요구하는 것——은 "전적으로 생리적으로 결정된 요인들 못지않게, 자기보존이라는 생물학적 명령의 궁극적인 통제 아래서 필요불가결한 것이 된다."[30] 원형적 조건에 대한 새로운 문화적 반응은 새로운 상황, 새로운 환경을 창출하며 사회는 여기에 응해야만 한다.

그리하여 문화는 궁극적으로는——그러나 언제나 직접적이지는 않은——개인에게 환원되는 복합적 욕구에 부응하는 상당히 복잡다단한 행위의 망이 된다. 말리노프스키는 두 가지 공리로 자신의 욕구 이론을 요약한다.[31] 첫째로 "모든 문화는 생물학적 욕구체계를 만족시켜야 한다." 둘째로 "도구나 상징의 사용을 의미하는 모든 문화적 성취는 인체 해부구조에 유익한 향상이며, 직·간접적으로 신체적 욕구의 충족에 관련된다." 한마디로 문화는 공리적이고 적응적이며 기능적으로 통합되어 있고, 문화의 설명은 기능의 묘사를 포함한다. 그러한 설명의 전형적인 예가 주술에 대한 말리노프스키의 접근이다.

주술의 기능

주술(magic)은 기능주의적 설명의 예로는 어울리지 않아 보이지만, 트로브리안드인의 생활에서 주술이 차지하는 중요성 때문에 말리노프스키 이론의 한 요소를 이루었다. 주술은 적을 살해하거나 자신이 살해당하는 것을 방지하기 위해, 아기를 쉽게 낳기 위해, 무희의 아름다움을 더하기 위해, 어부를 보호하기 위해, 또는 추수를 기원하기 위해 사용되었다. 주술은 하찮은 미신이나 공허한 몸짓이 아니었다. 그보다는, 말리노프스키의 주장에 따르면,

주술, 즉 주문과 의식에 의해 소기의 성과를 얻을 수 있다는 믿음은 지식으로 설명하기 힘든 인간 행위의 국면에 항상 나타난다. 원시인은 날씨를 통제할 수 없다. 경험상 그는 비·햇빛·바람·더위와 추위를 자신의 힘으로 만들어낼 수 없다는 사실을 잘 알지만, 그런 현상들에 대해 많이 생각해보았거나 관찰했다. 따라서 그는 자연현상을 주술적으로 다루는 것이다.[32]

말리노프스키는 '원시'인이 병이나 질병에 대해 제한된 '과학적' 지식만 갖고 있어서, 병은 요술(sorcery: 타인에게 위해를 가하기 위해 특정한 기술과 수단을 사용하여 초자연적인 힘을 동원하는 것을 말한다. 요술과 마술(witchcraft)은 모두 파괴적이고 부정적인 목적을 이루려는 주술의 일종으로 볼 수 있다. 요술은 자신이 원하는 바를 달성하기 위해 특별한 물질이나 약을 사용하는 데 반해, 마술은 남에게 해를 끼치겠다는 생각과 마음만으로 악령을 동원할 수 있다는 점이 다르다—옮긴이) 때문에 생기고 주술로 막을 수 있다는 결론을 내리게 된다고 가정했다. 평생 병약했던 말리노프스키는 다음과 같이 말했다.[33]

원시인이건 문명인이건 아픈 사람은 무엇인가가 이루어진다고 느끼기를 바란다. 그는 기적을 갈망한다. 악의에 찬 요술사

가 부린 조화가 보다 강력하고 호의적인 마술사에 의해 상쇄될 수 있다는 확신은 뭔가 효험 있는 일이 행해지고 있다는 믿음을 통해, 우리 몸이 병마와 싸우는 것을 도와줄 수도 있다. 요술과 주술은 그래서 사회적일 뿐 아니라 실용적인 특성을 갖는데, 이는 주술이 지속적으로 행해지는 이유를 설명해준다.

사회에서 주술이 계속되는 것은 그것이 작용, 즉 기능하는 것처럼 보이기 때문이다. 이런 명백한 효용 외에, 주술은 인간의 제약을 벗어나 있는 것으로 보이는 차원들에 대해 인간이 통제력을 행사하게 해주는 심오한 기능을 갖는다.

〔주술〕은 중대한 이해관계가 개입된 곳에, 격렬한 열정이나 감정이 일어날 때, 정체불명의 힘이 인간의 노력을 방해할 때, 그리고 지극히 신중한 계획, 성실한 준비와 노고를 허사로 만드는 그 무엇이 있다고 인정할 수밖에 없을 때 언제나 강하게 나타난다.[34]

고전적 사례는 어로와 관련된 주술이 구성되는 방식이다. "기상 및 기타 여건상 고기잡이 외에는 다른 어로행위가 이루어질 수 없는" 산호초 보호구역 안에서 고기를 잡을 때에는 "어로산업과 연관된 어떤 종류의 주술도 실행되지 않는다."[35] 이와 대조적으로 해양어업이나 항해, 카누와 관련된 주술은 복잡하고 널리 퍼져 있는데, 그 이유는 위험이나 재난의 가능성이 크기 때문이다.

이와 비슷하게 원예를 둘러싼 주술도 광범위하게 퍼져 있으며 경작에 필수적인 부분으로 간주된다. 경제활동의 측면에서 "농업은 언제나 우선순위다. 소출이 많은 지역은 경제적으로 가장 부유하거니와 대체로 정치적으로도 우월하다"고 말리노프스키는 관찰한다.[36] "원예 작물은 지역 도처에서 부의 기반이다." 원예 주술은 공식적이고 직접적이며 광범위하다. 원예 주술사는 마을의 우두머리거나 그의 후계자 또는 가까운 남자 친척이며, 따라서 공동체에서 가장 중요한 인물 또는 두번째로 중요한 인물이 맡는다. 원예 주술과 원예 작업은 구분되지만 분리될 수는 없다. 말리노프스키에 따르면,

주술과 실제 작업은 원주민의 사고에서 혼동되지는 않지만, 서로 불가분의 관계를 갖는다. 원예 주술과 원예 작업은 뒤엉킨 일련의 연속작업으로 행해지고, 하나로 연결된 이야기를 이루며, 설화의 소재가 되기도 한다.

원주민에게 주술은 솜씨 좋고 효과적인 경작만큼이나 성공적 원예에 필요불가결한 요소이다. 그것은 비옥한 토양에도 꼭 필요하다. "원예 주술사가 입으로 주문을 외우면 주술적 힘이 땅에 스며든다." 그들에게 주술이란 농산물의 성장에서 거의 자연과 같은 요인이다. 나는 종종 "당신네 나라에서는 원예에 대해 어떤 주술을 행하는가, 우리와 비슷한가, 다른가?"라는 질문을 받았다. 내가 설명할 때 그들은 우리 방식을 전혀 납득할 수 없다는 눈치였다……[37]

지면 부족으로 원예 주술을 더 이상 설명하지 못할 것 같다. 말리노프스키는 150페이지 이상을 텃밭과 작물의 주기와 관련된

경작과 주술 활동에 할애했다. 어쨌든 경작에서 주술은 그 본질적 기능인, 제어하기 힘든 자연의 요소에 대한 통제력을 확대하려는 시도를 보여준다. 이 점에서 말리노프스키의 주술 분석은 문화에 대한 그의 기능주의적 접근을 반영한다.

결론

말리노프스키의 연구는 여러 근거에서 비판받아왔다. 첫째, 트로브리안드의 사례를 전통사회 일반으로 확대시켰다는 타당한 지적을 들 수 있다. 말리노프스키의 사고는 트로브리안드의 특수한 사례와 추상적이고 일반적인 인간과 사회 —트로브리안드인들과 상당히 유사한—라는 두 수준을 옮겨 다닌다고들 한다.[38] 둘째, 말리노프스키의 접근법이 비판받는 이유는 거의 반증되기 어려운 어떤 문화적 행위의 기능을 인지하는 작업을 전적으로 인류학자의 능력에 의존했기 때문이며, 또 그것이 기본적으로 모든 종류의 행동을 간단한 효용성의 개념으로 환원시키는 조잡한 이론이기 때문이다.[39] 우리는 이렇게 물을 수 있다. "사회가 개인에게 비생산적인 일을 할 수도 있지 않은가?" 또는 "기능은 없지만 단순히 관습적인 이유 때문에 유지되는 문화 요소들도 있지 않은가?" 말리노프스키가 그런 질문에 대해 냉혹한 힐책이 아니라 유용한 해답을 발전시켰는지는 확실치 않다.[40]

그러나 말리노프스키는 문화의 적응적 의미를 강조하는 인류학 이론의 계보에 상당한 영향을 미쳤다. 60년대와 70년대의 생태인류학은 말리노프스키의 식견에 착안하여, 이를 가설로 재정립하고 양적 자료로 검증한 결과, 생계활동을 규제하는 의례의 역할에 대한 라파포트(Roy Rappaport)의 고전적 연구(1968)를 낳았다. 또한 사회생물학은 다윈류의 자연선택과 동물행태학(ethology)에 뿌리를 두긴 하지만, 문화적 행위가 적응상의 이점을 전하거나 제거하거나 또는 중립적이라는 관념을 기능주의와 공유한다.

물론 문화에 대한 모든 접근들이 말리노프스키의 지적인 유산을 공유하지는 않는다. 아마도 그의 이론적 관찰에서 영구적인 것은 가장 기본적인 것, 즉 문화는 고립된 특징들의 조합이 아니라 상호연결된 총체라는 것이리라.

II 래드클리프-브라운

사회의 구조

애덤 쿠퍼는 래드클리프-브라운(A. R. Radcliffe-Brown, 1881~1955)이 "홀연히 나타나 지금은 유행이 지난 영국 사회인류학의 한 국면을 대표하게 되었다"는 평가에 대해 논평했다.[1] 쿠퍼가 보기에 그러한 평가는 부분적으로만 받아들일 수 있으며, 래드클리프-브라운의 입장을 희화화한 것이다. 그러한 오판의 한 예는 말리노프스키와 래드클리프-브라운을 기능주의의 이론적 끈으로 함께 묶어, 보해넌과 글레이저[2]처럼 "오늘날의 입장에서 보면 두 사람이 전문가로서 주장한 바가 무엇인지 이해하기가 쉽지 않다"고 말해버리는 것이다. 그러나 1948년 한 논문[3]이 말리노프스키와 래드클리프-브라운을 같은 이론 진영에 포함시켰을 때, 래드클리프-브라운은 격분하여 이렇게 응답했다.

두 저자는 기능주의자라는 이름을 인류학과 사회학 분야의 일부 학자들에게 자의적으로 적용하고 있다……. 그들은 자신들이 기능주의라 부르는 어떤 상상 속의 관점을 제시하고, 자신들이 기능주의자라고 부르기로 작정한 모든 이들이 이를 공유한다고 주장한다. 학자적 성실성의 모든 기준이 무시되고 있다.

말리노프스키는 그가 기능주의의 창시자이며, 그 이름도 자기가 붙였다고 설명해왔다. 그의 기능주의 정의는 분명하다. 그것은 고금을 막론하고 한 집단의 모든 문화적 특징은 개인의 일곱 가지 생물학적 욕구와 관련시켜 설명할 수 있다는 이론 또는 원리이다……. 나는 그것을 쓸모없고 해로운 것으로 간주하여 완전히 배격하는 바이다. 말리노프스키의 기능주의에 시종일관 반대해온 나는 아마 반기능주의자라고 불릴 수 있을 것이다.[4]

이런 격렬한 반대에 직면하면서까지 말리노프스키와 래드클리프-브라운의 이론을 기능주의를 주제로 한 조금 다른 변주곡쯤으로 치부하는 것은 무책임해 보인다.

또 다른 비판은 래드클리프-브라운이 사회인류학을 비역사적인 탐구로 인식해 통시적(diachronic) 변화에 무관심한 정체적 사회관을 낳았다는 것이다.[5] 이 비판에는 진실과 오해가 섞여 있다. 한편으로 래드클리프-브라운은 "그들의 연구를 역사적 연구의 일종으로 생각하고, 뒷짐 지고 앉아 억측과 상상에 의존해 '사이비역사적' 또는 '사이비인과적' 설명을 만들어내는"[6] 인류학자들로부터 자신을 멀리했다. 래드클리프-브라운은 그런 인류학자들을 거명하지는 않았지만, 타일러의 애니미즘 논의는 여기에 딱 들어맞는다. 래드클리프-브라운이 역사적 설명과 과학적 설명을 구분한 것은 그의 미국 제자들에 의해 확대되었는데, 그 가운데 한 명인 로버트 레드필드에 따르면,

래드클리프-브라운의 대표적 공헌은……인류학에서 엄격하

게 비역사적이고, 예리한 과학적 방법을 강조한 것에서 나온다. 사회인류학의 목표는 사회에 대한 일반적 명제를 정립하는 것이다. 사회인류학자는 특정한 사회현상을 다룬다. 일찍이 그는 제재(sanction), 토테미즘, 오마하형 친족체계 등 그가 다루는 사회현상들을 거명했다. 그가 취급하는 특정한 사회나 제도는 종류나 유형 또는 언명된 일반적 명제를 대표하거나 수정하는 경우에만 중요하다. 반면, 역사는 본질적으로 다른 논리적 성격을 갖는다. 그것의 성격은 [크로버를 인용하여] "……서술적인 통합에 이르려는 노력"이다.[7]

이는 설명이란 기본적으로 특수한 문화적 복합체의 역사적 재구성이라 간주하는 보아스, 크로버 등의 역사적 특수주의와 확실히 대비되는, 당시로서는 놀라운 선언이다. 특수한 사회적 맥락으로부터 개념──오마하형 친족체계 같은──을 추출하고, 그 추상한 바를 탐구의 대상으로 삼는다는 생각은 보아스나 그 제자들에게는 맞지 않았다. 래드클리프-브라운은 "내가 억측의 역사를 반대하는 것은 그것이 역사적이기 때문이 아니라 억측이기 때문이다"라고 언급했다.[8] 그는 또한 억측의 역사를 "차라리 없느니만 못하다"고 악평하면서, 그러나 "이는 결코 역사적 설명을 거부하는 것이 아니라 오히려 그 반대"라고 덧붙였다.[9] 래드클리프-브라운의 관심은 일반화를 추구하는 과학으로서의 사회인류학을 창조하는 것이었다.

쿠퍼는 래드클리프-브라운이 영국이나 미국에서 인류학의 중심무대에서는 물러났지만 여러 인류학자들, 예를 들어 에번스-프리처드(제12장), 레비-스트로스(제17장), 빅터 터너(제18장)

등에게 미친 영향은 확연하다고 언급했다. 래드클리프-브라운의 접근방법이 일으킨 반향은 그를 모방했던 이들은 물론이고 그의 작업을 맹렬히 거부했던 이들에게서도 동시에 나타난다. 역설적으로, 쿠퍼가 본 대로 래드클리프-브라운의 영향력은 "여전하지만 점차 우회적인 방식으로 행사되고 있다."[10]

배경

1881년 태어난 래드클리프-브라운은 케임브리지 대학 트리니티 칼리지에서 수학했다. 그의 사후 출판된 전기[11]에는 래드클리프-브라운의 어린 시절이나 사생활에 대한 정보가 거의 없는데, 이는 아마도 '초연한 생활'과 다소 내성적인 성격을 반영하는 것 같다.[12]

그의 친구와 제자들은 그를 따뜻하고 점잖은 사람으로 기억하지만 다른 사람들, 특히 보아스의 제자들은 그를 오만하고 건방진 인간으로 여겼다. 이 문제는 래드클리프-브라운이 자기 제자들의 연구만 인용하고 다른 이들의 작업은 무시하는 경향 때문에 불거졌다. 이런 태도로 인해 그가 1931년 시카고 대학에 도착하기 전 미국에서 행해진 모든 조사는 미미한 것으로 취급되었다. 그는 심각할 정도로 미국 인류학자들에게 인기가 없었다. 미드는 그를 견디기 힘들고 심술궂고 무례하다고 평했고, 베니딕트는 "그가 자만심으로 똘똘 뭉쳐 있는 것으로 보였다"고 했다. 심지어 근래의 논평가인 보해넌과 글레이저는 래드클리프-브라운이 그의 성을 '브라운'에서 '이중성인 래드클리프-브라운'으로 바꾼 것도 거만함과 무관하지 않다는 식으로 논하고 있다.[13] 레슬리 화이트는 "래드클리프-브라운의 두 특징——독창성은 자기가 차지하고 타인의 연구는 무시하거나 폄하하는 경향……"을 기술했다.[14] 이러한 개인적 반응은 래드클리프-브라운의 영향력을 제한했을 수도 있으나, 그가 인류학 발달에 이바지한 바는 그대로 남아 있다.

래드클리프-브라운은 해든(Haddon)의 지도 아래 1906년에서 1908년에 걸쳐 미얀마(버마) 남안의 안다만 제도에서 현지조사를 수행했다. 래드클리프-브라운은 1909년 학위논문을 마쳤는데, 해든과 리버스의 연구에 영향을 받아 전통문화를 기술적으로 설명한 것이었다. 다음해 뒤르켐과 모스의 작업에 눈을 뜨면서, 래드클리프-브라운은 새로 발견된 이론적 입장을 탐색하기 위하여 논문을 다시 쓰기 시작했다. 『안다만 도민들』(*Andaman Islanders*)은 1922년에야 출판되었는데, 이 책은 프랑스의 비교사회학이 영국 사회인류학에 영향을 주는 교량 역할을 하게 되었다.

래드클리프-브라운은 1910년에서 1912년에 걸쳐 오스트레일리아 서부의 카리에라(Kariera)족과 기타 원주민 집단에서 민족지 조사를 수행했다. 영국으로 돌아온 그는 제1차 세계대전 중에 해외교육 담당관으로 있었다. 전쟁 후에는 케이프타운 대학(1921~26), 시드니 대학(1926~31), 시카고 대학(1931~37) 등 몇 군데 학교에서 자리를 잡았고, 인류학과를 신설하기도 했다. 그 후 옥스퍼드로 돌아가 1946년 은퇴할 때까지 머물렀고, 은퇴 후에는 카이로와 남아프리카에서 가르쳤다. 그는 1955년 영국에서 사망했다.

래드클리프-브라운의 영향은 그 제자들의 저작에서 뚜렷이 드러난다. 그가 시카고 대학을 떠날 때, 제자들은 래드클리프-브라운에게『북아메리카 부족들의 사회인류학』(*Social Anthropology of North American Tribes*)[15]이라는 책을 헌정했다. 이 집단에 포함된 에건(Fred Eggan), 오플러(Morris Opler), 택스(Sol Tax) 등은 모두 미국 인류학의 주요 인물이 되었다. 로버트 레드필드는 서문에서 이렇게 말했다.

　　래드클리프-브라운 교수는 미국에서 유행하는 것과는 상당히 다른, 잘 정의된 사회연구 방법을 이 나라에 소개하여, 미국 인류학자들이 전체적인 방법론의 문제를 재고하고, 그 목표를 정밀하게 검토하며, 새로운 문제와 문제를 바라보는 방식에 주목하도록 만들었다.[16]

　　래드클리프-브라운은 이러한 접근방법을 '사회인류학'이라고 불렀다.

사회인류학: 분야의 정의

　　래드클리프-브라운은 '사회인류학'과 민족학(ethnology)을 구분했다. 1951년 강의에서 래드클리프-브라운은, 보아스가 특수한 집단이나 지역의 문화사 재구성 및 '사회생활을 지배하는 법칙의 탐구' 두 가지를 연구목표로 정했다고 지적했다. 보아스가 탐구분야를 지칭할 때 '민족학'과 '인류학'을 동의어로 쓰는 것에 주목한 래드클리프-브라운은 그 용어들이 다른 계통의 연구를 나타낸다고 하면서 인류학자들에게 다음과 같이 제안했다.

······역사의 재구성에 관련된 탐구는 민족학에 포함되며, 사회인류학이란 용어는 인류사회의 발달에서 발견될 수 있는 규칙성——만약 그것이 원시인들의 조사에 의해 예시되거나 증명될 수 있다면——의 연구를 가리키는 것으로 써야 한다.[17)]

규칙성을 관찰하고 일반 법칙을 추구하는 것이 래드클리프-브라운의 사회인류학이 갖는 특징이다. 보아스는 인간행동의 법칙이 존재할 가능성은 인식했으나, 실상 특수한 문화 발달을 설명하는 데 대부분의 노력을 기울였다. 래드클리프-브라운의 1951년 강의는 보아스가 빅토리아 시대의 진화론자들을 공격한 「인류학적 비교방법의 한계」(1896)에 대한 55년 후의 응답이다. 보아스는 각양각색의 원전에 기초한 느슨한 비교가 아니라, 초점이 있는 집약적인 조사가 필수적이라고 주장했다.

래드클리프-브라운은 비교연구도 필요하며, 민족지 조사를 보충하기 위해 때로는 도서관 조사도 유용하다고 응수했다. 래드클리프-브라운은 현지조사를 떠나는 요즘 인류학 대학원생은 "사회생활의 어떤 특징도 그것의 맥락에서, 그것이 발견된 특수한 사회체계의 다른 특징들과의 관련 속에서 고려되어야 한다고 배운다. 그러나 그것을 인류사회 전반의 보다 넓은 맥락에서 바라보라고 배우지는 않는 것 같다"며 불만을 토로했다.[18)] 그것이 바로 래드클리프-브라운이 제안하는 관점이다.

사회인류학은 비교방법에 기반을 두며, 그 목적은 인간사회에 대한 일반화를 이끌어내는 데 있다. 래드클리프-브라운은 사회인류학을 비교사회학——몽테스키외나 콩트, 가깝게는 뒤르켐 같은 프랑스 사회사상가로 거슬러올라가는 분야——의 하위분야로

여겼다. 사회인류학은 비교사회학과 범위만 다를 뿐 의도는 같다. 래드클리프-브라운에 따르면,

　　비교사회학——인류학은 그것의 한 지류다——은 수용가능한 일반화 제시를 목적으로 하는 이론적·법칙정립적 연구로 생각된다. 특정 제도의 이론적 이해란 일반화에 의거한 그것의 해석이다.[19]

　'법칙정립적'(nomothetic: 법을 뜻하는 그리스어 nomos에서 나옴)이란 과학적 설명 구조를 일컫는다. 중력의 법칙이나 열역학 제2법칙처럼 과학적 법칙은 둘 이상의 인자들 사이의 관계를 일반화하는 명제이다. 그것은 특수한 사건의 개별적 설명이 아니라 그 관계를 나타내는 모든 경우에 광범위하게 적용된다. 그래서 뉴턴의 만유인력의 법칙은 어느 날 특정한 나무에서 특수한 사과가 떨어진 이유(전거가 불확실한 예이긴 하지만)를 설명하는 것이 아니라, 질량과 거리를 가진 모든 종류의 물체에 해당하는 명제인 것이다.
　래드클리프-브라운은 인간사회의 과학적 법칙, 즉 '구조'와 '기능' 사이의 통문화적 규칙성을 발견할 수 있는 인류학을 꿈꾸었다.

구조와 기능

　래드클리프-브라운의 사회구조(social structure) 개념은 그의 비교방법을 가능하게 해준 비교의 단위였다. 사회구조란, 래드클리프-브라운에 따르면, 개인들 사이를 연관짓는 관계이며, 어떤

자리를 차지하는 개개인의 구성원과 독립적으로 존재하는데, 이는 마치 멜로드라마에서 실제 배역을 누가 맡아 연기하든, 주인공·여주인공·악당이 일종의 관계를 정의하는 것과 마찬가지다. 사회구조는 추상화된 것이 아니라, '문화'와 달리 실제로 존재하며, 직접 관찰될 수도 있다.

우리는 '문화'를 관찰할 수 없는데, 그 단어는 어떤 구체적 현실이 아니라 추상, 그것도 주로 막연한 추상을 나타내기 때문이다. 그러나 직접 관찰해보면……인간들이 사회관계의 복잡한 망으로 연결되어 있음이 드러난다. 나는 실제로 존재하는 이 관계의 망을 가리키기 위해 '사회구조'란 용어를 쓴다.[20]

사회구조는 모든 인간 사이의 관계, 사회적 역할에 따른 개인과 집단의 분화, 그리고 특별한 인간집단과 더 큰 연결망 사이의 관계를 포함한다.

래드클리프-브라운이 사회구조를 구체적 실체라 주장하긴 했지만, 그것은 개인 조사가가 특정한 사회에서 관찰하게 되는, 그가 '사회적 형태'(social form)라 부르는 것과는 다르다.

혼란스러움을 피하기 위해 예를 들도록 하자. 만약 내가 농민 공동체의 협업집단을 연구하는 조사를 수행한다면, 조사하는 동안 (바라건대) 여러 집단이 다양한 시간에 다른 사람의 논밭에 함께 모여 일하는 많은 사례를 관찰하게 될 것이다. 나는 참가자들, 그들의 노고, 집단의 역학적 대인관계 등을 기록하게 될 것이다. 이 시점에서 나는 래드클리프-브라운의 용어로 **사회적 형태**를 기술하고 있는 것이다.

그렇지만 내가 "특수한 사례의 변이들로부터 추상화한(그 변이들도 중요시하면서) 그 관계의 **일반적인** 또는 **정상적인** 형태를 최대한 엄밀하게"[21] 기술한다면, 나는 공동노동의 **사회구조**를 설명하는 격이다(이는 저자의 착각으로 보인다. 래드클리프-브라운은 직접 관찰되는 것을 사회구조, 그로부터 추상화된 일반화를 구조적 형태라고 불렀다. 즉 그의 구조적 형태의 개념은 다른 학자들이 '사회구조'라는 용어로 부르는 일반적 의미를 담고 있다—옮긴이). 이렇게 정의된 사회구조가 관찰의 결과인지 아니면 추론된 창작인지는 차치하더라도, 분명한 것은 래드클리프-브라운이 사회구조를 경험적으로 알 수 있는 구체적인 것이라 여겼다는 사실이다.

이 구조의 개념은, 애덤 쿠퍼가 보듯이, "아마도 래드클리프-브라운이 말한 것을 이해하는 데 주된 장애물일 것이다."[22] 이러한 혼동은 '구조'라는 단어가 특히 레비-스트로스의 구조인류학(제17장)에서 두드러지듯이, 다른 의미로 사용되기도 하는 데서 일부 비롯된다. 레비-스트로스에게 "사회구조라는 용어는 경험적 실체와는 무관하며 그것에 따라 구성된 모델과 관련된다."[23] 래드클리프-브라운은 레비-스트로스에게 편지를 썼다.

주지하다시피 나는 '사회구조'라는 용어를 당신과는 전혀 다른 방식으로 사용하고 있어서 논의가 어렵고 생산적이지도 못한 것 같다. 당신에게 사회구조가 현실과는 무관하게 재구성된 모델과 상관이 있는 반면, 나는 사회구조를 실체라고 생각한다. 내가 해변에서 특별한 조개 하나를 주웠다면 나는 그것이 특별한 구조를 가진 것으로 인식한다. 나는 비슷한 구조를 가진 같은 종의 다른 조개들을 주울 수도 있으므로, 종의 특징적인 구조의 형태가 있다고 말할 수 있는 것이다.[24]

그래서 우리는 어떤 사회구조들──외혼 반족, 농담관계, 협업, 교차사촌혼 등등──을 확인하고, 그 구조들이 상이한 사회에 구현되어 있는 바를 비교하여, 상이한 사회구조들을 설명하는 기본 원리를 이해하려고 시도한다. 래드클리프-브라운의 사회구조 설명은 필연적으로 기능에 대한 고찰을 이끌어낸다.

래드클리프-브라운에게 문화적 제도의 기능은 말리노프스키가 주장하는 개인적 욕구의 충족이 아니라, 그들이 사회를 유지하는 데 차지하는 역할이다. 다른 사회이론에서와 마찬가지로 이 개념은 유기체적 유추에 기초하여 구조의 요구에 부응하는 활동을 가리킨다. 사회적 영역으로 옮기면,

구조의 연속성은 개별적 인간들 및 그들이 소속된 집단들의 활동과 상호작용으로 이루어지는 사회생활의 과정에 의해 유지된다. 공동체의 사회생활은 여기서 사회구조의 **기능행위**(functioning)라고 정의할 수 있다. 범죄나 장례식의 **기능**은 그것이 사회생활 전체에서 맡은 역할, 다시 말해서 구조적 연속성을 유지하는 데 기여하는 바를 뜻한다.[25]

그리고

이러한 관점이 의미하는 것은 사회체계가……기능적 통일성이라 부를 수 있는 어떤 종류의 통일성을 갖는다는 것이다. 우

리는 그것을 체계의 모든 부분들이 해결될 수 없고 제어되지 않는 지속적 갈등을 유발하지 않고, 충분한 조화와 내적 일관성을 견지하며 함께 작용하는 조건이라 정의할 수 있을 것이다.[26]

이런 단락들은 래드클리프-브라운의 관점이 명백히 정태적이고 공시적(synchronic)이라는 합리적인 비판을 초래했다. 위 인용문의 각주에서 래드클리프-브라운은 무심코 "반대, 즉 조직적이고 통제된 반목은 물론 모든 사회체계의 본질적 특징"이라는 주를 달았는데, 이는 그가 보기 드물게 사회 갈등을 인정한 것이다. 그는 전통사회들이 겪고 있는 변화가 유럽 식민주의의 영향 탓이라는 점을 인정했으나, 식민지 이후의 변화를 실제로 분석하지 않았다. 대신 그가 한 일이라곤, 왜곡되지 않은 전통사회가 점차 사라지고 접촉 이전의 역사적 자료가 없다는 사실을 개탄하고 사이비역사를 다시 한 번 공격하는 것이 고작이었다.[27] 확실히 통시적 연구는 래드클리프-브라운이 선호하는 탐구방식이 아니었으며, 그의 업적은 사회구조의 분석에 있다.

수리매, 까마귀, 조상숭배 의례

래드클리프-브라운은 "방법을 제대로 설명하는 유일한 방식은 예를 드는 것"이라고 말했는데, 이 사실을 분명히 보여주는 두 예는 외혼 반족과 안다만 도민들의 의례에 대한 그의 분석이다. 외혼 반족(exogamous moieties)이란 인구가 두 개의 사회적 집단으로 나뉘고, 한 반족의 남자는 다른 반족의 여자와 결혼해야 하는 친족체계이다. 래드클리프-브라운은 뉴사우스웨일스(오스트레일리아 남동쪽의 주) 내부의 원주민 집단—이들의 반족은 모계를 따르는 외혼집단이고 두 단위는 각각의 토템을 따른 수리매(Kilpara)와 까마귀(Makwara)라는 이름을 갖고 있다—의 예부터 분석하기 시작했다. 이를 어떻게 설명할 것인가? 래드클리프-브라운은 추측의 역사나 전파는 만족스러운 설명을 제공하지 못한다고 주장하면서 사회구조의 비교로 눈을 돌린다.

래드클리프-브라운은 오스트레일리아의 다른 사례들을 조사했고, 새의 이름을 붙인 많은 외혼 반족—일부는 부계이고 일부는 모계인—의 사례를 찾았다. 게다가 다른 형태의 이원적 사회조직(당신과 당신의 조부모·손자가 한 사회집단의 구성원이고, 당신의 부모·자식·증손자가 또 다른 집단을 이루는 격세 분할 체계[system of alternating generational division])도 한 쌍의 새에서 딴 이름을 갖고 있다. 좀더 많은 사례를 탐구해보면 다른 쌍의 동물들(예컨대 두 종류의 캥거루)의 이름을 딴 반족의 예도 찾을 수 있다. 래드클리프-브라운은 점진적으로 광범위해지는 일련의 질문을 제기한다. "왜 수리매 대 까마귀인가"부터 "왜 이모든 새들인가?"를 지나,

수리매와 까마귀, 독수리와 큰까마귀, 코요테와 살쾡이의 쌍들이 이원적 구분의 반족을 대표하게 되는 원리는 무엇인가? 이 질문을 던지는 이유는 한가한 호기심 때문이 아니다. 문제가 되는 원리를 이해한다면, 원주민들이 그들의 사회구조의 일부인 이원 조직을 생각하는 방식에 대한 중요한 통찰을 얻을 수 있으리라 가정하기 때문이다.[28]

래드클리프-브라운은 수리매와 까마귀 그리고 다른 반족의 준거들에 대한 이야기를 분석하여 원주민의 사고에 대한 통찰을 얻으려 했다. 이는 뒤르켐과 모스에 의해 논의된 분류체계와 유사한 것을 찾는 것이다(제4장, 제9장 참조). 모든 이야기에 공통된 요소는 하나의 주제로 응축될 수 있다. "동물 종의 유사점과 차이점이 우정과 갈등, 결속과 대립의 용어로 전환되었다. 다시 말하면 동물 생활의 세계가 인간사회와 유사한 사회관계의 용어로 표출된 것이다."[29]

수리매와 까마귀는 둘 다 육식이지만, 수리매는 사냥을 하고 까마귀는 훔친다. 연관된 존재들간 대립의 예는 검은 앵무새 대 흰 앵무새, 코요테 대 살쾡이(캘리포니아에서는), 상류 대 하류 등이다. 그것들이 모두 반족과 연관된다는 사실 탓에 래드클리프-브라운은 "오스트레일리아·멜라네시아·아메리카 어디든지 외혼 반족의 사회구조가 존재하며, 그 반족들은 '대립'이라 부를 수 있는 관계에 놓이는 것으로 생각된다"고 결론내렸다.[30]

래드클리프-브라운은 그의 외혼 반족 분석을 비교론적 접근법과 사회구조의 개념적 효용성을 보여주는 예로 제시했던 것이다. 특수한 사례로부터 일반화의 수준을 점차 높여 래드클리프-브라운은 뉴사우스웨일스 사회만이 아니라 인간사회 전반에 대한 흥미로운 질문들을 내놓은 것이다.

래드클리프-브라운의 사회 전반에 대한 관심은 토테미즘과 조상숭배를 대비한 '종교와 사회'에 관한 1945년의 강의에 뚜렷이 나타난다.[31] 그는 조상숭배를 종족이나 씨족처럼 관련된 출계집단이 죽은 조상이나 조상들을 숭배하는 것이라고 좁게 정의했다. 음식과 음료가 조상에게 봉헌되는데, 이는 보통 함께 식사하는 것으로 여겨진다.[32) 조상숭배 의례는 또한 숭배자와 조상 사이의 유대감을 반영하기도 한다. 조상은 후손에게 자식과 안녕을 주고 잘 모시면 축복을, 소홀히 모시면 병과 재앙을 내린다.[33) 단선적 출계가 매우 중요한 사회에서 조상숭배가 극히 발달한 것은 놀랄 일이 아니다.

그런 사회에서 사회구조를 안정시키는 것은 종족 및 연관된 종족으로 구성된 더 큰 집단(씨족)의 결속과 연속성이다. 개인의 주된 의무는 종족에 대한 것이다. 이는 현재 살아 있는 구성원뿐 아니라 이미 죽은 자와 앞으로 태어날 아이들까지 포함한다. 이러한 의무를 수행하면서 그는 과거, 현재, 미래의 종족에 중심을 둔 복잡한 감정체계에 의해 조정되고 영감을 얻기도 한다. 조상숭배 의례에서 표현되는 것은 바로 이러한 감정의 체계인 것이다. 의례의 사회적 기능은 명백하다. 조상에게 경건하고 집합적인 마음을 표현함으로써, 의례는 사회적 결속의 반석이 되는 그러한 감정을 재확인하고 새롭게 강화하는 것이다.[34)

래드클리프-브라운이 한가한 사색만 하고 있던 것이 아니라는 점을 주목하라. "조상숭배는 종족에 기초한 사회에서만 일어나는가? 표현되는 감정은 언제나 상호의존적인가? 전통적인 사회 형태가 약화되면 조상숭배는 사라지는가?" 등 그는 검증할 수 있는 가설들을 제안했다. 그는 또 "종교의 사회적 기능, 즉 사회질서의 형성과 유지에 기여하는 기능"에 대한 주요한 이론적 명제도 만들어냈다.[35)

결론

래드클리프-브라운의 사회구조와 기능의 분석은 인류학적 탐구의 방향을 인간생활의 제도와 그 제도가 사회의 유지와 재생산에서 맡은 역할로 돌려놓았다. 오늘날 그런 관심은 영국 사회인류학이 절정을 이루던 1930년에서 1960년 사이의 기간과는 달리 그다지 중요하지 않으며, 결과적으로 래드클리프-브라운의 위상은 떨어졌다.[36] 영국과 미국에서 주요한 사회인류학 잡지로 꼽히는『영국 인류학회지』(*Journal of the Royal Anthropological Institute*, 이전 명칭은 *Man*)와『미국 민족학자』(*American Ethnologist*)를 검토해보면, 래드클리프-브라운은 1995년에 실린 논문에서 딱 네 번, 그것도 주로 비판의 대상으로 인용되었음을 알 수 있다.[37] 지난 10년간 래드클리프-브라운은 출계이론[38]이나 형제자매 관계[39]처럼 특수한 사회적 차원이 거론될 때나 오스트레일리아 친족체계와 관련된 경우, 예컨대 카울리쇼[40]가 오스트레일리아 원주민 연구에 래드클리프-브라운이 이바지한 바를 간략하게 평가할 때 인용되었다.

애덤 쿠퍼는 래드클리프-브라운에 대해 이렇게 말했다. "현대 인류학에 대한 그의 영향은 심원하긴 하지만 간접적이기 때문에, 오늘날의 독자들이 그것을 제대로 이해하기는 실로 어려울 것이다."[41] 이는 래드클리프-브라운의 사상은 열린 마음으로 재독할 가치가 있음을 시사하는 것이기도 하다.

12 에드워드 에번스―프리처드

사회인류학, 사회사

에번스-프리처드(Edward Evans-Pritchard, 1902~73)는 영국 사회인류학의 이단아였다. 처음에는 영국 인류학의 신조를 따랐으나 후에는 다른 길을 걸었다. 1940년대에 에번스-프리처드의 이론적 시각은 기본적으로 래드클리프-브라운에 의해 형성된 관점으로부터 사회사(social history)와 인간의 행위(human agency)에 보다 예민한 인류학적 전망으로 변모했다. 그의 초기 작업은 『아잔데족의 마술, 신탁과 주술』(*Witchcraft, Oracles and Magic Among the Azande*, 1937), 『누에르족』(*The Nuer*, 1940), 『누에르족의 친족과 결혼』(*Kinship and Marriage Among the Nuer*, 1951) 같은 고전적인 민족지들과, (마이어 포티스와 함께) 편집한 『아프리카의 정치체계』(*African Political Systems*, 1940)―영국 사회인류학의 정신을 대표하는 '당대 최고 수준의 논집'―등을 포함한다.

래드클리프-브라운과 마찬가지로, 에번스-프리처드의 초기 저작도 사회관계의 구조와 기능을 강조하고 있다. 『아프리카의 정치체계』에 실린 논문들도 20세기 아프리카 사회를 역사적 과거와 식민지적 현재로부터 유리시켜 공시적·고립적 성향을 나타낸다. 마빈 해리스는 『아프리카의 정치체계』에 대해 언급하면서, 350년의 노예 교역과 이후 100년간의 유럽의 직접 통치가 엄청난 문화적 변화를 초래했다고 지적한다. "〔노예들의〕 참상 이전에 전쟁, 이주, 정치적 봉기, 광범위한 인구변화 등 충격의 물결이 진행되고 있었다. 그러한 맥락에서 경험주의라는 명목으로 1930년대의 민족지적 현재에 국한해 연구한 것에 대해서는 무어라 할 말이 없다."[1]

영국 사회인류학은 이 반역사적인 시각, 즉 사회적 균형을 강조하며, 사회를 구상화(具象化, reify: 개인들의 상호관계와 행위의 산물인 사회가 개인을 지배하는 독립적인 객체로 변형된다는 뜻으로, 물상화〔物象化〕로 번역할 수도 있다―옮긴이)하고, 개인의 역할을 무시하는 경향 때문에 인기를 잃게 된다. 1950년대 이전 에번스-프리처드의 저작들은 이런 비판에 노출되어 있다. 예를 들어 『누에르족』(1940)에서 그는 누에르족의 연배집단 체계(age-grade system)―4년마다 새로운 10대 소년 집단이 성인식을 치르고, 이들이 연배집단을 형성하여 여러 가지 기대에 부응하는 행동들을 한다―를 기록했다. 에번스-프리처드는 이런 진행과정을 '구조적 시간'이라 불렀는데, 이는 뚜렷한 지위변화를 예측할 수 있는 일정한 간격이다.

계절과 달의 변화는 해마다 반복되는 것으로, 주어진 시점에서 누에르인은 앞으로 무슨 일이 일어날지에 대해 개념적인 지식을 갖고 있으며, 이에 따라 그의 인생을 예측하고 조정할 수 있다. 마찬가지로 개인의 구조적 미래도 이미 단계별로 질서정연하게 확정되어 있으므로, 사회체계가 부과한 운명적인 여정에서 소년이 겪게 될 전체적인 신분의 변화는 그가 살아가는

동안 충분히 예견될 수 있다.[2]

이 단락에서 에번스-프리처드는 개인의 생활주기조차 고정된 것으로 만들어 개인을 지위 변화의 단계로 축소시킨다. 이 분석이 훗날 역사와 개인의 중요성을 강조하게 되는 인류학자의 가장 유명한 저서에서 나온다는 점을 감안하면 당혹스럽기 그지없다.

『누에르족』 출판 후 10년이 지났을 때, 에번스-프리처드는 영국 사회인류학의 전통과 정면충돌하는 전혀 다른 방향을 내세웠다. 즉 사회인류학은 사회사로 거듭나야 한다는 것이다.[3] 인류학자 메리 더글러스는 그가 개인과 사회의 관계에 대해 생각을 바꾼 사실을 이렇게 묘사했다.

그는 기계주의적인 사회이론을 받아들이지 않을 것이며, 인류학의 과학적인 방식에 반대할 것이다. 그 자신의 견고한 개인주의 탓에 그는 인간의 행위를 무시하는 것을 용납하지 못하며, 인간의 마음을 단순히 사회적 요인들의 각축장으로 환원시키는 어떤 이론화 작업도 수긍할 수 없었다.[4]

그렇다면 1940년과 1950년 사이에 무슨 일이 일어난 것일까? 왜 에번스-프리처드의 사상이 변했을까? 현대 인류학이 간직하고 있는 그의 핵심적인 사상의 요소는 무엇인가?

배경

에번스-프리처드의 삶과 연구는 대영제국에 의해 형성되었다. 1902년에 태어난 그는 옥스퍼드 대학에서 역사를 전공했으며, 1924년 근대사 연구로 석사학위를 받았다. 그는 런던 정경대학에서 셀리그먼(해든이 총괄한 토레스 해협 탐사대의 일원이었던)의 지도 아래 인류학 공부를 시작했다. 바이델만에 의하면, "그가 옥스퍼드를 떠나 런던에 간 것은 분위기를 바꿔보자는 생각도 일부 작용했지만, 주된 이유는 옥스퍼드에서 아무도 하지 않는 현지조사를 하고 싶었기 때문이다."[5] 그는 말리노프스키가 부임한 바로 그 학기에 런던 정경대학에 도착했다. 사실, 에번스-프리처드와 레이먼드 퍼스는 말리노프스키의 첫 제자였다. 하지만 에번스-프리처드는 셀리그먼과 더 가까웠으며, 말리노프스키와는 일정한 거리를 유지했다.

1926년 셀리그먼은 앵글로-이집트 수단(Anglo-Egyptian Sudan: 1899년 영국과 이집트의 공동통치협정에 따라 수단은 1955년까지 양국의 공동통치령이 되고 앵글로-이집트 수단이라 불리게 되었다―옮긴이) 원주민 집단들의 민족지 탐사를 계약했는데 자신이 병을 얻게 되자, 에번스-프리처드가 조사를 계속하도록 주선했다. 거의 50년이 지난 후 에번스-프리처드는 첫 현지조사 경험을 앞둔 그에게 스승들이 준 충고를 회상했다.

나는 처음 웨스터마크(Westermarck)에게 조언을 구했다. 그에게 들은 말은 "정보제공자와 20분 이상 대화하지 마라. 너는 몰라도 그가 지겨워할 것이기 때문이다"가 고작이었다. 좋은 충고였지만 어딘가 모자랐다. 나는 현지조사에 밝은 해든의 지도를 받으려 했다. 그는 그것은 매우 간단한 일로 항상 신사적으로 행동하면 된다고 했다. 이 또한 좋은 충고였다. 나의 스승 셀리그먼은 매일 키니네를 열 알 먹고 여자를 멀리하라고 했다. 유명한 이집트 전문가 피트리 경(Sir Flinders Petrie)은 곧 면역이 될 터이니, 더러운 물 마시는 걸 신경쓰지 말라고 조언해주었다. 마지막으로 말리노프스키에게 물었더니 멍청이가 되지 말라고 했다.[6)]

전문가답지 않은 치기가 엿보이고 윗사람의 고압적인 말투로 가득한데, 앵글로-이집트 정부는 원대한 포부를 갖고 이 민족지 조사(그리고 이어지는 에번스-프리처드의 조사 대부분)를 지원했다.

목표는 제국이었다. 영국 정부는 나일 강과 콩고 강 유역에 사는 아잔데족이나 누에르족 같은 아프리카 원주민들에게 제국의 통치력을 행사하기를 원했다. 애초에 영국은 지역의 정치기관은 존속시키되 식민지 통치권에 종속시키는 간접통치를 시행했는데, 1920년대 초기에는 제국의 통치권을 좀더 직접적으로 행사했다. 전통적으로 분산되어 있던 아잔데의 농장들은 정부가 신설한 도로를 따라 강제로 재배치되었다. 겉으로 내세운 명분은 잠복해 있는 질병을 다스리기 위해서라고 했지만, 명백한 저의는 아잔데족을 통제하는 것이었다.[7)]

에번스-프리처드는 영국군이 누에르 봉기를 유혈 진압한 직후인 1930년 그곳에서 조사를 시작했다.[8)] 그는 오랜 망설임 끝에 조사에 동의했는데, 이는 더글러스에 따르면, 인류학자로서 누에르족과 정부 사이에서 중재자 역할을 하는 것에 자책을 느꼈기 때문이다.[9)] "누에르족은 그들이 완전히 초토화될 때까지 싸울 것"이라고 에번스-프리처드는 회고했다.[10)] "나는 이방인일 뿐 아니라 적군으로 [누에르의] 소 막사에 들어갔고, 그들은 면전에서 불쾌감을 감추지 않았으며 내 인사에 답하기를 거부하고 내가 말을 거는 동안 등을 돌리기도 했다."

에번스-프리처드의 대부분의 작업은 정부의 후광을 등에 업은 것이었고, 영국 행정관에게 자주 보고되었다.[11] 그의 일부 조사는 오늘날이라면 윤리적 문제——그와 그의 동료들이 무시했던——를 불러일으킬 수도 있는 것이었다. 그러나 그가 정보활동을 한 것은 아니다. 그는 연구 대상자들에게 자신의 의도를 알렸고, 그들과 함께 생활했으며 또 그들을 존중했다.

에번스-프리처드는 첫 3개월간의 아잔데족 조사결과를 논문으로 써서 1927년 박사학위를 받았다. 그 후 3년에 걸쳐 그는 아잔데족과 20개월을 보냈다. 조사가 없을 때에는 런던 대학에서 사회인류학을 강의했고, 1932년 카이로의 푸아드 대학의 사회학 교수가 되었지만 곧 그 자리를 그만두고 옥스퍼드에서 아프리카 사회학 연구 강사직을 얻어 제2차 세계대전이 발발할 때까지 자리를 지켰다.

전쟁 중에 에번스-프리처드는 게릴라 부대를 이끌고 수단과 에티오피아의 국경에서 이탈리아군과 맞서서 런던의 한 신문의 헤드라인을 장식하기도 했다. "옥스퍼드 연구원 게릴라, 아비시니아(에티오피아의 옛 이름) 부족민을 이끌다." 그는 또 에티오피아, 수단, 시리아, 리비아에서 정보장교와 주재관으로 복무하기도 했다. 에번스-프리처드의 삶에 대해 한 동료[12]는 "그의 삶의 일부는……마치 소설 같다"고 회상했다.

그는 1945년 영국에 돌아왔고 케임브리지에서 일년을 보낸 후, 래드클리프-브라운의 뒤를 이어 옥스퍼드의 사회인류학 교수가 되었다. 그는 1970년 은퇴할 때까지 옥스퍼드에 남아 있었다. 은퇴 후에도 그는 적극적으로 활동했다. 1970년 한 해 동안 그가 발표한 21편의 문헌을 살펴보면 대부분이 짧은 서평이나 서문, 주석이긴 하지만 콩트의 사회학, 튜더와 스튜어트 왕조의 마술, 잔데(아잔데의 단수형―옮긴이)에 대한 서로 다른 9개의 소론 등 폭넓은 주제를 다루고 있다.[13] 그는 "사회인류학에서 가장 많이 출판된 민족지 전집 저자 가운데 한 사람"이었다.[14]

그렇다면 이 모든 민족지 조사에서 에번스-프리처드의 인간 행위 이론은 어디에 있는가? 그것은 존재하지만 의도적으로 감추어져 있다. 더글러스가 말하길,

그의 민족지적 조사와 당시의 견해 또는 이론의 관계는 그의 두터운 연구논문에서 판독되지 않는다. 원론적으로 말하면, 그의 논문들은 극단적 주장이나 논란의 여지가 있는 해석, 정의에 대한 논쟁적 토론을 배제하고 쓴 것이다.[15]

대신 그의 민족지 조사가 표현하는 것은,

부당한 첨삭과 왜곡 없이 잘 결합된 이야기다. 이론적 취지는 민족지 분석이라는 큰 체계의 내적 일관성에서 발견되며, 이론적 혁신 또한 민족지적 기술 속에서 간파된다.[16]

에번스-프리처드는 이론이란 지역적 현실에서 추론되는 것이므로 일반적인 명제는 그 이면으로 사라져야만 한다고 믿었다. 예를 들어 초기 논문에서 에번스-프리처드는 주술에 대해 연구하는

일부 이론가들을 비판했다. 원주민들의 신앙을 인위적으로 짜깁기하는 이론가들을 비난하면서 그는 다음과 같이 주장했다.

〔이들이〕 도출해낸 신앙의 유형은 허구에 지나지 않는다. 그것은 특정 시점에 원주민의 의식에는 사실상 존재하지 않은 것이며, 원주민도 완전히는 인식하지 못한 것이기 때문이다. 만약 미개인이 하거나 말한 모든 것을 하루 종일 기록해둔 것이 있다면, 그래서 미개인의 일상적인 환경과는 전혀 다른 분위기에서 실행된 끈질긴 질문―여기서 신앙을 환기시키는 질문을 하는 것은 유럽인이다―으로부터 끼워맞춘 추상 대신에 미개인이 실제로 품고 있는 생각을 우리의 사고와 적절히 비교해볼 수 있다면, 기존 연구의 허구성이 백일하에 드러날 것이다…….[17]

에번스-프리처드의 목표는 원주민의 믿음을 전체적이고 통합적이고 정확하게 표현하는 민족지 연구의 체계를 제시하는 것이었다. 하지만 그의 연구 대부분을 관통하고 있는 생각은 더글러스가 말하는 이른바 책임해명 이론(theory of accountability)이다.

책임해명 이론

에번스-프리처드에 대해 뛰어난 글을 써온 메리 더글러스는 그의 작업을 광범위한 이론적 논쟁 속에 놓고 조명했다.[18] 더글러스는 말했다.

사회학의 현 위기는 현상학자들의 비판에서 초래되었다. 사회적 이해는 의식과 성찰의 인간적 경험에서 출발해야만 한다고 주장하면서, 그들은 특유의 인간적인 요소를 우선시하지 않는 인문과학의 진리를 철저히 거부했다.[19]

현상학자들은 예를 들면 화이트, 해리스, 래드클리프-브라운이 제안한 이론들을 물리칠 것이다. 왜냐하면 그들의 관점은 문화적 생활이 참여자들의 경험과는 독립적으로 이해될 수 있다고 주장하며, 또 정보제공자가 생각하거나 인지하는 현실이 반드시 탐구의 출발점은 아니라는 입장을 견지하기 때문이다. 현상학자들은 기본적으로 정보제공자의 주관적 견해에 설명의 우선권을 준다. 더글러스는 계속해서,

이러한 비판은 전통적인 방법에 대한, 심지어 전통적인 사회학의 목표에 대한 자신감을 훼손시켰다. 결과적으로 비판에 민감한 많은 학자들은 객관성에 대한 추구를 포기하고, 그들 자신의 저작을 신비로운 양식으로 바꾸거나, 자신들만의 주관성에 탐닉하려는 유혹에 빠졌다. 그래도 객관적 비교를 시도하려는 이들은 이런 골치 아픈 문제를 회피하고 오래 된 탐구의 틀속에서 작업하는 수밖에 없었다. 이 중대한 국면에서 에번스-프리처드는 첨예한 문제의식에 빠진 것이다.[20]

진퇴양난의 문제는 이것이다. 문화는 개인의 인지, 믿음, 행위 외에 어디에 존재하는가? 이는 사피어가 '의견이 다른 오마하족의 두 크로인'에 대해 생각하면서 제기한 문제다. 정해진 누에르족 명단에서 특정한 시간에 표현된 개개인의 모든 의견들을 열

거해야 할 필요가 있다면, 어떻게 "누에르족이 이러이러한 것을 믿는다"고 언명할 수 있겠는가? 만일 문화가 개인에게만 존재한다면, 문화들 사이의 비교는 고사하고 어떻게 개인들 사이의 비교가 가능하겠는가? 마지막으로 가장 큰 문제는, 다른 문화에 대한 인류학자의 진술이 현지인의 표현에 대한 인류학자 자신의 개인적 인식을 넘어 문화적 차이의 틈을 가로지르는 의사소통의 가교 역할을 할 가능성은 있는가?

더글러스가 제시하듯이, 이 난제에 대한 한 가지 대응은 "지긋지긋해!"라고 말한 후 그런 인식론적 동요를 요하지 않는 논의에 몰두하는 것이다. 다른 방법은 민족지와 자서전을 구분할 수 없게 만드는 고도의 주관성이라는 보호막에 숨는 것이다.

더글러스에 의하면, 에번스-프리처드는 난국을 헤치고 길을 찾으려 노력했다.

> 그는 비교의 기본 지점은 사람들이 불행과 마주치는 곳이라고 했다. 그들은 다른 사람들을 책망할 수도 있고 스스로 책임을 질 수도 있다. 그들은 설명이 필요한 다른 불행들을 꼽아볼 수도 있다. 그들이 비난과 보상에 대한 생각들을 사회제도 속으로 편입시킴에 따라 개개의 특수한 책임해명 체계에 어울리는 존재와 힘을 불러낸다. 이런 본질적으로 도덕적인 동기가 의식에서 행위로 표면화되면서, 그것에 관해 신뢰할 만한 증거를 얻는 방법들이 생긴다.[21]

예를 들어 오늘날 미국인들은 불행을 어떻게 처리하는가? 그들은 송사를 벌인다. 뜨거운 커피를 쏟으면 이에 책임이 있는 식당을 고소하며, 빙판길에 넘어져 다리가 부러지면 보도의 눈을 치우지 않은 상점을 고소한다. 미국 사회에서는 우연한 사고에 대해서도 책임소재를 가리기 위해 또 처벌을 정하기 위해 법체계에 호소한다. 미국 사회의 책임추궁은 문화적 생활의 주된 주제를 쉽게 확인시켜준다.

이와 비슷하게 에번스-프리처드는 아잔데족의 고전적 연구에서 책임소재 해명의 맥락을 추적한다. 그가 말하기를, "아프리카인들이 인생을 바라보는 방식을 판단하는 가장 쉬운 방법은 불행을 어디로 돌리느냐를 물어보는 것인데, 아잔데인들의 대답은 마술이다."[22]

아잔데 마술: 책임의 해명

"마술은 도처에 편재한다"고 에번스-프리처드는 말한다.

아잔데인들이 마술에 대해 어떻게 생각하며, 그에 맞서기 위해 무엇을 하는지 알아내는 일은 전혀 어렵지 않았다. 마술에 관한 생각과 행위는 그들의 삶의 표면에 떠올라 있다. …… 망구(Mangu), 마술은 내가 잔데 땅에서 처음 들은 단어 중 하나이며, 하루도 빠짐없이 귀에 못이 박히게 들은 말이다.[23]

마술은 잔데 생활의 모든 부분에서 불행의 원인인 것 같다.

잔데 문화의 구석구석에 마술이 끼어들지 않은 곳이 없다. 땅콩에 병충해가 생긴 것도 마술 때문이고, 사냥감을 찾아 숲

속을 헛되이 뒤진 것도 마술 때문이며, 웅덩이에서 물을 한참 퍼냈는데 겨우 생선 몇 마리가 나온 것도 마술 때문이다. 때가 되었는데 흰개미떼가 날아오르지 않고, 그걸 보겠다고 추운 밤을 허비한 것도 마술 때문이다. 부인이 뚱한 얼굴로 남편에게 반응을 보이지 않는 것도, 왕자가 냉정하게 백성들을 멀리하는 것, 주술 의례가 소기의 성과를 얻지 못하는 것도 모두 마술 때문이다. 사실 누군가의 인생살이에 어떤 실패나 불행이 닥치는 것은 언제나 마술 때문이다.[24]

이는 아잔데인들이 다른 형태의 인과관계 ─ 예를 들어 능력부족이나 부주의, 금기를 깨거나 도덕률을 준수하지 않음, 흔히 말하는 '자연스러운 과정' ─를 의식하지 못한다는 것이 아니라 마술이 중요한 설명의 연결고리라는 것이다.

에번스-프리처드의 고전적인 보기는 무너진 곡식창고의 예이다. 창고는 나무말뚝 위에 초벽(윗가지에 흙을 바른 벽)으로 만들어진 튼튼한 지상구조물이다. 에번스-프리처드는 말하기를, "때때로 창고가 붕괴된다. 여기에 특기할 만한 것은 없다. 모든 잔데인은 시간이 흐르면 개미가 지주를 갉아먹어 튼튼한 나무조차도 상할 수 있다는 것을 안다⋯⋯." 더운 여름날 아잔데인들이 창고의 그늘에 앉아 있었다.

결국 창고가 무너지면서 그 무게로 밑에 앉아 있던 사람들이 다치는 일이 일어나고야 말았다. ⋯⋯ 왜 사람들은 하필이면 그 순간에 그 밑에 앉아 있었는가? 창고가 무너진 것은 이해할 수 있지만, 왜 그 특별한 순간에 특정인들이 그 밑에 앉아 있을 때 무너졌단 말인가? 세월이 흐르면서 그것은 무너질 수 있지만, 왜 어떤 사람들이 편안한 안식처를 찾았을 때 무너져내렸단 말인가?

잔데 사고방식이 빈 연결고리를 채울 수 있다. 잔데인은 개미가 지지물을 손상시키고, 사람들이 더위와 작열하는 태양을 피하기 위해 창고 밑에 앉아 있었다는 것을 알고 있다. 그러나 그는 그 밖에 그 두 사건이 정확하게 동일한 시간과 공간에서 발생한 까닭을 알고 있다. 그것은 바로 마술이 작용했기 때문이라는 것이다.[25]

에번스-프리처드는 간단한 요약이 불가능할 정도로 500페이지가 넘게 아잔데 마술을 논하고 있다. 아잔데인들은 마술이 간 옆의 기관에 위치하며 부계혈통을 따라 부자간에 전해지지만 왕족에게는 없다고 믿는다. 더글러스가 보기에, 마술 전승의 이 유전적 이론은 "전승에 대한 문제가 청구권을 주장할 수 없는 사회적 관계를 비켜갈 수 있도록 각색된 것이다."[26] 인간의 사고를 구성하는 그런 선택성은 에번스-프리처드의 책임해명 이론의 요지 가운데 하나다. 더글러스에 따르면,

인간지식에 대한 에번스-프리처드의 암묵적인 관념은 세 가지 원리에서 출발한다. 첫째, 합리적인 사고는 관심을 기울일 수 있는 분야에 대해 오직 선택적으로 행사된다. 둘째, 선택성의 원리는 책임해명에 관한 사회적 요구에 의존한다. 셋째, 체계적 관찰에 의해 찾아낸 책임해명의 사회적 유형은 특별한 종

류의 실체──적절한 권한을 부여받은 지역 고유의 존재들로 구성된──에 구조적 중심축을 제공한다. 요컨대 모든 인간사회는 그 구성원들이 서로 책임질 것을 기대하는 한, 합의된 도덕적 목표에 뿌리박은 독특한 지역적 실체를 나름대로 구성한다.[27]

사회의 상이한 부분들이 상호 책임관계로 묶여 있는 방식에 초점을 두면 개인과 제도를 연결하는 구조를 식별할 수 있다. 그런 지역적 구조를 확인하는 것은 에번스-프리처드가 사회인류학을 사회사의 한 형태로 논의하는 목적 중 하나였다.

사회사로서의 사회인류학

『아잔데족의 마술, 신탁과 주술』의 서문에서 에번스-프리처드는 "내가 잔데 역사에 주목하지 않은 것은 그것이 중요하지 않다고 생각해서가 아니라, 워낙 중요해서 다른 곳에 보다 상세히 기록하고 싶었기 때문이다"라고 적었다. 1971년 그는 『아잔데족: 역사와 정치제도』(*The Azande: History and Political Institutions*)를 출간했다. 그것은 식민지 복속 이전 150년간의 전투와 왕실의 음모, 왕위승계 다툼으로 점철된 아잔데의 발달과정을 서술한 굉장히 복잡한 책이다. 여기서 에번스-프리처드는 역사적 구체성 이외에도 역사가 인류학에 중요한 이유를 소개한다.

인류학 이론들은 종종 기록된 역사가 거의 없다시피 한 원시사회 연구의 기초에 의존한다. 아잔데 같은 아프리카 왕국의 경우, 역사적 차원을 배제한다는 것은 정치조직 ─ 인류학자들이 연구를 시작하기 전부터 정도의 차이는 있지만 언제나 유럽의 지배에 의해 변형되어왔고, 또한 유럽인들이 등장하기 훨씬 이전에 발생한 사건들에 의해 형성되어온 ─ 의 이해를 위해 확인 가능하고 필요한 지식을 스스로 박탈해버리는 것과 같다. 유럽의 통치가 시작되기 전 최소한 150년간 아잔데 사회가 발전해왔고……다른 부족 10여 개를 정복하고 동화시켰으며, 오래도록 내부의 왕조 전투에 참여했다는 것은 그들의 제도와 문화를 연구할 때 반드시 고려해야 할 사실이다.[28]

이러한 상식이 래드클리프-브라운의 사회인류학 형식에 일격을 가했다. 이는 또한 에번스-프리처드의 후기 조사계획의 기조를 형성했다.

에번스-프리처드는 사회사가 사회인류학의 모델이 될 수 있다고 단언했다. 그는 인류학적 탐구에는 세 가지 수준 ─ 추상화의 수준이 점차 높아지고, 역사적 방법과 대응을 이루는 ─ 이 있다고 주장했다.[29] 첫째, 인류학자는 다른 사회를 이해하고 그것을 자신의 사회에서 이해될 수 있도록 옮긴다. 인류학과 역사의 유일한 차이는 인류학자의 자료가 직접적인 현지조사 경험에서 나오는 반면에 역사학자는 기록에 의존한다는 것인데, 이는 "기술적인(technical) 문제일 뿐 방법론적인 차이는 아니다." 둘째, 인류학자와 사회학자는 연구대상을 "사회학적으로 이해될 수 있게" 만들려고 노력한다. 에번스-프리처드에 따르면,

그러나 한 편의 민족지 연구에서도 인류학자는 원시인의 사

고와 가치를 이해하고 이를 자신의 문화로 옮기는 것 이상을 추구한다. 다시 말해서 인류학자는 문화적 유형들을 총체적으로, 또 상호 관련된 추상의 조합으로 파악함으로써 사회의 구조적 질서를 발견하고자 노력한다. 그러면 사회의 구성원이나 이들의 관습을 배우고 생활에 동참하는 이방인은 의식과 행위의 수준에서 사회를 있는 그대로 문화적으로 이해할 수 있을 뿐 아니라, 사회학적으로도 이해할 수 있게 된다.[30]

마지막으로, "인류학자는 광범위한 사회들의 분석을 통해 드러난 사회구조들을 비교한다."[31] 따라서 에번스-프리처드는 역사적 특수주의에 착수했던 것이 아니라, 풍부한 민족지적 구체성을 갖추고 역사적 시각에서 기록된 사회구조들에 의거하여 비교를 시도했다.

결론

에번스-프리처드는 현재 다른 영국 사회인류학자들, 특히 래드클리프-브라운이 누리지 못하는 수준의 존경을 받고 있는데, 여기에는 몇 가지 이유가 있다. 첫째, 에번스-프리처드는 경력의 후반기에 래드클리프-브라운의 구조 기능주의를 사실상 조목조목 반박했다.[32] 이 작업의 요체는 인류학이 과학보다 사회사를 본받아야 한다는 주장이었고, 이런 '인문주의적'(humanistic) 인류학의 추구는 오늘날 많은 인류학자들에게 반향을 불러일으켰다. 에번스-프리처드는 그의 마지막 저작에서 "인류학자들(나까지 포함해서)은 아프리카 사회에 대한 그들의 저술에서 아프리

카인을 구조와 기능으로 비인격화하여 생생한 삶을 놓친 것으로 보인다"고 말했다.[33]

에번스-프리처드의 위상은 민족지적 설명을 지역적 논리 안에 포함시키려는, 예를 들어 잔데 문화 고유의 합리화 과정 내에서 모든 것을 설명하려는 시도에서 비롯된다. 인간행위의 한 가지 관점만을 말하는 많은 학자들과 달리, 에번스-프리처드는 생생한 논의에 개입했고, 고(故) 겔너(Ernest Gellner)가 관찰했듯이, '에번스-프리처드류의 입장이나 독단'을 만들어내지 않았다. 겔너에 따르면 인류학적 전통에서 에번스-프리처드가 맡은 역할은 "예언자가 아니라, 지적으로 안주하지 않고 계속해서 무언가를 추구하는 회의적인 햄릿이었다."[34]

진화론, 적응론, 유물론

진화론은 1930년대 미국 인류학에 다시 등장했다. 그것은 명시적으로 프란츠 보아스에 반대하는 것이었고, 종종 부흥운동의 성격을 띠었으며, 묵시적으로만 마르크스주의 계보에 속했다. 보아스의 역사적 인류학과 대조적으로 20세기 진화론자들, 특히 레슬리 화이트, 줄리언 스튜어드, 마빈 해리스, 엘리너 리콕은 문화의 변화를 물질적 실존의 다른 영역과 연결하는 뚜렷한 과학적 법칙을 제시했다.

진화의 주창자들은 많은 학자들, 특히 보아스를 추종하는 극단적 특수주의자들이 이론적으로 부적합하다고 여겼던 모건과 타일러의 작업을 부활시켰다. 미국 내 보수적인 정치상황으로 말미암아 이들 학자들은 1970년까지 은연중에 마르크스의 공헌을 내비치는 것 이상은 할 수 없었다. 1920·30년대에 미국 대학에서 마르크스의 사상은 특이한 것이 아니었으나, 1950년대에 이르면 매카시즘의 마녀사냥이 퍼지고 냉전의 골이 깊어가면서 마르크스 지지는 퇴학 사유가 되었다.

결과적으로 미국 인류학자들은 마르크스와 엥겔스로부터 영향받은 사실을 감추고 타일러와 모건과의 연계를 강조했다. 인류학 잡지는 물론 '하원 반미활동 위원회'에서 공산주의자 탄압이 일어났던 사실을 감안하면 이는 놀랄 일도 아니다. 대표적 사례로 모리스 오플러가 진화론적 인류학자들이 제시한 개념적 '도구'에 대해 "그 주된 내용은 다소 진부한 망치와 낫처럼 보인다"고 논평한 것을 들 수 있다.[1]

인류학자들을 '공산주의자'로 규정하는 그러한 암시는 누구의 경력에도 도움이 되지 않았다. 화이트는 매카시 시대에 수많은 해고 위협과 싸워야 했고, 스튜어드는 마르크스주의적 접근과 일정한 거리를 유지했으며, 리콕은 헌신적 급진주의자로 정치에 적극적이었지만 박사논문에서 마르크스와 엥겔스를 언급하지 않으려고 주의했다.

진화론 모델은, 선사학자 고든 차일드의 진화론적 저작들이 사회인류학이 아니라 고고학에 큰 영향을 미친 영국보다 미국에서 더욱 중요해졌다. 미국에서 인류학자들은 영국 사회인류학의 공시적 연구가 대변하는 것보다 깊이 있는, 통시적 시각을 갖는 경향이 있었다. 시간을 통한 체계적 문화 변동의 탐구는 고고학을 포함하고 있는 미국 인류학에 더 잘 어울렸다. 마르크스주의의 흔적이 있는 모든 것에 대한 반발에도 불구하고, 미국 인류학은 일반적인 역사적 변화의 과정을 조사하는 작업의 중요성을 알고 있었다.

20세기 진화론자들의 기념비적 업적은 변화의 원인에 대한 관심이었다. 그들의 인과적 설명은 관념론과 역사주의에 대비되는 유물론이었다. 경제적 재편에 의해 일어났든 또는 환경의 변화에 의한 것이든 생산양식의 변화가 문화의 다른 영역에 영향을 미치게 되며, 그래서 물질적 요인이 인과적 우선순위를 차지하게 된다. 모건과 타일러 또는 마르크스와 엥겔스를 계승했지만, 이른바 '신진화론자들'(neo-evolutionists)은 역사적 재구성보다는 인과적 설명의 제시가 더 중요하다고 강조했다.

화이트에게 문화는 인류가 물리적·사회적 환경에 적응하는 수단이었다. 다른 유기체와 마찬가지로 인간은 생존하고 재생산하기 위해 에너지를 확보해야 하는데, 더 많은 에너지를 확보하거나 효율적으로 사용하는 사회들이 그렇지 못한 사회들에 비해 경쟁적 우위를 점한다. 화이트는 문화적 진화의 역사가 본질적으로 에너지의 양적 증가와 효율적 이용에 의해 특징지어진다고 주장했다.

적응주의적인 요소는 비록 다른 형태를 띠긴 하지만, 스튜어드와 해리스의 연구에서도 발견된다. 스튜어드에게 문화는 환경에 적응하면서 진화하는 것이다. 유사한 문화 유형이 나타나는 것은 모건이나 타일러가 주장하듯이 모든 문화가 유사한 진화단계를 거치기 때문이 아니라, 유사한 환경에 대한 유사한 적응방식을 반영하는 것이다. 그래서 스튜어드는 단선적이 아닌 다선적 형태의 진화를 주장했다.

스스로 문화유물론이라 명명한 해리스의 이론은 하부구조·구조·상부구조라는 인간 생활의 세 가지 조합에 의해 문화적 유형을 설명하는데, 이 가운데 하부구조가 가장 중요하다. '하부구조'는 생산과 재생산의 사회적 통제에 관련되며, 기술·인구·생계·환경을 아우르는 인간과 자연 사이의 문화적 중개장치(interface)이다. 문화유물론은 관념론적 개념보다 물질적 요인에 뿌리를 두는 설명을 제공하여, 특수한 문화적 관행과 전반적인 진화의 경향을 설명할 수 있다.

리콕의 공헌은 가장 두드러지게 마르크스주의적이다. 리콕에게 생산양식의 변화(그 특성이 무엇이든)는 궁극적인 사회진화의 원천이다. 그 점에서 리콕은 모건, 엥겔스, 마르크스를 그대로 따른다. 리콕은 특히 자본주의의 팽창에 의해 야기된 생산관계의 변화가 전통적이고 평등주의적인 군단사회에 미치는 영향을 중점적으로 조사했으며, 여성의 종속에도 지대한 관심을 보인다. 리콕의 저술은 역사적 모델 및 사회비평의 차원에서 엥겔스의 그것에 필적한다.

이러한 유물론적 설명들은 그 뿌리는 같지만 여러 방향의 지류로 갈라진다. 1960년대에서 1980년대까지 이 사상들은 미국 인류학의 중심을 이루었다. 1970년대 중반 이후에는 유물론과 관념론이 주도권을 놓고 각축을 벌여왔는데, 미국 인류학 내에서 이러한 갈등은 지금까지 계속되고 있다.

진화론의 부활

프란츠 보아스는 다양한 방식으로 미국 인류학의 발달에 큰 영향을 미쳤지만, 그의 영향은 문화진화론을 암흑 속으로 몰아넣었다. 문화의 유형들은 일반적인 문화의 법칙이 아니라 특수한 역사적 준거에 의해 가장 잘 설명된다는 보아스의 입장은 두 가지 효과를 보여주었다. 첫째, 그것은 문화진화의 단계나 법칙적인 일반화에 대한 논급을 미국 인류학에서 지워버림으로써 모건, 타일러, 마르크스 같은 19세기 사회진화론자들을 무용지물로 만들었다. 둘째, 그것은 인류학적 탐구의 초점을 특수한 문화에 맞추게 하여 특정한 시간과 공간에서 나타나는 문화적 행위들을 중시했다.

보아스 학파의 시각은 '문화'에 관한 일반적인 이론들을 금하거나 가급적 억제하는 것이었다. 반진화론적·반보편론적인 역사적 특수주의의 영향은 1900년대 초기부터 1950년대까지 미국 인류학에 만연했다. 반진화론자 로버트 로이의 『문화와 민족학』(*Culture and Ethnology*)에 대한 로퍼(Berthold Laufer)의 1918년의 서평은 그런 시각을 잘 보여준다. 그는 로이를 옹호하면서 "문화진화론은 내가 보기에 과학의 역사에서 유례가 없는 공허하고 무익하며 악성적인 이론"[1]이라고 격렬히 비판했다.

화이트(Leslie White, 1900~75)의 작업은 두 가지 면에서 이런 입장에 정면으로 맞서는 것이었다. 첫째, 화이트는 문화진화의 이론을 옹호하면서, "그것이 물론 이론의 발달 경위, 표현 및 입증방식이라는 측면에서 몇 가지 차이가 있지만, 타일러의 1881년 『인류학』에서 제시된 것과 원칙적으로는 크게 다르지 않다"고 피력했다.[2] 둘째, 화이트는 **문화들**(cultures)이 아니라 **문화**(culture)의 일반적 과학——그가 문화학(Culturology)이라 부르는——을 지지했다.[3] 화이트의 문화진화론과 문화과학은 분리된 노력이 아니라 역사적 특수주의에 대한 동일한 공격의 두 갈래였다.[4] 화이트는 자신을 삼인칭으로 표현해 설명하기를,

저자는 보아스 학파의 반진화론적 신조를 체득했다. 그러나 그가 가르치기 시작하면서 그 관점을 방어할 수 없다는 것을 처음 깨닫게 되었고, 후에는 그 입장을 포기하게 되었……. 그는 여러 논문에서 반진화론적 입장을 비판해왔다.[5]

이로 인해 그는 인기 없는 학자가 되었다.

배경

레슬리 화이트는 1900년에 태어났다. 그는 컬럼비아 대학에서 심리학을 전공했고(1923년에 학사, 1924년에 석사), 신사회조사연구원(New School for Social Research)에서 골든와이저(Alexander Goldenweiser), 베블런(Thorstein Veblen), 왓슨(John B. Watson)의 지도 아래 인류학과 사회학을 공부했다. 화

이트는 시카고 대학에서 인류학 대학원과정을 시작했으며, 사피어와 쿠퍼-콜(Fay Cooper-Cole) 밑에서 연구했다.

1927년에 작성한 박사학위 논문은 남서부 인디언 마법사 집단에 관한 연구였다. 같은 해 화이트는 로체스터 대학과 버펄로 과학박물관에서 사회학과 인류학을 가르치기 시작했다. 화이트는 세네카 인디언 보호구역 근처에서 현지조사를 하면서 이로쿼이족에 대한 모건의 연구(제2장 참조)에 관심을 가지게 되었고, 결과적으로 보아스 학파의 비판을 재평가하게 되었다.[6] 게다가 화이트는 매년 여름 미 남서부의 아코마(Acoma)[7], 푸에블로 샌펠리페이(San Felipe)[8], 푸에블로 산토도밍고(Santo Domingo)[9], 푸에블로 샌타애나(Santa Ana)[10] 등의 원주민 공동체들을 조사했다. 이 연구들은 주요 민족지가 되었으며, 화이트를 남서부 지역 권위자로 만들어주었다.

1930년 화이트는 미시간 대학으로 옮겨 향후 40년 동안 미국 내 최고의 인류학과 가운데 하나를 만들어내는 산파 역할을 했다. 미시간은 화이트의 진화론적 관심을 공유하는 인류학자들을 배출했지만, 화이트는 그의 관점에 전적으로 동의하지 않는 교수도 채용했다.

화이트의 진화론은 대부분의 인류학적 사고와 배치되는 것이 많았으므로 그의 경력에 장애가 되었을 수도 있다. 인류학자 서비스(Elman Service)는 화이트가 말년에야 전문가로서 명예를 얻은 것은 그가 일부 인류학자들 사이에서 인기가 없었기 때문이라고 말했다.[11] 그의 사상들은 일부 학자들을 불쾌하게 만든 반면, 일부 대중을 열광케 했다. 그의 미시간 강의는 자유의지 또는 이신론(deism)을 거부하고 문화결정론을 강조하여, 흥분한 학부모들의 반발을 초래했다. 천주교회는 화이트에 반대해 주 입법자들을 상대로 로비를 벌였고 그를 미시간 대학에서 사퇴시키라고 요구했다.[12] 그러나 화이트의 강의는 꽉 찼고, 그의 논문들은 다량 복사되었다. 그의 사상은 라디오 방송에도 소개되었으며 다양한 방식으로 널리 퍼져나갔다. 1970년 미시간에서 은퇴한 그는 캘리포니아 대학 샌타바버라 분교로 옮겨 방문 명예교수로 지내다가 1975년 사망했다.

진화와 문화과학에 대한 화이트의 도발적인 사상은 무엇인가? 이를 이해하기 위해서는 화이트의 문화 접근법에서 기능주의적 핵심을 알아둘 필요가 있다.

진화와 기능주의적 핵심 개념

역사적 특수주의로부터 문화진화론에 이르는 화이트의 개인적인 여정은 아래에서 논의하겠고, 우선 화이트의 문화이론과 말리노프스키의 기능주의 사이의 유사성을 언급하는 것이 중요하다. 화이트의 진화론의 중추는 문화에 대한 기능주의적 개념이다.

두 입장 사이에는 중요한 차이가 있다. 말리노프스키는 궁극적으로 문화가 개인적 욕구를 충족시키기 위해 기능하는 것으로 본 반면, 화이트는 문화가 종의 욕구를 충족시킨다고 가정한다. 이 차이는 사소한 것이 아니다. 말리노프스키는 주로 트로브리안드인에 의해 표출되는 특수한 문화적 유형을 설명하는 데 흥미를 갖지만, 화이트는 인류에 의해 표출되는 전반적인 문화적 발달에 관심을 두는 것이다. 화이트는 설명한다.

인간은 독특하다. 그는 문화를 가진 유일한 생명체다. 문화란 상징행위(symboling)에 의거한 사물과 사건의 신체외적인(extrasomatic), 시간적 연속체다.[13]

신체외적—그리스어로 신체를 뜻하는 soma에서 나온 말로 글자 그대로 '신체의 외부에 있는'이란 말—이란 용어를 써서 화이트는 문화가 '초생물학적(suprabiological) 성격'을 갖는다고 규정한다.

······문화는 인간에 의해서만 생산되고 지속되며, 그래서 인간의 생물학적 구조에 그 기원과 기반을 두지만······일단 출현하여 전통으로 성립되고 나면, 문화는 마치 **비생물학적인 성격**을 띠는 것처럼 존재하고 행위하며 인간에 관여한다.[14]

문화는 사회에 태어났다가 죽는 개인과는 독립적으로 존재한다. 아기는 다른 사람들로부터 문화를 배운다. 문화는 유전적으로 전달되지 않는다. 그러나 이것은 문화가 생물학적 기능을 갖지 않는다는 얘기는 아니다. 사실 "문화의 목적과 기능은 인간이라는 종을 위해 삶을 안정되고 영구적인 것으로 만드는 것이다." 문화를 갖지 않은 다른 유기체들과 대조적으로,

······인간은 문화라고 부르는 신체외적 전통을 사용하여 그의 존재를 지탱하고 영속화하며 한껏 표현하려 한다.

특히 문화의 기능은 한편으로는 인간을 그가 처한 환경—

지상의 서식처와 그것을 둘러싼 우주──에, 다른 한편으로는 인간을 다른 인간에 연결시키는 것이다.[15]

이 기능적 개념은 화이트 진화론의 핵심요소이다. 그것은 엘먼 서비스가 19세기 진화론자 허버트 스펜서에서 유래했다고 본 공리주의적 관념이기도 하다. 서비스에 의하면, 화이트는 '부지불식간에' 공리주의적 관념을 차용했다고 자인했다.[16] 화이트의 의도와는 상관없이, 그가 문화의 기능을 강조한 것은 미국 인류학에 다양하고 심대한 영향을 미쳤다. 특히 미국 고고학이 이에 해당하는데, 고고학계는 60년대 중반 이후 최근까지 화이트의 입장을 그대로 받아들였다.

문화의 기능주의적 해석이 화이트의 진화론에서 중요한 이유는, 그것이 문화의 가장 중요한 차원은 적응적·생물학적 이점을 전달하는 것이라는 사실을 암시하기 때문이다. 이로부터 가장 중요한 문화적 영역은 에너지를 변형시켜 인간이 사용할 수 있게 해주는 기술이라는 사실이 논리적으로 도출된다. 이를 확대하면 문화의 진화는 에너지를 확보하고 전환시킬 수 있는 상대적 능력에 의해 측정될 수 있다는 것이다. 그 두 개념이 화이트의 진화론의 바탕에 깔려 있다.

문화진화론

화이트의 문화진화론의 첫번째 요소는 문화를 세 개의 하위 체계──기술적(technological)·사회적(sociological)·관념적(ideological) 체계──로 나누는 것이다.

기술체계는 물질적·기계적·물리적·화학적 도구들 및 그것들의 사용기술로 구성되며, 그에 의해 한 종의 동물인 인간이 그의 자연적 생활공간과 결합된다……. 사회체계는 개인적인 그리고 집합적인 행동의 유형에서 표현되는 대인관계로 이루어진다. 관념체계는 말이나 다른 상징 형태에 나타나는 생각, 신념, 지식으로 구성된다.[17]

후기 저술에서 화이트는 문화의 네 범주—기술적·사회적·관념적 범주 외에 '감정 또는 태도의 범주'—를 제시한다.[18] 태도의 범주는 '주관적인 측면을 구성하는 감정이나 태도'를 파악하려는 시도다. 화이트는 사실 이 범주를 발달시키지는 않았으며, 단지 한번 생각해보았을 뿐이다. 그는 문화적으로 전달되는 사물에 대한 감정을 간단히 언급했는데, 이는 "우유에 대한 혐오, 순결·뱀·박쥐·죽음에 대한 태도 등"으로 화이트 이론에서 두서없다는 인상을 재확인시켜주는 군더더기에 불과하다.

이는 화이트가 문화의 기술적 영역에 확고한 우선순위를 부여한다는 반증이기도 하다. 화이트는 기술적·사회적·관념적 체계를 인과적 위계질서의 세 부분으로 보며, 기술은 사회적·관념적 체계가 일어나는 기반이 된다. 화이트에 따르면,

기술체계는 기본적이며 근원적이다. 사회체계는 기술의 함수이며, 철학은 기술적 형태를 표현하고 사회체계를 반영한다. …… 기술적 요인은 따라서 총체적인 문화체계의 결정인자이다. 이는 물론 사회체계가 기술의 작용을 한정하지 않는다든가, 사회적·기술적 체계가 기술의 영향을 받지 않는다는 것을

의미하지는 않는다. 그들은 서로 작용한다. 그러나 한정하는 것과 결정하는 것은 완전히 다르다.[19]

왜 넓은 의미에서 기술이 결정적인 역할을 담당하는가? 왜 화이트는 기술이 문화진화의 근본이라고 전제하는가? 첫째, 모든 유기체들은 기본적인 에너지의 필요조건을 충족시켜야 하며, 자연의 힘으로부터 보호되고, 적으로부터 자신을 방어해야 한다. 이렇게 생명을 유지하고 보전하는 과정은 "광범위하지만 타당한 의미에서 기술적이다. 즉 유기체는 물질적·기계적·생물리학적·생화학적 수단에 의해 연명한다"고 화이트는 말한다.[20] 이런 기본적인 생명의 요구사항들을 만족시킴으로써 기술적 차원은 문화의 다른 요소들이 발생할 수 있게 해준다. "기술체계의 중요성은 그러므로 근원적이고 기본적이다. 모든 인간의 생활과 문화는 그것에 의존한다."[21]

그러나 기술의 잠재력 못지않게 중요한 사실이 있다. 기술 자체는 사회적·관념적 체계의 성격을 **결정한다**는 것이다.

인간의 사회조직은 기술에 의존할 뿐만 아니라, 기술에 의해 그 형식과 내용이 상당 부분 결정된다. …… 수렵, 어로, 채집, 경작, 가축 사육, 광업 등 원료를 변형시켜 인간이 쓸 수 있도록 준비하는 모든 과정들은 단지 기술적 과정일 뿐 아니라 사회적 과정이기도 하다.[22]

그래서 화이트가 든 사례를 인용하면, 철도원노조는 철도를 갖고 있다는 기술적 사실과 철도의 존재에 의해 형성된 사회적 제도들에 바탕을 둔다.[23] 기술은 여성미의 개념을 결정하기도 한다.

식량 공급에 대한 기술적 통제가 미약해 음식이 귀한 문화에서는 종종 뚱뚱한 여성이 아름답다고 여겨진다. 먹을 것이 풍부하고 여성이 일을 거의 하지 않는 문화에서 비만은 꼴불견으로 간주되기도 한다.[24]

우리는 뒤에서 그러한 주장의 타당성을 문제삼겠지만, 당분간은 화이트의 이론 뒤에 있는 논리, 즉 기술이 문화의 다른 측면들을 결정한다는 것을 이해하는 게 더 중요하다. 그래서 화이트는 과학과 주술 사이의 관계에 대한 말리노프스키의 진술에 동조하면서, 기술적 통제력이 커질수록 초자연적인 존재에 대한 믿음은 줄어든다고 제안한다. 예를 들어 "도예 기술이 잘 발달한 곳에서는 최소한의 주술이 사용된다"는 것이다.[25] 이것 또한 사실인지 의심스러우나 주장하는 바는 명료하다.

기술적인 차원이 근본적 요인이며, 기술은 문화발전의 초석이라고 주장함으로써, 화이트는 문화진화론의 발판을 마련했다. 기술이 생존의 문제를 해결하려는 시도이며 이것이 결국 충분한 에너지를 확보하고 인간의 필요에 맞게 변형시키는 것을 의미한다면, 더 많은 에너지를 확보하고 그것을 보다 효율적으로 사용하는 사회가 적응 면에서 유리한 고지에 있으며 진화론적 의미에서 보다 진보한 것이다. 여기서 화이트는 마치 물리학자처럼 에너지에 접근해 인간의 노력, 화석 연료, 옥수수나 기타 재배 사육된 음식물의 열량, 떨어지는 물, 폭발물 등 모든 형태의 에너지를 고려하고 있다는 점이 주목된다. 화이트의 시각에서,

문화는 그렇게 정교한 열역학적·물리적 체계로서 우리를 대한다……. 그러므로 총체적인 문화의 기능행위는 동력화된 에너지의 총량에 의존하며, 또 그것에 의해 그리고 그것이 작용하는 방식에 의해 결정된다.[26)]

이는 문화간의 차이는 다소 조잡한 질적 기준이나 발달단계가 아니라 마력이나 열량, 다른 측량단위에 의해 정확하게 측정될 수 있음을 말한다.

……인간의 욕구에 부응하는 재화와 용역의 일인당 생산량에 의해 측정되는 문화적 발달의 정도는 일인당 동력화된 에너지의 양과 그것들을 이용하는 기술적 수단의 효율성에 의해 결정된다. 우리는 이것을 정확하고 간결하게 $E \times T \rightarrow C$라는 공식으로 표현할 수 있다. C는 문화발달의 정도, E는 연간 일인당 동력화된 에너지의 양, T는 에너지의 소모에 사용된 도구의 질적 효율성을 나타낸다. 우리는 문화진화의 기본 법칙을 공식화할 수 있다. 다른 요인들이 상수로 남아 있다면, **연간 일인당 동력화된 에너지의 양이 증가할수록 또는 에너지를 작동시키는 도구적 수단의 효율성이 증가할수록 문화는 진화한다.** 두 요인은 물론 동시에 증가할 수 있다.[27)]

이 품위 있는 주장으로 화이트는 상이한 사회에 대한 직관적 분류를 논리적이고 검증 가능하며 법칙과 같은 일련의 명제들로 변형시켜, 열역학을 문화진화의 버팀목이 되는 논거로 전환시켰다. 만일 마빈 해리스가 주장하듯이 화이트의 진화의 법칙이 "법칙도 정의도 아닌 조사전략의 진술에 불과"[28]하다면, 이전의 진화론적 접근들은 이런 예측 가능한 특성도 갖추지 못한 소급적 분류에 지나지 않았다는 점에 주목할 필요가 있다. 화이트의 명제가 법칙 같다는 것은 법률적인 의미가 아니라 과학적인 의미에서 그렇다는 것이다. 그것은 부정확성이나 오류를 검증할 수 있는 일련의 관찰 가능한 현상들 사이의 관계를 언명하고 있다. 이런 반박가능성의 속성은 과학적 진술을 다른 종류의 진술과 구분해주며, 문화의 과학을 개괄하는 화이트의 의중을 시사한다.

『문화과학』

엘먼 서비스는 화이트의 문화진화론과 문화과학은 두 개의 분리된, 완전히 독립적인 이론체계라고 제안했다. "그가 제시하는 **문화학**, 곧 문화의 과학은 **문화의 진화**에 대한 그의 사상과 같은 것이 아니며 연관성이 암시되지도 않았다."[29] 이는 다소 과장된 것으로 보이는데, 문화진화에 대한 화이트의 관념은 문화과학이 포함해야 한다고 그가 생각한 세 가지 항목을 분명히 예증하고 있기 때문이다. ① 그것은 과학이다, ② 그것은 특수한 문화가 아니라 보편적 문화에 대한 것이다, ③ 그것은 문화 이외의 자유의지, 개인 또는 그 어떤 원인에도 의거하지 않는 결정론적인 것이다.

화이트는 인간이 경험을 다루는 두 가지 방법, 곧 과학과 예술을 갖는다고 했다. "과학과 예술의 목적은 단 한 가지, 즉 경험을 이해하기 쉽게 하는 것이다." 그러나 두 가지 앎의 방식은 다른 방향에서 경험에 접근한다. "예술은 특수성에 의해 보편성을 다룬다……" 이와 대조적으로 과학은 단순히 사실과 공식의 조합이 아니라, 보편성으로부터 특수성을 다루는 앎의 방식이다. "예술과 과학은 그래서 공통적인 경험 또는 실체를 파악하는 대립적이지만 분리될 수 없는 양극"이라고 화이트는 결론짓는다.

그러므로 우리가 문화의 과학에 관심을 갖는다면, 우리가 할 일은 특수한 현상들을 설명하는 보편적 원리를 발견하고 서술하는 것이다. 이 현상들은 주관적 관찰자와 독립적으로 존재한다는 사실을 주목하라. 화이트는 "지각하는 주체와 독립적으로 존재하는 외부의 세계에 대한 믿음이 모든 자연과학의 기반이라"는 아인슈타인의 선언을 인용한다. 시간과 공간에 존재하며 특수한 형태적 속성을 갖는 그 현상들은 상이한 준거의 틀로부터 관찰될 수 있다. 그래서 빗방울은 우주진화의 한 사건으로, 지표면이나 구름 같은 다른 질량들과의 공간적 관계를 바꾸는 하나의 질량으로, 또는 시간이 지나면서 자신의 형태를 바꾸는 질량으로 볼 수 있다.[30]

우리는 여러 가지 준거의 틀을 정의하지만, 실체는 관찰자와 유리된 채 존재한다. 어떤 형태적 변화는 반복적이며 거꾸로 돌릴 수 있지만—물이 얼었다 다시 녹듯이—사건의 시간적 순서는 그렇지 않다. "여왕들이 자신들의 손톱을 찌르기 전에 비명을 지르고, 앨리스가 그들이 케이크를 자르기 전에 그 속을 통과하는 것은 『거울 나라의 앨리스』(Through the Looking Glass: 1871년 발표된 루이스 캐럴의 소설로 『이상한 나라의 앨리스』의 속편에 해당함—옮긴이)에서나 있는 일이다. **형태적이면서 시간적인** 진화론적 과정은 되돌릴 수 없다."[31]

이러한 발전론적 논법은 문화진화에 대한 화이트의 결정론적 접근의 발판을 마련했다. 새로운 문화적 형태는 개인의 역할과 상관없이 기존의 문화적 형태로부터 발달한다. 자연선택 이론은 다윈과 월리스에 의해 **발견되었다**. 그것은 양자에 의해 진공상태에서 창조된 것이 아니라 이미 존재하는 문화적 지식의 결정체였다. 미적분은 라이프니츠와 뉴턴에 의해 '발명'되었지만, 양자가 어릴 때 사망했더라도 발달했을 것이다. "수학의 발달은 기술이나 의학의 발달과 마찬가지로 진화적 과정이다. 새로운 형태는 기존의 형태에서 자라난다."[32] 우리는 발명가의 이름이나 다음 발명이 일어날 시기를 정확히 예측할 수 없을지는 모르나, 문화진화의 필연성 덕분에 그러한 혁신이 일어날 것이라는 사실은 예측할 수 있다.

화이트는 그의 논문 「이크나톤(Ikhnaton): 위인 대 문화 과정」에 많은 노력을 쏟아부었는데, 그것은 기원전 14세기 고대 이집트의 다신교를 대체해 유일신론을 도입한 파라오 이크나톤(기원전 1375년 왕위에 오른 이집트 제18왕조의 파라오―옮긴이)의 사례를 고찰한 것이었다. 이크나톤은 선각자로 칭송받거나 이단자로 저주받았는데, 보편적으로 '위인' 즉 정말 독창적인 혁신을 일으킨 개인으로 묘사되었다. 하지만 화이트는 그렇지 않다고 주장한다. 일신론의 수용을 가능하게 해준 모든 요소가 이크나톤과 상관없이 이미 존재하고 있었다는 것이다.

문화발달의 과정에서 위인이란 문화의 종합이 발생하는 신경조직의 매체에 불과하다. 다윈, 뉴턴, 베토벤, 에디슨은 모두 여기에 해당하는 사람들이었다. 그들은 중요한 문화적 사건들이 일어난 신경활동의 중심이었다. 확실히 그들은 뛰어난 인물들이었다. 그러나 그들이 만약 돼지 치는 사람으로 성장했다면

그들에게 위대함은 없었을 것이다.[33]

문화과학은 문화적 현상의 관계를 정의하고 예상하는 일반적 원리에 관련된다고 화이트는 주장한다. 그것은 특수한 문화적 특징 대신에 일반적 문화 유형을 이해하는 데 관심을 기울이는 것이다. "특수한 문화들은 고유한 형태와 내용 면에서는 다양하지만 일반적 측면에서는 모두 유사하다. 다시 말해서 한결같이 도구, 언어, 관습, 신앙, 음악 등을 갖추고 있다. 그리고 모든 문화 체계는 인간을 지구와 우주에 연결하는 수단으로, 또 인간과 인간을 연결하는 수단으로 기능한다. **문화과학은 따라서 문화체계의 구조와 기능에 관심을 기울인다.**"[34]

그러한 과학은 보편성의 사례가 아니라면 특수한 문화에 관심이 없으며, 문화를 "인간이라는 종과 독립적으로 자신만의 존재를 가지는" 현상의 영역으로 간주하기도 한다.[35] 이렇게 볼 때 문화과학은 문화의 연구를 통해 검증할 수 있는 문화의 일반화를 가정하는 것이다.

결론

인간 발달에 대한 화이트의 엄격한 결정론적 관점은 교회와 국가, 인류학자들의 비판을 불러일으켰다. 첫째, 화이트의 이론에서 문화는 어느 정도 특정 사회와 독립적으로 존재하며, 그래서 그 특수한 표현과는 분리된 현상이다. 이에 대해 그것이 사실인가, 아니면 문화에 대한 화이트의 법칙적 진술이 실제로는 일부 문화들을 일반화한 것에 불과해서 다른 문화들에는 적용할 수 없는 것인가라는 즉각적인 질문이 가능하다. 앞서 예시한 "먹을 것이 풍부하고 여성이 일을 거의 하지 않는 문화에서 비만은 꼴불견으로 간주될 수 있다"는 화이트의 단언[36)]은 아마도 20세기의 미국과 유럽을 가리켜 한 말이며, '여성의 일'은 제대로 된 일이 아니라고 분류될 경우에만 겨우 타당성을 갖는다. 그것은 또한 식욕부진이나 거식증 같은 섭식장애(eating disorder)가 유럽, 일본, 미국의 모든 민족 집단의 수많은 사람들——여성과 남성——에게 영향을 주는 이유를 설명하기에는 단순하기 그지없다.

둘째, 화이트가 제시하는 문화의 세 범주——기술적·사회적·관념적 범주——는 동등하지 않다. 화이트의 정의에 의하면, 모든 유기체의 생활에 필수적인 에너지의 확보와 변형을 포함하는 기술이 우선적이다. 문화의 다른 차원들은 그러므로 기술에 기초하고 있다. 그러나 인간은 환경으로부터 직접 에너지를 얻기 위해 본능적 수단에 의존하지 않는다.

예를 들어 수유는 아기와 엄마 모두의 학습된 행동이다. 아기는 먹을 것을 찾는 반사신경을 타고나지만, 젖 먹는 것을 배우려면 며칠 걸린다. 새로 엄마가 된 사람은 친척, 담당의사, 참고문헌, 아기의 울음소리(엄마는 그 소리로 아이가 배가 고픈지, 기저귀가 젖었는지, 그리고 지쳤는지 구별하는 법을 배워나간다)를 통해 젖 먹이는 법을 배운다. 이 모든 것이 학습된 사회적·상징적 행동이다. 인간사회의 가장 기초적인 에너지 전달인 수유가 상징에 기초한 학습된 행위라면, 왜 기술이 아닌 의미체계가 근본적인 문화의 영역을 구성하지 않는가? 화이트는 이 점을 예상했지만,[37)] 그냥 무시하고 말았다.

마지막 문제는 문화적 발달의 정의에 관한 것이다. 비판은 동어반복(tautology)의 개념, 즉 원인과 결과의 잘못된 되풀이로 집중된다. 한 예로 "다른 사람들이 나보다 작기 때문에 내가 다른 사람들보다 크다"고 하면 동어반복이다. 이런 화이트판 동어반복의 예는 다음과 같다.

1) 물질로 구성된 모든 체계와 마찬가지로 문화는 에너지의 지속적인 획득과 변형을 요구하는 '열역학 체계'다.[38)

2) 유기체로서의 인간이 에너지를 확보하고 사용해야 한다는 것은 본질적이므로, "이것은 반드시 문화의 기본적인 기능이기도 해야 한다는 추론이 뒤따른다."[39) 문화체계의 기본 목표는 에너지를 얻고 사용하는 것이다.

3) 문화체계들은 에너지를 만들어내고 사용하는 데 효율성이 서로 다르다. 그 효율성은 1인당 마력이나 열량, 기타 에너지의 다른 척도에 의해 측정된다. 그러므로,

4) "연간 일인당 만들어내는 에너지의 양이 증가할수록 또는 에너지를 통제하는 수단의 효율성 또는 경제성이 높아질수록, 또는 양자 모두일 때 문화는 진보한다."[40)

에너지 확보와 효율성 자리에 우리가 바라는 것을 대입하면 어떻게 될지 고려해보라. 에너지를 보존하는 것이, 또는 최소의 노력으로 인간의 기본 욕구를 충족시키는 것이 목표이거나, 사회적으로 잘 적응하는 최대 다수의 후손을 갖는 것이 우리의 바람이라면, 우리는 문화를 어떻게 평가할 것인가? 이러한 대안적 목표의 일부 또는 전부를 화이트의 열역학적 목표와 바꿀 수는 없을까? 그렇게 하면 논의의 전체 논리가 새로운 양상을 띨 것이다.

화이트의 문화진화론과 문화학 이론은 상당한 영향력을 행사했으며, 미국 인류학에서 진행 중인 논쟁의 배경을 일부 형성했다. 화이트의 적응주의적·공리주의적 문화의 관점은 특히 60년대와 70년대——문화체계의 에너지론과 국가조직에서 에너지와 구조가 차지하는 역할에 대한 화이트의 사상들, 그리고 과거 사회의 이해는 물질적 유물들을 환경적·사회적·관념적 행위의 잔재로 해석하는 작업에 기초를 둔다는 관념[41]이 생태인류학, 비교민족학, 신고고학 같은 분야에서 추종되던 때——에 미국 인류학의 여러 학파에 영향을 주었다. 미국 인류학에서 최근 20년간 벌어진 논쟁은 부분적으로 화이트와 다른 학자들이 제시한 이론적 입장들에 대한 반응이다.

그러나 화이트의 가장 중요한 업적은 보다 일반적인 것, 즉 인류학적 이론들을 정당한 토론의 주제로 다시 도입했다는 점이다. 비어즐리(Richard Beardsley)는 화이트 추념문에서 다음과 같은 결론을 내린다.

〔문화진화에 관한〕 주제에 크게 관심이 없는 대다수 현대 인류학자들조차 레슬리 화이트의 간접적인 유산은 나누어 가지고 있다. 그들이 현재와 같은 관심과 견해를 지니게 된 데에는 부분적으로 화이트가 거대 이론을 추구하고 존중하는 풍토를 만들기 위해 성공적으로 투쟁했기 때문이다.[42]

따라서 인류학에 대한 화이트의 공헌은, 독특한 문화 이론을 제안했을 뿐 아니라, 이론 구성을 창조적인 인류학적 작업으로 재도입한 점에 있다.

문화생태학과 다선진화

스튜어드(Julian Steward, 1902~72)의 유물론적 접근은 1950년대와 1960년대의 미국 인류학에 지대한 영향을 미쳤다. 그의 사상은 보아스와 크로버의 역사적 특수주의와 화이트의 문화진화론을 잇는 교량 역할을 했다. 스튜어드는 특수주의의 입장을 설명력이 없는 것으로 비판하면서, 다른 문화들 사이의 명백한 유사성은 구조적으로 유사한 자연환경에 대한 평행적인 적응으로 설명될 수 있다고 주장하는 한편, 모든 사회가 유사한 문화발달단계를 거치지는 않으며, 따라서 단선적 진화의 모델은 흥미를 끌기에는 지나치게 포괄적이라고 단언했다.

스튜어드의 생각은 미국 고고학에 결정적인 영향을 주어 고고학의 초점을 문화사에서 문화진화로 옮겨놓았다. 1960년대와 1970년대에 고고학계에 새바람을 몰고 온 신고고학은 그의 생각에 크게 의존했다. 스튜어드의 연구는 인간사회와 환경의 관계를 고려했고, 시간을 통한 사회적 변화에 중점을 두었기 때문에 고고학에 잘 어울렸다. 둘 다 고고학자들이 자료를 갖고 논할 수 있는 문제들이었다.

스튜어드가 인류학에 기여한 바는 다양하다. 그는 지역 연구 프로그램의 개발에 일익을 담당한 주요 인물로, 인류학적 탐구의 방향을 문화의 변화와 제3세계의 발전문제로 돌리고, 조사팀을 만들어 대규모 연구 프로젝트를 주도했다. 그는 또 문화생태학(cultural ecology)과 다선진화(multilinear evolution)라는 두 가지 중요한 개념으로 인류학 이론에도 크게 이바지했다.

배경

1902년 수도 워싱턴에서 태어난 스튜어드는 중요한 성장기의 대부분을 미국 서부에서 보냈다. 스튜어드는 16세에 서부 대분지(Great Basin)의 서쪽 끝자락에 위치한 캘리포니아 오웬스밸리로 가서 예비학교에 다녔는데, 나중에 대학원생 때 첫번째 장기 인류학 조사를 위해 이 지역으로 돌아오게 된다. 버클리에서 1년 동안 앨프레드 크로버와 로버트 로이의 강의를 들은 후, 스튜어드는 동부의 코넬 대학으로 옮겨 1925년 학사과정을 마쳤다. 그는 대학원 공부를 위해 버클리로 돌아갔다. 크로버와 로이 밑에서 버클리 대학원생들은 주로 북아메리카 인디언 집단들을 연구했으며 스튜어드도 예외는 아니었다.

그의 1929년 학위논문 「아메리카 인디언의 의례적 광대」(The Ceremonial Buffoon of the American Indian)는 도서관 조사에 기초한 것이었는데, 민족지적 현지조사는 기술적인 연구논문으로 발표되고, 학위논문의 비교연구는 이미 출판된 자료에 기초하는 것이 당시의 관행이었다.[1] 사회적 농담과 의례적 광대놀음의 역할 전도 및 통문화적 유형에 대한 연구인 스튜어드의 학위논문은 이후의 연구와 뚜렷한 관련성을 보여주지 않는다.[2]

스튜어드는 대공황이 시작될 무렵 전문적인 인류학자가 되었다. 1928년 그는 미시간 대학의 첫 인류학 강사 가운데 한 명이었다. 1930년에는 유타 대학으로 옮겨 조사와 강의 프로그램을 확립하고 푸에블로 유적지의 고고학적 발굴 작업을 수행했다.[3] 그러나 그의 조사는 대분지에서 민족지 탐사를 시작하기 전까지는 뚜렷한 초점이 없었다. 그는 1933~34학년도에 강사로 버클리로 돌아갔고, 동부 캘리포니아·네바다·유타·아이다호의 쇼쇼니족과 북부 파이우트 공동체에 초점을 둔 2개년 조사계획에 착수했다.

쇼쇼니족과 북부 파이우트족은 스튜어드에게는 말리노프스키의 트로브리안드 도민들과 같은 존재, 즉 전반적인 문화 유형을 예시하는 중추적인 민족지 사례였다. 쇼쇼니 사회의 기본 유형은 스튜어드가 보기에, "일상적인 생존 보장과 관련된 문제가 상당한 정도로 그들의 활동을 지배했으며, 그들의 [사회적] 제도들을 제한하고 조건지었다"[4]는 사실로부터 파생된다. 스튜어드는 한정된 자연자원과 단순한 기술, 대분지 채집인들의 계절에 따른 이동(불모의 분지로부터 고산지대의 소나무숲으로)을 기록하여, 일반적인 수렵채집 사회의 모델을 제시했다. 이 모델은 군단(band)의 평등주의와 사회적 유동성에 역점을 두었다.[5] 인류학자 로버트 머피는 다음과 같이 말했다.

고지대의 황무지와 험준한 지형의 열악한 땅덩어리에 살고 있는 그들의 생활을 지배하는 유일한 요인은 사계절 내내 생계를 꾸려나갈 필요성이었다. 그들이 사용할 수 있는 단순한 기술력을 감안할 때 환경은 달리 살아갈 방도를 마련해주지 않았고, 그들의 사회생활 유형은 황량한 물리적 현실에 대한 적응으로 이해되어야 했다. 스튜어드는 쇼쇼니 사회의 근본적인 진실을 파악하고 이를 발달시켜 일반이론으로 만들었다.[6]

군단 사회에 대한 스튜어드의 초창기 조사는 쇼쇼니족, 오스트레일리아 원주민, 흔히 '부시먼'이라 불리는 남아프리카의 산(San)족, 그리고 말레이시아의 세망(Semang)족 등 각 대륙에 흩어져 있는 사회 사이의 유사성을 약술하고 있다. 그가 주장하기를 그 사회들은 인구밀도가 낮고, 도보 이동에 의존하며, 흩어져 있는 토착 동물을 사냥하며 형성된 유사한 적응방식을 보여준다.[7] 오늘날 스튜어드의 생각은 기본적인 인류학적 통찰로 받아들여진다. 따라서 군단 사회를 주제로 한 그의 초기 논문들이 미국 인류학 잡지에서 너무 사변적이라는 이유로 거부당했다는 사실을 알게 되면 조금은 아연해진다.[8]

스튜어드의 초기 연구에 대한 냉담한 반응은 1930년대 미국 인류학과 상충하는 세 가지 혁신에서 유래한다. 첫째, 그는 다른 문화를 완전하게 기술하려고 시도하기보다는 특정한 문제에 초점을 맞춘 민족지 조사를 실시했다. 그가 대학원생이던 시절에는 서술적인 민족지와 비교민족학만이 구분되었고, 문제지향적인(problem-oriented) 현지조사는 어느 정도 선입관이나 편견이 개입된 것으로 보는 인류학자들이 많았다. 둘째, 그는 미국 인류학의 공통 관심사이던 문화특질이나 스타일, 규범에는 흥미를 느끼지 못하고, 대신 인간과 그를 둘러싼 환경의 적응관계에 관심을 보였다. 마지막으로, 그는 접촉한 적이 없는 오스트레일리아 원주민이나 대분지의 쇼쇼니족 같은 집단들 사이에 인간 적응의 규칙적 유형이 존재한다고 제안했다.

스튜어드는 역사적 전파나 이주가 아니라 적응에 기인하는 문화적 유사성을 강조했다. 이러한 접근은 많은 인류학자들의 의심을 샀지만, 마빈 해리스의 표현을 빌리면 "문화와 환경의 상호작용이 어떻게 인과적 관계로 연구될 수 있을지에 대한 최초의 통합적 명제"를 산출했다.[9] 인과관계에 대한 그러한 탐색은 스튜어드의 경력에서 중요한 위치를 차지한다.

1935년 스튜어드는 스미소니언 연구소의 미국 민속국에 합류하여 1946년까지 머물렀다. 그가 스미소니언에서 진두지휘한 대규모 조사 프로젝트들 가운데 가장 성공적인 것은 남미 원주민에 대한 도서관 및 현지조사 연구 프로그램이었다. 여러 권의 『남아메리카 인디언 편람』(*Handbook of South American Indians*)에는 남미에서 작업한 인류학자들과 고고학자들 대부분이 망라되어 있다─크로버, 로이, 메트로(Alfred Métraux), 레비-스트로스, 윌리(Gordon Willie), 로(John Rowe), 커초프(Paul Kirchoff), 머러(John Murra), 발카첼(Luis Valcar-cel), 베넷(Wendell Bennett), 스트롱(W. D. Strong) 등. 출판된 지 50년이 지났지만 『남아메리카 인디언 편람』은 아직까지 인류학자들의 소중한 전거로 남아 있다.[10] 그 책의 구성과 남아메리카 원주민 사회의 문화적 발달에 대한 강조는 스튜어드의 조사방향을 반영한다.

1946년 스튜어드는 스미소니언을 떠나 컬럼비아 대학 인류학과에 합류했는데, 대학원 프로그램은 전후 원호법(GI Bill)으로 입학한 학생들로 불어나 있었다. 컬럼비아에 있는 6년 동안 그는 35편의 박사학위 논문을 관장하는 엄청난 정력을 과시했다. 그의 제자는 다이아몬드(Stanley Diamond), 울프(Eric Wolf), 머피(Robert Murphy), 민츠(Sidney Mintz) 등이었다. 스튜어드는 푸에르토리코에서 대규모 조사 프로그램을 시작하여[11] 다섯 대학원생의 조사를 조율하고, 복합사회와 그 역사적 맥락에 대한 최초의 지역 연구(area study) 가운데 하나를 만들어냈다.

1952년 스튜어드는 일리노이 대학의 연구 교수직을 수락하고 1968년 은퇴할 때까지 그곳에서 연구에만 전념했다. 자신이 선택한 세미나를 제외한 모든 강의로부터 해방된 스튜어드는 20세기 전통사회의 사회적·경제적 변화에 초점을 둔 또 하나의 대규모 조사 프로젝트에 착수한다. 열한 명의 현지조사자들은 네 대륙의 제3세계 국가들에서 전통사회를 탐구하고 문화변동의 유형들을 기록했다.[12]

스튜어드는 일리노이에 있는 동안 많은 책과 논문을 펴냈다. 『문화변동론: 다선진화의 방법』(*Theory of Cul-ture Change: The Method of Multilinear Evolution*, 1955)과 앨프레드 크로버의 전기,[13] 그리고 『남아메리카 원주민들』(*Na- tive Peoples of South America*)이라는 제목의 중요한 총서[14] 등을 저술했고, 문화진화와 관개농업, 대분지의 원주민 사회에 대한 논문과 평론을 끊임없이 썼다. 세상을 떠날 때까지 그는 다방면의 연구에 적극적인 관심을 보였지만 그것을 묶어주는 두 개의 핵심적 통합 원리는 문화생태학과 다선진화였다.

문화생태학

스튜어드에 따르면, "문화생태학은 사회가 그 환경에 적응해 가는 과정에 대한 연구이다. 중요한 문제는 이 적응이 진화적 변화라는 내적 사회변형을 일으키는가를 결정하는 것이다."[15] 환경을 구성하는 복합적인 상호 연결관계에 대한 적응을 분석하는 생물학적 생태학처럼, 문화생태학은 '생활망 속의 인간'[16]에 대한 관점이다. 그 망은 자연적·문화적 실체로 이루어진다.

> 문화생태학은 영역 내의 모든 사회적·자연적 현상들의 상호작용을 조사하는 방법론 면에서 생물생태학과 대체로 유사하지만, 사회적 특징들을 생물학적 종들과 동일시하거나 경쟁이 주요 과정이라고 가정하지는 않는다. 그것은 다른 종류의 사회문화적 체계와 제도를 구별하고 협동과 경쟁 모두를 상호작용의 과정으로 인식하며, 환경적 적응은 기술과 사회의 요구 및 구조, 그리고 환경의 특성에 달려 있다는 것을 전제한다. 그것은 사회적 환경에 대한 적응 분석을 포함한다……[17]

인간집단의 생활망은 "즉각적인 물리적 환경과 생명의 집합을 훨씬 뛰어넘어 확장될 수 있다. 국가나 민족, 제국에서 지역집단의 성격은 지역적인 적응에 의해서라기보다는 보다 큰 제도들에 의해 결정될 것이다."[18] 환경과 문화의 연계는 쇼쇼니처럼 생존의 여유가 희박한 사회에서 특히 분명하게 나타난다고 스튜어드는 주장한다. 대조적으로 "생계문제를 충분히 해결한 사회에서는 생태의 영향을 확인하기 어렵다. 복합적인 사회에서는 생태보다 사회적 상부구조의 일정한 구성요소들이 점차 향후의 발달을 결정하는 인자가 되어가는 것 같다. 문화적 복합성이 증가할수록 분석은 점점 어려워진다."[19]

스튜어드는 문화생태학을 종교적인 신조가 아니라 조사방침으로 본다. 문화변동의 다른 과정, 예를 들어 전파나 혁신도 문화생태학적 접근에서 배제하지 않는다. 문화생태학은 사회적 유형의 비교문화적 유사성을 유사한 환경에 대한 적응으로 설명할 수 있다는 커다란 이점을 제공한다. 원인에 대한 관심이 문화생태학과 보아스와 그 제자들의 역사적 특수주의를 구분한다.

스튜어드는 전파나 혁신, 이주의 메커니즘에 기초한 문화-역사적 '설명들'은 '사회가 다른 방식으로 발전하는' 경향의 근본 원인을 밝히지 못했기 때문에 진정한 설명이 아니었다고 주장한다.[20] 역사적 특수주의의 설명은 사실상 '문화사의 분기현상'(divergence)을 재구성한 서술에 불과하며, 다양성의 원인은 미궁 속에 남겨둔다.

나아가 문화-역사적 설명에서 환경은 문화적 차이를 설명할 때 부차적인 역할로 밀려난다.[21] 역설적으로 문화-역사적 설명은 '문화영역'(culture area)의 개념에 의존하는데, 위슬러와 크로버가 아메리카 남서부 또는 대평원 같은 문화적 유형의 하위 단위로 사용한 이 도식은 유사한 환경에서 나타나는 공유된 문화특질에 기반을 두고 있다. 환경과 문화 사이에 그렇게 분명한 연관성이 있다면 어떻게 환경이 무시될 수 있느냐고 스튜어드는 묻고 있는 것이다.

스튜어드는 문화생태학적 탐구의 세 가지 기본 단계의 개요를 밝힌다.[22] "첫째, 착취적 또는 생산적 기술과 환경의 상호관계가 분석되어야 한다." 이는 물질문화와 천연자원의 관계를 의미한다. "둘째, 특정한 기술에 의한 특정한 영역의 개발에 관련된 행동 유형이 분석되어야 한다." 예를 들어 어떤 사냥감은 개별적으로 쫓는 것이 나은 반면 다른 사냥감은 공동 사냥으로 포획할 수 있다. 상이한 자원을 이용하기 위해 상이한 사회적 행위가 동반되는 것이다. 분석의 세번째 단계는 "환경의 개발에 수반되는 행동 유형이 문화의 다른 측면에 미치는 영향"[23]을 규정하는 것이다. 삼단계의 경험적 분석이 문화핵심(culture cores), 곧 "생계 활동과 경제적 조직에 가장 밀접하게 관련된 특징들의 조합"을 확인시켜 준다.

문화생태학은 단선진화의 형태가 아니며, "상이한 영역들을 특징짓는 독특한 문화적 특징과 유형을 설명하려는 시도이지, 모든 문화적-환경적 영역에 적용되는 일반적 원리를 추출하려는 것이 아니다."[24] 문화생태학은 타일러, 모건, 마르크스와 엥겔스의 19세기 단선진화론과 다르며, 화이트와 해리스가 제시한 20세기 이론의 폭넓고 일반적인 성격도 부족하지만, 유물론적 전략임에 틀림없다. 해리스는 말한다.

문화유물론의 본질은 인간의 유기체와 문화적 장치에 의해 매개되는 행동과 환경의 상호작용에 관심을 기울인다는 것이다. 집단의 구조와 관념체계는 물질적 조건에 상응한다는 예측 아래, 그렇게 하는 것이 우선순위이다. 문화생태학의 연구 전략에 대한 스튜어드의 진술을 살펴보면 문화유물론의 모든 속성들이 명료하게 나타나 있음을 알 수 있다.[25]

인간의 적응과 인간사회와 자연자원의 관계에 중점을 둠으로써, 문화생태학은 다선진화라는 스튜어드의 문화변동론에 분석의 초점과 경험적 기반을 제공했다.

다선진화

스튜어드의 문화진화의 관념은 두 가지 핵심 개념에 의거한다. "첫째, 그 관념은 역사적으로 무관한 문화적 전통들에서 거의 동일한 형태와 구조가 독자적으로 발전한다는 사실을 전제한다. 둘째, 그것은 이러한 평행적 발전을 개별적인 사례에서 동일한 인과관계가 독립적으로 작용한 것으로 설명한다."[26] 그래서 문화진화를 이해하는 것은 "통문화적으로 되풀이되는 평행성과 유사성"을 발견하고, 그러한 평행성의 원인에 대한 법칙적 명제를 제안하는 작업을 포함한다.

스튜어드의 접근은 모든 사회가 똑같은 발전단계를 통과한다고 가정하지 않으면서, 사회들 사이의 유사점들을 찾고 설명하는 것이다. 그가 말하길, 다선진화는 "경험적 타당성을 갖는 형태·구조·과정의 제한된 평행성만을 다룬다. 보편성에서 빠진 것은 구체성과 특수성에서 얻어질 것이다."[27]

예를 들어 스튜어드는 다섯 군데의 독자적인 고대문명의 요람——메소포타미아, 이집트, 중국, 메소아메리카, 안데스——에서 선사시대의 발전 유형들을 비교했다. 이 중심지들은 건조 또는 반(半)건조의 환경에서 관개농업의 경제적 기반 위에 발달한 "형태, 구조, 과정의 평행성"을 공유하고 있다. 농업은 잉여식량을 창출했고, 이는 생계와 무관한 활동과·인구성장을 가능하게 해주었다. 인구의 성장이 농업생산성의 한계까지 도달했을 때, 천연자원을 둘러싼 경쟁이 심화되었으며, 전쟁이 잇달아 일어났고, 정치지도력은 종교적 사제로부터 전투를 치르는 왕에게로 이양되었다. 일부 공동체들은 번성하고, 나머지는 쇠락하게 되면서 광범위한 지역에 대한 강력한 정치적 통치력을 제도화한 제국들이 나타났다.[28]

스튜어드는 다섯 고대문명에서 진화상의 유사성을 추적했다. 사건의 연대기는 서로 다르지만 문화적 진화에서는 상당한 평행성이 엿보이는데, 이는 문화적 발달의 보편적 단계들이 있기 때문이거나 지역간 문명의 전파에 기인하는 것이 아니라, 다섯 개의 문화적 전통들이 농업을 꽃피울 수 있는 건조 또는 반건조의 유사한 환경에서 등장했기 때문이라고 스튜어드는 주장한다. 건조 또는 반건조의 환경에서 일어난 농경문명의 발달은 스튜어드가 제안하는 다선진화의 한 '선'(line)이다.

따라서 스튜어드의 다선진화는 문화 일반에 대한 포괄적인 선언을 의도적으로 피하고, 보다 한정된 모델을 특수한 문화들의 조합에 적용한다.

결론

줄리언 스튜어드의 다선진화론은 대다수 인류학자들의 관심을 잃었지만, 그의 식견 가운데 일부는 인류학의 복음으로 남아 있다. 군단 사회의 조직에 대한 스튜어드의 통찰력, 문화생태학의 중요성, 그리고 통문화적 유사성의 탐구는 모두 인류학적 사고와 실천에 확고히 자리잡았다. 스튜어드식의 유물론은 세 가지—

① 환경과 문화의 핵심적인 관계와 사회생활의 다른 측면에 그것이 시사하는 점, ② 사회들 사이의 유형화된 규칙성과 유사성, ③ 평행적 발달의 인과적 설명이 역사적 재구성보다 중요하다는 사실─를 강조한다. 스튜어드 사상의 중심이 되는 이러한 신조들은 30년 넘는 연구 성과에 계속 등장하는 주제이며, 미국 서부의 황량한 땅에서 태동했다.

문화유물론

해리스(Marvin Harris, 1929~2001)의 작업은, "인간의 사회 생활은 지구상에 생존해야 한다는 현실적인 문제에 대한 반응이라는 단순한 전제에 기초한"[1] 문화유물론(cultural materialism)의 관념과 완전히 동일시된다. 그것은 해리스와 밀접히 관련된 관점이다. 그가 말하듯이, "내가 '문화유물론'을 만들지는 않았지만, 그 이름을 부여한 것은 나였다."[2] 지성사적으로 본다면 마르크스와 엥겔스의 영향을 받긴 했지만, 해리스는 문화에 대한 독특한 유물론적 접근을 규정했다. 해리스는 자극적이며 때로는 도발적인 수많은 저서들을 통해, 통합적인 인류학 이론체계를 발달시켰다.

배경

해리스는 1953년 컬럼비아 대학에서 박사학위를 받았고, 거기에서 1981년까지 가르치다가 플로리다 대학으로 옮겼다. 해리스의 민족지 조사와 이론적 관심은 분명히 연결되어 있었다. 그의 조사는 라틴아메리카, 특히 브라질에 초점을 두었으며, 포르투

갈의 아프리카 식민지였던 앙골라와 모잠비크에도 관심을 보였다. 그의 첫 저서 『브라질의 도시와 농촌』(*Town and Country in Brazil*, 1956)은 브라질 바이아 주에 위치한 미나스벨라스(Minas Velhas) ─ 포르투갈어로 '오래 된 광산'이란 뜻 ─ 의 현지조사에 바탕을 두었다. 직설적인 민족지인 『브라질의 도시와 농촌』은 고립된 골드러시(gold rush) 주거지가 갑자기 지역의 중심지가 되었다가 폐광과 함께 영광 속에 사라지는 과정을 기술하고 있다. 보다 안정된 경제를 지닌 주변지역들이 크게 성장하면서 광업도시는 국민들의 관심으로부터 까맣게 잊혀져 갔다. 해리스는 브라질을 발전 중인 '농촌'(rural) 국가로 분류하는 데 의문을 제기했는데, '많은 농촌지역들은' 갑작스러운 광업 경제에 의해 태어났던 미나스벨라스처럼 "깊이 침투해 있는 수많은 도시의 거점과 연관시키지 않고는 결코 이해될 수 없기" 때문이었다.

『브라질의 도시와 농촌』은 해리스의 조사방침 및 **하부구조**(infrastructure)에 대한 강조를 엿볼 수 있는 초창기의 입문서이다. 그는 후에 하부구조를 "생산과 재생산의 사회적 통제를 통해서 건강과 복지를 유지하는 문제에 직결되는 기술적·경제적·인구학적·환경적 활동과 조건"이라고 정의했다.[3] 첫 저서에서 해리스는 경제적 추구, 공공경제, 계층과 인종을 기록했다. 그러나 정작 미나스벨라스를 규정하는 독특한 요인들은 광산 공동체로 설정되었다는 사실과 도시적 에토스 ─ "농촌이 아닌 도시적 생활에 대한 동경"을 중시하는 "상호연결된 가치들의 복합" ─ 의 중요함이다.[4]

해리스가 관념론에 빠져든 것처럼 보이지만, 그는 곧 "이러한 지속적인 특징들을 설명하는 역동적·기능적 요인들"이 있으며,

사회가 "다수의 구성원들이 식량생산 활동으로부터 해방되어, 대규모의 직업 전문화가 실현되는 기술과 사회조직의 단계에 일단 도달하면, 보다 동질적인 구조로 되돌아갈 가능성은 거의 없다"고 피력한다.[5] 미나스벨라스의 도시적 에토스는 원래 하부구조에 의해 규정된 사회조직을 재생산하고 강화한다.

브라질에서 한 연구로 해리스는 인종 문제에 관심을 갖게 되었고, 이 문제는 찰스 와글리와 함께 쓴 『신세계의 소수민족들』(*Minorities in the New World*, 1958)과 나중에 쓴 『아메리카 인종의 유형』(*Patterns of Race in the Americas*, 1964)에서 논의되고 있다. 『아메리카 인종의 유형』은 아메리카 대륙의 인종주의의 근원에 대한 간략하고 극히 압축적인 논의로서, 공민권운동(Civil Rights Movement) ─ 셀마 민권시위(1965년 흑인들의 투표권 행사를 요구하며 앨라배마 주의 셀마에서 주도인 몽고메리까지 행진하려던 사건─옮긴이), 자유승객운동(The Freedom Riders: 공공 교통기관에서의 인종차별 철폐를 요구하며 흑인들과 백인들이 함께 버스 등을 타고 남부의 여러 주를 여행한 시위운동으로, 목숨을 걸고 여기에 참여한 사람들의 조직을 일컫기도 한다─옮긴이), 외경심을 불러일으키는 마틴 루터 킹 목사의 명연설 ─ 이 한창일 때 출간되었다.

해리스는 라틴아메리카와 미국 인종주의의 역사를 계속 비교하면서, 인종주의의 경제적 기원에 대한 설득력 있는 분석을 제시했다. 그는 아메리카 대륙에서 미국 인디언들, 아프리카인들, 유럽인들 사이에 존재하는 다양한 형태의 불평등한 인종관계를 추적하여 이를 플랜테이션(plantation), 아시엔다(haci-enda), 소규모 농장의 경제체계가 주는 상이한 부담과 연결시켰다. 인종주의를 불평등한 권리의 문제라고 생각했던 1960년대 미국에서, 해리스가 인종주의의 경제적 근거를 주장하며 상당히 현대적인 분석을 내놓은 점은 흥미롭다.

다시 말해서 해리스는 하부구조의 설명에 우선순위를 두는데, 그것을 강조하는 것은 1968년 발표된 그의 대표작 『인류학 이론의 발생』(*The Rise of Anthropological Theory*)의 토대를 이룬다. 『인류학 이론의 발생』은 문화의 성격과 그것의 진화에 대한 서구사상을 샅샅이 훑으며 비판한 책이다. 해리스는 플라톤, 몽테스키외에서 헤겔에 이르는 사상가들의 공헌과, 문화와 인성부터 구조주의를 거쳐 문화진화론에 이르는 인류학 학파들을 평가하고 있다. 그 과정에서 그는 계몽주의 시대 이후 거의 모든 사회 사상가들에 대해 주로 부정적인 의견을 피력한다.

해리스는 비록 과거와 현재의 인류학자들을 심하게 공격하는 점에 대해 미리 사과하고 있지만, "인류학 이론의 발달에서 이 특별한 순간에는……비판적인 판단이 정중한 평가보다 우선권을 부여받을 만하기" 때문에, 자신이 정당화될 수 있다고 느끼는 것 같다.[6] 해리스는 "베니딕트가 그녀의 심리적 인물상을 세우는 사실적 기반이 의심스럽다"고 공격하고,[7] 크로버는 "사교모임의 한담 같은 미약한 기준"에 기초하여 스타일과 예술적 성취의 변화에 대한 명제를 제시했다고 비난했으며,[8] 레비-스트로스는 다른 문화의 숨은 구조를 간파하기는커녕 "자기 머릿속이 어떻게 돌아가는지 이해조차 못하는 것 같다"[9]고 말한다.

도대체 해리스는 왜 그렇게 흥분했을까? 그의 임무는 두 가지다. 첫째, 그는 보아스의 반이론적(atheoretical) 유산을 비판하면서, 역사적 특수주의는 '사실만'을 중립적으로 소개하는 작업이 아니라 19세기 진화론적 사회이론에 대한 오해와 과학에 대한 애매한 관점을 특징으로 하는 이론적 입장이라고 주장한다. 그는 일반적인 인류학 이론의 중요성을 역설하면서, 가설을 '추측'의 동의어로, '이론'을 막연한 가정의 동의어로 사용하는 미국 인류학의 흐름에 반대했다.

둘째, 해리스는 자신의 이론적 관점을 앞세워 다른 이론들과 구분하고, 자신의 이론이 논리적으로 보다 유용하다고 역설한다. 그는 그 이론을 '문화유물론'이라 불렀다.

문화유물론

『인류학 이론의 발생』 서론에서 해리스는 문화유물론을 다윈의 선택이론의 사회문화적 유추라고 묘사하고, 즉각 그것이 비관념론적이고 진화론적이라고 확인한다. 문화유물론은 인간의 성격, 각 문화의 고유한 특성, 또는 핵심가치, 심층구조, 초유기체적 형상 같은 실체가 없는 것들에 호소하지 않는다. 대신 해리스가 발전시키려는 것은,

……기술-환경적 · 기술-경제적 결정론의 원리〔이다〕. 이 원리는 유사한 환경에 적용된 유사한 기술은 생산과 분배에서 유사한 노동조직을 낳는 경향이 있고, 이는 다시 유사한 종류의 사회집단들을 유발하며, 이들은 유사한 가치와 신념의 체계에 의해 그들의 활동을 합리화하고 조율한다고 믿는다. 조사 전략으로 전환되었을 때, 기술-환경적 · 기술-경제적 결정론의 원리는 사회문화적 생활의 물질적 조건의 연구에 우선권을 주는

데, 이는 마치 자연선택의 원리가 차별적인 번식 결과의 연구에 우선권을 주는 것과 같다.[10)

해리스는 그의 입장인 '문화유물론'을 철학적 유물론——물질이 먼저냐, 정신이 먼저냐의 문제——으로부터, 그리고 마르크스와 엥겔스에 의해 구체화된 개념의 체계인 변증법적 유물론으로부터 구별하고 있다. 그는 철학적 유물론은 사회문화적 현상의 고찰에는 적절하지 않다고 생각했고, 변증법적 유물론은 문화유물론의 하위단위로 포함시켰다.『인류학 이론의 발생』서두에서 해리스는 자신의 의도를 밝히고 있다. "나는 문화유물론적 전략을 적용하지 못하는 것이 다른 식의 연구를 지향하는 합당한 프로그램이 존재하기 때문이 아니라, 인류학의 학문적 정체성을 형성한 사회문화적 분위기의 은밀한 압력에 기인한다는 점을 증명해 보이고자 한다."[11)] 이 말과 함께 도전이 이루어졌다.

해리스의『문화유물론: 문화과학을 위한 투쟁』(*Cultural Materialism: The Struggle for a Science of Culture*, 1979)은 그의 이론을 가장 간결하고 완벽하게 제시한 저서이다. 이 책은 문화유물론의 인식론적 기반을 약술하면서 시작한다.

과학적 지식은 어떻게⋯⋯얻어질 수 있는가. 과학에 의해 연구된 사물과 유기체 중 유일하게 인간은 '객체'인 동시에 '주체'이기도 하다. 그 '객체'는 그 자신과 다른 사람들의 사고와 행위에 대해 잘 발달된 생각을 갖고 있다.

⋯⋯조사 전략의 특징을 가장 잘 드러내는 것은, 사람들이 주

체로서 말하고 생각하는 것과 과학적 탐구의 객체로서 말하고 생각하고 행동하는 것 사이의 관계를 처리하는 방식이리라.[12]

해리스가 주장하는[13] 적절한 질문이란 사람의 행위와 사고, 또는 관찰된 사회문화적 현상과 경험된 사회문화적 현상 중 어느 것이 '실체'인지가 아니다. 대신에 우리는 두 종류의 구분——"첫째로 정신적 사건과 행위적 사건의 구분, 둘째로 내부적(emic) 사건과 외부적(etic) 사건의 구분"——을 해야만 한다. 행위적 사건은 단순히 "지금까지 존재했던 모든 인류의 크고 작은 온갖 신체적 동작과 그 동작에 의해 생산되는 환경적 영향"이다. 반면에 정신적 사건은 "우리 인간이 마음속에서 경험하는 모든 생각과 느낌"이다. 두번째 종류의 구분은 내적인 것과 외적인 것 사이에 있다. 내부적 시각은 참여자의 관점을 전달하며, 외부적 시각은 관찰자의 관점에서 나온다. 이 두 가지 앎의 방식은 조사의 상이한 접근방법과 방침을 시사한다.

내부적 작업과정(emic operation)의 특징이라면 원주민 정보제공자(native informant)가 관찰자의 기술과 분석의 타당성을 최종적으로 판단하는 중요한 위치를 차지하게 된다는 점이다. 내부적 분석의 타당성 검증은 원주민이 현실적이고 의미있고 적절한 것으로 수용할 명제들을 만들어낼 수 있느냐에 달려 있다.

외부적 작업과정(etic operation)은 관찰자에게 기술과 분석에 사용된 범주나 개념의 타당성을 최종적으로 판단하는 지위를 부여한다는 것을 특징으로 한다. 외부적 설명의 타당성 검증은 단지 사회문화적 차이와 유사성의 원인에 대해 과학적으로 생산적인 이론을 만들어낼 수 있느냐에 달려 있다. 현지인의 관점에서 반드시 현실적이고 의미 있고 적절한 개념을 채용하는 대신, 관찰자는 과학의 정보 언어에서 도출된 낯선 범주와 규칙을 자유롭게 사용한다. 흔히 외부적인 작업은 원주민 정보제공자가 부적절하고 무의미하다고 볼 활동과 사건의 측정 및 병치(Juxtaposition)를 포함한다.[14]

이 구분은 인간의 행위와 사고의 특수한 범주들을 이끌어낸다. 첫째, 생계의 필요성을 충족시키는 요구에 관련된 **외부적 행동의 생산양식**이 있다. 둘째, **외부적 행동의 재생산양식**은 인구의 존속을 보장하기 위해 취해지는 행위이다. 셋째, 각 사회가 "구성 집단들 내부의 그리고 다른 사회와의 안정적이고 질서 있는 행동의 관계"를 유지하기 위해 취하는 행위가 있으며, 이는 불협화음이 일어나는 주요한 영역이므로 연관된 행동의 집합은 "노동과 노동의 물질적 산물을 개인과 집단에 나누어 주는 경제적 과정이다."[15] 따라서 우리는 **외부적 행동의 가내 경제**와 **외부적 행동의 정치경제**에 관심을 가진다. 마지막 외부적 범주인 **행위의 상부구조**는 예술과 광고, 의례에서 스포츠에 이르기까지 인간의 심성을 위한 상징적 과정의 중요성과 관련된 행위로 구성된다.

해리스는 특별한 이유 없이 생산양식과 재생산양식을 '하부구조'의 항목하에 한 묶음으로 처리하고, 가내 경제와 정치경제는 '구조' 밑에 묶었다. 이 두 범주에 '행위의 상부구조'가 추가되면 마침내 외부적 행위의 삼부작 ── **하부구조, 구조, 상부구조** ── 이

나타난다. 해리스는 정신적·내부적 구성요소에 대해서도 이에 상응하는 삼부 도식을 간단히 묘사했지만, 별 관심이 없어서인지 흐지부지 처리하고 말았다. 그 결과 우리에게 남은 것은 하부구조, 구조, 상부구조(모두 외부적 범주)와 두루뭉술한 **정신적·내부적 상부구조**다.[16)]

이는 예견된 종착지인 하부구조적 결정론에 도달하는 우회적인 길이다. 해리스에 의하면, 하부구조는

……문화와 자연 사이의 주요한 중개장치로, 인간의 행위를 지배하는 생태적·화학적·물리적 제한들이 그 제한을 극복하거나 수정하려는 중요한 사회문화적 관행들과 상호작용하는 접점이다.[17)]

해리스는 하부구조에 초점을 둔 연구는 인류학적 조사(와 조사자금 확보)에서 '전략적 우위'를 갖는다고 주장하면서, 이 주장을 두 가지 점에서 합리화했다. 첫째로 과학의 목표가 법칙적인 일반화에 기초한 질서정연한 지식체계를 창조하는 것이라면, "자연에서 주어진 것으로부터 상당히 직접적인 제약을 받는" 사회문화적 영역에서 출발하는 것이 좋다.[18)] 둘째로 하부구조에서의 혁신은 그 반향이 구조, 상부구조, 정신적/내부적 상부구조의 다른 영역에서도 감지되므로, 상당한 체계적 변화를 산출하는 경향이 있다.[19)] 이는 구조나 상부구조가 "중요치 않은, 하부구조적 힘의 부수적인 반영"이라는 사실을 의미하지는 않는다. 또 그런 차원들도 가끔씩 변화를 상쇄하거나 변화를 증진·증폭시키는 규제적 메커니즘으로 작용하기도 한다. 해리스에 따르면, 혁

신은

   ……기존의 생산 및 재생산 양식과 기능적으로 잘 어울리지
않으면 보급되거나 증폭되지 않는 경향이 있다―그 역의 경
우보다 개연성이 훨씬 낮다……. 이것이 바로 문화유물론이 궁
극적으로는, 또 많은 수의 사례에서는 외부적 행위의 하부구조
가 구조와 상부구조의 성격을 결정한다고 말하는 의미이다.[20]

   요컨대 문화적 유형의 이해는 일차적으로 하부구조―생계, 주
거, 집단, 인구 등의 차원에 표현되는 문화/자연의 중개장치―
의 관점에서 현상을 설명하기를 요구하며, 다음으로 하부구조의
변화가 어떻게 구조와 상부구조를 개편하는지에 대한 설명을 요
구한다. 해리스는 세계사의 진화론적 묘사에서 이 전략을 사용했
으며,[21] 인도의 성스러운 암소와 소비에트 제국의 몰락 같은 특
수한 현대적 사회현상을 설명하는 데에도 그것을 이용했다.[22]

신성한 암소와 제국의 종말

   해리스의 문화유물론적 접근은 하부구조의 성격을 조사함으로
써 수수께끼 같은 사회적 유형을 설명하는 분석에서 그 예를 찾
을 수 있다. 두 범례는 '인도에는 성스러운 암소가 왜 그렇게 많
은가?'와 '소비에트 연방은 왜 몰락했는가?'이다.
   육식을 하는 서구인에게는 사람들이 기아에 허덕이는 인도에
서 암소들이 자유롭게 돌아다니는 것은 모순적인 단백질 낭비로
비친다.[23] 힌두교의 소 도살 및 쇠고기 소비 금지는 문화적 규칙

이 상식을 제압하는 사례이며, 확대해석하면 하부구조가 아니라 정신적 상부구조가 인과적인 우위를 점한 실례로서 적응과는 무관한 것으로 보일 수도 있다.

인도의 성스러운 소와 관련된 종교적·상징적·정치적 규제는 잘 알려져 있다. 인도의 헌법에 암소의 도살을 규제하는 법이 있으며, 두 주를 제외하고는 인도 토종 혹소의 도살을 법으로 금하고 있고, 소 도살의 전면적인 금지는 정치적 소요의 일반적인 발화점이다. 힌두교의 성전에는 크리슈나 신이 소치는 사람이었고 소의 보호자라고 기술되어 있다. 그리고 우유, 버터, 응유, 배설물들을 섞어 만든 신성한 음료를 종교적 상(像)이나 숭배자들에게 바르는 데 사용했다고 한다.

암소가 늙거나 병들면, 꽃으로 장식하고 수용소에 안치해 경배하고 숭배했다. 암소 숭배는 인간의 모성을 경배하는 일과 연관되었다. 그것은 정치 생활의 주된 주제이기도 해서, 회교도와 힌두교도들 사이의 끊임없는 알력은 회교도들이 쇠고기를 먹는다는 사실과 관련된다. 이와 유사하게 영국인들이 쇠고기를 먹는다는 점이 인도 독립운동 당시 집회의 한 원인이었고, 마하트마 간디의 정치적 지지기반 가운데 하나는 암소의 신성함에 대한 확고한 신념이었다.

결과적으로 인도는 세계 어느 나라보다 많은 암소를 보유하고 있으며 —1억 8,000만 마리와 물소 5,000만 마리— 이는 비논리적인 종교적 신념이 야기한 낭비 같아 보인다. 물론 해리스는 이에 동의하지 않는다.

정치와 종교는 분명히 쇠고기와 도살 금기를 강화하고 영속화하는 데 일익을 담당했지만, 정치도 종교도 왜 소 살육과 쇠고기 섭취가 상징적으로 두드러지게 되었는지 그 이유를 설명하지 못한다. 돼지나 말이나 낙타가 아니라 왜 암소인가? 나는 신성한 암소의 상징적인 힘을 의심하지 않는다. 내가 의심하는 것은 일종의 특별한 동물과 일종의 특별한 고기에 상징적 힘을 부여한 것이 실질적인 억제요인들의 일정한 조합이 아니라, 자의적이고 변덕스러운 정신적 선택의 결과라는 주장이다. 종교는 인도의 음식문화에 영향을 미쳤지만, 인도의 식습관은 종교에 더 큰 영향을 미쳤다.[24]

어떻게 하부구조가 신성한 암소를 탄생시켰는가? 해리스의 상세한 분석은 황소가 필요하다는 간단한 요점으로 압축될 수 있다. 해리스는 기원전 600년 공동체의 육식성 축제를 위해 소가 도살되고, 그 고기를 먹던 과거를 기술하고 있는 베다 문서를 인용한다. 그러나 인구가 증가하고 목초지가 농경지로 바뀌면서, 값이 오른 쇠고기는 결국 특권 카스트만의 전유물이 되었다. 기원전 5세기부터 살생을 금하는 종교들—불교와 자이나교—이 발달하기 시작했고, 다음 세기들을 거치면서 고기가 아니라 우유가 의례용 음식이 되고 암소 숭배는 힌두교의 일부가 되었다.

그런데 밭갈이 동물로서 황소가 필요하다는 것은 암소 또한 필요하다는 것을 뜻한다. 작은 농장에서는 견인동물이 필요했다. 오늘날 트랙터는 큰 농장에서나 효율적일 뿐 고장이 잦고 수리하는 비용도 만만치 않다. 인도의 가난하기 짝이 없는 농부들이 길을 잃은 듯 땅 위를 배회하는 동물들의 진짜 주인들이다. 목초지가 없는 암소들은 길가의 초목을 뜯거나 음식 가판대, 쓰레기 더미에서 음식을 뒤진다. 소량의 우유를 생산하고 이따금 황소를 낳지만, 그래도 암소의 비용효과는 도살로부터 보호받을 충분한 이유가 된다.

암소는 우유를 만들어낼 뿐 아니라, 인도의 토양과 기후에서 가장 싸고 효율적인 견인동물의 어미이기도 하다. 고비용의 에너지를 소모하고 사회적 위화감을 조성하는 쇠고기 소비의 식습관으로부터 자신을 보호해주는 힌두인들에 대한 보답으로 암소는 그 땅에서 자연과 인간이 조화롭게 살 수 있도록 해주었다.[25]

이는 자연과 문화 사이의 중개장치, 즉 순수하고 단순한 하부구조이다.

두번째 사례는 소비에트 연방의 붕괴에 대한 해리스의 분석이다.[26] 소련의 국가 공산주의의 악화는 일부가 단정하듯이 자본주의의 승리나 페레스트로이카의 예기치 않은 결과, 또는 미국 외교정책의 정치적 선견지명 탓이 아니었다. 하부구조의 퇴화 때문이었다는 것이 해리스의 주장이다.

페레스트로이카 직전에 소련의 1인당 경제성장은 없거나 그 이했고, 양곡 생산은 막대한 투자에도 불구하고 10년째 제자리 걸음이었으며, 1970년과 1987년 사이 투자단위당 생산량은 해마다 1퍼센트씩 감소하고 있었다. 공장, 농기구, 발전소, 운송체계는 낙후되어 있었다. 소비에트 경제에서 기술혁신의 전파는 서방 경제보다 세 배나 오래 걸렸다. 부실한 분배체계로 인해 20~50퍼센트의 밀, 감자, 사탕무, 과일 수확물이 농장과 상점 사이에서 사라졌다. 광범위한 오염, 즉 체르노빌 방사선 누출과 발트해·흑해·카스피해의 중독은 쇠락의 또 다른 지표였고, 소비에트 남성의 평균수명도 짧아졌다.[27]

하부구조 수준의 여러 문제들에다 소비에트의 통제경제라는 구조적 수준의 장애물이 더해졌다. 국가 소유 공장들의 예산은 생산의 효율성보다 직원 수에 따라 책정되었고, 불필요한 인력에 임금이 지급되었다. 생산 할당량은 질적 통제 없이 생산량으로만 규정되었다. "이는 넘치는 재고, 과잉고용, 과잉투자 등 비효율적이고 비합리적인 경영에 대한 제재가 미미하고, 부실한 업체도 도산하지는 않는다는 사실을 의미한다."[28] 통제경제는 그 결과로 생긴 생산물 일부를 불균등하게 분배했다. 사람들이 모스크바에서 겪은 끝없는 줄서기와 예측불허의 공급 부족은 공화국들 사이의 불평등과도 일맥상통한다. 러시아는 재분배하는 것보다 다른 공화국으로부터 얻는 것이 더 많았다.

해리스는 1970년대와 1980년대의 유아 사망률이 카자흐스탄에서는 14퍼센트, 투르크메니스탄에서는 22퍼센트, 우즈베키스탄에서는 48퍼센트 증가했다고 지적한다.[29] 러시아가 다른 공화국들의 희생 위에 혜택을 받고 있다는 생각은 민족주의 운동을 격화시켰다. "국가 공산주의와 소비에트 제국의 붕괴는 하부구조의 운용을 방해하고 훼손하는 정치경제의 도태를 예시하는 사례"였다고 해리스는 결론지었다.[30]

해리스의 소비에트 제국 분석은 미국 인류학회의 석학 강좌에서 발표되었는데, 그는 동료 인류학자들에게 몇 가지 의견을 말했다. 그는 다음에 주목했다.

……하부구조적·구조적·상징적-관념적 특징들은 인간의 사회생활에 똑같이 필요한 부분들이다. 상징적-관념적 또는 구조적 분야 없는 인간사회를 상상하는 것은 생산과 재생산 양식 없는 인간사회를 상상하는 것만큼이나 불가능한 일이다. 그렇지만 그 분야들은 사회문화적 혁신의 유지나 소멸에 영향을 주는 체계적 역할은 하지 않는다.[31]

정확히 말하자면, 하부구조의 영역이 결정적이다. 하부구조 영역에서의 혁신은 구조적·상징적-관념적 체계를 변화시키는 경향이 있는 반면, 하부구조의 효율성—"〔인간의〕 건강과 복지를 유지하는 생산 및 재생산 과정의 효율성에 의해 측정되는"—을 감소시키는 구조적·상징적-관념적 체계에서의 혁신은 도태될 것이다. 그것이 바로 소비에트 연방에서 일어났던 일이라고 해리스는 주장한다.

결론

위에서 본 것처럼, 해리스는 사회문화적 혁신을 설명할 때 하부구조에 인과적 우선순위를 부여했으나, 구조적·상징적-관념적 영역이 문화적 변화를 이해하는 데 관련이 없거나 중요치 않다고 제안하지는 않았다. 다만 하부구조에서의 혁신이 다른 영역의 변화를 초래할 확률이 그 반대의 경우보다 훨씬 크다는 것이다. 상징적-관념적 혁신이 하부구조와 근본적으로 모순된다면 혁신을 일으킬 수 없을 것이다.

미국 인류학회의 연설에서 해리스가 지적하기를, 하부구조의

인과적 우위가

......대안적 미래의 선택에 개입하고 그 방향을 잡을 우리의
자유를 축소시키지는 않는다. 왜냐하면 제약과 함께 기회—
모든 인류에게 사회생활의 혜택을 증진시키는 기회—도 찾아
오기 때문이다. 하부구조의 우위를 인식한다고 해서 의식적인
인간행위의 중요성이 반감되는 것은 아니다. 오히려 그것은 의
식적인 인간의 선택을 인도할 든든한 역사이론의 중요성을 더
할 따름이다.[32]

그러나 여기서 잠깐 생각해보자. 그 얘기는 문화의 다른 차원
에 대해 무엇을 밝히고 있는가? 직접적인 파급효과도 없는 문화
의 측면들이 어떻게 발전하고 전달되며 유지되는가? 논의의 편
의를 위해 하부구조의 영역이 법칙에 의해 지배된다는 해리스
의 말이 옳다고 가정해보자. 그렇다고 해서 왜 문화의 다른 영역
들이 흥미없어지는가? 해리스의 지론은 인류학은 과학이며, 과
학은 법칙에 근거하고, 하부구조는 (개연성이 높게) 법칙에 의해
지배되므로, 따라서 인류학은 하부구조에 초점을 두어야만 한다
는 것이다.

그러나 인류학이 법칙적인 일반화를 추구하는 것이 아니라면
어떻게 되는가? 그것이 에번스-프리처드가 주장하듯이 인문주
의적 분야라면, 또는 거츠가 언명하듯이 법칙을 찾는 실험적 과
학이 아니라 의미를 찾는 해석의 학문이라면 어떻게 될 것인가?

마지막으로, 문화가 개인이 담지하는 가치와 의미에 뿌리를 둔
다면, 정보제공자의 내부적 관점을 무시해버릴 수 있는가? 우리

가 인류학자로서 인류문화의 풍성한 다양성에 관심을 가질 때, 왜 하부구조를 중시하는 외부 관찰자 시각의 연구에 조사의 우선순위를 두어야만 하는가? 문화유물론은 인간의 문화를 의식주와 번식의 단순한 문제로 환원하는 것은 아닌가?

이상은 1970년대에 미국 인류학이 두 진영——인문학에 뿌리를 두는 인류학을 주장하는 이들과, 해리스처럼 자연과학을 모델로 삼는 인류학을 지지하는 이들——으로 분열되면서 등장한 일부 쟁점들이다.

페미니즘, 마르크스주의, 역사

리콕(Eleanor Burke Leacock, 1922~87)은 미국 인류학의 주도적인 마르크스주의 페미니스트였으며 그 분야에 대한 그녀의 기여는 폭넓고 심오하다. 1987년 세상을 떠날 때까지 40년에 걸쳐 이루어진 그녀의 현지조사는 래브라도의 수렵채집 경제, 유럽의 육아, 미국 도시와 잠비아 농촌의 교육 민족지, 북아메리카 모피 교역의 민족사, 사모아의 도시 청소년 문제 등 다양한 주제를 망라하고 있었다. 리콕은 급진주의자였고 인간사회의 마르크스주의적 분석을 주창한 대표적인 인물로, 엥겔스의 『가족, 사유재산 및 국가의 기원』과 모건의 『고대사회』에 관한 귀중한 논문들을 발표했다.[1] 리콕 저작의 주안점은 여성의 종속이 타고난 성별 차이(gender difference)의 반영이 아니라 자본주의의 소산이라는 주장이다. 이 주장은 그녀의 초창기 저술에 풍부한 민족사적 전거와 함께 상세히 기록되어 있고 평생 그녀의 핵심적 논제로 남아 있었다.

리콕의 이론적 업적은 근원적이다. 그녀는 민족지적 현실, 특히 여성 지위의 역사적 변형을 이해하기 위해 마르크스주의 접근법을 명시적으로 적용한 최초의 미국 인류학자들 가운데 한 사람이다.[2] 그녀는 전후 미국 인류학에 진화론적 사고가 다시 등장하는 데에도 공헌했으나 화이트와 스튜어드, 해리스와는 전혀 다른 유물론적 접근을 내세웠다.[3] 구체적인 조사로 칭송받은[4] 그녀의 학위논문은 미국 인류학회 회보로 간행되었는데,[5] 이는 그녀의 학문적 공로와 학구적 전망을 명백히 인정한 것이다.

그러나 리콕은 강단 인류학으로부터 배제됨으로써 그녀가 그토록 많은 것을 바친 분야에서 제대로 대접받지 못했다. 그녀는 컬럼비아에서 박사를 마친 뒤 15년이 지나서야 처음으로 종신 재직권(tenure)이 보장되는 자리를 얻었다. 반대로 동료 급진주의자들인 엘먼 서비스, 모턴 프리드, 스탠리 다이아몬드 같은 컬럼비아 출신의 남자 동문들은 곧 대학교에 채용되었다. 『국제 인류학자 사전』(1981)에는 리콕에 대해 단 한마디의 언급도 없다.

왜 이런 일이 일어났는가? 다이아몬드에 따르면, 간단히 말해서 "양심적인 학자, 급진주의자, 페미니스트로서 그녀가 걸었던 길이 험난했기" 때문이다.[6] 그러나 리콕이 직면했던 최대의 장벽은 미국 사회에서 여성으로 산다는 것이었다.

배경

엘리너 버크는 1922년 문학을 통해 급진적인 정치이념을 표현하던 가정에서 태어났다. 그녀의 아버지는 평론가이자 작가인 케네스 버크였고 어머니 릴리는 수학 교육을 받은 사람이었다. 1920년대 초반에 케네스 버크는 완전한 자유 논객이 되었고, 한 전기작가가 말하듯이 "입에 풀칠할 만큼은 벌었다."[7] 가족은 주기적으로 이동하는 생활을 했는데, 부활절에서 추수감사절까지는 뉴저지 북부의 시골 농장에서 정원을 가꾸고 나무를 베고 물을 퍼올리며 지냈고, 겨울이면 그리니치 마을(뉴욕 시 맨해튼 섬 남부 워싱턴 광장 일대에 있는 예술가 거주지역―옮긴이)로 옮기곤 했다.[8] 평범한 생활방식은 아니었지만, 이러한 경험은 엘리너 버크가 "낙후된 농촌 공동체를 규정하는 육체노동을 숭상하며……그리니치 마을의 자유분방한 작가와 예술가 집단을 특징 짓는 지성인다운 지조와 자주성을 존경하는" 가치관을 체득하도록 이끌었다.[9]

버크는 래드클리프(1897년 하버드대 부설 여자대학으로 설립되었으며, 1943년 학생들의 하버드대 청강이 허용된 이후 두 대학은 긴밀한 관계를 유지해왔다―옮긴이)에서 대학생활을 시작했고, 진화론적 고고학자 고든 차일드의 저서와 마야 전문가 토저(Alfred Tozzer)의 여성혐오론을 접하게 된다. 토저는 그의 강의를 듣는 래드클리프의 여학생들에게 "무뚝뚝하고 무심한 말투로, 따로 수입이 없다면 자리를 못 잡을 것이 뻔한 인류학에 뛰어들지 말아야 한다"고 단언했다.[10] 버크는 인류학 강의를 들었고, 급진적인 학생집단에 참여했으며, 1941년 리처드 리콕―로버트 플래허티(「북극의 경이」「터부」 등의 주요 작품을 남긴 미국의 기록영화 감독―옮긴이)와 작업하고 후에 MIT에서 영화 연구 프로그램을 지도한 영화제작자―과 결혼했다.

리콕은 뉴욕에 돌아가 바너드 대학에서 학부과정을 마쳤고, 컬럼비아에서 대학원 공부를 시작했는데 웰트피시와 스트롱(William Duncan Strong)의 영향을 받았다. 웰트피시는 인류학적 조사의 정치적 파급효과에 대해 강의했고, 리콕은 그 관심을 가슴속에 간직했다.[11] 스트롱의 영향 역시 리콕의 사상을 형성하는 데 일조했다. 아메리카 대륙 전역에서 활동한 고고학자이며 인류학자였던[12] 스트롱은 1927년에서 1928년에 걸쳐 래브라도에서 민족지 조사를 수행했고,[13] 래브라도 반도의 몽타녜-나스카피(Montagnais-Naskapi)족의 사회적·경제적 조직에 대한 인류학 논쟁에 어느 정도 개입하고 있었다. 많은 학문적 언쟁들과는 달리 그 논쟁은 내용과 성과가 있는 것이었다.

재산, 식민주의, 몽타녜—나스카피족

1915년 인류학자 스펙(Frank Speck)은 래브라도의 몽타녜-나스카피 군단이 영토를 확보하고 있다는 사실에 주목하여, 본래 수렵채집인 사이에 사유재산권이 있었다는 점을 보여주고, 이는 접촉 이전부터 존재한 원주민들의 경제 제도라고 주장했다.[14] 스펙이 사적인 토지소유를 입증한 것은 사유가 아닌 공유재산권이 수렵채집 사회의 본질이라는 모건, 마르크스, 엥겔스의 지론에 맞서는 것이었다. 스펙의 연구는 로버트 로이 같은 반진화론자들에 의해 모건, 마르크스, 엥겔스에 대한 '반증'의 형태를 갖추면서 민족지적 논란 이상의 의미를 띠게 되었다.

스트롱의 래브라도에 대한 미간행 자료에 자극받아[15] 리콕은 파리의 국립 도서관에서 래브라도에 대한 초기 예수회 교도들의 기록을 연구하고 16세기에서 19세기까지의 다른 역사적 근거들을 조사했다. 그녀의 조사에서 드러난 기본 요지는 몽타녜-나스카피의 사회생활이 모피 무역으로 말미암아 극적으로 재편되었다는 점이다.

1950년에 리콕은 래브라도로 가서 몽타녜-나스카피족의 민족지적 조사를 수행했다. 족보를 수집하고 수렵 영토를 지도로 작성함으로써, 그녀는 수렵 경제의 역사적 변형과 몽타네-나스카피의 재산관계를 재구성할 수 있었다. 또한 민족사적·민족지적 근거를 종합하여 몽타네-나스카피족과 그들이 경험한 역사적 변화에 대한 지식을 심화시켰다. 개인의 재산권은 모피 교역이 촉발시킨 재산관계의 변화에서 나온 결과로서 스펙이 주장하는 것처럼 원주민의 경제 제도가 아니었다. 압축적인 연구논문 「몽타네 '수렵 영역'과 모피 교역」에서 리콕은 신중하게 자신의 주장을 펴나간다.[16]

모피 무역은 비교적 근래에 일어나(1700년대 이후) 그 영향은 단기적이므로 완전히 새로운 재산관계를 창출할 수 없었다고 스펙은 주장했다. 리콕은 간접무역이 1500년대 초기에 시작되었고 1600년대 초기에 이르면 상당히 중요해졌다는 사실을 입증했다.[17] 역사적 근거를 원용하여 리콕이 입증한 점들은 다음과 같다. 첫째, 18세기 이전 수렵 군단은 넓은 영토를 자유롭게 누비고 다닌 유동적인 사회집단이었다. 둘째, 사유재산권은 18세기에 나타났다. 셋째, 20세기에도 먹기 위한 사냥과 팔기 위한 생포를 구분하는 재산 규칙이 있다. 넷째, 예수회 수사들(Jesuits), 허드슨 만의 중개인들, 정부 관리들이 400년간 몽타네-나스카피의 사회경제적 구조를 적극적으로 변모시켜 왔다.[18] 리콕이 내린 결론은,

18세기 후반과 19세기에 기록된 인디언 부족생활은 인디언들이 전 세계적으로 발달한 통상 무역에 적극적으로 참여함으로써 발생했던 중대한 변화를 반영하고 있다는 것이 점차 뚜렷

이 입증되고 있다……. 이 연구는 [몽타네-나스카피]도 예외가 아니라는 입장을 취하고 있다. 겉으로 보이는 그들의 '원시성'은 판단을 흐리게 한다. 그들의 원주민 문화를 재구성하기 위해서는 단순히 그들의 최근 생활을 기록하고 명백히 유럽에서 연유된 특징들을 제거하는 것만으로는 부족하다. 그들 지역의 일부에서 300년이 넘는 기간에 근본적인 사회문화적 변화가 일어났으며, 그 가운데 하나가 가족 사냥터라는 사실을 이해하는 것에서부터 연구를 시작해야만 한다.[19]

내용상의 장점은 차치하고, 리콕의 연구논문은 두 가지 중요한—직접 관련은 없지만—사항을 포함한다. 첫째, 몽타네-나스카피의 역사적 변화는 전통적인 비서구 사회도 정체된 것이 아니라 변화하고 있다는 사실을 보여준다. 이 점은 오늘날에는 명백해 보이지만, '원시적' 문화가 개혁적이고 역동적이기보다는 보수적이고 안정적으로 묘사되었던 1950년 이전의 인류학에서는 그리 분명하지 않았다. 그래서 타일러는 비서구 사회들이 인류 진보의 초기단계를 화석처럼 대표한다고 보았고, 래드클리프-브라운은 사회구조가 사회를 유지하는 안정화 세력의 표현이라 여길 수 있었으며, 베니딕트는 아메리카 원주민의 세계관이 안정된 문화적 형상을 나타낸다고 보았다.

둘째, 리콕이 모피 무역에 의해 야기된 변형을 강조하는 것은 변화의 두 차원, 즉 재산관계와 성별관계의 변화된 개념을 조명한다. 원시 공산주의에 대한 관심에서 영감을 얻었지만 리콕은 마르크스주의와 진화에 대한 관심을 의도적으로 위장했다. 매카시즘이 극에 달해 있던 시기에 학위논문을 쓰면서 리콕은 그녀의 이론적 관심을 빽빽한 민족지적 세부사항 속에 묻었다. 세월이 흐른 후 그녀는 몽타녜-나스카피 사회에서 생산의 역사적 변형을 논할 때 "마땅히 마르크스를 인용하는 대신, 마르크스주의자와 전혀 무관한 헤스코비츠(Melville Herskovits)가 무심코 한 진술을 인용했다"고 술회했다.[20] 1954년 마르크스주의에 대한 관심을 인정한다는 것은 너무도 위험한 일이었다. 그 후 20년 동안 사정은 변했고, 엘리너 리콕은 주도적인 마르크스주의 인류학자로 떠올랐다.

마르크스주의와 페미니즘

개인적 회고에서 리콕(1993)은 자신의 진보적 뿌리를 교육과 정치적인 경험에 돌렸는데, 그녀의 개인적 시야는 모건과 엥겔스의 저작들에서 힘을 얻었다. 리콕이 모건의 진가를 인정한 것은 "학창 시절 마주쳤던 천편일률적인 모건 비판에 대한 묘한 반발심에서 생겨났고, 현지조사 경험을 통해 굳어졌으며, 일반적으로 시인되는 것보다 훨씬 많은 부분의 모건 이론이 이미 인류학이라는 학문에 통합되었다는 인식에 의해 강화되었다."[21]

60년대 초반부터 엘리너 리콕은 "식민주의가 촉매가 된 계급과 국가의 형성을 통한 사회의 변형에 초점을 두었으며" 특히 심혈을 기울인 면은 "후기 식민지 시대의 자본주의적 발달의 강요 또는 장려"와 결과적으로 나타난 여성의 권위와 자율성에서의 변화였다고 크리스틴 게일리는 진술한다.[22]

리콕의 핵심적인 주장은 래브라도 현지조사 경험에서 직접 유래했다. 첫째, 군단 조직의 수렵채집 사회는 공동 소유권(특히 토지의), 평등한 사회관계, 비위계적 성별관계 등의 특징을 갖는다.[23] 둘째, 계급사회의 진화와 자본주의의 발달은 ① 재산을 공유하고 사회를 공동체로 통합하는 친족에 기초한 사회에서, ② 자원과 노동력 통제를 둘러싸고 경쟁하는 집단들을 규정하는 사회체계—모건이 제시한 주장—로의 변화를 낳았다.[24] 특히 자본주의의 팽창과 상품 생산 및 교환의 발생은 마르크스가 지적한 대로 생산과 생산물에 대한 사회적 통제를 구조적으로 조정한다.[25]

마지막으로 여성의 종속은 이러한 경제적 변화의 불가피한 산물이다. 래브라도 조사에서 리콕은 17세기 예수회 수사 폴 르 젠(Paul le Jeune)—퀘벡의 예수교 선교원장으로 인디언들을 개종시키고 '문명화'시킬 요량으로 몽타네 문화를 연구함—의 의도가 분명히 드러나는 경제적·사회적 변화 프로그램을 분석했다.[26] 이 프로그램은 전통적인 이동 캠프 대신 영구적인 정착지의 확립, 추장제의 창설, 체벌(특히 어린이에 대한)의 도입, 그리고 가부장제·일부일처제·여성의 성적 정절·이혼 폐지에 기초한 천주교의 가족적 가치관 이식 등 여러 단계를 포함하고 있다.

그렇게 다른 문화적 가치들이 어떻게 성공적으로 몽타네에 이식될 수 있었을까? "해답은 협동, 호혜성, 개인의 자율성 존중이라는 의심할 여지 없는 전통적 가치들의 경제적 기반이 유럽의 재화를 얻기 위한 모피 무역에 의해 잘려나간 후 100년이 지나서 예수교와 그 가르침이 뉴프랑스(New France: 북아메리카에 있던 프랑스의 식민지—옮긴이)에 당도했다는 것"이라고 리콕은 말했다.[27] 몽타네의 남성과 여성은 다른 사회에 비해 훨씬 서로를 존중하고 자율적이었지만, 모피 무역이 만연하고 자본주의가 팽창

하면서 여성은 점차 노동에 대한 통제력을 빼앗기게 되었다.[28]

리콕은 래브라도 너머로 분석을 확대했다. 영향력이 매우 큰 논문 「평등사회에서의 여성의 지위: 사회진화에 대한 함의」에서 리콕은, 여성이 대부분의 전통사회에서 낮은 지위를 갖는다는 인류학자들의 가정이 빈약한 민족지 조사 및 인류학자 자신의 계급사회에 내재한 편견의 반영에 불과하다는 것을 보여주었다.[29] 너무나 많은 인류학자들이 '음식 준비와 육아'에 대한 간략한 의견과 노동의 성적 분업에 관한 논평으로 다른 사회의 여성의 역할을 다루었다.[30] 인류학자들은 구분되는 것은 불평등한 것이라고 가정하여, 평등사회에서 여성이 자신의 삶과 활동에서 누리는 자율성의 수준을 경시했다. 결과적으로 인류학자들은 계급에 기초한 자신들의 사회에서 추론하여 여성은 어디에서나 낮은 지위에 있다고 보고, 여성의 열등성은 모든 문화에 보편적이라고 단언했다. 리콕은 이것이 오류라고 주장한다.

리콕의 페미니스트 인류학은 "가족의 형태를 진화론적·역사적 과정에 놓고 보는 것이 중요하다는 점과 일부일처제·가부장제·사유재산·계급관계가 명백히 정치적인 성격을 띤다는 점"을 강조했다고 랩은 주장했다.[31] 이처럼 리콕의 이론적 접근은 모건, 엥겔스, 마르크스로부터 직접 유래했지만 그녀의 민족지 분석은 기술이 상세하고 논의가 탄탄하여 마치 프란츠 보아스의 저작을 읽는 듯한 느낌을 준다.

엘리너 리콕에게 페미니스트 인류학은 역사적 과정에 대한 구체적인 관심에 기반을 두는 광범위한 급진적 비평의 주요 요소이다. 식민주의와 자본주의는 어디에서나 유사한 결과를 낳지만, 민족지적 현실은 구체적이고 잘 기록된 역사적 사례에 기초하여

이해되어야 한다. 리콕에 따르면,

식민주의는 수렵채집인들을 분열시키고 황폐화시켰으며, 이러한 측면을 지적하는 일은 필요하다. 그러나 과학적 이유뿐 아니라 윤리적·정치적 이유 때문에라도 상이한 집단들이 그들이 처한 새로운 상황에 대처하고 여기에서 실속을 취하며 생존하는 탄력성과 창조성에 주목하고 이를 기록하는 일도 똑같이 필요하다. 그들은 원상태에서 많이 변하긴 했지만, 여전히 그들만의 독특하고 새로운 문화적 형태를 진화시킨다.[32]

결론

엘리너 버크 리콕의 작업은 다양한 논제들을 다루지만 일련의 공통된 주제를 지닌다. 첫째로, 리콕은 여성의 종속이 보편적인 조건이 아니라 역사의 산물이라고 주장했다.[33] 둘째로, 리콕은 계급사회의 발달과 서구 자본주의의 팽창에 의해 야기된 역사적 변형을 강조하고, 인류학자들이 다른 사회에서 '토착적' 유형에 대해 가정할 때 주의할 것을 촉구했다. 끝으로, 리콕은 문화적 유형의 역사적 맥락을 수립하는 보아스 학파의 전통과 현실참여를 강조하는 마르크스주의 전통을 결합하여 학문과 실천의 독특한 체계를 창조했다.

구조, 상징, 의미

1960년대 이후 인류학 이론의 특징은 분화현상이다. 몇몇 이론이 분야를 지배했던 이전 시기와 달리, 지난 3, 40년은 서로 타협하기 어려운 이론적 관점들의 다원화로 특징지어진다. 인류학자 오트너(Sherry Ortner)가 1984년 말한 것처럼,

〔인류학〕분야는 고립된 조사를 추구하고 자기들끼리만 이야기하는 개인들과 소규모 동료집단의 잡다한 모임처럼 보인다. 우리는 더 이상 격앙된 목소리를 들을 수 없다. 하나의 공유된 패러다임을 사용한다는 의미에서 인류학이 실제로 통합된 적은 없었지만, 최소한 몇몇 이론적 제휴의 큰 범주, 식별 가능한 일단의 진영이나 학파, 반대편에게 내뱉는 소수의 모욕적 수식어가 존재하던 시절은 있었다.[1]

그렇지만 1960년대 이후의 인류학 이론들을 관통하는 몇 가지 주제를 들 수 있으며, 이들은 관념적 성격의 현대적 설명방식을 지향한다. 일반적인 움직임은 제4부에서 논의했던 것처럼, 문화를 물리적·사회적 환경에 대한 인류의 주요 적응수단으로 다루는 유물론적 이론에서 벗어나는 것이다. 게다가 개인적인 행위가 창조적으로 문화를 형성하는 방식이 가일층 강조되고, 그 연장선상에서 크로버의 시도(제5장 참조)처럼 문화를 어느 정도 개인으로부터 분리해 객체화하려는 노력은 줄어든다.

마지막으로 문화의 상징적 특성이 문화의 정의를 지배하게 되었고, 이는 여러 가지 결과를 초래했다. 문화의 상징적 접근이 부각된다는 것은 역으로 생태적, 경제적, 기타 유물론적 관심을 중시하는 민족지적 연구들이 일부 인류학 영역에서 환영받지 못하

는 분위기임을 나타낸다.

더욱 중요한 사실은 문화에 대한 상징적 접근이 필연적으로 의미에 대한 관심을 유도한다는 것이다. 문화가 상징적이라면 당연히 의미를 만들고 전달하기 위해 사용되는데, 그것이 상징의 목적이기 때문이다. 의미가 문화의 최종적 산물이라면 문화를 이해하기 위해 창조자와 사용자의 의미를 이해할 필요가 있다. 의미가 내부인의 관점에서만 언어질 수 있다고 가정할 경우 문화는 외부적 관찰자에게는 알 수 없는 것이 되어버린다.

이러한 변화는 이론적 모델들의 미묘한 세분화를 가져왔다. 이론적 정의가 문화의 상징적 측면을 강조하면서 문화적 유형의 설명은 점차 국지화되었다. 예를 들어 문화가 상징적 의미의 창조이고 이 의미가 하나의 문화적 교환(의례, 대화, 대관식)에 개입된 개인들 사이에서조차 다르다면, 사피어의 표현을 빌려 "한 집단에 속한 개인의 수만큼 많은 문화"가 존재할 수 있는 것이다. 그리고 상징은 다중적인 의미를 포함하므로, 문화적 행위의 설명은 인류학자들이 내부적 관점으로부터 뒤엉킨 의미의 실타래를 푸는 해석 작업이 된다.

클로드 레비-스트로스, 빅터 터너, 클리퍼드 거츠, 메리 더글러스, 제임스 페르난데스의 저작에서 보이는 변화된 관점은 에드워드 타일러가 사용한 단순한 문화의 정의와는 크게 다르다.

레비-스트로스에게 문화는 친족, 신화, 언어의 영역에서 이루어지는 다양한 의사소통적 교환이다. 표면적인 차이에도 불구하고 그 교환들은 비교적 적은 종류의 기본적 형태 또는 '심층구조'(deep structure)를 따른다. 이 구조는 인간 심성의 잠재적 속성에 뿌리를 둔 문화의 보편적 문법을 반영하고, 인간이 사물을 분류하는 원리를 드러낸다. 표상에 대한 뒤르켐의 관심을 유산으로 삼아 레비-스트로스의 구조주의는 문화를 인간 심성의 상징적 표현으로 본다.

터너의 연구는 똑같이 문화의 상징적 성격을 강조하지만 이를 사회생활의 역동성 안에서 설명하려고 한다. 공적·사회적 교환에서 상징이 사용되고 의미가 창조된다. 상징은 의미가 강하게 농축된 것이며, 그 의미는 다원적이고, 또 사회의 구성원에 따라 의미가 달라진다는 특수한 속성을 갖는다. 문화적 생활을 이해하는 것은 상징을 분리하여 그 의미를 확인하고, 특수하고 역동적인 문화적 맥락에서 상징이 어떤 반향을 일으키는가를 보여줄 것을 요구한다.

거츠는 문화의 상징적 기반에 대한 이러한 관심을 공유한다. 거츠에게 문화는 사회에 독특한 양식을 부여하는 세계관, 가치, 에토스 — 베니딕트의 표현으로는 특수한 '핵심가치' — 의 작용이다. 그러나 이 과정은 굉장히 복잡하다. 상징의 사용과 의미의 창조는 불가피하게 오해와 의미를 둘러싼 의견대립, 상징의 사용에서 빚어지는 개인간의 갈등을 수반하기 때문이다. 그래서 초기의 민족지에서 흔히 보이는 "모 문화가 믿는 것은 무엇무엇이다"와 같은 전반적인 진술은 할 수 없다. 사건을 설명하려면 그것을 특정 문화 행위자의 동기, 가치, 의도에 비추어 보아야 한다. 인류학자의 역할은 문화적 사건을 포괄적이고 보편적인 도식 안에서 설명하는 것이 아니라 특수한 의미의 기호(code) 안에서 해석하는 것이다.

더글러스는 자신의 민족지적 연구에서 문화적 의미의 사회적 범주를 탐구했다. 뒤르켐과 모스의 사상에 연원을 둔 것이 분명한 분석 방침을 확대하여 그녀는 상징적인 순수와 오염―음식 금기, 행동의 제약, 회피 규칙―에 대한 문화적 진술이 사회에 대한 생각들을 재천명하는 방식을 조사한다. 더글러스는 인간이 자신들의 존재에 대한 의미 있고 독특한 주장을 펴기 위해 어떻게 상징체계와 사회제도를 접합시키는가를 분석한다.

국지적인 설명으로 점차 전환되는 현상은 제임스 페르난데스의 저술과 다른 포스트모더니스트 인류학자들―제임스 클리퍼드,[2] 조지 마커스,[3] 마이클 피셔[4] 등―의 저작에서 분명히 나타난다. 문화의 상징적 성격으로 말미암아 여러 가지 경쟁적인 이해방식들이 공존하게 마련이다. 그러한 갈등을 축소하거나, 제안된 의미들 가운데 일부는 중요한 것으로 나머지는 주변적인 것으로 분류하는 대신, 포스트모더니즘적 접근법은 다양한 관점들을 수용(사실은 확대)한다. 혼란(chaos)은 사회현상을 이해하는 데 실패한 것이 아니라 현상의 본질에 내재된 것이다. "무엇이 일어나고 있는가"를 서술하기 위해서는 사회생활을 특수하고 다중적인 틀 속에 놓고 볼 필요가 있다. 마커스와 피셔의 말에 따르면, 현 상황은

……민족지 조사와 저술의 모든 개별적 계획들을 가능성이 있는 실험으로 잉태하고 있는 순간이다. 집합적으로 이것들은 현대 인류학의 근간이 된 약속을 실행하기 위해, 우리 자신이 살고 있는 사회에 대한 가치 있고 흥미로운 비판을 제공하기 위해, 인간의 잠재력을 일깨우고 우리는 여러 유형 가운데 하나일 뿐이라는 의식을 고쳐시키기 위해, 일반적으로 검토되지 않은 가정들―그것에 의해 우리가 움직이고 그것을 통해 다

른 문화들과 만나는——을 가까운 곳에서 살펴볼 수 있도록 하기 위해, 새로운 방법을 탐구하면서 인류학 이론의 체계를 바닥에서부터 재구성하는 과정에 있다.[5]

인류학 이론이 바뀌면서 인류학적 관찰자의 역할에 대한 관심이 커졌다. 문화가 의미의 창조이고 설명이 의미의 해석이라면, 인류학자들은 어떻게 의미에 영향을 미치는가? 생소한 경험들이 어떻게 충실히 번역될 수 있으며, 진실성은 또 어떻게 측정될 것인가? 인류학자들은 다른 문화에 대한 설명을 쓰고 있는가, 아니면 항상 어쩔 수 없이 자서전을 쓰고 있는가? 우리가 다른 사회를 기술하기 위해 사용하는 양식이 어떻게 이해를 형성하는가? 우리가 다른 문화를 과학적 체제의 기술 대상으로 다룬다면 우리는 그들을 비인간화하는 것일까?

인류학자들은 1970년 이전까지 이러한 문제로 그다지 고민하지는 않았으며, 설령 고민을 했다 하더라도 스스로의 문제로 국한시켰다. 오늘날 인류학 이론상의 논쟁을 주도하고 있는 이런 관심사는 문화의 상징적 성격과 설명의 해석학적 기반을 점차 중시하게 되면서 생긴 불가피한 결과이다.

구조주의

인류학자 레비─스트로스(Claude Lévi-Strauss, 1908~2009)는 인류학 이론의 발달과 20세기 지성사에서 독특한 위치를 차지한다. 인류학에서 레비─스트로스는 그의 작업 특유의 접근방법인 구조주의의 창시자로 알려져 있다. 레비─스트로스의 사상들은 처음 보기에도 완숙하게 발전했으며 지극히 독창적이지만, 뒤르켐이 그랬듯이 미국에서는 뒤늦게야 그 중요성을 인정받았다. 인류학자 로버트 머피에 따르면 『친족의 기본 구조』(*Les struc-tures élémentaires de la parenté*)는 "학설상의 분열보다는 프랑스어 구사능력의 차이에 따라, 대부분의 프랑스 인류학자들에게, 많은 영국 인류학자들에게, 그리고 소수의 미국 인류학자들에게" 읽혔다.[1]

문화비평가 조지 스타이너는 "레비─스트로스의 연구가 문화의 개념과 언어·정신의 과정에 대한 우리의 이해, 그리고 역사의 해석에 미친 영향은 워낙 직접적이고 신선해서, 그의 사상을 아는 것은 문화인이 갖추어야 할 교양의 일부"라고 말했다.[2] 그리고 수필가이자 소설가인 수전 손태그는 도덕적 임무의 근대적 탐구를 기술하면서 "이 인류학자는 그렇게 냉엄한 원시인의 세계를 애도할 뿐만 아니라 보호하려 하고 있다. 어둠 속에서 한탄하고 진실로 원형적인 것을 찾아내려고 애쓰면서, 그는 영웅적이고 근면하며 복합적인 근대 비관주의를 실행하고 있다"고 적었다.[3] 레비-스트로스는 손태그의 유명한 문구를 빌리면 "영웅적인 인류학자"였다.

레비-스트로스를 그러한 존경의 정점까지 끌어올리는 것은 많은 비평가들과 '영웅적인 인류학자'라고 불리는 당사자까지 당혹스럽게 했다. 레비-스트로스의 인기는 프랑스 지식인에게 훌라후프와 같은 〔일시적인〕 것이었다고 산체 드 그라몽은 촌평했다.[4] 스타이너는 '레비-스트로스'와 '구조주의'를 주문처럼 외우는 사람들이 과연 그의 저작들을 읽기나 했는지 의아하게 생각했다.[5] 머피는 레비-스트로스 "유행이 미국 전역에 만연해…… 어딜 가나 그를 피할 수 없게 되었다"라고 투덜거렸다.[6]

레비-스트로스조차 1960년대와 1970년대 구조주의의 격렬한 인기에 홀린 것처럼 보인다. 그의 유명세는 일부 사르트르와 벌인 말싸움에서 비롯되었다. 『야생의 사고』(*The Savage Mind*, 1966〔1962〕) 마지막 장에서 시작된 논쟁은 곧 지식인층이 읽는 잡지의 지면을 장식했고, 주도적인 사상체계로서 실존주의와 구조주의 사이의 갈등을 대변하게 되었다. 레비-스트로스는 구조주의의 일시적 유행에 대해 논평했다.

프랑스의 교육받은 대중은 지적 욕구가 대단하다. 얼마 동안 그들은 구조주의에 탐닉했다. 사람들은 그것이 계시를 담고 있다고 생각했다. 그 유행은 지나갔다. 유행은 5년에서 10년 정도 계속되었다. …… 그것이 파리에서 세상이 돌아가는 모습이

다. 내게 당시에 대한 향수나 후회 따윈 없다…….[7]

그러나 단순한 유행을 넘어 레비-스트로스는 깊이 있는 통찰력과 폭넓은 산문으로 독서계층의 집중적인 관심을 일구어냈다. 인류학자 밥 숄테는 "프랑스의 위대한 학자, 놀라운 감수성과 인간의 지혜를 갖춘 사람, 포괄적인 양식의 상당한 박식함과 철학적 시야를 지닌 이, 심오한 신념과 설득력 있는 논법의 세련된 문장가"로 그를 묘사했다.[8]

레비-스트로스는 프랑스 지식인 세계의 명물이었다. 그는 생애의 대부분을 파리에서 보냈지만, 그에게 가장 중요한 경험은 "경외심을 불러일으키는 단 하나의 존재, 즉 신세계"[9]를 만난 것이었다.

배경

레비-스트로스는 1908년에 태어났다. 아름다운 시대(Belle Epoque: 19세기 말에서 20세기 초까지 유럽 전역이 사회경제적 안정을 구가하면서 문학과 예술, 여가활동에 대한 관심이 높았던 시기를 말한다—옮긴이)에 대한 취향이 수그러들면서 수입이 감소한 화가의 아들로서, 레비-스트로스는 지적으로는 풍요로웠지만 경제적으로는 "물질적 궁핍과의 투쟁"이 없지 않았던 가정에서 자라났다.[10] 소르본 대학에서 철학과 법학을 전공하고 1932년 졸업한 후, 레비-스트로스는 리세에서 2년 동안 교편을 잡았고 사회주의 정치에도 적극적이었다. 가르치는 일에 지친 레비-스트로스는 대학원에서 사회학—그때까지도 거의 뒤르켐의 사회과학이던(인류학을 포함하여)——을 공부하기 위해 대학으로 돌아갔다.

1935년 그는 브라질의 상파울루 대학 설립에 관여한 프랑스 교육 사절단에 합류할 기회를 잡고, 학생이 수십 명밖에 되지 않던 상파울루 대학의 사회학 교수로 부임했다. 레비-스트로스는 인류학에 대한 관심을 키워나갔고, 첫해가 끝나갈 무렵 브라질 서부 마토그로소(Mato Grosso)의 인디언 부족에서 현지조사를 시작했다. 그는 티바기(Tibagy) 집단——브라질의 인디언 보호 정책을 받다가, 다시 그들의 자원에 의존해 독자적으로 살아가도록 내팽개쳐진 문명화된 원주민 집단——과의 첫 만남을 이렇게 기록하고 있다.

매우 실망스럽게도 티바기 인디언들은 '진정한 인디언'이 아니었으며, '야만인'은 더더욱 아니었다. 그러나 그들은 내가 겪게 될 경험에 관한 순진한 전망에서 시적인 요소를 제거시킴으로써 인류학의 초심자인 나에게 신중함과 객관성이라는 교훈을 일깨워주었다. 그들은 내가 원했던 것보다는 덜 순수했지만, 겉모양만 보고 받은 인상보다는 더 신비스럽다는 사실을 깨닫게 되었다.[11]

1936년 레비-스트로스는 그의 첫 인류학 논문인 「보로로 인디언의 사회조직 연구」를 『아메리카 연구회지』(*Journal de la Société des Américanistes*)에 발표했고, 곧 그의 연구는 로버트 로이, 쿠르트 니무엔다후, 앨프레드 메트로 같은 아메리카 전공자들에게 알려졌다. 그 후 몇 년간 레비-스트로스는 브라질 내륙으로 간단한 조사를 다니다가, 1938년 장기간의 탐사를 위한 프랑스의 지원을 얻게 되었다. 그는 볼리비아와의 국경지대를 따라 브라질 북서쪽 구석까지 여행하면서, 남비콰라(Nambikwara)족과 투피-카와이브(Tupi-Kawahib)족 사이에서 조사를 벌였고, 그 경험은 『슬픈 열대』(*Tristes Tropiques*)에 아름답게 그려져 있다. 그러나 1939년 초 레비-스트로스는 유럽으로 돌아가 그곳에서 자료를 정리하고 학위논문을 준비해서 프랑스에서 강단 생활을 재개하려 했다.

제2차 세계대전이 터져 그의 계획은 수포로 돌아갔다. 몇 달의 군 복무 후, 레비-스트로스는 드골의 자유 프랑스군을 제외한 나머지 프랑스 군사들과 마찬가지로 비시(Vichy) 정권의 군대해산 조치에 의해 제대했다. 그는 짧은 기간 교직에 복귀했으나 인종 관련법이 제정되면서 그만두어야 했다. 그의 부모는 유대교도가 아니었지만 그의 외할아버지가 유대교 목사였다. 유대인 혈통 때문에 나치가 1940년 프랑스를 점령했을 당시 그는 감찰대상이었다. 다행히도 그때까지는 비시 정부의 프랑스를 벗어날 수 있었고, 로이와 메트로가 레비-스트로스를 위해 신사회조사연구원에 자리를 주선해주었다. 록펠러 재단은 위험에 처한 유럽의 지식인들을 나치로부터 구하는 일에 적극 나섰고, 뉴욕은 고국을 등진 예술가들과 학자들의 거대한 공동체가 되었다.

난민들로 꽉 찬 힘든 항해 끝에 레비-스트로스는 뉴욕에 도착했다. 그는 신사회연구소에서 1942년부터 1945년까지 가르쳤고 보아스, 린턴, 베니딕트, 미드 같은 컬럼비아의 인류학자들 및 뉴욕을 방문하는 크로버, 로이 등과 교류했다. 가치와 에토스를 강조하는 미국 문화인류학과의 개인적인 만남은 레비-스트로스에게 영향을 주었고, 뒤르켐과 모스로부터 유래한 분류와 표상에 대한 그의 관심을 보완해주었다.

레비-스트로스는 뉴욕 망명 기간에 그의 첫 주저 『친족의 기본 구조』를 준비하기 시작했다. 전쟁 말기에 레비-스트로스는 주미 프랑스 대사관 문화고문직을 맡게 되어 뉴욕에 머무르면서 집필을 계속했다. 1947년 그는 프랑스로 돌아가 『친족의 기본 구조』를 학위논문으로 제출하여 1948년 소르본 대학에서 문학박사 학위를 받았다. 그는 인류학 박물관의 민족학 부(副)학예관으로 일하다 한때 마르셀 모스가 맡았던 고등연구원의 교수로 선출되었다.

『친족의 기본 구조』가 1949년에, 『슬픈 열대』가 1955년에, 『구조인류학』(Antropologie structurale) 제1권이 1958년에(제2권은 1973년에 나옴) 속속 출판되면서 레비-스트로스는 프랑스 학계에 널리 알려졌다. 그의 책들은 저명한 학술잡지에서 검토되었고, 그는 국제적인 조직에도 참여했으며, 두 번 후보에 올랐다 탈락한 후에 1959년 빛나는 '콜레주 드 프랑스'의 성원이 되어 그곳에서 1982년까지 가르쳤다. 프랑스 학계의 정점에 있는 콜레주 드 프랑스는 동료들이 뽑은 50명의 정예교수로 구성되며, 교수들은 해마다 새로운 주제에 대해 한 강의만 가르칠 책임이 있다.[12] 강좌는 구조인류학에 관한 그의 생각을 검증하는 기반이 되었으며, 그 결과는 『야생의 사고』(1966)와 『토테미즘』(1963)으로 나타났고, 신화의 성격에 대한 그의 기념비적 연구는 네 권의 신화학 시리즈——『날 것과 익힌 것』(The Raw and the Cooked, 1969), 『꿀에서 재로』(From Honey to Ashes, 1973), 『식사법의 기원』(The Origin of Table Manners, 1978), 『벌거벗은 인간』(*The Naked Man*, 1981)—로 출판되었다. 이 저서들은 레비-스트로스의 비범한 창조성과 분석능력을 보여준다. 이 어렵고 힘든 저작들에서 논리적 구성물은 고안되자마자 새로운 방식의 분석에 의해 해체되곤 한다. 산체 드 그라몽은 "그의 저작들은 아마도 스핑크스 이후 가장 위대한 수수께끼 전집일 것이다"라고 말했다.[13]

은퇴한 이후에도 레비-스트로스는 연구를 계속하여 『멀리서 본 전망』(*The View from Afar*, 1985)과 『질투하는 도공』(*The Jealous Potter*, 1988)을 썼고, 최근에는(1995) 마토그로소의 민족지 탐구에서 수집한 사진들을 모아 출판했다. 레비-스트로스는 개인적으로 인류학에 매료된 경위를 깊이 있게 적고 있다.

인류학은 내게 지적 만족을 가져다준다. 인류학은 역사의 한 형태로서 세계의 역사와 나 자신의 역사라는 양극을 결합시켜 인류와 나 사이에 공통되는 논리적 근거를 드러내 보인다. 인류를 연구할 것을 제안함으로써 인류학은 나를 회의로부터 해방시켰는데, 이는 인류학이 모든 인간들에게 의미 있는 인류의 차이와 변화를 조사하고, 어떤 한 문명에만 특이하여 외부 관찰자의 안목에 무가치한 것으로 판별되는 부분들은 배제하기 때문이다. 결국 인류학은 다양한 행동방식, 관습, 제도 덕분에 실제로 무한한 자료를 내게 공급해줌으로써, 이미 언급한 〔새로운 지식과 지적 도전에 대한〕 끊임없고 파괴적인 열망을 진정시킨다. 인류학은 나의 성격과 생활을 융화시켜 주었다.[14]

그 끊임없는 조화의 과정이 20세기의 위대한 지적 탐구의 하나, 즉 문화생활의 형태를 규정하는 무의식의 구조에 대한 탐구를 탄생시켰다.

구조인류학

레비-스트로스는 "사회인류학이 특히 표상의 체계로 간주되는 제도의 연구에 헌신했다"고 주장했다.[15) 레비-스트로스는 뒤르켐이 그랬듯이, 신념·감정·규범·가치·태도·의미 등을 지칭하기 위해 '표상'이라는 단어를 사용했다. 그러한 제도들은 통상적으로 사용자에 의해 검토되지 않는 문화적 표현이다. 좁지만 본질적인 의미에서 인류학은 사회생활의 **무의식적** (unconscious) 기반을 검토한다. "인류학의 독창성은 집합적 현상의 무의식적 성격에서 도출된다."[16) 사회생활의 기본적인 구조를 찾는 작업은 레비-스트로스로 하여금 분류체계, 친족이론, 신화의 논리라는 세 가지 주요 분야를 탐구하도록 이끌었다.

레비-스트로스에게 그다지 호의적이지 않은 에드먼드 리치는 구조주의의 기본적인 입장을 간결하게 표현했다.

전반적인 주장은 다음과 같다. 외부세계에 대해 우리가 아는 것은 우리 자신의 감각을 통해 이해한 것이다. 우리가 지각하는 현상은 우리가 그것에 부여하는 특징을 갖게 되는데, 이는 우리의 감각이 작용하는 방식과 인간의 두뇌가 그것에 입력된 자극을 정리하고 해석하는 방식 때문이다. 이 정리과정의 매우 중요한 특징 하나는 우리가 재단된 시공연속체(continua of time and space)의 부분들(segments)에 둘러싸여 주변 환경은 특정한 범주에 속하는 여러 가지 분리된 사물들로 구성되는 것으로, 그리고 시간의 흐름은 분리된 사건의 연속으로 구성되는 것으로 미리 생각하게 된다는 점이다. 이에 부응하여, 우리 인간은 인위적 사물(모든 종류의 가공품)을 만들거나 의례를 고안하거나 과거의 역사를 쓸 때, 자연에 대한 이해를 모방하게 된다. 즉 자연적 산물들이 구분되고 정리된다고 여기는 것과 같은 방식으로, 문화적 산물들은 구분되고 정리된다.[17]

분류하는 작업과 내재적으로 형체가 없는 현상(공간과 시간처럼)에 형태를 부여하는 작업은 인간다움의 근저에 깔린 심층구조를 반영한다.

이 시점에서 언어학 및 언어연구와 인류학 및 문화연구 사이의 이론적 유사성이 중요해진다. 구조주의는 단순히 사피어-워프 가설을 재확인하는 이론이 아니다. 레비-스트로스는 언어가 문화적 지각행위를 그렇게 직접적으로 형성한다고 주장하지 않는다.[18] 그보다는 언어와 친족, 교환, 신화 같은 문화의 특정한 측면들 사이에는 상사점이 있는데, 그들 모두는 의사소통(communication)의 형태이기 때문이다.

어느 사회에서나 의사소통은 여성의 소통, 재화와 용역의 소통, 의미의 소통이라는 세 가지 수준에서 작용한다. 그러므로 친족 연구, 경제학, 언어학은 상이한 전략적〔방법론적〕수준에서 같은 종류의 문제에 접근하는 것이며 같은 분야에 관련된다.[19]

이런 분석 방향은 뉴욕에서 같이 망명생활을 하던 언어학자 겸 슬라브어 전문가 로만 야콥슨의 소개로 접하게 된 구조주의 언어학의 발달에 힘입어 빛을 발하고 있었다. 레비-스트로스가 밝히기를 "당시 나는 일종의 순진한 구조주의자, 구조주의를 모르는 구조주의자"였는데,[20] 그러다가 언어학의 진보된 이론을 배우게 된 것은 '일종의 계시'였다. 레비-스트로스에 따르면, 이러한 발달의 혁명적인 측면은 ① 의식적인 행동에서 무의식적인 구조로 언어학의 초점이 전환된 점, ② 용어들이 아니라 용어들 사이의 관계에 대한 새로운 강조, ③ 의미관계 체계의 구체적 존재를 입증할 필요성, ④ 일반적 법칙을 발견한다는 목표이다. 그것들은 레비-스트로스가 친족, 교환, 예술, 의례, 신화 등—모두 언어와 유사한 의사소통의 형태들이다—에 관심을 돌리면서 그의 분석목표가 되었다.[21]

음소(phoneme)는 화자들의 집단이 구별한다고 여겨지는 소리의 최소단위이다. 예를 들어 'top'에서의 대기음 /t'/와 'stop'에서의 무기음 /t/는 영어에서는 같은 소리인 't'로 간주되지만, 태국어에서는 다른 소리가 된다. 레비-스트로스는 음소와 친족용어는 모두 의미의 요소이나, "무의식적 사고의 차원에 있는 심성에 의해 형성된" 체계와의 관련하에서만 그 뜻이 발현된다고 주장했다.[22]

언어와 마찬가지로 친족체계는 "인간의 의식에만 존재하는, 자의적인 표상의 체계"[23]인데, 그 표상의 조직은 무의식적 구조를 반영한다. 결과적으로 레비-스트로스는 "사고의 무의식적 활동은 본질적으로 내용에 형태를 부여하는 데 있으며, 언어에 표현된 상징적 기능의 연구가 뚜렷하게 보여주듯이 이러한 형태들이 기본적으로 모든 사고—고대와 현대의, 원시인과 문명인의 사고—에 동일하다면, 각각의 제도와 관습의 근저에 있는 무의식 구조를 파악하는 작업이 지상 과제"라는 입장을 견지했다.[24]

친족에 대한 구조적 접근: 외삼촌-조카 관계의 분석

『친족의 기본 구조』에서 레비-스트로스는 친족체계에 대한 백과사전적 요약을 제공하지만, 친족체계는 잠재적인 배우자와 금지되는 배필을 규정하는, 여성의 교환에 대한 것이라는 핵심주제에 초점을 맞추고 있다. "혼인은 그래서 자연과 문화, 결연(alliance)과 친족 사이의 역동적인 만남이다. …… 혼인은 두 연인, 양쪽 부모, 양쪽 집안 사이의 중재이다."[25] 이런 식으로 친족관계를 보았을 때 얻어지는 가치는 청년(Ego)과 그의 어머니의 형제 사이의 관계, 즉 **외삼촌-조카 관계**(the avunculate)라 불리는 관습의 분석에서 입증된다.

외삼촌-조카 관계는 친족에 관한 문헌에서 되풀이되는 주제이다. 에고와 그의 모계 삼촌 사이의 특별한 유대—흔히 농담관계에서 표현되는—를 인정하는 친족체계는 그것이 부계사회에도 존재한다는 사실이 밝혀지기 전까지는 모계체계의 잔재라고 해석되어왔다. 그러나 외삼촌-조카 관계는 친족용어의 체계만이 아니라 태도의 체계도 나타내는데, 레비-스트로스는 래드클리프-브라운을 따라 "외삼촌은 두 가지 상반되는 태도의 체계를 포괄한다"고 주장했다.[26] 외삼촌은 두려움과 존경의 대상이 되기도 하지만 편하고 친숙한 상대이기도 하다. 게다가 에고와 외삼촌 및 에고와 그의 아버지 사이의 태도에서 전도된 관계가 보이기도 한다. 다시 말해서 에고와 외삼촌의 관계가 친밀할 때 에고와 아버지의 관계는 형식적이며, 그 역의 경우도 성립한다.

더욱 흥미로운 점은, 이러한 관계(에고와 아버지 대 에고와 어머니의 형제)가 다른 관계, 즉 에고의 아버지와 어머니 또는 남편과 아내(아버지와 어머니)의 관계, 그리고 남매, 이 경우에는 에고의 어머니와 에고의 어머니의 형제(어머니와 어머니의 형제)의 관계와도 연결된다는 사실이다. 에고와 그의 모계 삼촌과의 관계는 에고와 아버지의 관계와 역의 상관 관계를 보이는 관계의 조합에 속하고, 아버지와 어머니(또는 남편과 아내)의 관계와 어머니와 어머니의 형제(또는 남매)의 관계는 언제나 정반대이다. 이를 종합하면 아래와 같은 배열이 가능하다.

	A	B	C	D
에고와 아버지	+	+	—	—
에고와 어머니의 형제	—	—	+	+
아버지와 어머니	+	—		+
어머니와 어머니의 형제	—	+	+	—

+: 친숙한 관계, —: 형식적이고 적대적인 관계

외삼촌-조카 관계는 한 체계 내의 관계, 다시 말해서 세대 사이에, 남편과 아내, 남매 사이에 태도상의 대립이 있는 하나의 구조로서만 그 의미가 파악되며 "존재할 수 있는 친족의 가장 기본적인 형태를 구성한다. 정확히 표현하자면 그것은 **친족의 단위이다.**"[27] 그것은 혈연, 인척, 출계를 형식적이고 구조적인 방식으로 표현한다. 구조에 대한 동일한 탐구방식은 레비-스트로스를 또 다른 문화적 현상의 영역인 신화의 연구로 인도했다.

신화에 대한 구조적 접근: 아스디왈 이야기

레비-스트로스는 신화 연구로 관심을 돌려서 구체적인 상황과 그것이 가리키는 관념에 의존하여 구조에 대한 탐구를 확대했는데 "신화적 사고의 요소들은……지각과 개념 사이의 중간에 놓여 있기" 때문이다.[28] 신화적 사고는 "다른 구조화된 조합들(structured sets)을 직접 이용하지 않고" 잡다한 경험을 이용해 "한때 사회적 담론이었던 것의 잔해들로부터 이념의 성"을 쌓음으로써 "구조화된 조합들을 만들어낸다."[29] 따라서 "신화는 주어진 사실에 분명히 연관되어 있지만, 그들의 **표상**으로서는 아니다. 그 관계는 일종의 변증법적인 성격을 띠며, 신화에 기술된〔사회적〕 제도는 실재하는 제도의 정반대일 수도 있다."[30] 그러므로 신화를 사회적 실체의 반영으로 보는 시각은 옳지 않으며 신화는 오히려 사회적 존재의 창조적 변형이다.

레비-스트로스[31]에 따르면, "신화와 실체의 관계에 대한 이러한 시각은 물론 신화를 정보의 출전으로 이용하는 작업을 제한한다. 그러나 그것은 다른 가능성을 찾을 길을 열어준다. 신화에서 언제나 정확한 민족지적 실체의 상을 추구하는 것을 포기함으로써 우리는 때때로 무의식적 범주의 매개체를 얻는다." 그는 『신화학 대계』 제1권에서 자신의 가설을 분명히 개진한다.

신화는 명백하게 실용적인 기능을 지니지 않는다. 〔우리는 흔히 신화가 실체를 반영한다고 생각한다.〕 그래서 우리는 그 실체에 실제보다 높은 단계의 객관성을 부여하고, 신화는 사고(mind)에 실체의 명령을 전달하는 장치라 여긴다. 하지만 이전에 연구된 현상들과는 달리 신화는 다른 종류의 실체와 직접적인 연관이 없으며, 인간의 사고는 창조적 자발성을 자유롭게 만끽한다. 따라서 이 경우에도 사고의 명백한 자의성, 그것에 흐르는 자발적인 영감, 도저히 제어되지 않는 독창성이 심층적인 수준에서 작용하는 일반적인 법칙의 존재를 시사한다는 사실을 입증할 수 있다면, 필연적으로 내릴 수밖에 없는 결론은, 사고가 그 자체와 소통하고 더 이상 객관적 대상과 교섭하지 않을 때, **어떤 의미에서 사고는 그 자체를 객체로 모사하는 작업으로 환원된다는 것이다**……[32]

기본적인 무의식 구조가 신화에서 발견된다면, 그것은 문화적 현상의 조직적 범주를 제공하는 근본적인 정신구조의 존재를 반영하는 것이 된다.

신화학은 『신화학 대계』(*Mythologiques*, 신화의 논리라는 뜻) 네 권 ──『날 것과 익힌 것』, 『꿀에서 재로』, 『식사법의 기원』, 『벌거벗은 인간』──의 주제이다. 이 시리즈는 레비-스트로스가 지적했듯이, 브라질 중부와 동부에서 시작해 다른 남아메리카 지역으로 확대되고 북쪽으로 이동하여 북아메리카에 초점을 두는 식으로 점차 지리적 범위를 확대해나간다. 이와 유사하게 연구들은 상이한 신화들이 골몰하고 있는 "점점 복잡한 문제들"을 다룬다.[33] 레비-스트로스 역시 그의 저작들을 통해 신화가 반영하는 복합적인 문제들을 논급하고 있다.

한 예는 그가 분석하고 있는 아스디왈(Asdiwal) 이야기로, 이는 보아스가 브리티시컬럼비아의 침시아족에서 기록했던 신화이다. '아스디왈 이야기'는 가장 많이 출판된 레비-스트로스의 신화 분석으로 『구조인류학』 제2권(1976)과 여러 편집본에 등장하고 있다.[34] 복잡한 이야기지만 독자들은 레비-스트로스가 그의 논문에서 제공하고 있는 구체적인 줄거리를 검토해볼 필요가 있다. 신화를 제대로 다루는 방법은 아니지만, 그것은 다음과 같은 도식적 형태로 요약될 수 있다.[35]

1) 기근이 든 겨울에, 모두 미망인이었던 어머니와 딸이 각자의 마을을 떠나 스키나(Skeena) 강둑에서 만났는데, 먹을 것이라곤 겨우 썩은 과일 하나뿐이어서 고통을 겪었다.

2) 여자들은 신비한 이방인, 곧 길조인 하스테나(Hastena)의 방문을 받았다. 그들은 함께 음식을 찾았고, 하스테나와 젊은 여자(모녀 중 딸)는 아들을 낳았는데, 문화적 영웅인 아스디왈은 이렇게 태어났다.

3) 하스테나가 사라지고 늙은 여인이 죽은 후, 아스디왈과 그 어머니는 어머니의 고향마을이 있는 서쪽으로 향했다. 거기에서 아스디왈은 하얀 웅녀를 쫓다가 천국으로 가는 계단을 올라갔고, 그곳에서 웅녀는 아름다운 소녀 저녁별로 변했으며, 그녀는 아스디왈을 그녀의 아버지 태양의 집으로 유인하는 데 성공했다. 아스디왈의 끈질긴 노력으로 태양의 승낙을 받은 후 아스디왈과 저녁별은 결혼했다.

4) 아스디왈은 어머니가 보고 싶어 무진장한 음식이 담긴 바구니 네 개를 들고 땅으로 돌아갔다. 아스디왈은 그의 고향마을 출신 여인과 바람이 나 저녁별과의 결혼은 깨졌고, 어머니는

죽었다. 그는 모든 관계를 청산하고 강 하류로 떠났다.

5) 아스디왈은 하류의 마을에 도착하여 그곳 여인과 결혼했는데, 새 부인의 형제들이 캠프를 부수고 그녀를 데려가자 처남들에게 적의를 품게 되었다. 아스디왈은 다른 군단을 만나 그곳 여인과 결혼하여 잘살면서 새로 생긴 처남들보다 바다사자 사냥을 더 잘할 수 있다고 뽐내던 중, 큰 폭풍을 만나 모래언덕에 고립되었다. 다행히도 하스테나가 나타났고 아스디왈은 파도 위를 날 수 있는 새가 되었다.

6) 마침내 폭풍이 가라앉고 아스디왈은 지쳐 잠이 들었는데, 쥐 한 마리가 그를 깨워 아스디왈이 부상을 입힌 적이 있는 바다사자의 지하 동굴로 인도했다. 아스디왈의 화살은 신통력이 있고 안 보이는 것이었기 때문에 바다사자들은 자신들이 유행병 탓에 죽어간다고 생각했고 그가 화살을 뽑아 치료해주자 아스디왈에게 고마워했다. 보답으로 바다사자의 왕은 아스디왈이 육지에 닿을 수 있도록 도와주었다. 아스디왈은 나무로 식인고래를 조각했는데 그것이 생명을 얻어 그의 처남들이 탄 배를 공격하여 아스디왈을 배신한 그들에게 복수했다.

7) 길고 파란만장한 인생 끝에 아스디왈은 겨울 사냥여행을 떠났다가 실종되었다. 아스디왈은 스키나 강의 높은 곳에서 볼 수 있는 바위가 되었다.

레비-스트로스는 이 신화 속에서 네 가지 수준의 표상──지리적, 기술-경제적, 사회적, 우주론적──을 확인한다. 신화는 강, 지명, 기근, 혼인 후 거주유형, 인척간의 관계를 기술하고 있다. 이 기술은 현실의 왜곡된 반영이 아니라 구조적 관계의 다층적 모델이다. 레비-스트로스는 신화의 구성에 두 가지 측면이 있다고 제안한다.[36] 무엇이 일어났는지 분명한 내용을 형성하는 **사건의 연속**(sequence of events)과 연속적 사건이 조직되는 상이한 추상의 단계를 나타내는 신화의 **도식**(schemata)이 그것이다.

지리적 수준에서는 동서의 기본 대립이 있고, 우주론적 수준에서는 높은 천국과 지하세계 사이의 대립이 있다. 지리적 도식과 우주론적 도식을 교차하는 바다/육지와 바다 사냥/육지 사냥 같은 결합 도식도 있다. 혼인 후 거주유형이 부거(父居, patrilocal)에서 신거(新居, neolocal), 모거(母居, matrilocal)로 변하는 등의 사회적 도식도 있다(예를 들면 아스디왈의 어머니와 할머니는 남편들의 마을을 떠나 새로운 주거지를 만들었고, 다음 세대의 아스디왈은 저녁별의 마을에 자리를 잡았다). 구조적 분석은 아스디왈 이야기에서 의미의 다원적 수준을 명확히 보여주고 있다.

> 아스디왈의 두 여행—동에서 서로, 서에서 동으로—은 각각 모거와 부거라는 거주의 유형과 상호 관련된다. 그러나 사실 침시아족은 부거제를 따르며, 이로부터 한 가지 방향은 자신들의 제도에 대한 실질적인 '해석'에 내포된 방위를, 다른 하나는 이에 대립되는 방위를 가리킨다는 결론이 도출된다.[37]

레비-스트로스는 동-서 축을 가상적인 것과 현실적인 것 사이의 구조적 대응물로 보며, 따라서 가상적/현실적, 모거/부거, 서쪽 여행/동쪽 여행, 바다/육지, 바다 사냥/육지 사냥은 아스디왈 이야기에서 상이한 도식적 단계의 병렬적 대립을 만든다.

침시아 사회에 대립은 존재하지 않지만, "그것이 나타날 잠재적 가능성은 있다. 신화적 상상력은……무엇이 현실인가를 묘사하려는 것이 아니라, 현실의 부족한 점을 정당화하려고 한다. 왜냐하면 극단적인 입장이 성취되기 어렵다는 것은 오직 상상 속에서만 보여줄 수 있기 때문이다."[38] 이렇게 다양한 고려사항들은 모두 의식의 하층을 형성하는 유사한 기본 구조를 반영한다.

결론

레비-스트로스의 연구는 여러 수준에서 집중적인 비판을 받았으며, 어떤 문헌목록[39]에는 영어로 작성된 것만 해도 100개가 넘는 비판적 저술들이 포함되어 있다. 그러나 그의 연구를 비판하는 이들조차도 문화와 의식을 생각하는 우리의 방식에 레비-스트로스가 미친 영향을 인정한다. 메리 더글러스는 아스디왈 이야기의 분석을 공격했지만, 레비-스트로스를 피아제(Piaget), 촘스키(Chomsky)와 나란히 인간 사고과정의 성격을 보는 방식을 변화시킨 20세기 3대 사상가로 꼽았다.[40] 영국의 사회인류학자 에드먼드 리치는 마지못해 경의를 표하면서 레비-스트로스가 사회인류학에 미친 영향에 대해 논평했다.

……근래에 클로드 레비-스트로스의 연구와 변증법적 관계를 발전시키지 않았다면, [사회인류학은] 현재의 형태로 존재할 수 없었을 것이다. 내가 아는 한 레비-스트로스의 구조주의 인류학에 대해 무조건적 지지를 선언한 영국의 사회인류학자가 없었던 것과 마찬가지로, 오늘날 레비-스트로스의 연구에 깊은 감명을 받지 않은 영국 사회인류학자도 존재하지 않는다.[41]

18 빅터 터너

상징, 순례, 드라마

터너(Victor Turner, 1920~83)는 영미 사회인류학에서 가장 창의적인 사상가 가운데 한 사람이다. 새로운 인류학적 식견을 개발하는 데 터너를 당할 자는 별로 없다. 광범위한 지식, 매력적인 문장, 상식에 대한 고집스러운 강조가 특징인 터너 저술의 현란한 수준에 이른 인류학자는 매우 드물다. 예를 들어 통과의례나 순례(pilgrimage)처럼 비일상적인 상황에서 체험되는 과도기적 상태를 가리키는 용어 **코뮤니타스**(communitas)에 대한 터너의 설명을 살펴보자.

코뮤니타스는 거의 언제나 행위자에 의해 시간을 초월한 조건, 영원한 현재, '시간 안팎의 순간' 또는 시간의 구조적 관점을 적용할 수 없는 상태로 생각되거나 묘사된다. 이러한 상태는 주로 장기간의 성인식(initiation) 의례에서 발견되는 격리기간에 흔히 나타나는 특징이다. 그것은 또한 내가 알기로는 여러 종교의 순례여행에서 보이는 특징이기도 하다. 의례적 격리에서는 예를 들어 몇 주 동안 같은 날이 반복된다. 부족 성인식에서 신참들은 정해진 시간에(주로 해가 뜨고 질 때) 일어나고 잠도 자는데, 기독교나 불교의 수도자 생활도 이와 흡사하다. 그들은 부족에 전승되는 지식 또는 춤과 노래를 연장자나 전문가로부터 동시에 배운다. 정해진 다른 시간에는 사냥하거나 연장자의 감시 아래 일상사를 수행한다. 어떻게 보면 특별한 일이 강조되든 아니든 격리기간 중의 하루하루는 대동소이하다.[1]

터너의 저서는 그의 박식함을 보여주는 이러한 문구들로 가득 차 있다. 그는 잠비아의 은뎀부족의 의례, 멕시코의 순례에 관한 그의 민족지 조사와 주요 종교에 대한 역사적 연구를 넌지시 언급하고 있다. 코뮤니타스가 구조적인 시간 밖에 존재한다는 기본 발상은 내가 아는 한 터너 특유의 통찰력이다. 시적 표현이 곳곳에 보이며 자신의 은유에 사로잡히지 않는 터너의 상식적인 성격도 분명히 드러나고 있다.

인류학자들이 중요한 은유에 의거해서 그들의 식견을 설명하고(유기체적 유추처럼), 그러한 은유들을 논의를 위한 장치가 아니라 사회적인 실체인 양 처리하는 경우가 드물지 않다는 사실은 흥미롭다. 특별한 검증을 거치지 않은 은유가 과학적 법칙으로 둔갑하는 일은 인류학 이론가들 사이에서 흔히 있는 일이지만 빅터 터너는 그 함정을 피하고 있는데, 터너의 연구가 은유, 유추, 강렬한 이미지로 가득 차 있다는 점을 감안할 때 이는 놀라운 성취다. 터너는 그가 은유적으로 말하고 있는지 직설적으로 말하고 있는지를 분명히 밝힌다.[2] 예를 들어 그가 반 헤네프의 통과의례 구분을 단절적(preliminal)·과도기적(liminal)·통합적(postliminal) 상태 — '문턱'을 뜻하는 라틴어 limen에 기초한 은유로, 사회적 지위의 분리·이행·재통합에 적용되었다—

로 발전시킬 때, 터너가 은유적으로 말하고 있다는 점이 분명하다. 마찬가지로 터너가 의례는 사회적 드라마라고 썼을 때 그것은 문자 그대로 의례는 연행(演行, performance)임을 의미하고 있다는 사실 또한 자명하다. 다시 말해서 그는 '의례는 연행과 같다'고 얘기하고 있는 것이 아니다.[3] 이런 정확성이 터너의 글쓰기를 돋보이게 했다.

터너의 연구는 압축적이고 복잡하며 귀중한 가치를 지닌다. 터너의 이론적 공헌은 상징의 성격, 순례의 사회적 과정, 사회적 실행의 분석이라는 세 가지 주요한 토대를 갖는다. 그것은 영국 사회인류학에 기원을 두지만 터너의 독특한 창작품이다.

배경

1920년 글래스고에서 태어난 빅터 터너는 런던 대학에서 수학하고 맨체스터 대학의 글럭먼(Max Gluckman) 밑에서 대학원 공부를 했다. 제2차 세계대전으로 인해 터너는 공부를 중단하고, 폭발되지 않은 폭탄을 수색하는 양심적인 반전주의자로 봉사했다.[4] 터너의 아내에 따르면, 그는 지역 도서실에서 미드의 『사모아의 사춘기』와 래드클리프-브라운의 『안다만 도민들』을 찾아내 읽은 후 "나는 인류학자가 되겠다"라고 말했다. 터너는 1943년 에디스 데이비스와 결혼하여 그 후 40년간 현지조사와 저술, 가정생활이라는 창조적인 삶을 함께했고 『기독교 문화의 이미지와 순례: 인류학적 시각』(*Image and Pilgrimage in Christian Culture: Anthropological Perspectives*, 1978)을 공동 집필했다. 글럭먼은 터너에게 로즈-리빙스턴 연구소의 지원금을 받도록 주선해주었고, 터너는 1950년에서 1954년까지 자이르와 앙골라 경계에 있는 잠비아 북서부 은뎀부 부족에서 현지조사를 수행했다. 모계출계와 부거제(夫居制, virilocal residence: 신부가 신랑을 따라가 사는 관습—옮긴이)를 따르는 인구 1만 7,000여 명의 공동체인 은뎀부 부족은 "주로 거주지의 변동을 수반하는" 혼인, 이혼, 재결합으로 인해 심한 개인적 유동성을 보인다. 역설적으로 터너에 의하면, 비록 "은뎀부 사회의 지역집단 대부분이 상대적으로 일시적이고 불안정하지만 그것들이 구성되고 재편되는 조직의 원리는 영구적이다."[5] 은뎀부의 사회조직은 『한 아프리카 사회의 분열과 지속』(Schism and Continuity in an African Society, 1957)의 주제였고, 글럭먼이 정해준 터너의 학위논문 주제이기도 했다.

글럭먼은 "사회조직을 완전히 익히기 전에는 의례를 분석할 수 없다"고 가르쳤다.[6] 그 주제는 사회조직을 기능주의적 틀 안에서 분석할 필요성을 암시했지만, 터너는 유기체적 유추에 입각한 사회관의 환상에서 깨어나 있었다. 그가 현지조사를 시작할 무렵, "영국 사회인류학의 정상과학은 생물학적 은유에 기초해 질서와 변화가 하나로 통합된 이론을 제시하려고 노력하는 것"이었노라고 터너는 회상했다. 이런 식의 구도 속에서 변화의 성격은 사회구조에 숨어 있지만 현존하며, "겨자씨 알갱이처럼 단순한 것이 예정된 여러 단계를 거치면서 복잡한 것으로 성장한다."[7] 잠비아의 은뎀부에 대해 쓰면서 터너가 알게 된 것은,

'마을의 생활사', '가족발달주기'(domestic cycle)와 마을, 가족, 종족의 '기원'·'성장'·'쇠퇴'에 대해 '생물학적으로' 생각

해보는 것은 꽤 유용했지만, 마을 사회들 외부에서 발생한 경제적 · 정치적 · 사회적 · 종교적 · 법적인 '변화의 바람'이 중앙아프리카 전체를 휩쓸고 있는 엄연한 현실 속에서 변화가 은뎀부 사회의 구조에 내재된 것으로 생각하는 것은 그다지 큰 도움이 되지 않았다.[8]

외부세력의 영향이 분명한 상황에서, 변화가 사회구조에 내재해 있다거나 주기적이고 반복적이라고 생각하는 것은 무의미하다.

나는 사회관계의 역동성에 대한 확신을 갖고 구조 못지않게 운동을, 변화 못지않게 지속성을 관찰했는데, 지속성은 실로 변화의 현저한 측면이기도 했다. 나는 사람들이 상호 접촉한 후 며칠이 지나면 그 상호작용의 결과가 나타나는 것을 보았다. 그래서 나는 사회적 시간이 흐르는 과정에서 하나의 형태를 지각하기 시작했다. 이 형태는 본질적으로 **극적**(dramatic)이다.[9]

에디스 터너는 학위논문을 작성 중이던 빅터 터너와 한 친구가 술집에 가서 맥주잔을 기울이며 서로를 격려하던 일을 회상했다.[10] 터너는 은뎀부의 확대된 갈등(이것만 아니면 사회체제는 순탄하게 작용할 것이다)을 분석하는 문제에 골몰해 있었다. '사회적 드라마'라는 문구가 터너에게 불현듯 떠올랐고 그날 밤 그는 글럭먼의 세미나를 위한 논문을 마쳤다. 그것은 요술사 산돔부(Sandombu)를 둘러싼 갈등의 분석이었다.

흥분을 가라앉히고 산돔부 이야기를 읽고 나서 그는 단절·위기·조정·재통합의 단계들, 즉 은뎀부의 사회조직과 가치를 보여주는 창으로서 사회적 드라마를 분석했다. 이제 당신은 생생한 현장을 보고 있다. 맥스는 숙인 대머리 위에 양손을 올려놓고 앉아 있었다. 한참을 생각하고 나서 그는 고개를 들더니 불타는 눈빛으로 "자네가 드디어 해냈군! 바로 이거야"라고 외쳤다.[11]

사회적 드라마의 개념적 탄생에 얽힌 이야기 자체도 단절·위기·조정·재통합의 요소들을 포함하고 있다는 점은 상당히 흥미롭다. 그러나 그보다 중요한 것은 터너의 주장대로 "집단이나 개인의 이해관계나 태도가 명백히 대립하고 있을 때, 사회적 드라마는 따로 떼어내어 상세히 기술할 수 있는 사회적 과정의 단위를 구성하는 것으로 내게 보였다"는 사실이다.[12]

사회적 드라마는 시작과 중간과 끝이 있기 때문에 잠재력이 큰 분석의 단위가 되었다. 사회적 드라마는 또한 "규칙적으로 재현되는 '진행 형태' 또는 '통시적 외형'(diachronic profile)"을 갖게 되는데, 이는 "다시 말하면 위기상황이 일련의 규칙적 국면들을 가지게 되는 것"과 같다.[13] 그의 은뎀부 조사에 바탕을 두고 터너는 규칙이나 규범의 위반으로 시작된 갈등이 어떻게 빠른 속도로 증폭되어 갈등에 관련된 사회집단들의 대립이라는 최고 수준의 사회적 분열까지 발생시키는지를 개관했다. 다음으로 그가 주목한 것은 "비공식적인 중재에서부터 정교한 의례에 이르기까지" 어떤 조정이나 보상이 일어나고, 그 결과 문제가 치유되거나 그것의 치유가 불가능함을 공식적으로 인정하게 된다는 점이다.

모든 사회적 과정이 극적인 것은 아니다. 예를 들어 터너가 설명하는 '사회적 사업'(social enterprise)은 협동 노력에 기초하며 전혀 다른 양상을 띤다.[14] 그러나 사회적 드라마는 사회생활의 반복적인 단위이며, "각 사회의 사회적 드라마는 독특한 스타일을 가지리라 예상되지만"[15] 비교의 대상으로 전혀 손색이 없을 만큼의 유사성을 가지므로, 우리는 사회적 행위자와 시간적 깊이를 충분히 고려하면서도 래드클리프–브라운의 유기체적 유추에서 벗어날 수 있다. "인간적인 사회과정을 이해하려면 '인문주의적 계수'(humanistic coefficient)를 내 모델에 내장시켜야만 한다고 느꼈다"고 터너는 말했다.[16] 그는 분명히 그렇게 했다.

터너의 사회적 드라마 분석은 은뎀부 부족[17]에서 시작해 아이슬란드의 전설 연구[18]와 1810년 멕시코 혁명 분석으로 이어진다. 그것은 결국 그를 연극(theater)으로 인도했다.

연극은 전(前)산업사회의 의례가 보여주는 위대한 다면적 체계──질서와 혼돈에 대한 생각과 이미지를 포용하고, 광대와 광대의 바보짓을 신과 신의 근엄함과 결합시키고, 음악 이상의 것에서 교향악을 만들어내기 위해 모든 감각적 부호를 이용하는──의 수많은 유산 가운데 하나다. 연극은 춤, 여러 종류의 신체 언어, 노래, 창가, 건축형태(사원, 원형극장), 분향, 번제(burnt offerings: 구약시대에 짐승을 통째로 구워서 신께 바치던 제사―옮긴이), 의례화된 잔치와 음주, 그림, 보디 페인팅, 할례와 난자(scarification)를 포함한 여러 가지 문신, 로션을 바르고 독물을 마시는 행위, 구두(口頭)로 전승되는 신화나 영웅담 실연 등을 망라하는 종합예술이다.[19]

이처럼 생생하고, 사고가 농축되어 있으며, 도발적인 글쓰기가 터너를 인류학 이론의 주요 인물로 만들었다. 그것은 역동적이고 의사소통적이며 문화적인 과정에 대한 터너의 강조를 구현하고 있으며, 이러한 강조점은 상징에 대한 그의 접근에서도 나타난다.

상징

전혀 다른 이론적 색채를 가진 인류학자들도 상징이 문화의 정수를 나타낸다는 점에 동의한다는 사실은 눈여겨볼 만하다. 예를 들어 골수 유물론자인 레슬리 화이트도 "상징은 인간성의 세계"라고 말했다.[20] 하지만 상징이 어떻게 작용하는가에 관심을 가진 인류학자는 별로 많지 않다. 사피어는 개의 사진이 개를 의미하듯이 대상을 직접 모사하는 일차적 상징과 "빨간색, 하얀색, 푸른색은 자유를 나타낸다"는 문장처럼 "단어나 단어들 사이의 관계, 그리고 그것들이 무엇을 지칭하는지 직접 알아내기 어려운" 이차적 상징을 구분했다.[21] 터너의 기여(와 그의 정교한 상식을 보여주는 사례)는 상징을 사회적 행위의 특정한 분야에서 고려하는 것이다. 은뎀부 의례를 분석하면서 터너는 말했다.

상징은 본질적으로 사회적 과정에 개입하므로, 의례적 상징은 시간적 연속선상에서 다른 '사건들'과의 관련하에 연구해야만 제대로 분석된다는 사실을 나는 알게 되었다. 나는 의례의 수행을 집단이 내적 변화에 대처하고 외부 환경에 적응하는 사회적 과정의 독특한 국면으로 보게 되었다. 이런 관점에서 의례적 상징은 사회적 행위의 한 요인이 되어 해당 분야에

긍정적으로 작용한다. 상징은 인간의 이해관계, 의도, 목적, 수단—이것들이 명시적으로 만들어졌건, 관찰된 행위로부터 추론되었건—과 관련된다. 상징의 구조와 특징은 최소한 적절한 행위의 맥락에서는 역동적인 존재의 구조와 특징이 된다.[22]

그래서 국기는 학교 운동장의 게양기에서 펄럭일 때, 소형 트럭의 뒤쪽에 달려 있을 때, 시해된 대통령의 관을 덮고 있을 때, 각기 상징하는 바가 다르다. 이미지는 같지만 연상되는 의미는 종류와 강도가 다르다.

터너는 문화적 상징을 "영속적인 실체가 아니라, 사회관계의 시간적 변화에 관련된 과정에서 발생하고 그 과정을 지탱하는 것으로" 간주했다.[23] 상징은 공통적인 기본 속성을 지닌다. 그것은 강력한 의미의 농축으로 "많은 사물과 행위가 하나의 형태에 표현된다."[24] 터너는 그 예로 땅에 놓인 갈래진 막대기, 개미언덕에서 가져와 직사각형 모양으로 다듬어 가지를 받쳐 놓은 흙 한 줌, 풀 한 묶음만으로 이루어진 은뎀부의 수렵 신전인 치싱아(chi-shing'a)와 연관된 의미를 분석했다. 관련된 의미는 수렵인과 비수렵인의 관계, 수렵인의 직계가족과 모계친척, 강인한 정신과 육체, 조상에 대한 도리, 다산, 무기 사용기술, 고기의 공정한 분배 등으로 15개의 다른 의미가 신전과 직접 연결된다. "이것은 의례적 상징주의의 강력한 종합력과 집중력을 보여주는 한 예에 불과하다"고 터너는 강조한다.[25] 단지 길이가 다른 두 나뭇조각을 직각으로 교차시킨 기독교의 십자가가 무언가를 불러일으키는 힘을 잠시 생각해보면 터너의 관찰이 진실임을 알 수 있다.

따라서 상징은 "많은 의미를 받아들일 수 있는 '다의적인'

(multivocal)"[26) 것인데, 그 의미들은 연속체의 양 극단으로 모이는 경향을 보인다. 한쪽에는 생리적이고 자연적인 현상을 중심으로 의미들의 무리가 형성되고, 다른쪽에는 사회관계에 대한 의미들의 무리가 존재한다. 예를 들어 미국 국기의 빨간색은 흔히 자유를 수호하다 목숨을 잃은 이들의 피를 표현하고, 줄무늬는 원래의 13주를 나타내며, 전체적인 상징은 애국심이나 존경 같은 가치를 환기한다는 식으로 설명된다.

그러나 중요한 점은 응축되고 다의적인 상징들이 다른 사람들에게는 상이한 방식으로 전달될 수 있다는 사실이다. 의미의 구성과 재구성은 사회적 과정의 특수한, 역동적인 맥락에서 일어난다. 이는 심오한 이론적 함의를 지닌다. 많은 인류학자들이 주장하듯이 상징이 문화생활의 요체라면, 그리고 터너가 제시하듯 상징이 역동적인 사회적 창조물이라면 어떻게 문화적 특징이나 사회구조가 그 역동적인 맥락으로부터 추출될 수 있단 말인가? 문화적 생활의 성격 자체가 안정되고 조화로우며 정태적인 것이 아니라 오히려 유연하고 모순적이며 역동적인 것이라면, 문화적 유형이 사회적 안정을 실현하게 도와준다거나(래드클리프-브라운) 파악될 수 있는 인간의 욕구를 충족시킨다고(말리노프스키) 믿어야 할 필요가 없어진다.

상징에 대한 터너의 통찰력은 20세기 인류학 이론의 중추신경을 건드린다. 문화는 경험으로 존재하며 실천되는 대로 발생할 뿐이다. 이러한 관점은 사회구조의 인류학이 아닌 실행의 인류학과 실천(praxis: 문자 그대로 예술이나 기예에서의 수행과 같은 '행위'나 '실행')에 대한 관심으로 우리를 유도한다. 터너는 이러한 접근방법을 다양한 조사에서 추구했는데, 순례에 주안점을 둔

조사 하나가 특별히 흥미를 끈다.

리미날리티, 코뮤니타스, 순례

앞에서 보았듯이 터너는 반 헤네프의 리미날리티(liminality: 역치성(閾値性)으로 번역되기도 하나 적확한 역어로 보기는 어렵고 또 생경한 표현인 탓에 그냥 원어 그대로 표기했다―옮긴이) 개념을 차용하여 과도기가 지배적인 주제로 부각되는 사회생활의 특수한 국면을 이해하기 위한 개념적 도구로 확장시켰다. "기본적인 사회의 모델이 지위의 구조라면, 우리는 경계 또는 '리미날리티'의 기간을 구조 사이의(interstructural) 상황으로 여겨야 한다"고 터너는 말한다.[27] 통과의례나 다른 의례 또는 순례 중의 과도기는 다음과 같은 면에서 유사하다.

〔그것은〕……여기에도 저기에도 속해 있지 않다. 그것은 법, 관습, 관례, 의식에 의해 정해지고 배치된 지위들 사이에 이도저도 아닌 상태로(betwixt and between) 있다. 이와 같이 과도기의 모호하고 불확정적인 속성은 사회적·문화적 전환기를 의례화한 많은 사회에서 다채로운 상징에 의해 표현되고 있다.[28]

경계적인 기간은 정상적인 사회관계를 변화시키거나 일시 정지시키는 특징을 갖는다는 점에서 터너를 매료시켰다. 과도기적인 기간은 시간의 안팎에 존재할 뿐만 아니라 "사회구조의 안팎에"[29] 존재하기도 하며, 이는 인간관계의 두 가지 주요 모델을 제시한다.

첫째는 위계적인 체계로서의 사회적 모델로서, 이는 사람들을 높낮이에 따라 여러 가지로 평가하는 정치-법-경제적 지위들이 구조화되고 분화된 것이다. 둘째는 특히 과도적 기간에 눈에 띄게 나타나는 사회의 모델로 의례적 연장자의 일반적인 권위에 함께 복종하는 평등한 개인들로 구성된 코뮤니타스, 공동체, 교파에 해당되며, 구조화되지 않았거나 최소한만 구조화된, 그리고 비교적 분화되지 않은 체계이다.[30]

터너는 코뮤니타스 및 구조와 연관된 속성들에 대응하는 과도기/상태, 평등/불평등, 익명성/호칭체계, 침묵/언어, 지위의 부재/지위 등 여러 가지 이원적 대립들을 열거했다.[31] 그러한 속성들은 전통사회의 통과의례의 일부이며, 또한 주요 종교들에서 어떤 시기, 특히 순례기간 중의 중요한 순간들을 특징짓는다.

순례의 문학적 형상은 그것의 과도기적 성격을 역설한다. 이는 기독교 문학의 반복되는 은유로, 영문학에서 가장 유명한 순례인 초서(Chaucer)의 『캔터베리 이야기』에도 나온다.

이 세상은 고통으로 가득 찬 스쳐 지나가는 운명일 뿐
우리는 오고 가는 순례자라네
죽음으로 세상의 모든 아픔이 사라지나니

19세기 미국의 찬송가는 노래하기를,

이 세상은 나의 집이 아니니,
나는 다만 통과하고 있을 뿐.

나의 보배는 높은 곳에 있다네

푸른 하늘 너머 저 어디에.

기독교의 수사적 표현은 순례의 과도기적 성격을 강조하고 있다. 어찌 되었건 예수는 과도기 상태에서 탄생했고, 인간으로 존재한 것은 그의 진정한 정체로부터 잠시 격리된 것이다.

기독교 전통 밖에서, 순례는 사회관계에서 코뮤니타스의 특성을 표출하는 과도기적 현상이다.[32] 그러한 리미날리티는 사회적으로 차별화되는 외부의 상징들을 제거함으로써 의사소통될 수 있다. 터너가 논평하기를,

……코뮤니타스, 리미날리티, 하층의 지위 사이에는 어떤 유대가 존재한다. 계층화된 사회에서 하층 카스트나 계층은 종종 가장 즉각적이고 본능적인 행동을 내보인다고 생각된다. 이는 경험적으로 사실일 수도 아닐 수도 있으나 어쨌든 오랫동안 전해 내려오는 믿음이다……. 코뮤니타스를 극대화하려는 자들은 실제로 톨스토이나 간디가 스스로 실천한 바처럼 흔히 지위의 외양적 표현을 최소화하거나 아예 제거하는 일부터 시작한다. 다시 말하면, 그들은 소외된 자들의 복장과 행동을 본뜨려 한다.[33]

일종의 사회적 과정으로 순례가 지닌 기본적 속성은 다음과 같다. 그것은 코뮤니타스에 의해 묘사되는 과도기적인 사회관계이며, 정상적인 사회적 위계의 혼합이나 전도(inversion)를 강조하는 상징을 사용한다. 순례의 대상인 성지들은 최고의 성지들

과, 관련된 성지들, 그리고 그들 사이의 통로가 사회적 과정의 연결망을 나타내는 의례의 지형적 구조(ritual topography)를 만들어낼 수도 있다. 순례는 터너의 기본적인 이론적 관심사에 연관되어 있다. "과정적 단위(processual unit)와 반구조(anti-structure), 의례적 상징의 의미 연구. 이 모든 관심사가 순례 과정에 수렴된다……"[34]

결론

터너의 핵심적 개념에 대한 간단한 묘사만으로는 그의 왕성한 지적 욕구는 물론 정치인류학의 과정적 접근[35]이나 노 드라마(Noh drama, 能: 14세기 무로마치 시대에 발달하기 시작한 고전적 무대 양식의 일본 전통 가무극—옮긴이) 연구[36] 같은 활기 넘치는 다양한 사상의 탐구를 제대로 다룰 수 없다. 에디스 터너의 회상에 따르면, 60년대 초에는 "그의 사고가 진전되면서 역풍을 이기는 범선과 같은 새로운 방식을 만들어낼 무대라도 찾아올 듯이 보였다."[37] 터너는 그의 다양한 관심이 어떻게 기본적인 연구방침의 일부분을 형성했는지 분명히 밝혔다.

인류학자로서 나의 작업은 다른 문화를 지닌 다양한 인간집단들이 시간을 통해 축적하는 상호작용을 연구하는 일이었다. 나는 이러한 상호작용이 모이면 지속적인 공적 행위가 출현하게 되는 경향이 있다는 사실을 알게 되었고, 나의 서구적 배경으로 인해 '극적'이라는 표현 외에는 그런 현상을 달리 특징짓기 어려웠다.[38]

해석인류학

거츠(Clifford Geertz, 1926~2006)의 수상작『작품과 생애』(*Works and Lives*)의 부제는 '작가로서의 인류학자'(The Anthropolo- gist as Author)인데, 그것은 거츠 자신의 경력을 말해주는 부제가 될 수도 있다. 거츠만큼 활발하게 저술 활동을 한 미국 인류학자는 없었다. 그는 인도네시아와 모로코에서의 장기조사를 논의하는 민족지들과, '해석인류학'(interpretive anthropology)이라 불리는 문화에 대한 접근법을 약술한 여러 권의 논문집을 포함해 15권의 책을 쓰거나 편집했다.『작품과 생애』는 1989년 전미서적비평가협회 문예비평부문의 수상작으로, 명문장가가 별로 없다고 알려진 인류학 분야에서 나온 책으로는 보기 드물게 일반 식자층에게 권할 만한 뛰어난 문장력을 인정받은 것이다.

거츠의 논문은『뉴욕 서평』(*New York Review of Books*),『데덜러스』(*Daedalus*),『미국의 학자』(*American Scholar*) 및 다른 교양 잡지들에 발표되었으며, 그의 저서는 집중적으로 검토되었고, 그는 어느 미국 인류학자보다도 광범위한 분야의 지적 토론에 이바지했다. 그의 박학다식함과 개념들을 능숙하게 대비시키는 솜씨로 인해 『뉴욕 타임스』 서평가인 크리스토퍼 레만-하우프트는, "거츠의 글을 읽으며 생각에 잠기고 나면 생기가 되살아난다"며 탄복했다. 클리퍼드 거츠는 작가로서의 인류학자이다.

거츠의 문화에 대한 접근법이 문화를 텍스트로, 인류학적 탐구를 텍스트 해석으로 비유하는 것에 기반을 둔다는 점은 그다지 놀랍지 않다. 논문집 『문화의 해석』(The Interpretation of Culture, 1973)에서 처음 개진된 이러한 생각은 다음과 같은 미국 인류학 논쟁의 촉매가 되었다. 문화의 성격은 무엇인가? 그것은 사회구조와 어떻게 구분되는가? 문화를 어떻게 이해해야 하는가? 관찰자와 관찰대상자의 관계란 무엇인가?

인류학의 논점들은 변화하는 세계와 세계관을 배경으로 발생했다. 초창기의 인류학자들과 달리 거츠와 그의 동시대인들은 제2차 세계대전 후에 나타난 제3세계 국가들에서 조사를 수행했다. 20세기 후반은 명백히 상호 연결된 후기식민지시대의 세계로 에덴 동산처럼 격리되어 접촉 없이 살아가는 사회는 더 이상 존재하지 않는다. 독립운동이 이전의 식민지 주민을 신생국의 시민으로 변모시키는 과정에서 권력관계가 재편되고 새 정부가 통제력을 행사함에 따라 집단들 사이의 갈등이 점차 격렬해졌다. 이런 변화에 직면해 기능적으로 결합된 사회를 상정하기는 힘들어졌는데, 이는 더 이상 고립된 사회도 없고 사회가 균형(equilibrium)을 유지한다는 사실을 입증하기도 어려워졌기 때문이다.

이에 따라 인류학자들의 역할도 변했다. 고립된 사회를 1, 2년 연구한 후 돌아와 그 지역 '전문가'로 행세하던 시대는 끝났다. 이제 인류학자들은 미국, 유럽, 개발도상국의 공동체와 제도 속에서 자신들이 하고자 하는 이야기와 그것을 전달할 수단을 갖고 있는 사람들 틈에서 작업하게 되었다.[1] 인류학자와 정보제공자의 관계도 변해서 인류학적 탐구의 성격에 대한 자아성찰을 촉구했다. 거츠는 그런 성찰에 기여해왔으며, 인류학의 변화 또한 그의 경력에 반영되었다.

배경

클리퍼드 거츠는 1926년 샌프란시스코에서 태어났고, 제2차 세계대전 중 미 해군에서 복무했다. 전후에 그는 앤티오크 칼리지에서 영어와 철학을 공부했다. 경제학 강의 두 개를 제외하면, 1950년 학사학위를 받을 때까지 그는 사회과학을 공부한 적이 없었다. 거츠가 술회하기를, "내가 관심을 갖고 있던 가치 등의 [철학적] 문제는 경험적 연구를 요구한다고 생각되었고"[2] 이런 판단이 그를 인류학으로 이끌었다. 그는 하버드의 사회관계학과(Department of Social Relations)에 등록했고, 1951년 후반 인도네시아 조사계획에 합류했다. 1952년에서 1954년까지 거츠는 포드 재단이 후원한 프로젝트에 따라 자바의 모조쿠토(Modjokuto)에서 작업하는 사회과학자 팀의 일원이었다.[3] 그 조사의 목적은 경제 성장을 도모한다는 뚜렷한 목표 아래 제3세계 발전을 이해하려는 것이었다.[4]

이 시기 거츠의 저술은 후기의 것과는 다르다. 그의 저서 『자바의 종교』(*The Religion of Java*, 1960)는 에번스-프리처드가 썼을 법한 고전적인 민족지다. 또 다른 저서 『농업의 퇴화』(*Agricultural Involution*, 1963)는 9퍼센트의 땅덩어리에 65퍼센트의 인구가 사는 내부의 섬들(자바, 발리, 롬복)과 90퍼센트의 땅덩어리에 30퍼센트의 주민이 사는 외곽의 섬들(수마트라, 보르네오)로 이루어진 군도 인도네시아에 대한 문화생태학적 연구다. 『농업의 퇴화』는 노동집약적인 수도작과 토지집약적인 화경농법을 대비시키고, 다른 농경체제의 공간적 분포가 지역경제, 식민지 경제사, 미래 발전의 방향에 어떻게 영향을 미칠 것인지를 보여주었다.

『행상인들과 왕자들』(*Peddlers and Princes*, 1963)은 지역적인 문화 유형이 경제발전계획에 영향을 주는 방식을 이해할 목적으로, 현격히 다른 인도네시아의 두 도시, 자바의 모조쿠토와 발리의 타바난(Tabanan)을 개관한 것이다. 상의하달식의 사회경제적 건설을 위해 발전계획이 지역적 현실을 무시하던 시절에 거츠는 "전반적인 경제정책은 지역의 사회적·문화적 조직의 특수성에 보다 세밀히 맞출 필요가 있다"고 주장했다.[5] 그는 19세기 중반부터 1950년대 후반에 이르기까지 지역공동체의 정치적·경제적 발달을 종합한 『한 인도네시아 도시의 사회사』(*The Social History of an Indonesian Town*, 1965)에서 모조쿠토 분석을 계속했다.

이런 연구들은 과학적 지식, 국제정책, 거츠의 경력에 두루 이바지한 견실한 인류학적 업적이다. 거츠는 스탠퍼드 행동과학연구소에서 연구원을 지내고(1958~59), 버클리에서 1년간 조교수로 일한 후, 1960년 시카고 대학으로 가서 1964년 정교수가 되어 1970년까지 머물렀다.

거츠의 초기 저작들은 전통적인 인류학 이론과 결별하지는 않았지만 약간의 흥미로운 틈새를 보이기 시작한다. 예를 들면 『농업의 퇴화』에서 거츠는 기능주의에 의해 형성된 체계적 접근방법 대신 줄리언 스튜어드의 문화생태학을 원용한다. 비록 문화생태학이 중요하더라도 모든 것을 포괄하지는 않는다고 주장하면서 전지전능한 설명의 도구로 삼지는 않았지만 말이다.[6] 그리고 『한 인도네시아 도시의 사회사』 마지막 장에서 가핑클(Harold Garfinkel)이 제안한 '문서적 방법'(document method)이라는 접근법을 소개하는데, 거츠는 이를 후기 저작에서 발전시킨다.

이 접근방법에서는 자연스럽게 통일된 하나의 사회현상 또는 일종의 [우연히] 발견된 사건을 대부분의 양적인 작업에서처럼 특수한 기본적 유형의 지표로 해석하거나 대부분의 민족지적 작업처럼 그 유형 자체의 직접적인 구성요소로 해석하지 않고, 독특하고 개별적이며 특히 그 유형이 잘 표현되어 실현된 것 — 하나의 전형(epitome) — 으로 해석한다.

문서('예'라고 부르는 편이 나을 수도 있고, 그렇지 않으면 이 방법이 종종 임상적이라 지칭되므로 '사례'로 부를 수도 있겠다)는 보다 포괄적인 유형의 특별한 구현, 특이한 현시로 볼 수 있는데, 그 유형은 상당히 많은, 때로는 거의 무한한 수의 발현양식을 가지므로 손에 잡힌 것 하나는 완전하고 명료하며 우아하게 일반적 유형을 표출시켜주는, 특별히 인상적인 사례로 간주될 따름이다. 문서 안에서 패러다임은 생기를 얻는다. 실제 사건의 뿌리 깊은 특수성과 의미심장한 형태의 미묘한 일반성은 서로를 이해할 수 있게 해준다.[7]

이런 식으로 거츠는 '사회적 문서로서의 마을 선거'라는 제목의 절에서 치열한 경합을 벌이는 모조쿠토의 선거를 살펴보았다. 『한 인도네시아 도시의 사회사』에서 첫선을 보인 문화를 텍스트로 보는 접근은 이어지는 거츠의 연구에서 보다 뚜렷해진다.

중층기술과 텍스트로서의 문화

거츠의 접근은 『문화의 해석』의 서론에 해당하는 논문 「중층기술: 해석적 문화이론을 위하여」(Thick Description: Toward an Interpretive Theory of Culture)에서 시작된다. 이 논문은 명료하고 효과적으로 거츠의 문화관과 인류학적 식견을 요약한다. '문화'라는 단어의 다양한 정의들을 검토한 후 거츠는 자신의 입장을 표명한다.

> 내가 지지하고 이하의 논문들을 통해 그 유용성을 증명하고자 노력할 문화의 개념은 본질적으로 기호학적인 것이다. 막스베버를 따라 인간은 그 자신이 짜낸 의미의 그물에 걸려 있는 존재라 믿고, 나는 문화를 그러한 그물이라 생각하며, 따라서 문화의 분석은 법칙을 추구하는 실험적 과학이 아니라 의미를 추구하는 해석적인 과학이라 생각한다.[8]

이것은 핵심적이고 널리 인용되는 문구[9]로서 일련의 복합적인 함의를 갖는다. 1990년 한 인터뷰에서 거츠는 "……내 생각은 여전히 변하지 않았다. 그것을 생각함으로써 나 자신이 어떤 상태에 처하게 될지를 정확히 몰랐을 뿐이다……"라고 말한 바 있다.[10]

기호학은 기호와 상징의 분석이며, 거츠는 문화적 행위란 의미와 기호가 상호작용한 산물이라고 주장한다. "……인간의 행위는……상징적 행위—말의 발성, 그림의 색채, 문장의 행, 음악의 울림처럼 무엇인가를 의미하는 행위—로 볼 수 있다."[11] 문화에 관한 적합한 질문은, 그가 주장하듯, 그러한 기호의 의미와 연관된다.

> 민족지 작업을 한다는 것은, 생소하고 낡았으며 생략부호가 많고 앞뒤의 일관성이 없고 여러 번 교정되고 논란의 여지가 있는, 하지만 양식화된 문자로 기록된 것이 아니라 일회적인 행동의 구체적 사례들로 이루어진 필사본을 읽으려('해독한다' 는 의미에서) 애쓰는 것과 같다.[12]

『문화의 해석』에서 거츠는 라일(Gilbert Ryle)의 작업, 특히 그의 '윙크하기' 유추에 의거하여 중층기술 개념을 개괄하고 있다. 라일은 얼핏 사소해 보이는 예—눈꺼풀의 경련과 윙크하는 눈의 차이—를 이용해 윙크는 의미를 전달하지만 경련은 그렇지 않으므로 유사해 보이는 두 행동이 다르다는 점을 보여준다. 그 차이점에 입각해 라일은 윙크 흉내, 윙크 흉내 연습, 가짜 윙크 등도 찾아볼 수 있으며, 그렇게 단순한 의사소통의 형태도 여러 가지 가능성을 만들어낸다는 사실을 지적한다. 그 맥락과 의미를 해명하고 확인하려면 '중층기술'이 필요하다.

거츠의 주장에 의하면 그것이 바로 민족지적 글쓰기가 하는 일이며, 대부분의 경우 우리가 의식하지 못할 뿐이라는 것이다. 이를 보여주기 위해 거츠는 그의 모로코 조사 노트의 한 대목을 옮겨놓았는데, 있는 그대로 인용된 그것은 읽을 수는 있지만 해석을 가하지 않고는 이해할 수 없는 것이었다.

완성된 인류학적 저술들에서……이 사실, 즉 우리가 자료라고 부르는 것이 실은 다른 집단의 성원들이 자신들이 처한 상황에 대해 이야기한 것을 우리 나름대로 다시 구성한 것이라는 사실은 모호해진다. 이는 우리가 특수한 사건·의례·관습·사고 등을 직접 조사하기도 전에 그것들을 이해하는 데 필요한 대부분의 정보는 이미 이면에 스며들어 있(는데 이 점을 우리가 의식하지 못하)기 때문이다(조사 노트에 기록된 작은 드라마가 1912년 중부 모로코의 고지대에서 발생했고 1968년에 그곳에서 진술되었다는 사실만 알려져도 우리가 그것을 이해하는 방식이 대부분 결정된다). 이 자체에 큰 문제는 없으며, 어찌 보면 불가피하다. 그러나 이로 인해(즉 인류학자의 해석이 차지하는 비중이 잘 드러나지 않음으로써) 인류학적 조사가 해석행위보다는 관찰행위 위주로 이루어진다고 생각하게 된다.[13)]

"이 실현된 문서로서의 문화는 그래서 공적이다"라고 단언하면서 거츠는 문화가 물질적인지 관념적인지, 주관적인지 객관적인지를 둘러싼 논쟁은 오도된 것이라고 주장한다.[14)] 문화는 행동이라는 창조된 기호로 구성되며, 인류학의 임무는 "의미의 구조들을 분류하여 그것들의 사회적 근거와 중요성"을 규정하는 것이다. 다른 문화가 생소하게 느껴지는 까닭은 "행위가 곧 기호인데 그 기호에 의미를 부여하는 상상의 세계에 (우리가) 익숙하지 않기" 때문이므로, 인류학적 분석의 목표는 그 기호들을 해석할 수 있도록 하는 것이다.

거츠는 이 관점을 문화의 다른 개념화 작업들과 구분한다. 기호론의 강조는 분명 화이트나 해리스 같은 유물론자들처럼 기술이나 하부구조, 또는 제3의 자연/문화 매개장치의 개념에 우선권을 주지 않는다. 또한 문화는 크로버가 제시하듯이 그 자신의 힘과 목적을 가지는 어떤 초유기체적 영역에 존재하는 것도 아니다. 문화는 도식적 분석에 맡겨지거나 민족지적 규칙으로 환원되는 '본능적 행동'도, '정신적 구성물'도 아니다. 베토벤의 사중주가 악보, 악보에 대한 지식, 연주자 집단의 이해, 그것의 특별한 연주 또는 초월적인 존재와 같은 것이 아니라 환원될 수 없는 한 편의 음악이듯이,[15] 문화는 사람들의 의사소통에 필요한 '사회적으로 정립된 의미의 구조'로서 상징적인 사회적 담론에서 분리될 수 없다.

자바의 장례식

해석이 시사하는 바는 자바의 한 장례식, 정치적 분열과 그것의 상징적 표현이 죽음을 둘러싼 핵심적 의례와 감정에 영향을 준 사회적 담론의 사례에 대한 거츠의 분석에 잘 드러나 있다.[16] 거츠는 우선 사회 변화를 다룰 수 없다는 사실에 주안점을 두어 기능주의를 비판하고 문화와 사회체계 사이의 구분을 소개하는데, "전자는 사회적 상호작용의 바탕이 되는 의미와 상징의 질서정연한 체계로, 후자는 사회적 상호작용 자체의 유형으로 본다."[17]

문화는 사람들이 그들의 경험을 해석하고 그들의 행동을 안내하는 데 지침이 되는 의미의 틀이다. 사회구조는 행위가 취하는 형태이며 실제로 존재하는 사회관계의 연결망이다. 따라서 문화와 사회구조는 동일한 현상의 다른 추상화에 불과하다.[18]

그러나 그 두 가지 다른 추상은 매우 상이한 방식으로 통합된다고 거츠는 주장한다. 사회구조는 '인과-기능적 통합'(causal-functional integration), 즉 상호작용하며 체계를 유지하는 부분들의 접합에 기초를 두고 응집된다. 이에 반해 문화는 논리-의미적 통합(logico-meaningful integration), 곧 '양식, 논리적 함의, 의미와 가치의 통일'에 의해 규정된다. 그것은 "바흐의 푸가나 천주교 교리, 또는 일반 상대성이론에서 발견되는" 종류의 통합단위이다.[19] 이러한 구분은 상징과 정치적 집단간의 관계가 변하면서 문화의 통합에 부조화를 일으키고 사회의 조직을 분열시키는 상황에 처한 자바의 장례식을 이해하는 데 중요하다.

단순화해 말하면, 자바 농민의 종교는 동남아의 토착적인 애니미즘 위에 이슬람과 힌두교를 씌워놓은 혼합종교였다. 거츠에 의하면, "그 결과는 힌두교의 신과 여신들, 이슬람교의 선지자들과 성인들, 그리고 토착적인 정령들과 악령들이 적재적소에 배치되어 조화를 이룬 신화와 의례의 혼합이었다."[20] 이러한 균형은 20세기 들어 보수적인 이슬람의 종교적 민족주의가 결집해, 이슬람 이전의 힌두-애니미즘적 '토착' 종교를 표방한 세속적인 마르크스주의 계열의 민족주의와 대립하면서 점차 깨졌다.

양 진영의 입장은 뚜렷이 대비되어 자의식이 강한 무슬림과 강경 노선의 '토착주의자'(힌두 및 토착적 요소들을 마르크스주의와 결합시킨) 사이의 차이는 산트리(santri)와 아방간(abangan)

이라는 유형의 집단으로 양극화되었다. 독립 후 인도네시아의 정당들은 이 경계선을 따라 형성되었다. 마슈미(Masjumi)는 보수적인 이슬람 정당이 되고, 페르마이(Permai)는 마르크스주의와 토착주의에 기반을 둔 반이슬람 연합정당이 되었다. 이 구분이 특정한 자바의 장례식에서 전형적으로 표현되었다.

거츠에 따르면, "자바의 장례식 분위기는 흥분상태의 사별, 절제되지 않은 슬픔, 또는 망자의 가는 길을 애도하는 형식화된 통곡과는 거리가 멀다. 오히려 장례식은 조용하고 차분하며 담담하게 망자를 보내고, 앞으로는 불가능해진 관계를 간략하게 의례적으로 단절하는 분위기에 가깝다."[21] 이런 의도적인 평온함과 초연함(이클라스, iklas)은 이슬람, 힌두, 토착의 믿음과 의례를 잘 결합시킨 적절한 의식을 별탈 없이 진행시키는 데 달려 있다. 자바인들은 상처를 주는 것은 갑작스런 감정의 혼란이며——"두려운 것은 고통을 받는 것 자체가 아니라 충격이다"[22]——장례절차는 순탄하고 빠르게 생을 마감하게 해주어야 한다고 믿는다.

그러나 이 특수한 사례에서 죽은 소년은 페르마이 당과 관련이 있는 먼 집안 출신이었다. 이슬람교도인 마을의 종교지도자는 의식의 진행을 요청받자 소년의 집 문에 페르마이 당의 정치 전단이 붙어 있다는 사실을 거론하면서 거부했다. 표면적 이유는 자신이 '다른' 종교의 의식을 진행하는 것은 옳지 않다는 것이었다. 그 순간에 이클라스, 즉 의식적이고 문화적으로 규정된 죽음에 대한 침착함은 사라져버렸다.

거츠는 이어지는 감정적 혼란을 기술하면서 그 뿌리를 근본적인 모호함에서 찾았다. 종교적 상징이 정치적 상징이 되고 또 정치적 상징이 종교적 상징이 되면서, 성스러운 것과 세속적인 것을 결합해 "의미의 문화적 틀과 사회적 상호작용의 유형화 사이의 부조화"를 만들어냈다.[23] 이것은 종교적 상징과 정치적 상징의 역동적 관계에 대한 흥미로운 사례일 뿐만 아니라 중층기술의 좋은 사례이기도 하다. 이 사례에 관한 모든 것—사례의 채택, 역사적 배경, 정치적 차원, 문화적 기대, 가족과 이웃이 당황하게 된 동기—은 중층적인 의미구조를 밝히지 않고는 설명될 수 없다.

> 그(인류학자)는……중층적으로 복잡하게 얽혀 있으며 낯설고 불규칙하며 명확치 않은, 개념적 구조들의 다원성을 우선 파악하고 그 다음에는 그것을 이해할 수 있도록 해석해야 한다.[24]

결론

이해 또는 해석의 과정이야말로 민족지의 본령이라고 거츠는 주장한다. 민족지가 사실의 단순한 나열을 넘어서고 나면, 현지의 정보제공자들로부터 얻은 다양한 설명들 가운데에서 인류학자가 하나의 설명을 제시하게 되면서 해석이 개입된다. 거츠는 경험에 가까운(experience-near) '현지인의 관점'과 경험에서 먼(experience-distant) 사회이론가들의 영역을 구별하고, 인류학자의 임무는 둘 사이의 관계를 설명하는 일이라고 말했다.

다른 집단의 '경험에 가까운 개념들'을 파악하고, 그 작업을 잘 처리해 그 개념들을 사회생활의 일반적 특징을 간파하기 위해 이론가들이 개발한 '경험에서 먼 개념들'과 무엇인가를 해명할 수 있는 방식으로 연결한다면, 이는 다른 사람의 신체 속에 자신을 집어넣는 것보다 덜 신비하긴 하지만 최소한 그에 뒤지지 않는 세심한 작업이 된다. 비결은 정보제공자와의 영적인 내적 일치에 자신을 맡기는 데 있지 않다. 우리와 마찬가지로 그들도 자신들만의 영혼을 간직하고자 하며, 우리의 그런 시도에 예민하게 반응해주지도 않을 것이다. 비결은 도대체 그들이 **스스로에 대해 무슨 생각을 하고 있는가**를 알아내는 것이다.[25]

그리고 그것은 서술이나 발견이 아니라 해석을 필요로 한다. 중층적인 문화적 현상들 사이의 연관을 식별하는 작업은 그러한 연관을 만들어내는 작업과 다르다.[26] 엄연한 민족지적 해석을 관찰된 사실이라고 제시하는 것은 인식론적 실체가 아니라 인류학자의 자의적 선언일 따름이다.

거츠의 저작과 민족지 그리고 논문들은 이런 종류의 문자적인 것(literal)과 문학적인 것(literary) 사이의 자기성찰적인 평형을 잘 보여준다. 거츠의 연구업적은 인접 학문분야의 성과를 이용하는 동시에 다른 분야의 사상가들에게 인류학의 가치를 설파하는 작업의 체계이다.

그것은 증명에 대한 첨예한 논쟁을 불러일으키기도 했다. 민족지가 해석이라면 그 해석이 옳다는 사실을 어떻게 알 수 있는가? 우리가 직접 모조쿠토나 모로코 북부로 가서 해석을 확인할 수는 없는 노릇이다. 우리에게는 인류학자들의 주장을 평가할 수 있는 다른 방법이 필요한데 그것은 대체 무엇인가? 전통적인 민족지에서는 타당성을 입증하는 몇 가지 기준이 있었다. 인류학자는 현지의 언어를 유창하게 구사하는가? 그녀는 그 문화에서 장기간 지냈는가? 그의 관찰은 논리정연한가, 아니면 편견에 물들었는가? 정보제공자들은 그 문화에 대해 대표성을 가지는가?

그러나 문화적 지식이 본질적으로 해석적인 것이라면, 그래서 문화의 구성원만큼이나 많은 '참' 해석들이 있다면 우리는 어떻게 해석의 진위를 검증할 수 있는가? 그리고 이 논리를 확대해서, 그 모든 주장들이 타당하다면 인류학이 기대할 수 있는 것은 기껏해야 어느 것도 부정되지 않고 어느 것도 우대받지 않는 다수의 해석을 풍성하게 기록하는 일이 될 것이다. 이는 진실에 대한 명제로부터 일반화할 수 없고 경험적 자료에 비추어 그 명제를 검증할 수 없다면 인류학이 과학이 될 수 없음을 의미한다. 문화의 성격이 인류학의 과학성을 차단하는 것이다.

클리퍼드 거츠가 인류학에 남긴 주요 업적은 인류학자들로 하여금 그들이 해석하는 문화적 텍스트와 그들이 창조하는 민족지적 텍스트를 보다 깊이 있게 성찰하도록 만들었다는 점이다. 그는 또 인류학의 근본적인 성격에 대한 인류학 내부의 주요 논쟁을 촉발시키기도 했다. 마커스와 피셔에 따르면, "거츠가 해석을 관찰자와 피관찰자 모두에 의한 텍스트 읽기로 비유한 것은 주위의 관심을 불러일으켰으며, 현지 정보제공자의 해석에 의거해 작업하는 인류학자가 어떻게 자신의 해석을 구성하는가라는 문제를 현대 해석인류학의 최대 관심사로 부각시켰다."[27] 바로 이 점이 인류학적 작업을 진지하게 다시 생각하게 하는 계기를 마련했다.

상징과 구조, 오염과 순수

더글러스(Mary Douglas, 1921~2007)는 매우 겸손한 자평에서 "나의 주관심사는 통문화적 비교다"라고 말한 적이 있다.[1] 실제로 그녀의 연구는 상징적 분류와 그 문화적 맥락에 대한 귀중한 인류학적 접근을 창출했다. "더글러스는 상징의 세계를 보다 효과적으로 파악할 필요성을 느끼던 수많은 사회과학자들에게 영감을 불러일으켰다."[2] 더글러스는 그 업적을 인정받아 스웨덴·영국·미국의 여러 대학으로부터 명예박사학위를 받았고, 영국 정부에 의해 상급 훈작사(勳爵士, Commander)에 서훈되었다. 그녀의 사상은 10여 권의 저서와 수십 편의 논문에 나타나 있으며, 그녀의 글에서는 탐구하는 지성·품격·재치가 묻어난다.

더글러스의 사상에는 두 가지 이론적 전통이 합쳐져 있다. 하나는 그녀가 분류체계와 경험의 사회적 기반에 대한 뒤르켐의 탐구를 확대한 것이다. 뒤르켐처럼 더글러스는 지식의 체계가 사회적 체계이며 그것을 규정하는 범주는 사회적 실체를 반영한다고 보았다. 뒤르켐의 출발점은 토템의 성격이었는데, 더글러스는 평범하지만 믿기 어려울 정도로 복잡한 대상인 오물(dirt)을 통해 연구를 시작한다. 우리가 비교문화적으로 적절한 오물의 정의

를 내리려면,

　우리에게 남은 것은 제자리를 벗어난 사물이라는 케케묵은 오물의 정의뿐이다. 하지만 이러한 접근은 시사하는 바가 크다. 그것은 일련의 질서정연한 관계와 그 질서의 위반이라는 두 가지 조건을 암시한다. 그렇다면 오물은 독특하고 고립된 사물이 아니다. 오물이 있는 곳에는 체계가 있다. 오물은 사물의 체계적 정리와 분류의 부산물이다……[3]

이렇게 단조롭게 보일 수도 있는 출발점으로부터 더글러스는 순수와 오염, 그리고 그것들의 분류라는 더 큰 문제로 분석을 확장한다.

　둘째, 더글러스는 에번스-프리처드로부터 유래한 비교방법을 채택한다. 에번스-프리처드의 작업에 관한 훌륭한 연구[4]에서, 더글러스는 책임의 해명에 대한 그의 탐구가 지역의 현실에 민감하면서도 모든 인간사회에서 반복되는 현상에 대한 비교론적 시각을 제공한다는 점을 거론했다. 이러한 에번스-프리처드의 시도와 비슷하게 더글러스는 모든 사회에 공통되는 두 가지 경험을 살펴본다. ① 사회적 단위의 경계는 어느 한도까지 경험되는가? ② 인간관계를 규제하는 특수한 규칙들은 어느 정도까지 작용하는가? 더글러스가 집단성과 행동준칙이라 부르는 이 두 변수는 모든 사회에서 여러 가지 모습으로 나타나므로, 비교문화적 분석의 발판이 되는 동시에 지역적 현실을 반영한다. 이런 식으로 더글러스는 맥락에서 벗어난 비교와 지나친 주관성을 모두 피하고, 객관성과 지역 고유의 지식에 대한 관심의 균형을 잡으려고 노력한다.

더글러스는 지식의 사회적 기반과 사회적 집단의 비교에 관한 연구를 통해 신선한 충격을 주는 개념들을 생산했다.

배경

1921년 이탈리아에서 태어난 메리 더글러스(결혼 전 성은 튜 [Tew])는 영국에서 성장하고 수학했다. 제2차 세계대전 중 벨기에령 콩고에서 문관으로 종사한 후 1946년 옥스퍼드로 돌아가 에번스-프리처드 밑에서 인류학을 공부했고, 1951년 학위를 받았다. 그녀는 1949년에서 1950년까지, 그리고 1953년에 자이르의 렐레(Lele)에서 민족지적 현지조사를 수행했다. 그녀는 자신의 연구서 『카사이의 렐레족』(*The Lele of Kasai*, 1963)을 "권위 또는 그것의 부재에 대한 연구"로 특징짓고, 부족민을 지배하지 않는 귀족적 씨족, "통치나 자원의 분배, 분쟁의 중재에 무관심한" 마을의 우두머리, "통합적 성격이라고는 도대체 찾아볼 수 없는" 씨족의 존재에 대해 기술했다.[5] 이론적인 천명을 최대한 자제한 『카사이의 렐레족』은 에번스-프리처드의 영향을 받았음이 분명하다. 이 책의 대부분은 렐레 사회의 제도들을 다루고 있으며, 더글러스 후기 저작에서 두드러지는 주제인 오염에 대해서는 짤막한 논의가 있을 뿐이다.

옥스퍼드에서 잠시 강사로 있던 더글러스는 1951년부터 1977년 사이에 런던 대학의 유니버시티 칼리지에서 강사로 출발해 교수가 된다. 초창기에 쏟아져 나온 논문들은 렐레 사회의 다양한 측면들을 다루었고,[6] 이따금 후기의 관심을 예감케 하기도 한다. 예를 들어 렐레의 사회적 상징과 종교적 상징에 관한 논문은 사회적 형태와 상징적 체계가 렐레 문화에서 어떻게 연결되는지를 보여준다.[7)

1960년대 중반 더글러스는 렐레족에 대한 통찰력을 광범위한 비교문화작업으로 확대하여 『순수와 위험: 오염과 금기의 분석』(*Purity and Danger: An Analysis of Pollution and Taboo*, 1963), 『자연적 상징: 우주관의 탐구』(*Natural Symbols: Explorations in Cosmology*, 1970) 등의 저서들과 『규칙과 의미: 일상적 지식의 인류학』(*Rules and Meanings: The Anthropology of Everyday Knowledge*, 1973) 같은 편찬서를 통해 폭넓은 이론적 문제들을 고려했다.

『규칙과 의미』는 철학자 루트비히 비트겐슈타인, 작곡가 존 케이지, 소설가 톰 울프, 인류학자 에번스-프리처드와 탐바이아(Stanley Tambiah), 빅토리아 시대에 『여성의 매너』(1897)를 쓴 험프리 여사 등 다양한 저자들의 논문을 모아놓은 것으로, 각 논문의 선정 배경과 그녀의 짧은 논문에서 나타나듯이 더글러스의 지적인 의도를 간접적이긴 하지만 매력적으로 진술한 책이다. 그녀는 인지인류학, 상징론, 종교와 도덕률 등의 강의를 위해 이 책을 편집했으며, "그것은 인류학에서 보다 광범위하게 수용되어야 한다고 본인이 믿는 바를 해설한 것"이라고 말했다.[8)] 이 논문집은 19세기 후반의 사회사상가들, 특히 뒤르켐과 모스로부터 시작된 지적인 관심을 재현한다. 그들이 공유한 것은,

현실참여, 결속, 소외 등에 대한 공통의 관심[이었다]. 그들은 의미 없는 규칙은 없다는 사실을 잘 알고 있었다. 그들은 또한

규칙 없는 의미도 없다고 전제했다. 그들은 의미의 연구를 사회 관계의 연구로 그대로 밀고 나갔다. 형태적 분석은 의미의 매개체가 되는 의사소통체계의 형태적 특징들을 드러낼 수 있으며 전달된 의미는 사회적 분석을 통해서만 발견될 것이다.[9]

전도양양한 출발이었지만 이후 통학문적 대화는 전문가들의 사색으로 파편화되었고, 결과적으로 "의미의 이해에 실마리를 제공하는 사회적 관습에 대한 우리의 지식은 출발점에서 별로 진전된 바가 없다"고 더글러스는 주장했다.[10] 그 담보 상태를 극복하는 것이 더글러스의 주된 연구 과제였다.

순수와 오염

더글러스는 "신성함이란 피조물의 범주를 구분하는 것"이라고 말했는데,[11] 상징적 분류의 사회적 기반은 그녀의 작업을 꿰뚫는 주제였다. 종교적 분류의 중심에는 오염과 순수의 개념이 있다. 오염과 순수에 대한 더글러스의 관심에는 두 가지 원천이 있다. 첫째, 이 개념들은 타일러, 프레이저, 스미스(Robertson Smith), 뒤르켐 등의 종교인류학자들로부터 그녀의 스승이었던 에번스-프리처드와 스타이너(Franz Steiner)에 이르기까지 많은 학자들이 논의해온 것이다.[12]

둘째, 좀 더 중요한 점은 렐레인들이 오염에 관심을 보인다는 사실이다.[13] 부호니(buhonyi)는 수줍음, 정숙함, 수치심 등에 나타나는 예의범절상의 덕목이다. 부호니는 모든 지위관계와 개인의 역할에 침투해 있다. 이와 반대로 모든 육체적 오물인 하마

(hama)는 부끄러운 것으로 부호니의 물질적인 대립물이다. 렐레족은 사람을 모욕하는 것은 그의 얼굴에 배설물(tebe)을 문지르는 일과 같다고 말한다.[14] 하마의 회피는 시체, 피, 분비물, 구더기, 입던 옷, 성관계 등으로 확대된다. 렐레인들은 우유를 마시고 달걀을 먹는 일을 무서워하는데, 우유와 달걀은 육신의 산물로 하마이기 때문이다.

논리를 확대하면, 렐레인들의 "깨끗함에 관한 규칙은 대체로 먹을 것과 오물을 분리하려는 노력에 해당되며"[15] 먹을 수 있는 것과 혐오식품의 분류는 부호니와 하마의 대비에 의해 이루어진다. 육식동물, 더러운 것을 먹는 동물, 쥐·뱀·자칼처럼 냄새나는 동물은 하마이다. 여성들은 대부분의 원숭이를 먹지만 야자나무의 분비물을 먹는 한 종류만은 먹지 않는데, 식물의 분비물 역시 동물의 배설물과 마찬가지로 테베로 불리며, 그것을 먹는 원숭이도 하마이기 때문이다.[16]

분명히 렐레의 상징은 위생에 대한 것은 아니다. 그것은 글자 그대로 깨끗한/더러운, 인간/동물, 남성/여성, 마을/숲, 상류/하류 등을 구분하는, 다시 말해서 세속적이고 종교적인 상징들을 모두 포함하는 상징적 분류의 체계이다.

순수와 오염에 대한 렐레 사회의 분류체계는 다른 인간사회에도 폭넓게 적용될 수 있다(물론 구체적인 상징체계는 각 사회마다 다르게 형상화될 것이다). 더글러스가 말하듯이,

체스터필드 경(Lord Chesterfield)은 오물을 제자리를 벗어난 사물이라고 정의했다. 그것은 일련의 질서정연한 관계와 그 질서의 위반이라는 두 가지 조건을 암시한다. 따라서 오물의 개

넘은 개념의 구조를 시사한다. 우리에게 오물은 분류를 모호하게 하거나, 부정하고 교란시키는 모든 사건에 대한 일종의 요약적인 범주다. 바탕에 깔린 생각은 일정한 사물의 배열을 통해 습관적으로 표현되는 가치체계가 어지럽혀졌다는 것이다.[17]

더글러스는 고전이 되어 자주 전재되는 장에서 서구사회에 널리 알려진 오염체계인 「레위기」(Leviticus)의 음식 금기를 검토한다. 구약의 음식 규정은 먹을 수 있는 것과 먹을 수 없는 것을 구분한다.

이것들은 지상에 있는 짐승 가운데 너희들이 먹을 수 있는 생물들이다. 짐승 중 굽이 갈라져 쪽발이 되고 새김질하는 것은 먹을 수 있다. 그렇지만 새김질하거나 굽이 갈라진 것들 중에도 너희가 먹지 못할 것이 있으니, 낙타는 새김질은 하되 굽이 갈라지지 않았으므로 너희에게 부정하고……[18]

성서의 음식물 규정은 10여 마리의 부정한 동물들을 정하고 있다. 거룩함을 추구하는 유대인들을 훈육하기 위함이라든가 비위생적인 음식물에 대한 원시적인 회피라고 하는 등 다양하게 해석되는 음식물 규정은, 하나이며 완전하고 전체인 신의 모델에 기초하고 있다고 더글러스는 주장한다. "거룩하다는 것은 전체이며 하나라는 것이다. 거룩함은 개인과 그 집단(즉 신과 인간)의 통일이고 통합이며 완전함이다."[19] 부정한 동물들──물에 살지만 지느러미와 비늘이 없는 것들(장어와 갑각류), 물에 서식하는 새(펠리컨, 갈매기류), 땅에 사는 동물이지만 사육동물의 대명사인 소의 두 가지 특징(되새김질과 갈라진 굽)을 갖추지 못한 것들—은 다양한 영역의 요소들을 종합한 것이다. "금식의 규칙으로 인해 거룩함은 동물들과의 모든 접촉에서, 또 매끼 식사마다 체현된다."[20](구약의 음식 금기에 대한 더글러스의 해석은 음식 금기가 환경적응적인 목적에 이바지한다고 주장하는 마빈 해리스의 해석과 상당히 다르다.)

『순수와 위험』에서 더글러스는 주술, 금기, 마나(mana), 오염의 뒤엉킨 계보를 추적하는 과정을 통해 의례와 종교에 대한 인류학적 접근에 관해 훌륭한 해석을 제시한다. 하지만 이 책의 후반부에서 더글러스는 의례와 사회체계의 관계에 주안점을 둔다. 한 예로 더글러스는 인간의 몸과 몸의 정치학 사이에는 반복되는 유사성이 있다고 주장한다. 즉 인간의 몸을 외부의 오염으로부터 보호하기 위해 고안된 의례는 사회의 외적 경계를 보호하려는 의식에 그대로 반영된다.[21] 다른 의례들은 사회 내의 관계에 관련된다. 폴리네시아의 마나, 아잔데의 마술, 또는 성스러운 접촉의 치유력 어느 것을 거론하든 "개인들에게 영적인 힘을 부여하는 믿음은 사회구조의 지배적인 유형으로부터 중립적이거나 자유롭지 않다."[22] 더글러스는 선명한 가설을 제시한다.

사회체계가 권위의 소재를 명시적으로 인식하는 곳에서는 그 자리를 차지한 사람들이 통제되고 의식적이며 객관적이고 공식적인 영적인 힘, 다시 말해서 축복하거나 저주할 수 있는 힘을 부여받는다. 사회체계가 사람들로 하여금 위험하고 애매한 역할을 맡도록 요구하는 곳에서, 이 사람들은 마술이나 악마의 눈처럼 통제되지 않고 무의식적이며 위험하고 승인되지 않은 힘을 부여받는다.

다시 말하자면, 사회체계가 잘 정리된 곳에서는 명확한 권력이 권위의 소재지에 제대로 부여되어 있는 반면, 사회체계가 잘 정리되지 않은 곳에서는 명확하지 않은 권력이 무질서의 원천이 되는 사람에게 주어져 있다.[23]

상징적 분류와 사회체계의 관련성에 대한 더글러스의 관심은 그녀의 야심만만한 공헌,[24] 집단성과 행동준칙에 대한 비교문화적 탐구로 이어진다.

집단성과 행동준칙, 사회와 상징

더글러스는 사회의 비교문화적 탐구를 위해 두 가지 개념적 틀, 즉 집단성(group)과 행동준칙(grid)을 제안했다. 개념은 간단하다. "집단성은 명백하다──제한된 사회적 단위의 경험이다. 행동준칙은 자기를 중심으로 사람들을 연결시키는 규칙이다."[25]

집단성과 행동준칙은 독립된 변수들이다. 집단성과 행동준칙은 또한 연속적인 변수들이기도 하다. 예를 들어 우리는 '제한된 사회적 단위를 전혀 느끼지 못하는 수준'으로부터 '제한된 사회적 단위를 약간 느끼는 수준'을 지나 '제한된 사회적 단위를 충분히 인식하는 수준'에 이르는 상이한 집단성의 수준을 상정할 수 있다. 하지만 더글러스가 애초에 설명한 집단성과 행동준칙은 명목적인 변수로 단순화되어 있고──우리는 '낮은 집단성'이나 '높은 집단성'의 사회에서 살고 있다──그들의 관계는 간단한 도식으로 표현될 수 있다.

집단성

		—		+
	+	B		C
행동준칙	—	A		D

사회가 집단성과 행동준칙(부분 C)을 경험하면 "관계의 속성이 질서정연하고 경계가 명확히 표시된다. 집단성만이 존재하거나(부분 D), 집단성 없이 행동준칙만 있다면(부분 B), 관계의 속성이 달라진다."[26] 더글러스는 두 범주를 상세히 설명한다.[27]

집단성 자체는 집단이 구성원들에게 요구하는 의무와, 구성원들의 범주를 정하는 경계, 그들이 집단의 이름을 사용하고 다른 보호를 누릴 권리, 그들에게 적용되는 과세 및 기타 규제에 의해 정의된다.

……행동준칙이라는 용어는 개인들이 그들의 상호작용 과정에서 따라야 하는 규칙의 눈금을 뜻한다. 그것은 통제양식의 점진적 변화를 보여주는 하나의 차원이다. 강력한 쪽에는 사회적 역할에 관련된 시간과 공간의 뚜렷한 규칙들이 있다. 그 반대쪽에는 규칙이 거의 없으며, 형식적인 분류는 희미해지다 결국 사라진다.[28]

우리는 이미 앞에서 미드와 베이트슨이 기술한 행동준칙이 강한 사회 바종게데에 대해 논한 바 있다.[29] 발리에서 미드는 "고정적이고 복잡한 일련의 규제, 의무, 특권들"이 "공간과 시간, 사회적 지위의 질서 있는 전체를 형성하는" 행동준칙으로 작용하고 있음을 보여주면서, 개인적인 상호작용에 관한 복잡한 규칙에 대해 말하고 있다.[30]

강한 행동준칙에서 약한 행동준칙으로 바뀌면, 사회적 "경계는 조정된다. 서로 거래행위를 하는 개인들이 분류체계를 약화시킨다."[31] 역설적이게도 행동준칙이 약화되고 개인들이 사회적 거래에 더욱 자유롭게 참여하면서, 그러한 거래를 지배하는 규칙들은 점점 명시적이고 법적인 성격을 띠며 그 수도 증가한다. 한 예로 오늘날의 미국 사회는 약한 행동준칙 사회라고 주장할 수 있다. 미국 사회는 개인을 치켜세우고 경제적·사회적 영역에서의 자유선택을 숭상하지만, 한편으로는 법체계를 통해 상호작용의 행위와 기대를 규제하기 때문이다.

여기까지의 분석에 나타난 더글러스의 사고는 흥미롭긴 하지만 탁월하진 않다. 지금까지도 사회를 분류하기 위한 많은 도식들이 있었다. 정말 중요한 것은 더글러스가 집단성과 행동준칙을 문화의 다른 차원들――상이한 사회적 맥락의 경제적·정치적 표현이나 인간의 몸과 사회에 관련된 상징적 구조, 그리고 자연, 시간, 인간성, 사회행위에 관한 우주론적 명제 같은――과 연결시키는 방식이다.[32]

강한 행동준칙/강한 집단성(부분 C)의 상황에서 개인의 사회적 경험은 집단과 외부 사이에 유지되는 사회적 경계에 의해 일단 규정되고, 다음으로 구성원들 사이의 명료한 행동규칙에 의해 규정된다. 개인의 행위는 집단의 이름으로 통제된다. 집단 내에는 뚜렷하게 정의된 사회적 부문들이 존재하고(계급, 카스트, 연령집단 등), 특수한 역할을 맡는 각 소집단들이 자원에 접근하는 수준은 차별적이며, 이들 사이의 갈등을 해결하기 위해 수많은 해결책들이 동원된다. 강한 행동준칙/강한 집단성의 사회는 다른 사회보다 규모가 크고 내부적 분열 없이 오래 지속되는 경향이 있다. 이런 사회의 구성원들은 자신들의 집단이 '미래에도 영속할' 가능성을 지각하고 있다. 따라서 이 유형의 사회는 구성원들로부터 각종 세금, 노역, 군역을 거두어들여 집단의 존속을 위해 투자할 수 있다.

강한 집단성/약한 행동준칙의 사회(부분 D)도 집단의 규정과 권위를 중시하지만, 약한 행동준칙의 조건으로 인해 공식화된 내적 분업이나 분리된 사회적 부문이 없다. 결과적으로 개인들 사이의 관계는 모호하며 갈등의 해결은 더욱 힘들다. 갈등이 생겼을 때 내부 분쟁에 대한 유일한 벌칙은 집단이나 파벌로부터 추방하는 것이다. 이는 여러 가지 결과를 초래한다. 갈등 해결의 메커니즘이 발달하지 않았으므로 "반대의견은 지하로 잠적한다." 암암리에 파당이 생기고 사회의 유지에 헌신적인 구성원들은 성원권을 통제하고 집단을 강화하는 등 더욱 엄격한 집단의 경계를 내세울 것이다. 결국 강한 집단성/약한 행동준칙의 사회는 규모가 작아지고 내부 분열에 취약한 면을 보인다.[33]

남아 있는 두 가지 가능성, 강한 행동준칙/약한 집단성과 약한 행동준칙/약한 집단성은 매우 다른 사회적 결말을 보여준다. 강한 행동준칙/약한 집단성의 사회(부분 B)는 극단적인 경우 개인이 사회적 규범에 단단히 통제되므로 개인의 자율성은 최소화되는데, 이와 동시에 집단이 존재하지 않거나 극히 미약하므로 개인과 다른 집단과의 연계도 미미해진다. 개인의 역할과 행동은 초연하고 비인격적이며 격리된 권력에 의해 명확하게 정의된다.[34]

약한 행동준칙/약한 집단성 사회에서 "개인의 사회적 경험은 어떤 외부적 경계의 제한도 받지 않으며" 귀속된 신분의 분류에 의해 제약되지 않는다.[35] 모든 사회적 분류는 흥정될 수 있다. 개인들 사이의 관계는 모호하며 상호간의 의무는 정해져 있지 않다. 개인은 자유롭게 거래할 수 있다. 그러나 계약이 존중될 것을 요구하는 법이나 자유로운 권리행사를 보장하는 법, 종교적 소수를 보호하는 법 등이 존재해 사회적 계약에 반하는 거래를 억제하려는 경향이 있다. 이런 사회에서는 혁신자들이 대접받고, 경제적 활동이 특화되고 확대되며, 시장은 동맹에 의해 조절된다. 약한 행동준칙/약한 집단성 사회는 성공의 기회가 가장 큰 사회이며, 성공은 손님이건 정치적 후원자건 열성적 지지자건 추종자의 수에 의해 측정된다.[36]

행동준칙과 집단성의 분석은 폭넓은 상징론의 논제와 연결된다. "상징이 분류체계를 표현하고 분류체계가 사회체계의 반영이라면, 어떤 종류의 분류가 어떤 종류의 사회와 관련되는가?" 그녀가 주장하기를,

의례를 얼마나 존중하는가 존중하지 않는가를 결정하는 가장 중요한 요인은 폐쇄된 사회적 집단의 경험이다. 그러한 체험이 있는 사람은 경계를 힘이나 위험과 연관시킨다. 사회적 경계가 잘 정의되고 그 의미가 중요할수록 의례의 비중은 커질 것이다. 사회집단이 약하게 구조화되어 있고 그 성원권도 약하며 변동

이 심하다면 상징적 행위에는 낮은 가치만이 부여될 것이다.[37)]

강한 집단성/약한 행동준칙 사회에서 인간은 내부인과 외부인으로 구분되며, 이와 유사하게 자연도 사랑스럽고 약한 구석이 엿보이며 포용하고 싶은 부분과 위협적이며 위험하고 길들일 수 없는 부분으로 분류된다. 인간과 자연의 유사한 이원성은 은유의 확대라기보다는 "자연을 이용한 도덕적 정당화"를 반영한다.[38)] 마을 어귀 밖에는, 사회의 경계 외부에는 인간의 영역을 침범하려는 악마적인 힘이 호시탐탐 노리고 있다. 공동체 안에서는 오염된 악마의 대리인을 찾아 그를 몰아내고 인간의 영역을 다시 정화해야 한다.

강한 집단성/강한 행동준칙 사회에서도 사회의 경계에 중점을 두는 점은 같지만 강한 행동준칙에 의해 보완된다. 집단 구성원들 사이의 상호연결성에 대한 명시적 규칙은 "문명, 신의 의도, 자연 사이의 명백한 조화를 추구하는 초월적 형이상학에 의해 정당화된다."[39)] 사회관계가 의례에 의해 확인된다면 자연의 법칙은 도덕적 합리화를 위해 이용된다. 강한 집단성/강한 행동준칙 사회에서 이론적 모델은 정교해지고, 종교적인 희생이 고도로 발달하며, 사회적 맥락은 '자연적 법칙'과 우주론적 분석에 의거해 정당화된다.[40)]

약한 집단성/강한 행동준칙 사회에서는 사회와 우주에 대한 이론적 관념이 발달하지 못해 우주론은 산만하고 절충적인 '잡동사니'이다.[41)]

끝으로 약한 집단성/약한 행동준칙 사회에서는 개인적인 선택과 극심한 경쟁이 경쟁의 흥분과 보상을 전하는 우주론에 나타난다.[42)] 그리고 성공은 추종자의 크기에 의해 측정되며, 한번 사회적으로 인정된 것도 철회될 수 있기 때문에 성공하려는 사람들은 끊임없이 사회적 반응을 살핀다. 이 사회의 구성원들은 개인의 능력을 보고 추종 여부를 결정하며 따라서 지도층 인사에 대한 기대수준이 상당히 높다. 영화계의 스타는 실수가 없어야 하며, 대통령은 도덕적 순수성을 유지해야만 한다.

자연은 약한 집단성/약한 행동준칙 사회에서 경쟁의 대척점에 자리한다. 인간의 영역 밖에 존재하는 자연은 무구한 별천지로 남아 있을 뿐 사회관계의 정당화에 동원되지 않는데, 이는 자연과 사회가 분리된 영역이기 때문이다. 하지만 "자연으로부터 격리된 데서 오는 소외감은 경쟁의 흥분과 보상에 비하면 하찮것없다."[43]

집단성과 행동준칙으로 구성된 틀에 입각하여, 더글러스는 요리("강한 집단성/약한 행동준칙의 사회에서는 음식을 분류할 때 육식동물을 먹는 행위를 금할 것이다"), 농경("강한 집단성/약한 행동준칙의 사회는 문화적 행위로서의 농경에는 특별한 관심이 없을 것이며, 이에 비해 강한 행동준칙/강한 집단성을 보이는 사회에서는 위계적이고 순종적이며 질서정연한 사회관을 합리화하고 확대하기 위해 농경이라는 매개수단을 이용할 것이다"), 건축("약한 집단성/강한 행동준칙의 사회는 공공건물을 올리는 일에는 무관심하지만, 사망자 개인이 묻힌 장소를 존중할 것이다"), 그리고 청년과 노인, 죽음, 개인적인 일탈과 불구, 벌과 정의에 대한 태도 등 다양한 주제들에 대한 놀라운 추론들을 열거하고 있다.[44]

그러나 우리가 더글러스의 추론을 그럴듯한 것으로 받아들인다 할지라도 특정 사회가 행동준칙/집단성 도식의 어디에 속하는지 어떻게 결정할 것인가? 이에 대해 더글러스는 두 가지 기준

또는 원칙을 제시한다. 첫째, 행동준칙/집단성 분석은 사회를 개인과 그를 둘러싼 주변 환경의 상호작용의 산물이라고 가정하며, 여기에서 환경은 "상호 관련되는 모든 개인들과 그들의 선택으로 이루어진다." 집단은 "개별 구성원들의 의지와 독립적으로" 존재하지 않는다. "개인들이 투자한 시간과 정력이 집단에 생명력을 불어넣고 그 경계를 표시한다."[45] 반대로 '개개인의 가치'를 존중하게 되면 행동준칙의 힘은 약화된다.

둘째, 행동준칙/집단성 분석은 "사람들이 서로에게 그들이 왜 지금처럼 행동하는지를 설명할 필요가 있다고 생각하는" 수준에서 이루어진다. "사회적 해명의 수준, 정당화와 설명의 수준"은 인류학자들이 관찰하고 탐구할 수 있는 것이다. 예를 들어 거주, 작업, 공유된 자원, 결혼, 가족 등 다양한 삶의 측면들을 공동의 사회적 단위 안에서 수행한다면 집단성이 강한 것이다.

만약 내가 이른 아침은 가족의 성원으로, 낮에는 피고용인으로, 대부분의 저녁 시간대는 다시 가족과 함께 보낸다면(한 달에 한 번 있는 포커 파티와 기타 주민 모임, 세미나, 사친회 등에 참석하는 몇 번을 제외하고) 집단성이 약한 것이다. 이와 유사하게 내가 자신의 행동을 개인의 권리에 호소해 정당화한다면 행동준칙이 약한 것이며, 특수한 사회적 부문의 성원에게서 기대되는 역할을 강조해 합리화한다면 행동준칙이 강한 것이다. 이 모든 것들은 인류학적 방법론의 재조정을 요구하지 않으며 생산적인 연구결과가 기대되는 탐구방향을 제시한다.

근본적으로 더글러스는 "대부분의 가치와 믿음을 분리된 문화적 영역이 아니라 사회의 일부로서 분석할 수 있는" 접근방법을 제안했다.[46] 집단성/행동준칙 분석은 더글러스에 의하면,

관련된 유형 속에 간직된 여러 신념을 발견하고 문화적 성향을 확인하는 방법이다. 신념은 행위로부터 분리된 것이 아니라 행위의 일부로 취급되어야 한다(대부분의 사회이론은 행위와 신념을 구분한다). 행위 또는 사회적 맥락은 개인들이 자신이 취할 필요가 있다고 느낀 행위를 정당화하기 위해 늘어놓은 도덕적 판단, 변명, 불만, 순간적인 이해관계와 함께 이차원적 지도 위에 놓인다. 사건의 주관적인 지각과 그것의 도덕적 함의들이 각각에서 뿜어져 나오면서 인간에 대한, 그리고 인간이 우주 속에서 차지하는 위치에 대한 집합적인 도덕의식이 구성된다.[47]

결론

1970년대 후반 메리 더글러스는 미국으로 건너가 사회과학 조사를 후원하는 비영리 사단법인 러셀 세이지 재단(Russel Sage Foundation)의 연구 소장이 되었다. 세이지 재단에 머무는 동안 (1977~81) 그녀는 집단성/행동준칙 분석을 현대 산업사회에 적용시킨 책들을 공동저술하고 편집했으며,[48] 위험을 지각하는 방식을 탐구했다.[49] 1981년에 노스웨스턴 대학 인문학 분야의 애벌론 재단 교수(Avalon Foundation Professor)가 되었고 1985년 명예교수가 되었다. 그 후 프린스턴에서 2년간 방문교수로 있던 더글러스는 1988년 영국으로 돌아갔다.

더글러스는 일생을 통해 '사회적 관계와 직결된 의미의 연구'를 추구했다. 그녀는 의미와 사회적 규칙을 수동적인 문화의 구성원에게 기계적으로 적용되는 제약으로 보는 대신, 인간이 "그들의 교섭에서 서로가 책임을 나누어 지고……각자의 자발적이고 의도적인 행위를 기대하는 것"이라고 주장했다. 더글러스의 관점은 문화가 '인간의 행위에 대한 기대'를 추구하는 것으로 보고, 수동적이 아닌 '적극적인 목소리'에 귀를 기울이는 분석적 입장이다. 더글러스는 "사람들이 자신의 삶에 대해 진술하는"[50] 방식을 듣기 위해 그녀의 연구에서 음식과 재화, 금지와 정화에 관련된 광범위한 문화적 매체들을 검토했다.

수사의 작용

페르난데스(James Fernandez, 1930~)의 연구는 많은 면에서 인류학의 포스트모더니즘적 접근방식을 잘 나타낸다. '포스트모던'이란 말은 간단한 정의를 회피하는 지극히 산만한 개념으로, 아마도 의도적으로 그런 식으로 쓰이며 내재적 속성 자체도 그러하다―모더니즘과 포스트모더니즘을 구분해보려는 한 시도는 목적/놀이, 계획/우연, 위계/무질서, 선택/조합 등 '모더니즘'과 '포스트모더니즘'을 각각 기술하는 대립적인 32쌍의 도식적 나열이었다.[1] 열거된 개념들은 모더니즘의 보편적이고 권위주의적인 측면들을 포스트모더니즘의 단편적이고 창조적이며 경쟁적인 모자이크와 구별한다.

하비에 의하면 포스트모더니즘의 가장 두드러진 측면은 "일회성, 단편성, 불연속성, 혼돈을 통째로 수용한다는 점"이다.[2] 그러한 모자이크를 초월하거나 역전하거나 축소하려 노력하는 대신〔포스트모더니즘〕 운동은 '현대 생활의 깊은 혼돈'에 침잠한다. 인문사회과학 분야에서 포스트모더니즘은 다층적인 언어와 의미의 점진적 해명, 진리와 진리들의 바뀐 성격을 조명하는 지적 과정을 공통적으로 강조하는 자크 데리다, 미셸 푸코, 장-프랑수아 리오타르 등의 사상가와 연관된다.

페르난데스의 저작들은 포스트모던 사고방식의 독특한 인류학적 맥락을 보여주는 예다. 포스트모더니즘이 인류학에 미친 영향은 다양하지만 가장 중요한 것은 민족지의 성격이다. 다른 문화들을 기능주의, 문화유물론, 구조주의 등 거대이론의 전형적인 사례로 제시하는 것이 아니라 내부 관찰자적이며(emic), 새로운 형식의 실험을 통해 다른 문화를 기록하는 경험의 민족지가 인류학적 조사의 목적이 된다. 마커스와 피셔에 따르면 "이 실험은 인류학자의 연구대상들에게 삶이란 무엇인지, 또 삶이 다양한 사회적 맥락 속에서 경험되는 것에 대해 어떻게 생각하고 있는지를 묻는 것이다."[3]

그러한 관심은 페르난데스의 연구의 중추를 이루며 20세기 후반의 커다란 주제들과도 뚜렷이 연결된다.

우리는 오늘날 인간사에서 벌어지는 일들을 액면 그대로 받아들여서는 안 된다. 하지만 우리는 그런 많은 행위들이 은유 자체처럼 다른 무엇인가를 나타낸다는 아주 특별한 인식에 직면해 있다. 따라서 그간 우리가 나름대로 온건하게 쌓아올린 것들을 재구성해야 할 의무가 있다. 또 한 가지, 우리는 언어의 준거적 가치(언어가 사물의 실체에 접근하여 그것을 모사해내는 정확하고 투명한 시각을 제공하는 힘)가……심각하게 의문시되는……시대에 살고 있다.[4]

인간사에서 의미를 종잡기 어렵다는 사실은 사회생활에 대한 우리의 관점을 재고하도록 한다. 우리의 관점은 실체의 순수한 반영 ─ 페르난데스의 용어로는 '얼룩 한 점 없이 깨끗한 지각행위'(immaculate perceptions) ─ 이 아니라 부지불식간에 우리 자신의 준거 틀을 통해 굴절된 것이다. 우리가 자신의 사회를 이해하려 노력할 때에도 그러하다면 다른 문화로 눈을 돌렸을 때에는 그 왜곡의 도가 심해질 것이다.

래드클리프-브라운, 말리노프스키, 해리스, 스튜어드가 그런 문제로 고민하는 장면은 상상하기 힘들다. 이 인류학자들이 다른 문화를 이해하는 것을 쉬운 일이라고 믿었다는 게 아니라, 이들의 작업에는 그러한 어려움이 문화의 고유한 성격에서 파생된다고 보는 어떤 단서도 없다는 것이다. 100여 년 이상 대부분의 인류학자들은 다른 문화를 특수한 인간집단이 공유하는 통합적인 가치, 행위, 상징의 체계로 보는 것이 인류학의 기초라고 전제해 왔다. 인류학이 생물학 같은 자연과학의 모델을 따를 것이냐, 역사학 같은 인문학을 따를 것이냐 하는 논쟁은 있었지만, 다른 문화에 대해 '유일한 진리'를 얻을 수 있다는 데에는 전반적인 합의가 이루어져 있었다.

포스트모던 인류학은 그 전제를 심각하게 의심한다. 첫째, 그것은 하나가 아니라 여러 개의 진리가 있다고 주장한다. 둘째, 포스트모던 인류학자들은 인류학적 모델이 다른 문화의 이미지가 아니라 그 주창자들이 속한 남성우월적인 진보된 서구 사회를 반영하는 것은 아닌지 엄밀하게 검토한다. 포스트모더니즘 비평은 이따금 그런 모델을 지배의 도구라고 분석한다. 따라서 래드클리프-브라운이 비서구 사회를 '비역사적'이라고 묘사하는 일은 전통과 기록된 역사에 자부심을 느끼는 영국의 문화, 나아가 제국주의의 우월함을 세련되지 못하게 정당화한 것으로 볼 수 있다.

끝으로 언어와 행동의 불투명한 의미 탓에, 인류학자들은 사람들이 자신들의 문화적 의미를 창조하고 정리하는 방식을 파고들 수 있어야 한다. 현실을 외부로부터 부과된 포괄적인 모델로 환원시킬 것이 아니라, 특정한 사회의 성원들이 유관하다고 여기는 중요한 개념들을 확인하는 작업을 목표로 삼아야 한다.

이런 논제들이 페르난데스의 연구에서 교차하고 있다. "지난 15년 동안……인간의 문화적 경험을 중시하는 주장들에 귀를 기울이는 인류학을 하려고 노력해왔다"고 1986년 그는 말했다.[5] 그러나 그 전부터 페르난데스는 가봉(Gabon) 북부와 중심부에 위치한 팡(Fang)족의 남성 협의회 건물에서 벌어진 열띤 토론이 실증하는 과정, 즉 문화의 의미 있는 구성에 관심을 가졌다.

배경

페르난데스는 말리노프스키, 베니딕트, 에번스-프리처드처럼 "지역의 관습에 깊이 빠져서 지역 고유의 관점을 능숙하게 표현"한 것으로 유명한 인류학자들에게서 그의 지적인 계보를 찾았다.[6] 1930년에 태어난 페르난데스는 1952년 애머스트 칼리지를 졸업하고 노스웨스턴 대학으로 가서 아프리카 전문가 헤스코비츠에게서 배웠다. 그는 대학원생 시절 에스파냐(나중에 다시 이 지역을 연구하게 됨)에서 예비조사를 시작했으나, 1950년대 중반부터 점차 아프리카로 관심을 기울였다. 1958년에서 1961년에 걸쳐 24개월 동안 프랑스어를 구사하는 적도 부근 아프리카의 대서양 연안국 가봉에서 현지조사를 실시했다. 북부 가봉의 우림지대에 있는 아속에닝(Assok Ening)을 조사지 마을로 선정한 페르난데스는 그 공동체에 머무는 것을 허락해달라고 요청했는데 그 요구가 공적인 토론을 불러일으켰다.

방은 꽉 찼다. 모든 이들은 왜 유럽인(ntangen)이 그들과 함께 살기를 바라는지 몹시 알고 싶어했다. 내가 장사를 하기 위해 왔다는 얘기도 있어서인지 짐작들이 무성했다. 어떤 이들은 내가 음완 아메리카(mwan amerika: 미국의 아이)라고 들었고, 그 표현은 곧잘 개신교 선교사를 부르는 말로 사용되었으므로 내가 선교시설을 차리려 한다고 생각했다. 내가 다만 그들의 생활양식을 배우려고 그런다는 사실이 드러나자 실망하는 기색들이 역력했으며 일부는 나가버렸다.[7]

팡족의 종교와 혼합주의(syncretism)에 대한 연구는 1962년의 학위논문과 20년 뒤에 출판된, 그리고 뒤에서 자세히 논할 그의 저서 『브위티: 아프리카의 종교적 상상력의 민족지』(*Bwiti: An Ethnography of the Religious Imagination in Africa*)의 초석이 되었다. 학위논문을 마무리하면서 페르난데스는 스미스 칼리지에서 가르치기 시작했고, 1964년 다트머스 대학으로 옮기기 전까지 그곳에 머물렀다.

그 후 10년 동안 페르난데스는 팡족과 아프리카의 종교운동 및 문화 분석에서의 은유의 개념 등에 대한 많은 논문을 발표했다. 상징의 문화적 분류에 대한 그의 관심은 팡족의 미학[8]과 건축 디자인,[9] 팡 음악의 기록[10]에 관한 논문들에 나타난다. 그는 1975년에서 1986년까지 프린스턴에서, 그 후에는 시카고 대학에서 가르쳤다. 미국 학술원 회원인 페르난데스는 에스파냐, 영국, 스웨덴, 미국의 각 대학과 연구소의 방문교수를 역임하기도 했다.

1970년대 초부터 페르난데스는 북부 에스파냐 연구를 재개했다. 아스투리아스(Asturias) 산악지대의 문화변동에 대한 조사는 아직까지 계속되고 있다. 페르난데스는 20여 편 이상의 논문에서 아스투리아스의 광부와 목동들에 대한 조사를 논하고 있는데, 그 논문들은 특수한 민족지적 사건——소년들이 학교 운동장에서 하는 놀이나 민속 행진, 버스 안에서 남녀간에 주고받는 점잖지 못한 언행들——을 취해 하나의 물건처럼 뒤집어보기도 하고 다양한 관점에서 검토하여 그 의미가 분석적으로 조명될 때까지 살펴본 것이다. 이러한 '계시적인 사건들'로부터 페르난데스는 "인류학적 탐구에서 은유의 분석이 차지하는 중요성"과 그러한 은유가 인간 행위자에 의해 채택되는 방식을 '드러내려는' 의도를 갖고 있다.[11] 이것이 수사(修辭)의 역할이다.

수사의 작용

옥스퍼드 영어 사전에 따르면, 수사(trope)의 뜻은 "단어 또는 문구를 그것이 가리키는 것과 다른 의미로 사용하는 비유의 일종"이다. 페르난데스는 그 개념을 확대하여 "사람들이 자신이나 타자에 대해 선언하는 은유적 주장", 즉 행위에 영향을 주는 주장을 포함시켰다.[12] 예를 들면 미국 사회에서는 '인생은 경주와 같다', '대통령 경선', '열심히 일해야 앞설 수 있다', '마지막에 장난감을 많이 가진 사람이 이긴다' 등과 같이 '경주'라는 수사를 흔히 채용한다. 인생이 실제로 경주는 아니지만, 미국인들은 그들의 삶을 설명하기 위해 그 수사를 사용할 뿐만 아니라 그 개념에 입각해 자신들의 행위를 만들어나가기도 한다. 따라서 수사는 은유와 행위 사이의 가교이며, 이는 인류학적 통찰을 위한 공간을 제공한다. 이해란 행위의 단순한 관찰로는 얻을 수 없는 것이지만, 그렇다고 페르난데스가 철학적 또는 언어적 구조로서의 은유에 주된 관심이 있는 것은 더더욱 아니다. "나는 수사가 무엇인가라는 문제보다 수사의 작용에 더 큰 관심이 있다"고 페르난데스는 말했다.[13] 페르난데스는 인류학이 "본질적으로 이상적이거나 관념적인 것이 아니라 실용적인 학문"이라고 주장하면서 계속 말한다.

그것〔인류학〕은 인간이 실제 상황에서 어떤 성취감과 만족감을 갖고 더불어 살아가는 일, 환경을 통제하여 의식주를 해결하는 일, 인생의 궁극적인 의미와 유머 감각을 만들어내는 일, 다음 세대를 길러내는 일 등을 어떻게 이루어나가는가에 주로 관심을 갖는 연구의 일종이다.[14]

이 점에서 페르난데스의 주장은 "인간의 사회생활은 생존이라는 현실적인 문제에 대한 반응"이라는 마빈 해리스의 명제[15]와 유사한데, 페르난데스는 물론 문화유물론자는 아니다. 그는 인간이 어떻게 "이미지를 주장하고 수사를 동원하여 정체성"을 창조하는가에 각별히 관심이 있다고 밝혔다.[16]

페르난데스는 이 과정에서의 '움직임'——잘 정의되지 않고 막연한 상태에서 구체적이고 특수한 것으로의 이행——에 대해 자주 언급한다. 잘 정의되지 않은 것에서 특수한 것으로의 움직임은 의미론적 은유("내 사랑은 빨간 장미")와 사회적 은유("남자는 더러운 돼지다")를 특징짓는다. 막연한 것에서 구체적인 것으로의 이행은 특히 의례 기간의 상징적인 행위를 특징짓는다. 페르난데스는 의례란 "일련의 지배적이고 종속적인 의식상의 장면들에 의해 작동되는 일련의 조직적 이미지나 은유로" 분석되어야 한다고 주장한다.[17] 따라서 의례는 의미가 창조되고 언급되며 행위와 말 속에 병치되어 언제나 무엇인가를 나타내는 공적인 담론의 실현이다.

기본적인 의미에서 그것이 수사의 작용이다. 하지만 그 간단한 출발점에 서기 위해서는 엄청난 민족지적 노력이 필요하다. 의례 장면들을 기술하고 그것들의 상대적인 중요도를 결정해야 하며, 은유의 준거들이 다원적인 망에 얽혀 있는 것을 풀어야 한다. 페르난데스는 이것을 달성할 수 있는 조사 계획의 테두리를 밝히고 있다.[18]

넓은 의미에서 조사는 "무엇보다도 하나의 문화에서 여러 가지 다양한 경험의 영역들에 대한 인식"을 제공해주는 방법인 참여관찰에 기초해야 한다. 특히 조사의 초점은 막연하고 사회적으로 불완전한 개인들을 특수하고 잘 정의된 사회적 영역에서 특별한 지위를 차지하는 자들로 변형시키기 위해 은유와 환유가 사용되는 방식에 두어야만 한다. 이러한 정의의 과정은 특정 문화에 고유한 문화적 어휘를 형성하는 특수한 기호와 상징('기호-이미지')의 조합에 의거한다. 그러한 전이를 표출하는 의례는 그 문화적 어휘로부터 구성되며, 중대한 변환을 일으키기 위해 한정된 수의 주제나 수사를 동원한다.

대부분의 인류학자들처럼 페르난데스는 다른 문화의 실체를 이해하는 과정에서 그의 이론적 입장에 이르게 되었다. '수사의 작용' 같은 아이디어도 브위티라는 변형의례의 복합적인 의미를 이해하려는 노력으로부터 직접 나온 것이다.

브위티

페르난데스는 극적으로 브위티를 접하게 되었다. 늦은 밤, 시 끄럽게 문을 두드리는 소리와 함께 한 사내가 빨간 끈으로 허리를 동여맨 길게 드리워진 옷을 입고 서 있었다. 그가 말하길, "당신은 나를 모르겠지만 나는 이방인이 아니다. 나는 기나긴 정신적 여행에서 방금 돌아온 이 마을 사람이다. 나는 진실을 따라다녔다!" 심야의 방문자는 계속해서 "당신은 내 아버지의 집에서 벌어지고 있는 브위티 의례에 가야만 한다"고 말했다. 페르난데스에 따르면,

갑자기 〔그〕가 내 왼손을 잡더니 팔을 들어올렸다. "자신을 과신하지 마라. 당신은 당신의 죄로부터 자유롭지 않다. 이 팔을 보라. 당신도 흠이 없지 않다." 그는 반점과 착색된 부위들을 가리켰다. "이것들이 당신의 죄이다. 밤중에 하프 소리를 들은 적이 있는가? 다른 사람들이 잠들어 있을 때 우리는 춤추며 먼 여정을 떠난다. 그들은 아무 데도 가지 않는다. 그들은 미궁 속에서 헤맨다. 그들은 어디로 가야 할지 모른다. 그러나 우리는 먼 곳으로 간다." 그는 허리춤의 빨간 천으로 엮은 끈을 잡았다. "이 끈이 보이는가? 이것은 삶과 죽음의 길이다. 우리는 이 길을 따른다. 우리는 인생을 안다. 우리는 죽음도 안다."[19]

브위티는 제1차 대전 후 팡 사회가 프랑스 식민주의와 기독교 선교활동이라는 두 가지 압력을 경험하면서 발달시킨 종교적 재생운동(revitalization movement)이다. 페르난데스에 따르면, "아프리카에서 보호와 재생을 목적으로 한 종교적 제의가 창조되고 확산된 것은……유럽과의 접촉 이전부터 상당히 오랫동안 존재해온 현상이다. 그러나 식민지 지배와 선교사들의 전도라는 압력이 과거 사나운 집단이었던 팡족 등에 만연하게 된 상대적인 무력감이나 권태감과 결합하여 재생의 특수한 필요성을 창출했다."[20] "불안감과 점증하는 팡 문화의 부분적인 고립화"를 언급하면서 페르난데스는 팡족이 "브위티에서 다소간의 안정과 조화를 이룩한다"고 주장한다.[21] 그러나 페르난데스의 요점은 문화적 복합체를 개인적인 심리적 욕구로 환원시키는 말리노프스키류의 것이 아니다. 오히려 페르난데스는 팡족의 문화적 불안과 브위티의 반응을 지역적 특수성을 설명하는 맥락 속에서 파악한다. 그렇게 함으로써 그는 특수한 민족지적 상황의 복합성을 드러내고 거기에 몰입할 수 있다.

팡 사회는 왜곡되고 불확실한 사회질서를 경험하고 있었다. "사회적 실체는 무너져내리는 반면 더 이상 존재하지 않는 사회생활의 범주들을 설명하는 문화적 어휘는 살아 남았다."[22] 의견을 주도할 수 있는 족보나 우주론의 전문가가 없는 평등한 사회에 사는 팡족의 구성원들은 상실된 사회적 개념의 의미에 대해 각양각색의 의견을 표명했다. "그리고 팡족은 이 차이 때문에 당황하게 되었다. 씨족 조직이 예전에는 더 위대했다는 용어상의 증거는 현재 그 용어를 적용하기가 모호하다는 사실과 결합하여, 많은 사람들로 하여금 그들의 사회적 일상사가 퇴화상태에 있다고 확신하게 만들었다."[23)

브위티는 혼돈에서 통일로, 분열에서 공동의 목표로의 움직임을 창출한다. 흥미로운 점은 그것을 달성하기 위해 브위티가 상징적 선택의 폭을 축소시키는 것이 아니라 확대시킨다는 것이다.

> 적도 삼림의 브위티는 기독교로 개종할 것인가 아니면 토착적인 입장에서 그 전도를 거부할 것인가라는 양자택일의 문제로 고민하는 사람들을 하나로 통합시키는 방안을 추구하는 대신에……그 구성원들에게 확장된 다양한 존재의 영역들을 제공함으로써 그들이 훨씬 더 다원적인 실존에 익숙해지도록 할 방도를 모색한다.[24)

브위티의 창의적 복합성을 고려할 때 그것을 요약하기는 쉽지 않다. 책의 전반부에서 페르난데스는 팡족과 유럽인의 접촉사와 과거, 시간, 사회적 공간, 건축 공간, 사회구조, 세계관에 대한 팡족의 개념을 개괄한다. 그는 지금은 아귀가 맞지 않고 갈등의 여지가 있으며 논란거리가 되어버린 민간전승, 종교, 전설의 측면에 주안점을 두고 팡족의 과거와 현재를 검토한다. 브위티가 재통합시킨 것은 바로 이런 붕괴된 요소들이다. "브위티의 뿌리는 팡족의 구전에서 발견되지만 그것은 본질적으로 새로운 구성물이다"라고 페르난데스는 말한다.[25)

페르난데스는 팡족에 관한 우리의 지식을 그들의 고유한 문화적 틀에 맞추려는 의도를 가지고 책을 구성했다. 그는 민족지에서 흔히 발견되는 일반적 제목(예를 들면 '역사적 배경', '생계', '사회구조')이 아니라 팡족에 독특한 개념적 구조('과거의 구성')에 맞추어 자신의 민족지를 조직한다. 그는 지역 고유의 지식(local knowledge)을 강조하기 위해 두 가지 장치를 사용한다. 첫째, 각 장은 몇 개의 주제에 대한 토론을 여는 대화나 만남, 회상되는 신화 등의 민족지적 소품으로 시작한다. 둘째, 그는 "절망적 상태(engôngôl)에서 고상한 상태(abora)로의 전반적인 변형이 일어난다"[26]는 문장에서처럼 영어의 개념에 해당되는 팡 단어들을 일관되게 제시하고 있다.

거의 모든 독자들은 팡어를 모르기 때문에 이렇게 사이사이에 현지어를 표시해주는 일은 두 가지 암묵적 목적에 이바지한다. 그것은 페르난데스가 팡 문화를 이해하고 있다는 신뢰감을 조성하고 독자들의 관심이 계속 민족지적 세부사항, 특수한 팡족의 현실에 집중되도록 유도한다. 페르난데스는 "브위티의 해석에서 무게중심은 팡 문화 자체에 있다는 사실을 명심해야 한다"고 했다.[27]

가봉의 남서부에서 유래해 북부까지 퍼진 복합적 혼합종교[28]로서 브위티는 삶과 죽음 사이의 길, 절망에서 평정상태로, 고립에서 '하나됨'으로의 길을 여행하는 복잡한 철야 제의인 엥고시(engosie)에서 표현된다.[29] 팡족은 엥고시 동안 '기분 좋은 불면상태'를 유도하기 위해 약간의 향정신성 식물 에보가(eboga)를 나누어 먹는다. 새 신자들은 더 많은 양을 취하며 결과적으로 나타나는 환상은 브위티로 새로 개종한 이들(banzie)의 '머리가 탁 트이게 하기' 위한 것이다.[30]

에보가가 주는 만족스러운 환상이란 "철야 의례가 불러내어 좇으려는 생사의 경로 가운데 지금까지 보지 못한 죽음의 세계로" 자아를 확충하는 것이다. "대부분의 환상은 그 길을 따르는 것이다. 의식의 절차가 제시하는 목적이 에보가를 먹음으로써 비로소 실현되는 것이다."[31]

의식의 중간쯤에 이루어지는 설교(주로 15분 이하)는 다원적 의미들로 압축되어 있다. 페르난데스가 지적하듯이, 설교는 신앙심을 고취시키지만 교훈적이거나 해설적이지는 않다.[32] 오히려 설교는 다층적인 "문제제기에 의한 영적 함양"을 창조하여, "사람들이 브위티 생활의 지식체계와 그들이 찬양하는 의례적 드라마를 통해 〔자신들의 존재와 믿음이〕 다양한 수준과 영역에 걸친 관심사에 반향을 불러일으킨다는 느낌을 얻게 해준다." 이러한 방식으로 "우리는 우리 자신을 광범위한 맥락 속의 더 큰 통합체로 확장시키게 된다."[33]

브위티는 일련의 규칙이 아니라 "일련의 속성들이 투영된 것"이라고 페르난데스는 주장한다.[34] 춤과 행동, 설교와 환상의 결합을 통하여 브위티는 체념에서 당당함으로, 육신의 강조에서 영성의 강조로, 나태함에서 근면함으로, 성적 탐닉에서 성적 순결로, 더러운 육신에서 청결한 육신으로, 보잘것없는 존재에서 가치 있는 존재로, 한마디로 말해서 하나가 되는 약속을 실현하는 방향으로 팡족을 전환시키려고 노력한다. 브위티는 운동이다.

성문화된 형태로 이루어진 브위티의 질서를 찾으려 하다 보면, 그런 종류의 추상화에 대한 서구인들의 욕구를 충족시킬지는 몰라도 브위티의 도덕적 질서──브위티 신화와 전설의 이미지와 행위, 밤새워 계속되는 의례와 동반되는 노래의 주기, 제례당의 건축물, 그리고 의례 지도자들의 심야 설교에 깃들여 있는──를 놓치게 된다. 도덕적 질서는 언명된다기보다는 행동으로 실현되며, 교훈적이라기보다는 의례적이다. …… 그것은 마치 운동감각의 생리처럼 브위티 의례를 체현하는 과정을 통해 구성원들에게 조금씩 스며든다.[35]

브위티 의례의 과정에서 일어나는 행위들은 일련의 핵심적 은유에 기초하며, 특히 공유되는 공동체적 경험과 동기를 부여하는 행동이 강조된다. 이런 '수행적(performative) 은유'는 브위티에서 "성스러운 브위티 조직의 포괄적인 유대감"을 일체화하고 자극하고 고무하고 창조하기 위해 사용된다.[36]

결론

『브위티』의 서론에서 페르난데스는 설명에 대한 그의 생각을 "기본적으로 발생론적이고 의미론적"인 것이라고 예고했다. 그의 기본 전제는 첫째로 역사적 경험이 재생운동에 대한 기대치를 만들어내고, 둘째로 재생은 '역사적 경험의 잔재'에서 생겨난다는 것이다. 이는 필연적으로 모든 설명이 지역적 지식에 기초하며, 고유한 역사적 상황에 의해 규정되고, 특수한 사회적 행위자들에 의해 형성된다는 것을 의미한다.

물론 이것만으로 페르난데스가 포스트모던 인류학자가 되는 것은 아니다. 보아스의 설명 개념도 상당히 유사했다. 그러나 지역 특유의 지식에 대한 페르난데스의 강조, 여러 진실들의 공존,[37] 힘과 지식의 관계,[38] 의미의 환원불가능성에 관한 완고한 고집은 페르난데스의 인류학에 나타나는 포스트모더니즘의 특징적인 주제들이다.

오늘날의 논쟁

논쟁은 계속된다.

현대 인류학에서는 인류학 분야의 주춧돌이 되는 개념들에 대한 격렬한 토론이 계속되고 있다. 인류학의 성격은 무엇인가? 문화의 개념은 유용한가? 인류학적 설명은 과학적인 이론구성의 규범을 따라야 하는가, 아니면 인문주의적 해석을 추구해야 하는가? 이러한 논쟁들이 생겨나면서 주도적인 모델의 지배는 사라지고, 결과적으로 마커스와 피셔가 지적한 대로,

오늘날에는 많은 종류의 인류학이 있다. 민족의미론(ethno-semantics), 영국의 기능주의, 프랑스의 구조주의, 문화생태학, 심리인류학 등 낡은 조사 프로그램들을 되살리려는 노력, 마르크스주의적 접근방법을 구조주의, 기호학, 다른 형태의 상징적 분석과 종합하려는 노력, 보다 완벽하게 '과학적인' 인류학을 달성할 목적으로 사회생물학 같은 포괄적인 설명의 틀을 정립하려는 노력, 영향력 있는 인류학적 언어 연구와 사회이론의 관심사를 결합시키려는 노력 등이 그것이다. 이 모든 것들은 각기 다른 측면에서 장단점을 가지고 있다…….[1]

이 목록에 '포스트모던'이란 딱지가 붙은 여러 접근들을 더하면 현대 인류학은 상충되는 명칭, 연구방침, 이론적 틀의 소용돌이처럼 보인다.

점을 쳐보지 않고는 이런 논쟁들의 앞날을 예측하기란 불가능하지만, 미국 인류학회에 의해 조직되고 1996년 3월에서 9월에 걸쳐 『인류학 소식』(*Anthropology Newsletter*)에 발표된 최근의 전자 공개토론회[2]를 보면 논쟁의 핵심을 한눈에 파악할 수 있다. 「인류학에서의 과학」은 초빙된 16명의 인류학자 사이에 오고간 중재된 이메일 토론으로, 참석자들의 반응은 논쟁의 흥미진진한 단면을 보여준다.

토론은 과학의 정의로 시작되었으나, 곧 '누가 과학에 찬성하고 누가 반대하는가?'로 옮겨갔다. 부분적으로 이는 표현의 문제이기도 했으나, 핵심적인 이슈로 떠올랐다. 인류학은 가설을 세우고, 경험적 자료로 그것을 검증하고, 법칙적 일반화로부터 이론을 구성하는 과학적 설명의 모델에 의존해야 하는가? 아니면 과학적 모델은 문화의 상징적 속성을 이해하는 데 부적절하며 문화적 존재의 오묘하고 난해한 측면들을 단순한 부수현상이나 부차적인 것으로 간주하여 하부구조나 적응보다 소홀히 취급함으로써 본질적으로 사실을 왜곡하는가?

유명한 포스트모더니즘 인류학자 마이클 피셔는 인류학에서 인문주의적 접근이 무시되고 발달되지 못했다고 비난하면서 "인간사회의 연구에서 과학적 접근과 인문학적 접근은 융합될 수 없음"을 강력히 주장한다. 게다가 피셔의 주장에 따르면, 20세기 후반 포스트모던 시대의 변화, 예컨대 "지역문화를 철저히 개편시킨 초국가적인 지구화 과정"은 "인류학자들에게 내용과 형식상 새로운 방식의 민족지적 설명을 제공하도록 요구"하는 여건을 조성했다. "변화된 조건은 보다 정교한 인식론적 세련과 함께 민족지적 글쓰기에서 형식과 내용 사이의 관계에 대한 새로운 관심을 요구한다."[3]

절대 그렇지 않다고 다른 인류학자들은 응답한다. 과학은 관찰 가능한 자료로 가설들을 반복적으로 검증하여 취약한 가설은 제거하고 궁극적으로 이론을 발전시키는 작업을 통해서, 문화적 현상의 영역을 포함한 세상에 대한 통찰에 이른다. 스콧(Eugene Scott)이 말하듯이, 이론은 "인간에 대한 것이든 아니든 자연현상에 대한 설명이며, 확인된 가설들과 반복적 관찰에 기초한 논리적 구성체라고 유효하게 정의된다. 과학의 목표는 이론 구성이다." 나아가 스콧은 "포스트모던 조건에 상관없이 어떤 다른 앎의 방식도 인류에 대해 과학처럼 유용하고 타당하며 신뢰할 수 있는 설명을 제시할 수 없다"고 주장한다.[4]

애당초 인류학에서 과학의 역할에 대한 질문으로 출발했던 논쟁은 험악한 상태로까지 치달았다. 일부 인류학자들은 토론을 '과학'과 '인문주의' 가운데 두는 정도로 만족했으나, 단드라데(Roy D'Andrade)는 "갈등은 인문주의자들과 과학자들 사이에 존재하는 것이 아니라, 인류학이 일차적으로 정치적 집단의 행위여야 한다고 생각하는 사람들과 본질적으로 학자적 연구여야 한다고 생각하는 사람들 사이에 존재한다"고 주장했다.[5] 정치적 행위란 세상사에 대한 선언이나 성명서에 국한되지 않고 인류학에도 실제로 영향을 미친다. 교수직 채용, 연구비 조달, 논문 게재 등 현실적인 문제들이 이론적 입장에 따라 분열되고 파편화된 인류학 안의 학내 정치에 의해 영향을 받을 수 있다는 것이다.

전자 토론에 참가한 몇몇 학자들은 중립을 지키려 했다. 예를 들어 고고학자 카우길(George Cowgill)은 "공통분모를 되찾으려는 희망을 간직하기 위해서는 논쟁의 어느 쪽에 있든, 실증과학·인문학·포스트모더니즘 어느 편을 지지하든 극단적인 진술들, 특히 결코 훌륭하다고 볼 수 없는 불필요한 선언들은 과감히 도려내야 한다"고 말했다.[6] 피셔를 겨냥한 일련의 질문에서 카우길이 묻기를,

> 용어문제는 차치하고, 해석학적 접근이 과학적 접근과 실제로 얼마나 다른지 정말 궁금하다. 피셔는 이 문제를 굳이 따져야 할까? 사태 해결에 도움이 되는 방향으로 생각할 수는 없을까? 만약 피셔가 자신의 작업이 다수의 자칭 과학적 인류학자들이 하는 작업과 크게 다르지 않다고 주장함으로써, 방법과 이론의 수준에서 사회/문화 인류학에 공유되는 개념적 핵심이 있다는 견해를 이끌어내면 대부분의 사람들이 이에 동의할 것이다. (피셔도 여기에 공감했다.)[7]

이렇게 심하게 분열된 토론에 직면한 인류학은 진정 인류에 대한 통찰력을 보여줄 수 있는가? 그렇게 악의적인 논쟁에서 깊이 있는 지식이 등장할 수 있는가? 카우길과 피셔가 존재한다고 믿은 '공유되는 개념적 핵심'은 무엇으로 구성되는가?

이 시점에서 우리는 이 책의 머리말을 장식한 한 학생의 썩 괜찮은 질문을 떠올리게 된다. "도대체 요점이 뭡니까?"

인류학이 공유하는 개념적 핵심은, 150여 년에 걸친 민족지적 탐구와 오늘날의 논란과 상당히 유사한 이론적 논쟁으로부터 나

왔다는 점을 상기하는 것이 중요하다. 사회적 행위의 인종주의적 설명에 대한 보아스의 비판은 오늘날의 여느 주장만큼이나 귀에 거슬리고 '정치적'이었다. 말리노프스키와 래드클리프-브라운 사이에 오간 설전은 현재의 대립과 똑같이 은유적 조작과 개인적 비방으로 가득 찬 것이었다. '사회에 대한 과학'을 창건했다는 뒤르켐의 주장은 '문화유물론'을 정의했다는 해리스의 주장만큼 웅장하다. 이러한 예들은 수없이 많다.

인류학은 언제나 논쟁에 의해 특징지어졌다. 오늘날의 '과학자 대 포스트모더니스트'의 열띤 논쟁을 놓고, 인류학이 최근 들어 행복한 인류학자들의 평화로운 낙원에서 공공연한 경멸과 반목의 격랑 속으로 추락했다는 것은 결코 사실이 아니다. 그런 생각은 과거에 대한 비현실적인 찬미일 뿐이며, 인류학자들과 그들의 사상에 담긴 역사적 의미를 무시한 소치이다.

그러나 그토록 주장이 엇갈리는 학문에서 어떤 지식이 발달할 수 있는가? 지난 150년 동안 획득된 인류학적 지식은 논쟁에도 불구하고 생긴 것이 아니라, 논쟁 때문에 생성된 것이다. 19세기 중반과 비교해볼 때 우리는 분명히 우리 자신과 다른 문화에 대해 훨씬 많은 정보를 가지고 있다. 우리가 선조들에 비해 인간의 문화에 대해 많이 안다는 점은 부인할 수 없는 사실이다. 이는 부분적으로 인류학자들로 하여금 개념을 다시 생각하게 하고, 특수한 민족지 사례를 재검토하게 만든 논쟁들에 기인한다. 일례로 말리노프스키의 연구로 인해 트로브리안드 주민들의 문화에 대한 이해가 진일보한 것은 사실이지만, 그 사회에 대한 지식이 더욱 깊어진 것은 위너(Annette Weiner)[8]와 스피로(Melford Spiro)[9] 그리고 기타 인류학자들[10]의 후속 연구에 힘입은 바 크다. 이러한 재검토들은 논쟁에 의해 자극을 받았고 그 보답으로 더 큰 지식체계를 이룩하는 데 보탬이 되었다.

하지만 개별적 문화에 대한 지식의 축적 외에, 인류학은 인간성에 대한 기본적인 통찰력을 얻게 되었다. 그 가운데 몇 가지는 다음과 같다.

- 인종은 인간 행위의 다양성을 설명하지 못한다.
- 다른 문화는 인류 진화의 초기단계를 대표하는 화석이 아니다.
- 모든 사회에서 개인과 문화 사이에 복잡한 변증법적 관계가 있다. 개인들은 그들이 체험하는 문화에 의해 형성되고, 동시에 그 문화를 형성한다.
- 문화는 잡동사니가 아니며 원활하게 통합된 기계도 아니다. 문화의 여러 요소들은 인간 실존의 적응적 요구를 충족하고, 상징을 사용하는 인간 행위의 창조성을 표현하며, 전승된 인류의 경험을 반영한다.
- 다른 집단에 대한 우리의 지식은 우리 자신의 문화적 경험에 의해 영향을 받는다. 다른 문화를 이해하는 것은 간단한 일이 아니다.

인류학이 논쟁을 만들어내는 이유는 우리 자신이 연구의 대상이기 때문이다. 관찰자와 관찰대상이 뚜렷이 구분되는 분야─곤충학자와 파리가 명백히 구별되는 곤충학처럼─는 인류학에서와 같은 논쟁을 촉발하지 않는다. 보다 근본적인 수준에서 우리 인간은 자연의 법칙에 의해 지배되는 현상인 동시에 존재의 의미에 대해 끝없이 복잡한 생각들을 가지는 혼란스러운 능동적 창조물이다. 인간처럼 유기적인 행위자를 연구하는 모든 분야는 어떤 형태로든 갈등을 겪게 되어 있다.

인류학자 울프(Eric Wolf)는 인류학이 과학 중에서 가장 인문주의적이며, 인문학 중에서 가장 과학적이라고 보았다. 이는 논쟁의 도화선이기도 하지만, 인류학자들이 지식사회에 기여할 수 있었던 기반이기도 하다. 최근 렉(Gregory Reck)은 다음과 같이 말했다.

> 인류학의 독창성과 공헌은 인류학이 언제나 안정적이면서도 결코 긴장을 늦출 수 없는 위치──사물들 사이, 과학과 인문학 사이, 역사와 문학 사이, 자신과 타인 사이, 객관성과 주관성 사이, 구체적인 것과 추상적인 것 사이, 특수한 것과 일반적인 것 사이──에 놓여 있었다는 데 있다.

> 양 세계의 틈에 살다 보니 우리가 맡을 전문분야가 생겼다. 그것이 우리의 속성이며 힘이다. 우리가 인류학자인 한……우리는 인간이라는 종을 이해한다는 기본적인 목표를 간직할 것이며, 그 이해에 이르는 여러 가지 길이 있다는 사실을 인식할 것이다.[11]

그러한 이해의 추구가 인류학이 제시하는 다면적이고 다차원적인 문화의 전망에 반영되어 있다.

주(註)와 참고문헌

머리말 — 요점이 뭡니까

1) Peacock 1994: 1.
2) Kuper 1983.
3) Hatch 1973.
4) Ackerman 1987: 1~4.

Ackerman, Robert. 1987. *J. G. Frazer: His Life and Work*. Cambridge: Cambridge University Press.

Harris, Marvin. 1968. *The Rise of Anthropological Theory: A History of Theories of Culture*. New York: Thomas Y. Crowell Company.

Hatch, Elvin. 1973. *Theories of Man and Culture*. New York: Columbia University Press.

Kuper, Adam. 1983. *Anthropology and Anthropologists: The Modern British School*. London: Routledge & Kegan Paul.

Peacock, James. 1994. "The AAA President's Report: Challenges Facing the Discipline." *Anthropology Newsletter* 35(9): 1, 5.

제1부 창시자들

1) Stocking 1986, 1987.
2) Harris 1968: 18.

Harris, Marvin. 1968. *The Rise of Anthropological Theory: A History of Theories of Culture*. New York: Thomas Y. Crowell Company.

Stocking, Jr., George W. 1968. "Edward Tylor." *International Encyclopedia of the Social Sciences*. Vol. 16: 170~177.

———. 1987. *Victorian Anthropology*. New York: The Free Press.

I 에드워드 타일러 — 문화의 진화

1) Haddon 1910: 159.
2) Tylor 1958[1871]: 1.
3) Kroeber and Kluckhohn 1952: 9; Stocking 1963.
4) Bohannan and Glazer 1988: 62.
5) Stocking 1968: 176.
6) 1963.
7) 1987: 301~302.

8) Evans-Pritchard 1981: 91~94.
9) Lowie 1938.
10) Fortes 1969.
11) Ackerman 1987: 77.
12) Tylor 1861: 35.
13) 1861: 126.
14) 1964(1865): 137.
15) 1964(1865): 3.
16) Stocking 1963: 788.
17) Tylor 1964(1865): 62~64.
18) Leopold 1980: 19.
19) Tylor 1958(1871): 1.
20) 1958(1871): 6.
21) 1958(1871): 159.
22) 1958(1871): 7.
23) 1958(1871): 6.
24) 1958(1871): 21.
25) Ackerman 1987: 78.
26) Tylor 1958(1871): 7.
27) 1958(1871): 8.
28) 1958(1871): 16.
29) 1958(1871): 111.
30) 1958(1871): 15.
31) 1958(1871): 21.
32) 1958(1871): 27.
33) 1958(1871): 27.
34) 1960(1881): 1.
35) 1960(1881): 11.
36) 1960(1881): 275.
37) 1960(1881): 275.
38) 1964(1865): 539.
39) Stocking 1968.
40) Lang 1907; Stocking 1968.
41) Sharpe 1986: 56~58.
42) Harris 1968: 140~141.

Ackerman, Robert. 1987. *J. G. Frazer: His Life and Work*. Cambridge: Cambridge University Press.

Bohannan, Paul and Mark Glazer, eds. 1988. *High Points in Anthropology*. New York: McGraw-Hill.

Evans-Pritchard, Edward. 1981. *A History of Ethnological Thought*. New York: Basic Books.

Fortes, Meyer. 1969. *Kinship and the Social Order: The Legacy of Lewis Henry Morgan*. Chicago: Aldine Publishing Co.

Freire-Marreco, Barbara. 1907. "A Bibliography of Edward Burnett Tylor." In *Anthropological Essays Presented to Edward Tylor in Honour of his 75th Birthday, October 2, 1907*. W. Rivers, R. Marrett, and N. Thomas, eds. pp. 375~409. Oxford: Clarendon Press.

Haddon, A. C. 1910. *A History of Anthropology*. New York: G. P. Putnam's Sons.

Kroeber, Alfred and Clyde Kluckhohn. 1952. *Culture: A Critical Review of Concepts and Definitions*. Cambridge, MA: Peabody

Museum.

Lang, Andrew. 1907. "Edward Burnett Tylor." In *Anthropological Essays Presented to Edward Tylor in Honour of his 75th Birthday, October 2, 1907*. W. Rivers, R. Marrett, and N. Thomas, eds. pp. 1~15. Oxford: Clarendon Press.

Leopold, Joan. 1980. *Culture in Comparative and Evolutionary Perspective: E. B. Tylor and the Making of Primitive Culture*. New York: Reimer.

Lowie, Robert. 1938. *The History of Ethnological Thought*. New York: Holt, Rinehart & Winston.

Marrett, R. 1936. *Tylor*. New York: Wiley and Sons.

Sharpe, Eric. 1986. *Comparative Religions: A History*. La Salle, Illinois: Open Court Press.

Stocking, Jr., George W. 1963. "Matthew Arnold, E. B. Tylor and the Use of Invention." *American Anthropologist* 65: 783~799.

———. 1968. "Edward Tylor." *International Encyclopedia of the Social Sciences*. Vol. 16: 170~177.

———. 1987. *Victorian Anthropology*. New York: The Free Press.

Tylor, Edward. 1861. *Anabuac or Mexico and the Mexicans, Ancient and Modern*. London: Longman, Green, Loingman and Roberts.

———. 1964. *Researches into the Early History of Mankind and the Development of Civilization*. Chicago: University of Chicago Press. (Originally published 1865.)

———. 1958. *Primitive Culture*. New York: Harper & Row, Publishers. (Originally published 1871.)

———. 1960. *Anthropology*. Ann Arbor: University of Michigan Press. (Originally published 1881.)

2 루이스 모건―사회의 진화

1) Malinowski 1944: 31.
2) White 1959: 4.
3) Lowie 1936: 169~170.
4) 1936: 181.
5) Resek 1960: vii.
6) Powell 1880: 114.
7) Resek 1960: 44.
8) Morgan 1858: 132.
9) White 1959: 6~7.
10) 1957: 257.
11) Morgan 1871: vi.
12) 1871: 468~469.
13) 1871: 469.
14) 1871: 472.

15) 1871: 472.

16) 1871: 481.

17) 1871: 482~483.

18) 1871: 15.

19) 1871: 481.

20) 1871: 14.

21) 1871: 492.

22) Fortes 1969: 32.

23) Morgan 1871: 492.

24) 1877: 3.

25) 1877: vi.

26) 1877: 8.

27) 1877: 19.

28) 1877: 62.

29) 1877: 63.

30) 1877: 63.

31) 1877: 63.

32) 1877: 525~526.

33) 1877: 530~531.

34) 1877: 7.

35) 1877: 554.

36) Colson 1974: 10~11.

Colson, Elizabeth. 1974. *Tradition and Contract: The Problem of Order*. Chicago: Aldine Publishing Co.

Fortes, Meyer. 1969. *Kinship and the Social Order: The Legacy of Lewis Henry Morgan*. Chicago: Aldine Publishing Co.

Lowie, Robert. 1936. "Lewis H. Morgan in Historical Perspective." In *Essays in Anthropology Presented to A. L. Kroeber in Celebration of His Sixtieth Birthday*. R. Lowie, ed. pp. 169~181. Berkeley: University of California Press.

Malinowski, Bronislaw. 1944. *A Scientific Theory of Culture and Other Essays*. Chapel Hill: University of North Carolina Press.

Morgan, Lewis H. 1858. "Laws of Descent Among the Iroquois." *Proceedings of American Association for the Advancement of Science for August 1857* 11: 132~148. Cambridge, MA.

———. 1901. *League of the Ho-dé-no-sau-nee or Iroquois*. Edited and annotated by H. Lloyd. New York: Dodd, Mead & Co. (Originally published 1851; facsimile reprint 1966. New York: Burt Franklin.)

———. 1871. *Systems of Consanguinity and Affinity of the Human Family*. Smithsonian Contributions to Knowledge, Vol. XVII. Washington, D. C. (Facsimile reprint 1970. Oosterhout N. B., The Netherlands: Anthropological Publications.)

———. 1877. *Ancient Society or Researches in the Lines of Human*

Progress from Savagery, through Barbarism to Civilization. New York: Henry Holt and Company, [Facsimile reprint 1978, Palo Alto: New York Labor News.] [최달곤·정동호 공역. 2000. 『고대사회』. 문화문고.]

———. 1959. *The Indian Journals, 1859~1862.* Edited and with an introduction by Leslie White. Ann Arbor: The University of Michigan Press.

———. 1965. *Houses and House-Life of the American Aborigines.* Chicago: University of Chicago Press. [Originally published in *Contributions to North American Ethnology* 4, Washington, D. C., 1881.]

Powell, John Wesley. 1880. "Sketch of Lewis Henry Morgan." *Popular Science Monthly* 18: 114~121.

Resek, Carl. 1960. *Lewis Henry Morgan: American Scholar.* Chicago: University of Chicago Press.

Service, Elman. 1985. *A Century of Controversy: Ethnological Issues from 1860 to 1960.* New York: Academic Press.

White, Leslie. 1937. "Extracts from the European Travel Journal of Lewis H. Morgan." *Rochester Historical Society Publications* XVI: 221~390.

———. 1942. "Lewis H. Morgan's Journal of A Trip to Southwestern Colorado and New Mexico, 1878." *American Antiquity* 8: 1~26.

———. 1944. "Morgan's Attitude toward Religion and Science." *American Anthropologist* 46: 218~230.

———. 1951. "Lewis H. Morgan's Western Field Trips." *American Anthropologist* 53: 11~18.

———. 1957. "How Morgan Came to Write Systems of Consanguinity and Affinity." *Papers of the Michigan Academy of Science, Arts, and Letters* XLII.

———. 1959. "Lewis Henry Morgan: His Life and Researches." In *The Indian Journals, 1859~1862.* L. White, ed. pp. 3~12. Ann Arbor: The University of Michigan Press.

3 프란츠 보아스―문화의 맥락

1) Kroeber 1943: 5.
2) Stocking 1974: 1.
3) Boas 1887: 587.
4) Harris 1968: 251.
5) Kroeber 1943: 24.
6) Boas 1939: 20.

7) Kroeber 1943: 7.

8) Boas 1974(1898): 44.

9) 1939: 20~21.

10) Rohner and Rohner 1969.

11) Boas 1974(1898).

12) Kroeber 1943: 12.

13) Hyatt 1990: 33.

14) 1990: 35.

15) Harris 1968: 252.

16) Andrews 1943.

17) Codere 1959.

18) Boas 1966c.

19) 1966a.

20) 1966b.

21) 1966b: 13~14.

22) 1966b: 13~15.

23) 1966b: 17.

24) Herskovits 1953: 45~46.

25) 보아스의 다양한 학문적·대중적 활동에 대한 자세한 논의는 Herskovits 1953; Hyatt 1990; Spier 1959; Stocking 1974 등 참조.

26) Boas 1966d(1888): 637.

27) 1966f(1920): 281.

28) 1966g(1936): 310~311.

29) 1966e(1896): 276.

30) 1966e(1896): 280.

31) 1966b: 257.

32) Stocking 1974: 5~6.

Boas, Franz. 1887. "Museums of Ethnology and their Classification." *Science* 9: 587~589.

────. 1966a. "Changes in Bodily Form of Descendants of Immigrants." In *Race, Language and Culture*. pp. 60~75. New York: Free Press.

────. 1966b. "The Aims of Anthropological Research." In *Race, Language and Culture*. pp. 243~ 259. New York: Free Press. (Originally published 1932.)

────. 1966c. "Introduction: International Journal of American Linguistics." In *Race, Language and Culture*. pp. 199~210. New York: Free Press. (Originally published 1917.)

────. 1966d. "The Aims of Ethnology." In *Race, Language and Culture*. pp. 626~638. New York: Free Press. (Originally published 1888.)

────. 1966e. "The Limitations of the Comparative Method of Anthropology." In *Race, Language and Culture*. pp. 270~280. New York: Free Press. (Originally published 1896.)

────. 1966f. "The Methods of Ethnology. In *Race, Language and Culture*. pp. 281~289. New York: Free Press. (Originally published 1920.)

────. 1966g. "History and Science

in Anthropology." In *Race, Language and Culture*. pp. 305~311. New York: Free Press. (Originally published 1936.)

————. 1974. "Fieldwork for the British Association, 1888~1897." In *The Shaping of American Anthropology, 1883~1911, A Franz Boas Reader*. G. Stocking Jr., ed. pp. 88~197. New York: Basic Books. (Originally published 1898.)

Codere, Helen. 1959. "The Understanding of the Kwakiutl." In *The Anthropology of Franz Boas: Essays on the Centennial of His Birth*. W. Goldschmidt, ed. pp. 61~75. Memoir 89, American Anthropological Association.

Harris, Marvin. 1968. *The Rise of Anthropological Theory: A History of Theories of Culture*. New York: Thomas Y. Crowell.

Herskovits, Melville. 1953. *Franz Boas: The Science of Man in the Making*. New York: Scribner.

Hyatt, Marshal. 1990. *Franz Boas, Social Activist: The Dynamics of Ethnicity*. New York: Greenwood Press.

Kroeber, Alfred. 1943. "Franz Boas: The Man." In *Franz Boas, 1858~1942*. American Anthropological Association, Memoir 61. New York: Krauss Reprint.

Rohner, Ronald and Evelyn C. Rohner. 1969. "Introduction." *The Ethnography of Franz Boas: Letters and Diaries of Franz Boas Written on the Northwest Coast from 1886 to 1931*. Compiled and edited by R. Rohner. pp. xiii~ xxx. Chicago: University of Chicago Press.

Spier, Leslie. 1959. "Some Central Elements in the Legacy." In *The Anthropology of Franz Boas: Essays on the Centennial of His Birth*. W. Goldschmidt, ed. pp. 146~155. Memoir 89, American Anthropological Association.

Stocking, George, Jr. 1974. "Introduction: The Assumptions of Boasian Anthropology." In *The Shaping of American Anthropology, 1883~1911, A Franz Boas Reader*. G. Stocking Jr., ed. pp. 1~20. New York: Basic Books.

4 에밀 뒤르켐―유기체적 사회

1) Peyre 1960: 23.

2) Bohannan 1960: 77.

3) Kroeber 1952a: 118~119.

4) 1952b: 146.

5) Durkheim 1964: 325.

6) Peyre 1960: 15.

7) Durkheim 1964: 33.

8) Bohannan and Glazer 1988: 232.

9) Durkheim 1964: 37.

10) 1964: 109.

11) 1964: 130.

12) 1964: 131.

13) 1972: 141.

14) 1972: 143.

15) 1964: 176~178.

16) 1964: 183~185.

17) 1972: 152.

18) 1972: 152.

19) 1972: 153.

20) 1972: 153.

21) Bohannan 1960: 77~78.

22) 1960: 79.

23) 1960: 79.

24) 1972: 5(편집자인 기든스의 서론).

25) Durkheim 1964: 169.

26) 1964: 168.

27) 1968: 13.

28) 1968: 92.

29) 1968: 22.

30) 1968: 140.

31) 1968: 62.

32) 1968: 29.

33) 1964: 174.

Bohannan, Paul. 1960. "Conscience Collective and Culture." In *Emile Durkheim, 1858~1917*. K. Wolff, ed. pp. 77~96. Columbus: Ohio State University Press.

Bohannan, Paul and Mark Glazer, eds. 1988. *High Points in Anthropology*. New York: McGraw-Hill.

Durkheim, Emile. 1964. *The Division of Labor in Society*. G. Simpson, trans. New York: The Free Press of Glencoe. 〔임희섭 역. 1976. 『사회분업론』. 삼성출판사.〕

──── . 1968. *The Elementary Forms of the Religious Life*. J. Swain, trans. New York: The Free Press. 〔노치준·민혜숙 역. 1992. 『종교생활의 원초적 형태』. 민영사.〕

──── . 1972. *Selected Writings*. Edited, translated and introduced by A. Giddens. Cambridge: Cambridge University Press.

Kroeber, Alfred. 1952a. "Introduction." In *The Nature of Culture*. pp. 3~11. Chicago: University of Chicago Press.

──── . 1952b. "The Concept of Culture in Science." In *The Nature of Culture*. pp. 118~135. Chicago: University of Chicago Press.

Peyre, Henri. 1960. "Durkheim: the Man, his Time, and his Intellectual Background." In *Emile Durkheim, 1858~1917*. K. Wolff, ed. pp. 3~31. Columbus: Ohio State University Press.

Wolff, Kurt. 1960. "An Introductory

Durkheim Bibliography." In *Emile Durkheim, 1858~1917*. K. Wolff, ed. pp. 437~445. Columbus: Ohio State University Press.

제2부 문화의 성격

1) Hatch 1973: 49.
2) 1983.
3) Harris 1968: 250~289.
4) Marcus and Fischer 1986: 24.

Harris, Marvin. 1968. *The Rise of Anthropological Theory: A History of Theories of Culture*. New York: Thomas Y. Crowell Company.

Hatch, Elvin. 1973. *Theories of Man and Culture*. New York: Columbia University Press.

———. 1983. *Culture and Morality*. New York: Columbia University Press.

Marcus, George E. and Michael M. J. Fischer. 1986. *Anthropology as Cultural Critique: An Experimental Moment in the Human Sciences*. Chicago: University of Chicago Press.

5 앨프레드 크로버—문화의 형상

1) Givens and Jablonski 1996.

2) Steward 1973: 6.
3) Kroeber 1901.
4) Gibson and Rowe 1961.
5) Kroeber 1904, 1906, 1907a, 1907b, 1909, 1910, 1911, 1925, 1929, 1932.
6) 1925.
7) Kuper 1983: 5~6.
8) Aginsky 1943; Driver 1937, 1939; Drucker 1950; Klimek 1935; Kroeber 1935, 1939; 논의에 대해서는 Heizer 1963 참조.
9) Kroeber 1939: 4~6.
10) Moratto 1984: 530.
11) Steward 1961: 1057.
12) 1961: 1057.
13) Kroeber 1948: 131.
14) 1952a: 5.
15) 1952b: 118~19.
16) 1952c: 104.
17) 1952d: 45.
18) 1952d: 40.
19) 1952a: 5.
20) Richardson and Kroeber 1952: 368.
21) Kroeber 1939: 5.
22) 1944: 5.
23) 1944: 13.
24) 1944: 761.
25) 1948: 254.
26) 1948: 309~310.
27) 1948: 847~849.
28) 1957, 1963a, 1963b.

29) Steward 1961: 1050.

30) Benedict 1934: 231; Harris 1968: 320~337.

Aginsky, Bernard. 1943. "Culture Element Distributions XXIV: Central Sierra." *Anthropological Records* 8(4). Berkeley: University of California Press.

Driver, Harold. 1937. "Culture Element Distributions VI: Southern Sierra Nevada." *Anthropological Records* 1: 53~154. Berkeley: University of California Press.

———. 1939. "Culture Element Distributions X: Northwest California. *Anthropological Records* 1(6): 297~433. Berkeley: University of California Press.

Drucker, Philip. 1950. "Culture Element Distributions XXVI: Northwest Coast." *Anthropological Records* 9(3). Berkeley: University of California Press.

Gibson, Anne and John Rowe. 1961. "A Bibliography of the Publications of Alfred Louis Kroeber." *American Anthropologist* 63: 1060~1087.

Givens, Douglas and Timothy Jablonski. 1996. "Degrees, FYI." *Anthropology Newsletter* 37(5): 7.

Hatch, Elvin. 1973. *Theories of Man and Culture*. New York: Columbia University Press.

Heizer, Robert. 1963. "Foreword." In *Cultural and Natural Areas of Native North America*, 4th ed. A. L. Kroeber. Berkeley: University of California Press. [Originally published 1939.]

Klimek, Stanislaw. 1935. "Culture Element Distributions I: The Structure of California Indian Culture." *University of California Publications in American Archaeology and Ethnology* 37: 12~70.

Kroeber, Alfred. 1901. "Decorative Symbolism of the Arapaho." *American Anthropologist* 3: 308~336.

———. 1904. "The Languages of the Coast of California South of San Francisco." *University of California Publications in American Archaeology and Ethnology* 2(2): 29~80.

———. 1906. "The Dialect Divisions of the Moquelumnan Family in Relation to the Internal Differentiation of other Linguistic Families of California." *American Anthropologist* 8: 652~663.

———. 1907a. "The Washo Language of East Central California and Nevada." *University of Cali-*

fornia Publications in American Archaeology and Ethnology 4(5): 251~317.

——. 1907b. "The Yokuts Language of South Central California." University of California Publications in American Archaeology and Ethnology 2(5): 163~377.

——. 1909. "Some Notes on the Shoshonean Dialects of Southern California." University of California Publications in American Archaeology and Ethnology 8(5): 235~269.

——. 1910. "The Chumash and Costanoan Languages." University of California Publications in American Archaeology and Ethnology 9: 237~271.

——. 1911. "The Languages of the Coast of California North of San Francisco." University of California Publications in American Archaeology and Ethnology 9(3): 37~271.

——. 1920. "California Culture Provinces." University of California Publications in American Archaeology and Ethnology 17(2): 151~170.

——. 1925. Handbook of the Indians of California. Bureau of American Ethnology, Bulletin 78. Washington, D. C.: Smithsonian Institution.

——. 1929. "The Valley Nisenan." University of California Publications in American Archaeology and Ethnology 24(4): 253~290.

——. 1932. "The Patwin and their Neighbors." University of California Publications in American Archaeology and Ethnology 29(4): 253~423.

——. 1935. "Preface." In Culture Element Distributions I: The Structure of California Indian Culture. By S. Klimek. University of California Publications in American Archaeology and Ethnology 37: 1~11.

——. 1939. "Cultural and Natural Areas of Native North America." University of California Publications in America Archaeology and Ethnology 38: 1~240.

——. 1944. Configurations of Culture Growth. Berkeley: University of California Press.

——. 1948. Anthropology: Race, Language, Culture, Psychology, Prehistory. New York: Harcourt, Brace & World.

——. 1952a. "Introduction." In The Nature of Culture. pp. 3~11.

Chicago: University of Chicago Press.

———. 1952b. "The Concept of Culture in Science." In *The Nature of Culture*. pp. 118~135. Chicago: University of Chicago Press.

———. 1952c. "Culture, Events, and Individuals." In *The Nature of Culture*. pp. 104~106. Chicago: University of Chicago Press.

———. 1952d. "The Superorganic." In *The Nature of Culture*. pp. 22~51. Chicago: University of Chicago Press. (Originally published 1917.)

———. 1957. *Style and Civilizations*. Ithaca: Cornell University Press.

———. 1963a. History and Anthropology in the Study of Civilizations. In *An Anthropologist Looks at History*. Theodora Kroeber, ed. pp. 160~171. Berkeley: University of California Press.

———. 1963b. "An Anthropologist Looks at History." In *An Anthropologist Looks at History*. Theodora Kroeber, ed. pp. 152~159. Berkeley: University of California Press.

Kuper, Adam. 1983. *Anthropology and Anthropologists: The Modern British School*. London: Routl-edge & Kegan Paul.

Moratto, Michael. 1984. *California Archaeology*. New York: Academic Press.

Richardson, J. and A. Kroeber. 1952. "Three Centuries of Women's Dress Fashions: A Quantitative Analysis." In *The Nature of Culture*. A. Kroeber. pp. 358~372. Chicago: University of Chicago Press.

Steward, Julian. 1961. "Alfred Louis Kroeber 1876~1960." *American Anthropologist* 63: 1038~1087.

———. 1973. *Alfred Kroeber*. New York: Columbia University Press.

6 루스 베니딕트—문화의 유형

1) Caffrey 1989; Mead 1974; Mo-dell 1983.

2) Caffrey 1989: 43.

3) 1989: 54~55.

4) Benedict 1923.

5) 1924.

6) 예를 들면, Benedict 1922.

7) Mead 1974: 1.

8) Caffrey 1989: 209.

9) 1989: 154.

10) Benedict 1959: 51.

11) 1959: 47.

12) 1959: 168~169.

13) 1959: 99.

14) 1959: 78~79.
15) 1959: 80.
16) 1959: 80.
17) 1959: 254.
18) 1959: 254.
19) 1959: 255.
20) 1959: 258.
21) Edwards 1968.
22) Benedict 1959: 238.
23) 1959: 278.

Benedict, Ruth. 1922. "The Vision in Plains Culture." *American Anthropologist* 24: 1~23. (Reprinted 1959 In *An Anthropologist at Work: Writings of Ruth Benedict*. Margaret Mead, ed. New York: Houghton Mifflin Company.)

――――. 1923. *The Concept of the Guardian Spirit in North America*. American Anthropological Association, Memoir 29. (Reprinted 1974. Millwood, New Jersey: Krauss Reprint Company.)

――――. 1924. "A Brief Sketch of Serrano Culture." *American An-thropologist* 26: 336~392. (Reprinted 1959. In *An Anthropolo-gist at Work: Writings of Ruth Benedict*. Margaret Mead, ed. New York: Houghton Mifflin Company.)

――――. 1931. "Tales of the Cochiti Indians." *Bureau of American Ethnology*, Bulletin 98. Washington, D. C.: Smithsonian Institution.

――――. 1932. "Configurations of Culture in North America." *American Anthropologist* 34: 1~27. (Reprinted 1974. In *Ruth Benedict* by Margaret Mead. New York: Co-lumbia University Press.)

――――. 1946. *The Chrysanthemum and the Sword: Patterns of Japanese Culture*. New York: Houghton Mifflin Company. 〔김윤식·오인석 역. 1991.『국화와 칼: 일본문화의 틀』. 을유문화사.〕

――――. 1952. *Thai Culture and Behavior: An Unpublished War Time Study*. September 1943. Southeast Asia Program, Data Paper No. 4. Department of Far Eastern Studies. Ithaca: Cornell University Press.

――――. 1959. *Patterns of Culture*. New York: Houghton Mifflin Co. (Originally published 1934.) 〔김열규 역. 1989.『문화의 패턴』. 까치.〕

――――. 1968. *Race: Science and Politics*. Including *The Races of Mankind* by Ruth Benedict and Gene Weltfish. New York: Viking Press. (Originally published

1940.〕

Caffrey, Margaret. 1989. *Ruth Benedict: Stranger in the Land*. Aus-tin: University of Texas Press.

Edwards, Violet. 1968. "Note on The Races of Mankind." In *Race: Science and Politics* by Ruth Be-nedict. pp. 167~168. New York: Viking Press.

Mead, Margaret. 1966. *An Anthropologist at Work: The Writings of Ruth Benedict*. New York: Atherton Press.

———. 1974. *Ruth Benedict*. New York: Columbia University Press.

Modell, Julia. 1983. *Ruth Benedict: Patterns of a Life*. Philadelphia: University of Pennsylvania Press.

7 에드워드 사피어—문화, 언어, 개인

1) Mandelbaum 1968: v.
2) Darnell 1990: x.
3) Boas 1911: 60.
4) Jakobson 1966: 129.
5) 1966: 130.
6) Darnell 1990: 5.
7) Sapir 1907a, 1907b.
8) Darnell 1990: 34~35.
9) 1990: 65~79.
10) Sapir 1968a: 171.
11) Darnell 1990: 110.

12) 1990: 87~88.
13) Benedict 1939: 407에서 재인용.
14) Sapir 1968b: 569~577.
15) 1968b: 569~570.
16) 1968b: 573~574.
17) 1968b: 572.
18) 1968b: 572.
19) 1968e: 321.
20) 1968c: 104.
21) Darnell 1990.
22) 1990: 96.
23) 1990: 96.
24) Sapir 1921: 8.
25) 1921: 13.
26) 1968d: 90.
27) 1968d: 91.
28) Chase 1956.
29) Darnell 1990: 375.
30) Whorf 1956: 200.
31) 1956: 202.
32) 1956: 204.
33) Geertz 1973: 9~10.

Benedict, Ruth. 1939. "Edward Sapir." *American Anthropologist* 41: 465~477.

Boas, Franz. 1911. "Introduction." In *Handbook of American Indian Languages*. pp. 1~83. Washington: Smithsonian Institution.

Carroll, John. 1966. "Benjamin Lee Whorf." In *Portraits of Linguists: A Biographical Source Book for* the History of Western Linguistics, *1746~1963*. Vol 2. T. Sebeok, ed. pp. 563~585. Bloomington: Indiana University Press.

Chase, Stuart. 1956. "Foreword." In *Language, Thought, and Reality: Selected Writings of Benjamin Lee Whorf*. J. Carroll, ed. pp. v~x. Cambridge, MA: MIT Press.

Darnell, Regna. 1990. *Edward Sapir: Linguist, Anthropologist, Humanist*. Berkeley: University of California Press.

Emmeneau, Murray. 1966. "Franz Boas as Linguist." In *Portraits of Linguists: A Biographical Source Book for the History of Western Linguistics, 1746~1963*. Vol 2. T. Sebeok, ed. pp. 122~127. Bloomington: Indiana University Press.

Jakobson, Roman. 1966. "Franz Boas' Approach to Language." In *Portraits of Linguists: A Biographical Source Book for the History of Western Linguistics, 1746~1963*. Vol 2. T. Sebeok, ed. pp. 127~139. Bloomington: Indiana University Press.

Mandelbaum, D. 1968. "Editor's Introduction." In *Selected Writings of Edward Sapir in Language, Culture and Personality*. pp. v~

xii. Berkeley: University of California Press.

Sapir, Edward. 1907a. "Notes on the Takelma Indians of Southwestern Oregon." *American Anthropologist* 9: 251~275.

——. 1907b. "Religious Ideas of the Takelma Indians of Southwestern Oregon." *Journal of American Folklore* 20: 33~49.

——. 1909. "Takelma Texts." *Anthropological Publications* 2(1): 1~263. University of Pennsylvania.

——. 1921. *Language: An Introduction to the Study of Speech*. New York: Harcourt, Brace & World.

——. 1968a. "Central and North American Languages." In *Selected Writings of Edward Sapir in Language, Culture and Personality*. D. Mandelbaum, ed. pp. 169~178. Berkeley: University of California Press.

——. 1968b. "Why Cultural An-thropology Needs the Psychiatrist." In *Selected Writings of Edward Sapir in Language, Culture and Personality*. D. Mandelbaum, ed. pp. 569~577. Berkeley: University of California Press.

―――. 1968c. "Communication." In *Selected Writings of Edward Sapir in Language, Culture and Personality*. D. Mandelbaum, ed. pp. 104~109. Berkeley: University of California Press.

―――. 1968d. "Language and Environment." In *Selected Writings of Edward Sapir in Language, Culture and Personality*. D. Mandelbaum, ed. pp. 89~103. Berkeley: University of California Press.

―――. 1968e. "Culture, Genuine and Spurious." In *Selected Writings of Edward Sapir in Language, Culture and Personality*. D. Mandelbaum, ed. pp. 308~331. Berkeley: University of California Press.

Voeglin, Carl. 1966. "Edward Sapir." In *Portraits of Linguists: A Biographical Source Book for the History of Western Linguistics, 1746~1963. Vol 2*. T. Sebeok, ed. pp. 489~492. Bloomington: Indiana University Press.

Whorf, Benjamin. 1956. "Linguistic Factors in the Terminology of Hopi Architecture." In *Language, Thought, and Reality: Selected Writings of Benjamin Lee Whorf*. J. Carroll, ed. pp. 199~206. Cambridge, MA: MIT Press.

8 마거릿 미드―개인과 문화

1) Freeman 1983: xii.
2) Gordon 1976.
3) Howard 1984: 13.
4) Bateson 1984: 33.
5) 1984: 31.
6) 1984: 33.
7) Freeman 1983; Holmes 1987; Leacock 1993.
8) Lipset 1980.
9) Thomas 1980.
10) McDowell 1980: 278.
11) Bateson and Mead 1942.
12) Mead 1928: 13.
13) 1928: 284.
14) 1928: 264.
15) 1928: 199.
16) Freeman 1983.
17) 1983: 285.
18) 1983: 282.
19) 예를 들어 Holmes 1987; Leacock 1993 참조.
20) Mead 1963: viii~ix.
21) 1963: 134.
22) 1963: 39.
23) 1963: 189.
24) 1963: 210.
25) 1963: 245.
26) 1963: 255.
27) Bateson and Mead 1942: xi.

28) 1942: xi.
29) Mead 1942: 11.
30) 1942: 7.
31) 1942: 10.
32) 1942: 10.
33) 1942: 13.
34) 1942: 13.
35) McDowell 1980: 297.

Bateson, Gregory and Margaret Mead. 1942. *Balinese Character: A Photographic Analysis*. New York: New York Academy of Sciences.

Bateson, Mary Catherine. 1984. *With a Daughter's Eye: A Memoir of Margaret Mead and Gregory Bateson*. New York: William Morrow and Co.

Freeman, Derek. 1983. *Margaret Mead and Samoa: The Making and Unmasking of an Anthropological Myth*. Cambridge: Harvard University Press.

Gordan, Joan, ed. 1976. *Margaret Mead: The Complete Bibliography 1925~1975*. The Hague: Mouton.

Holmes, Lowell. 1987. *Quest for the REAL Samoa: The Mead/Freeman Controversy and Beyond*. South Hadley, MA: Bergin and Garvey.

Howard, Jane. 1984. *Margaret Mead: A Life*. New York: Faw-cett Columbine.

Leacock, Eleanor Burke. 1993. "The Problem of Youth in Contemporary Samoa." In *From Labrador to Samoa: The Theory and Practice of Eleanor Burke Leacock*. C. Sutton, ed. pp. 115~130. Arlington, VA: Association for Feminist Anthropology/American Anthropological Association.

Lipset, David. 1980. *Gregory Bateson: The Legacy of a Scientist*. Englewood Cliffs, NJ: Prentice-Hall.

McDowell, Nancy. 1980. "The Oceanic Ethnography of Margaret Mead." *American Anthropologist* 82: 278~303.

Mead, Margaret. 1928. *Coming of Age in Samoa: A Psychological Study of Primitive Youth for Western Civilization*. New York: William Morrow and Co.

───. 1963. *Sex and Tempera-ment in Three Primitive Societies*. New York: William Morrow and Co. 〔조혜정 역. 1998. 『세 부족사회에서의 성과 기질』. 이화여대출판부.〕

───. 1972. *Blackberry Winter: My Earlier Years*. New York: Wil-liam Morrow and Co.

Thomas, David H. 1980. "Margaret

Mead as a Museum Anthropologist." *American Anthropologist* 82: 354~361.

제3부 사회의 성격

1) Kroeber 1952: 79.

Kroeber, Alfred. 1952. *The Nature of Culture*. Chicago: University of Chicago Press.

9 마르셀 모스—기본적 범주, 총체적 사실

1) Mauss 1983: 139.
2) Lévi-Strauss 1987; Clifford 1982.
3) Nandan 1977: xiv.
4) Besnard 1983; Leacock 1954: 59; Nandan 1977: 270~283.
5) Mauss 1969.
6) Baker 1987: viii.
7) Durkheim and Mauss 1963; Hubert and Mauss 1964; Mauss 1967, 1979a, 1979b; Mauss and Beuchat 1979c.
8) Mauss 1983: 151.
9) Nandan 1977; Besnard 1983.
10) Mauss 1983: 140.
11) Nandan 1977: xxviii.
12) Mauss 1983: 140.
13) 1983: 140, 144.
14) 1983: 145.

15) Clifford 1982: 154.
16) Lévi-Strauss 1945: 527.
17) Clifford 1983: 123.
18) Mauss 1979a: 59.
19) van Gennep 1960.
20) Hubert and Mauss 1964: 97, 100.
21) Mauss 1967: 69.
22) Durkheim and Mauss 1963: 9.
23) 1963: 7~8.
24) 1963: 11.
25) 1963: 87.
26) Needham 1963.
27) 1963: xxxiv.
28) Evans-Pritchard 1967: ix.
29) Mauss 1967: 3.
30) 1967: 3.
31) 1967: 37~41.
32) Piddocke 1965; Schneider 1974.
33) Mauss 1967: 35.
34) 1967: 31~37.
35) Polanyi 1957.
36) 예를 들면, Schneider 1974.
37) Lévi-Strauss 1987.
38) 1987: 38.
39) Mauss 1967: 78.
40) 1967: 77~78.
41) 1988: 39~45.
42) Clifford 1988: 128; Panoff 1970.
43) Leacock 1954: 67.
44) Clifford 1988: 63~65.
45) 1988: 64.
46) Mauss 1979: 119.

Baker, Felicity. 1987. "Translator's Note." In *An Introduction to the Work of Marcel Mauss*. Claude Lévi-Strauss. pp. viii~ix. London: Routledge & Kegan Paul.

Besnard, Philippe. 1983. "The 'Année Sociologique' Team." In *The Sociological Domain: The Durkheimian School and the Founding of French Sociology*. Philippe Besnard, ed. pp. 11~39. Cambridge: Cambridge Univer-sity Press.

Besnard, Philippe, ed. 1983. *The Sociological Domain: The Durkheimian School and the Founding of French Sociology*. Cambridge: Cambridge University Press.

Clifford, James. 1982. *Person and Myth: Maurice Leenhardt in the Melanesian World*. Berkeley: University of California Press.

――. 1988. *The Predicament of Culture: Twentieth-Century Ethnography, Literature, and Art*. Cambridge, MA: Harvard University Press.

Derrida, Jacques. 1992. *Given Time: I. Counterfeit Money*. P. Kamuf, trans. Chicago: University of Chicago Press.

Durkheim, Emile and Marcel Mauss. 1963. *Primitive Classification*. R. Needham, trans. Chicago: University of Chicago Press. (Originally published as "De quelques formes primitives de classification: contribution l'étude des représentations collectives." *Année Sociologique* 6: 1~72, 1903.)

Hubert, Henri and Marcel Mauss. 1964. *Sacrifice: Its Nature and Function*. W. Halls, trans. Chicago: University of Chicago Press. (Originally published as "Essai Sur La Nature et La Fonction du Sacrifice." *Annee Sociologique* 2: 29~138, 1899.)

Leacock, Seth. 1954. "The Ethnological Theory of Marcel Mauss." *American Anthropologist* 56: 58~73.

Lévi-Strauss, Claude. 1987. *An Introduction to the Work of Marcel Mauss*. Felicity Baker, trans. London: Routledge & Kegan Paul. (Originally published 1950.)

Lukes, Steven. 1968. "Marcel Mauss." *International Encyclopedia of the Social Sciences* 10: 78~82. New York: MacMillan Co. & Free Press.

Mauss, Marcel. 1967. *The Gift: Forms and Functions of Exchange in Archaic Societies*. I. Cunnison, trans. New York: W. W. Norton & Company. (Originally published as *Essai sur le don, forme archaïque de l'échange*, 1925.)

———. 1979a. "A Category of the Human Mind: The Notion of Person, the Notion of 'Self'." In *Sociology and Psychology: Essays*. Ben Brewster, trans. pp. 59~94. London: Routledge & Kegan Paul. (Originally published as "Une catégoire de l'espirit humain: la notion de personne, celle de 'moi,' un plan de travail." *Journal of the Royal Anthropological Institute* 68: 263~281, 1938.)

———. 1979b. "Body Techniques." In *Sociology and Psychology: Essays*. Ben Brewster, trans. pp. 95~123. London: Routledge & Kegan Paul. (Originally published in *Journal de Psychologie Normale et Pathogique*, 35ᵉ an-née, 1935: 271~293, 1935.)

———. 1979c. *Seasonal Variations of the Eskimo: A Study in Social Morphology*. In Collaboration with Henri Beuchat. James Fox, trans. London: Routledge & Kegan Paul. (Originally published as "Essai sur les variations saisonnières des sociétés Eski-mos: étude de morphologie sociale." in *Sociologie et anthropologie* Pt. 7, 1950.)

———. 1983. "An Intellectual Self-Portrait." In *The Sociological Domain: The Durkheimian School and the Founding of French Sociology*. Philippe Besnard, ed. pp. 139~151. Cambridge: Cam-bridge University Press. (Originally published 1930.)

Nandan, Yash. 1977. *The Durkheimian School: A Systematic and Comprehensive Bibliography*. Westport, Connecticut: Greenwood Press.

Panoff, Michel. 1970. "Marcel Mauss's The Gift Revisited." *Man* 5: 60~70.

Piddocke, S. 1965. "The Potlatch System of the Southern Kwakiutl." *Southwestern Journal of Anthropology* 21: 244~264.

Polanyi, Karl. 1957. "The Economy as Instituted Process." In *Trade and Market in the Early Empire*. Polanyi et al, eds. pp. 243~270. New York: Free Press.

Schnieder, Harold. 1974. *Economic Man: The Anthropology of Economics*. New York: The Free Press.

van Gennep, Arnold. 1960. *The Rites*

of Passage. Chicago: University of Chicago Press. [Originally published 1909.]

10 브로니슬라프 말리노프스키—문화의 기능

1) Richards 1957: 15.

2) Leach 1957: 119.

3) Kaberry 1957: 71~91.

4) Kluckhohn 1943: 208.

5) Kubica 1988: 88~89; Thorton and Skalník 1993.

6) Flis 1988.

7) Kuper 1983: 5~6.

8) Spencer and Gillen 1899.

9) Kaberry 1957: 77.

10) Malinowski 1967.

11) Wayne 1995.

12) Malinowski 1922: 11.

13) 1922: 21.

14) Kuper 1983: 35.

15) Malinowski 1922: 24.

16) 예를 들어 Rappaport 1967.

17) Kuper 1983: 10.

18) 말리노프스키의 자기-신화에 대해서 더 알고 싶으면 Firth 1988: 31~32 참조.

19) Firth 1988: 16~17.

20) Malinowski 1944: 83.

21) 1944: 83.

22) 1944: 112.

23) 1944: 91.

24) 1944: 91.

25) 1944: 92.

26) 1944: 107.

27) 1944: 37.

28) 1944: 120.

29) 1944: 121.

30) 1944: 122.

31) 1944: 171.

32) 1944: 198.

33) 1944: 199.

34) 1922: 395~396.

35) 1965: 17.

36) 1965: 12.

37) 1965: 62~63.

38) Nadel 1957.

39) Kuper 1983: 31.

40) 예를 들면 Malinowski 1944: 117~119.

Firth, Raymond. 1988. "Malinowski in the History of Social Anthropology." In *Malinowski Between Two Worlds: The Polish Roots of an Anthropological Tradition*. R. Ellen, E. Gellner, G. Kubica, and J. Mucha, eds. pp. 12~42. Cambridge: Cambridge University Press.

Flis, Andrzej, ed. 1988. "Bronislaw Malinowski's Cracow Doctorate." In *Malinowski Between Two Worlds: The Polish Roots of an Anthropological Tradition*. R.

Ellen, E. Gellner, G. Kubica, and J. Mucha, eds. pp. 195~200. Cambridge: Cambridge University Press.

Kluckhohn, C. 1943. "Bronislaw Malinowski 1884~1942." *Journal of American Folklore* 56: 208~219.

Kaberry, Phyllis M. 1957. "Malinowski's Contribution to Field-work Methods and the Writing of Ethnography." In *Man and Culture: An Evaluation of the Work of Bronislaw Malinowski*. R. Firth, ed. pp. 71~91. New York: Humanities Press.

Kubica, Grazyna. 1988. "Malinowski's Years in Poland." In *Malinowski Between Two Worlds: The Polish Roots of an Anthropological Tradition*. R. Ellen, E. Gellner, G. Kubica, and J. Mucha, eds. pp. 88~104. Cambridge: Cambridge University Press.

Kuper, Adam. 1983. *Anthropology and Anthropologists: The Modern British School*. London: Routl-edge & Kegan Paul.

Leach, Edmund. 1957. "The Epistemological Background to Malinowski's Empiricism." In *Man and Culture: An Evaluation of the Work of Bronislaw Malinowski*. R.

Firth, ed. pp. 119~138. New York: Humanities Press.

Malinowski, Bronislaw. 1922. *Argonauts of the Western Pacific*. London: George Routledge & Sons.

————. 1944. *A Scientific Theory of Culture and Other Essays*. Chapel Hill: University of North Carolina Press. 〔한완상 역. 1976. 『문화의 과학적 이론』. 삼성출판사.〕

————. 1965. *Coral Gardens and Their Magic:* (Volume 1) *Soil-Tilling and Agricultural Rites in the Trobriand Islands*. Bloomington: Indiana University Press.

————. 1967. *A Diary in the Strict Sense of the Term*. New York: Harcourt, Brace & World.

Nadel, S. F.. 1957. "Malinowski on Magic and Religion." *In Man and Culture: An Evaluation of the Work of Bronislaw Malinowski*. R. Firth, ed. pp. 189~208. New York: Humanities Press.

Piddington, Ralph. 1957. "Malinowski's Theory of Needs." In *Man and Culture: An Evaluation of the Work of Bronislaw Malinowski*. R. Firth, ed. pp. 33~51. New York: Humanities Press.

Rappaport, Roy. 1968. *Pigs for the Ancestors: Ritual in the Ecology of a New Guinea People*. New

Haven: Yale University Press.

Richards, Audrey. 1957. "The Concept of Culture in Malinowski's Work." In *Man and Culture: An Evaluation of the Work of Bronislaw Malinowski*. R. Firth, ed. pp. 15~32. New York: Hu-manities Press.

Spencer, Baldwin and Frances Gillen. 1899. *The Native Tribe of Central Australia*. New York: Dover.

Thorton, Robert and Peter Skalnik, eds. 1993. *The Early Writings of Bronislaw Malinowski*. Cambridge: Cambridge University Press.

Wayne, Helena, ed. 1995. *The Story of a Marriage: The Letters of Bronislaw Malinowski and Elsie Masson*, Volume 1: *1916~20*. London: Routledge.

II 래드클리프—브라운—사회의 구조

1) Kuper 1977: 1.
2) Bohannan and Glazer 1988: 294.
3) Gregg and Williams 1948.
4) Radcliffe-Brown 1949.
5) 예를 들면 White 1966.
6) Radcliffe-Brown 1977a: 13.
7) Redfield 1962(1937): xi.
8) 1952: 50.
9) 1977a: 13.
10) Kuper 1977: 1.
11) Eggan and Warner 1956; Fortes 1956.
12) Fortes 1956: 153.
13) Bohannan and Glazer 1988: 295.
14) White 1966: 32.
15) Eggan 1962.
16) Redfield 1962(1937): ix.
17) Radcliffe-Brown 1977b: 54.
18) 1977b: 54.
19) 1977a: 13.
20) 1952b: 190.
21) 1952b: 192.
22) Kuper 1977: 5.
23) Lévi-Strauss 1963: 279.
24) Radcliffe-Brown 1977c: 42.
25) 1952c: 180.
26) 1952c: 181.
27) 1952c: 183~184.
28) 1977b: 57.
29) 1977b: 59.
30) 1977b: 61.
31) 1977d.
32) 1977d: 113~114.
33) 1977d: 125.
34) 1977d: 114.
35) 1977d: 104.
36) Kuper 1977을 보라.
37) Dean 1995; Gupta 1995; Harrison 1995; Keen 1995.

38) Shapiro 1988.

39) Joseph 1994.

40) Cowlishaw 1987: 229~230.

41) Kuper 1977: 2.

Bohannan, Paul and Mark Glazer, eds. 1988. *High Points in Anthropology*. New York: McGraw-Hill.

Cowlishaw, Gillian. 1987. "Colour, Culture and the Aboriginalists." *Man* 22(2): 221~237.

Dean, Bartholomew. 1995. "Forbidden Fruit: Infidelity, Affinity, and Brideservice among the Urarina of Peruvian Amazonia." *Journal of the Royal Anthropological Institute* 1: 87~110.

Eggan, Fred, ed. 1962. *Social Anthropology of North American Tribes*. Chicago: University of Chicago Press. (Originally published 1937.)

Eggan, Fred and Lloyd Warner. 1956. "Alfred Reginald Radcliffe-Brown." *American Anthropologist* 58: 544~547.

Fortes, Meyer. 1956. "Alfred Reginald Radcliffe-Brown, F. B. A., 1881~1955: A Memoir." *Man* 56: 149~153.

Gregg, D. and E. Williams. 1948. "The Dismal Science of Functionalism." *American Anthropologist* 50: 594~611.

Gupta, Akil. 1995. "Blurred Boundaries: The Discourse of Corruption, the Culture of Politics and the Imagined State." *American Ethnologist* 22: 335~402.

Harrison, Simon. 1995. "Four Types of Symbolic Conflict." *Journal of the Royal Anthropological Institute* 1: 255~272.

Joseph, Suad. 1994. "Brother/Sister Relationships: Connectivity, Cousins and Power in the Reproduction of Patriarchy in Lebanon." *American Ethnologist* 21: 50~73.

Keen, Ian. 1995. "Metaphor and Metalanguage: Groups in Northeast Arnhemland." *American Ethnologist* 22: 502~527.

Kuper, Adam. 1977. "Preface." In *The Social Anthropology of Radcliffe-Brown*. A. Kuper, ed. pp. 1~7. London: Routledge & Kegan Paul.

Lévi-Strauss, Claude. 1963. Structural Anthropology. Vol. 1. New York: Basic Books.

Radcliffe-Brown, A. R. 1922. *The Andaman Islanders*. Cambridge: Cambridge University Press.

———. 1949. "Functionalism: A Protest." *American Anthropologist* 51: 320~322.

——. 1952a. "The Study of Kinship Systems." In *Structure and Function in Primitive Society*. E. Evans-Pritchard and F. Eggan, eds. pp. 49~89. London: Cohen and West Ltd. 〔김용환 역. 1980. 『원시사회의 구조와 기능』. 종로서적.〕

——. 1952b. "On Social Structure." In *Structure and Function in Primitive Society*. E. Evans-Pritchard and F. Eggan, eds. pp. 188~204. London: Cohen and West Ltd.

——. 1952c. "On the Concept of Function in Social Science." In *Structure and Function in Primitive Society*. E. Evans-Pritchard and F. Eggan, eds. pp. 178~187. London: Cohen and West Ltd.

——. 1977a. "Introduction." In *The Social Anthropology of Radcliffe-Brown*. A. Kuper, ed. pp. 11~24. London: Routledge & Kegan Paul.

——. 1977b. "The Comparative Method in Social Anthropology." In *The Social Anthropology of Radcliffe-Brown*. A. Kuper, ed. pp. 53~69. London: Routledge & Kegan Paul.

——. 1977c. "Letter to Lévi-Strauss." In *The Social Anthropology of Radcliffe-Brown*. A. Kuper, ed. p. 42. London: Routledge & Kegan Paul.

——. 1977d. "Religion and Society." In *The Social Anthropology of Radcliffe-Brown*. A. Kuper, ed. pp. 103~128. London: Routledge & Kegan Paul.

Redfield, Robert. 1962. "Introduction." In *Social Anthropology of North American Tribes*. F. Eggan, ed. pp. ix~xiv. Chicago: University of Chicago Press. 〔Originally published 1937.〕

Shapiro Warren. 1988. "Ritual Kinship, Ritual Incorporation and the Denial of Death." *Man* 23: 275~297.

White, Leslie. 1966. *The Social Organization of Ethnological Theory*. Rice University Studies 52(4). Houston: Rice University.

12 에드워드 에번스—프리처드— 사회인류학, 사회사

1) Harris 1968: 536.
2) Evans-Pritchard 1940: 94~95.
3) 1950.
4) Douglas 1980: 2~3.
5) Beidelman 1974: 1.
6) Evans-Pritchard 1976: 240.
7) Gillies 1976: viii.
8) Evans-Pritchard 1940: 11.

9) Douglas 1980: 40.

10) Evans-Pritchard 1940: 11.

11) 예를 들어 Evans-Pritchard 1937: 3~4 참조.

12) Lienhardt 1974: 300.

13) Evans-Pritchard 1974a.

14) Lienhardt 1974: 304.

15) Douglas 1980: 24.

16) 1980: 24.

17) 1980: 27에서 재인용.

18) Gellner 1981: xv~xvi.

19) Douglas 1980: 2.

20) 1980: 2.

21) 1980: 3.

22) Evans-Pritchard 1967: 11.

23) 1976: 1.

24) 1976: 63~64.

25) 1976: 69~70.

26) Douglas 1980: 55.

27) 1980: 132.

28) Evans-Pritchard 1971: 267.

29) 1988(1950): 418~419.

30) 1988(1950): 417.

31) 1988(1950): 419.

32) Kuper 1983: 129~135.

33) Evans-Pritchard 1974: 9.

34) Gellner 1981: xv.

Beidelman, T. O. 1974. "A Biographical Sketch." In *A Bibliography of the Writings of E. E. Evans-Pritchard*. E. E. Evans-Pritchard and T. Beidelman, eds.
pp. 1~13. London: Tavistock Publications.

Douglas, Mary. 1980. *Edward Evans-Pritchard*. New York: The Viking Press.

Evans-Pritchard, Edward. 1937. *Witchcraft, Oracles and Magic among the Azande*. Oxford: Oxford University Press.

──. 1940. *The Nuer: A Description of the Modes of Livelihood and Political Institutions of A Nilotic People*. Oxford: Oxford University Press. (권이구·강지현 역. 1988. 『누에르족』. 탐구당.)

──. 1948. *The Divine Kingship of the Shilluk of the Nilotic Sudan*. Cambridge: Cambridge University Press.

──. 1949. *The Sansusi of Cyrenaica*. Oxford: Clarendon Press.

──. 1950. "Social Anthropology: Past and Present." *Man* 198: 118~124. (Reprinted 1988 in *Highpoints in Anthropology*. P. Bohannan and J. Glazer, eds. pp. 410~421.)

──. 1951. *Kinship and Marriage among the Nuer*. Oxford: Oxford University Press.

──. 1965. *Theories of Primitive Religion*. Oxford: Clarendon Press. (김두진 역. 1976. 『원시종교론』. 탐

구신서.)

——. 1967. *The Zande Trickster*. Oxford: Oxford University Press.

——. 1971. *The Azande: History and Political Institutions*. Oxford: Oxford University Press.

——. 1974a. *A Bibliography of the Writings of E. E. Evans-Pritchard*. Compiled by E. E. Evans-Pritchard, amended and corrected by T. Beidelman. London: Tavistock Publications.

——. 1974b. *Man and Woman among the Azande*. New York: The Free Press.

——. 1976. *Witchcraft, Oracles, and Magic among the Azande*. Abridged with an introduction by E. Gillies. Oxford: Clarendon Press.

Fortes, Meyer and E. E. Evans-Pritchard, eds. 1940. *African Political Systems*. Oxford: Ox-ford University Press.

Gellner, Ernest. 1981. "Introduction." In *A History of Anthropological Theory by E. E. Evans-Pritchard*. A. Singer, ed. pp. xiii~xxxvi. New York: Basic Books.

Gillies, E. 1976. "Introduction." In *Witchcraft, Oracles, and Magic among the Azande*. Abridged with an introduction by E. Gil-lies. Oxford: Clarendon Press.

Harris, Marvin. 1968. *The Rise of Anthropological Theory: A History of Theories of Culture*. New York: Thomas Y. Crowell and Co.

Kuper, Adam. 1983. *Anthropology and Anthropologists: The Modern British School*. London: Routledge & Kegan Paul.

Lienhardt, Geoffrey. 1974. "Evans-Pritchard: A Personal View." *Man* (n. s.) 9(2): 299~304.

제4부 진화론, 적응론, 유물론

1) Opler 1961: 13.

Opler, Morris. 1961. "Cultural Evolution, Southern Athapaskans, and Chronology in Theory." *Southwestern Journal of Anthropology* 17: 1~20.

13 레슬리 화이트―진화론의 부활

1) White 1959a: vii.

2) 1959a: ix.

3) 1949.

4) Service 1976: 613 참조.

5) White 1959a: ix.

6) 1937, 1942a, 1944, 1951, 1957,

1959b.

7) 1932a.

8) 1932b.

9) 1934.

10) 1942b.

11) Service 1976.

12) Service 1976; Beardsley 1976.

13) White 1959a: 3.

14) 1959a: 12.

15) 1959a: 8.

16) Service 1976: 614.

17) White 1949: 362~363.

18) 1959a: 6~7.

19) 1949: 366.

20) 1959a: 19.

21) 1949: 365.

22) 1959a: 19~20.

23) 1959a: 21.

24) 1959a: 21.

25) 1959a: 23.

26) 1949: 367~368.

27) 1949: 368~369.

28) Harris 1968: 636.

29) Service 1976: 613.

30) White 1949: 13.

31) 1949: 13.

32) 1949: 14.

33) 1949: 280.

34) 1959a: 29.

35) 1959a: 16.

36) 1959a: 21.

37) 1950: 19.

38) 1959a: 38.

39) 1959a: 39.

40) 1959a: 56.

41) Binford 1972.

42) Beardsley 1976: 619~620.

Beardsley, Richard. 1976. "An Appraisal of Leslie A. White's Scholarly Influence." *American Anthropologist* 78: 617~620.

Binford, Lewis. 1972. *An Archaeological Perspective*. New York: Seminar Press.

Harris, Marvin. 1968. *The Rise of Anthropological Theory: A History of Theories of Culture*. New York: Thomas Y. Crowell Company.

Service, Elman. 1976. "Leslie Alvin White, 1900~1975." *American Anthropologist* 78: 612~617.

White, Leslie. 1932a. *The Acoma Indians*. Bureau of American Ethnology. 47th Annual Report. pp. 1~192. Washington, D. C.: Smithsonian Institution. (Re-printed 1973. Glorieta, N. M.: The Rio Grande Press.)

―――. 1932b. *The Pueblo of San Felipe*. American Anthropological Association, Memoir No. 38. (Reprinted 1964. New York: Krauss Reprint Company.)

―――. 1934. *The Pueblo of Santo*

Domingo. American Anthropological Association, Memoir No. 43. (Reprinted 1964. New York: Krauss Reprint Company.)

──. 1937. "Extracts from the European Travel Journal of Lewis H. Morgan." *Rochester Historical Society Publications* XVI: 221~390.

──. 1942a. "Lewis H. Morgan's Journal of a Trip to Southwestern Colorado and New Mexico, 1878." *American Antiquity* 8: 1~26.

──. 1942b. "The Pueblo of Santa Ana, New Mexico." *American Anthropologist* 44(4), Part 2. American Anthropological Association, Memoir No. 60. (Reprinted 1969. New York: Krauss Reprint Company.)

──. 1944. "Morgan's Attitude Toward Religion and Science." *American Anthropologist* 46: 218~230.

──. 1949. *The Science of Culture: A Study of Man and Civilization*. New York: Grove Press. (이문웅 역. 2002. 『문화과학』. 아카넷.)

──. 1951. "Lewis H. Morgan's Western Field Trips." *American Anthropologist* 53: 11~18.

──. 1957. "How Morgan Came to Write Systems of Consanguinity and Affinity." *Papers of the Michigan Academy of Science, Arts, and Letters* XLII.

──. 1959a. *The Evolution of Culture: The Development of Civilization to the Fall of Rome*. New York: McGraw-Hill.

──. 1959b. "Lewis Henry Morgan: His Life and Researches." In *The Indian Journals, 1859~1862*. L. White, ed. pp. 3~12. Ann Arbor: The University of Michigan Press.

14 줄리언 스튜어드─문화생태학과 다선진화

1) Murphy 1977: 4.
2) 개략적인 내용은 Steward 1977a 참조.
3) Manners 1973: 889; Murphy 1977: 4~5.
4) Steward 1938: 1~2.
5) 1938: 258~260.
6) Murphy 1977: 6.
7) Steward 1936.
8) Manners 1973: 890.
9) Harris 1968: 666.
10) Steward (ed.) 1946~50.
11) Steward et al. 1956.
12) Steward (ed.) 1967.

13) 1973b.

14) Steward and Faron 1959.

15) Steward 1968: 337.

16) 1973a: 31.

17) 1968: 337.

18) 1973a: 32.

19) 1938: 262.

20) 1973a: 35.

21) 1973a: 35.

22) 1973a: 40~42.

23) 1973a: 41.

24) 1973a: 36.

25) Harris 1968: 659.

26) Steward 1973a: 14.

27) 1973a: 19.

28) 1973a: 206~208.

Harris, Marvin. 1968. *The Rise of Anthropological Theory: A History of Theories of Culture*. New York: Thomas Crowell Company.

Leone, Mark, ed. 1972. "*Contemporary Archaeology: A Guide to Theory and Contributions*." Carbondale, IL: Southern Illinois University Press.

Manners, Robert. 1973. "Julian Haynes Steward, 1902~1972." *American Anthropologist* 75: 886~903.

Murphy, Robert. 1977. "The Anthropological Theories of Julian Steward." In *Evolution and Ecology: Essays on Social Transformation*. J. Steward and R. Murphy, eds. pp. 1~39. Urbana: University of Illinois Press.

Steward, Julian. 1938. *Basin-Plateau Aboriginal Sociopolitical Groups*. Bureau of American Ethnology, Bulletin 120. Washington, D. C.: Smithsonian Institution.

———. et al. 1956. The People of Puerto Rico. Urbana: University of Illinois Press.

———. 1968. "Cultural Ecology." In *International Encyclopedia of the Social Sciences*, Vol. 4. D. Sills, ed. pp. 337~344. New York: Macmillan Company.

———. 1973a. *Theory of Culture Change: The Methodology of Multilinear Evolution*. Urbana: University of Illinois Press.

———. 1973b. *Alfred Kroeber*. New York: Columbia University Press.

———. 1977a. "The Ceremonial Buffoon of the American Indian." In *Evolution and Ecology: Essays on Social Transformation*. J. Steward and R. Murphy, eds. pp. 347~365. Urbana: University of Illinois Press.

———. 1977b. "The Foundations of Basin-Plateau Society." In *Evolu-*

tion and Ecology: Essays on Social Transformation. J. Steward and R. Murphy, eds. pp. 366~406. Urbana: University of Illinois Press.

Steward, Julian, ed. 1946~50. *Handbook of the South American Indians*. Bureau of American Ethnology, Bulletin 143, Vols. 1~6. Washington, D. C.: Smithsonian Institution.

Steward, Julian and Louis Faron. 1959. *Native Peoples of South America*. New York: Columbia University Press.

15 마빈 해리스—문화유물론

1) Harris 1979: ix.
2) 1979: x.
3) 1992: 297.
4) 1956: 279~280.
5) 1956: 283.
6) 1968: 7.
7) 1968: 404.
8) 1968: 331.
9) 1968: 511.
10) 1968: 4.
11) 1968: 5.
12) 1979: 29.
13) 1979: 31~32.
14) 1979: 32.
15) 1979: 51.
16) 1979: 54.
17) 1979: 57.
18) 1979: 57.
19) 1979: 71~73.
20) 1979: 73.
21) 1979: 79~113.
22) 1974, 1977, 1985.
23) 1985.
24) 1985: 51.
25) 1985: 66.
26) 1992.
27) 1992: 298.
28) 1992: 299.
29) 1992: 300.
30) 1992: 300.
31) 1992: 297.
32) 1992: 302.

Harris, Marvin. 1956. *Town and Country in Brazil*. New York: Columbia University Press.

———. 1964. *Patterns of Race in the Americas*. New York: Walker and Company.

———. 1968. *The Rise of Anthropological Theory: A History of Theories of Culture*. New York: Thomas Y. Crowell Company.

———. 1974. *Cows, Pigs, Wars and Witches: The Riddles of Culture*. New York: Random House. 〔박종열 역. 1990. 『문화의 수수께끼』. 한길사.〕

————. 1977. *Cannibals and Kings: The Origin of Cultures.* New York: Random House. 〔정도영 역. 1995. 『식인과 제왕』. 한길사.〕

————. 1979. *Cultural Materialism: The Struggle for a Science of Culture.* New York: Random House. (유명기 역. 1996. 『문화유물론』. 민음사).

————. 1985. *Good to Eat: Riddles of Food and Culture.* New York: Simon and Schuster. 〔서진영 역. 1998. 『음식문화의 수수께끼』. 한길사.〕

————. 1992. "Distinguished Lecture: Anthropology and the Theoretical and Paradigmatic Significance of the Collapse of Soviet and East European Communism." *American Anthropologist* 94: 295~305.

16 엘리너 버크 리콕—페미니즘, 마르크스주의, 역사

1) Leacock 1963, 1972.
2) Gailey 1993.
3) Leacock 1958, 1982b.
4) Grumet 1993.
5) Leacock 1954.
6) Diamond 1993: 114.
7) Jay 1988: 6.
8) Leacock 1993.
9) 1993: 5.
10) 1993: 7.
11) 1993: 13~14.
12) Solecki and Wagley 1963.
13) Leacock and Rothschild 1993.
14) Speck 1915, 1923; Speck and Eiseley 1939.
15) Leacock 1993: 15; Leacock and Rothschild 1993.
16) Leacock 1954.
17) 1954: 10~12.
18) 1954.
19) 1954: 43.
20) 1982b: 255.
21) 1981: 106.
22) Gailey 1992: 68.
23) Leacock 1982a.
24) 1982b: 247.
25) 1981a: 14.
26) 1980; 1981c.
27) 1980: 38.
28) 1980: 40~41.
29) 1978.
30) 1978.
31) Rapp 1993: 90.
32) Leacock 1978: 168.
33) Sutton and Lee 1993: 137.

Diamond, Stanley. 1993. "Eleanor Leacock's Political Vision." In *From Labrador to Samoa: The Theory and Practice of Eleanor Burke Leacock.* C. Sutton, ed. pp. 111~114. Arlington, Virginia:

Association for Feminist Anthropology/American Anthropological Association.

Gailey, Christine. 1993. "Egalitarian and Class Societies: Transitions and Transformations." In *From Labrador to Samoa: The Theory and Practice of Eleanor Burke Leacock*. C. Sutton, ed. pp. 67~76. Arlington, Virginia: Association for Feminist Anthropology/American Anthropological Association.

Grumet, Robert. 1993. "Contributions to Native North American Studies." In *From Labrador to Samoa: The Theory and Practice of Eleanor Burke Leacock*. C. Sutton, ed. pp. 47~55. Arlington, Virginia: Association for Feminist Anthropology/American Anthropological Association.

Jay, Paul. 1988. "Introduction: Part One." In *The Selected Correspondence of Kenneth Burke and Malcolm Cowley, 1915~1981*. P. Jay, ed. pp. 3~7. New York: Viking Press.

Leacock, Eleanor Burke. 1954. "The Montagnais 'Hunting Territory' and the Fur Trade." *American Anthropologist* Vol. 56, No. 5, Part 2, Memoir 78. Washington, D. C.: American Anthropological Association.

──────. 1955. "Matrilocality in a Simple Hunting Economy (Montagnais-Naskapi)." *Southwestern Journal of Anthropology* 11(1): 31~47.

──────. 1958. "Social Stratification and Evolutionary Theory: Introduction to a Symposium." *Ethnohistory* 5(3): 193~199.

──────. 1963. "Introduction." In *Ancient Society*. Lewis Henry Morgan. New York: World Publishing.

──────. 1972. "Introduction." In *The Origin of the Family, Private Property and the State*. Friedrich Engels. pp. 7~67. New York: International Publishers.

──────. 1978. "Women's Status in Egalitarian Society: Implications for Social Evolution." *Current Anthropology* 19(2): 247~275.

──────. 1980. "Montagnais Women and the Jesuit Program for Colonization." In *Women and Colonization: Anthropological Perspectives*. M. Etienne and E. Leacock, eds. pp. 25~42. New York: Praeger Publishers.

──────. 1981a. "Introduction: Engels and the History of Women's

Oppression." In *Myths of Male Dominance*. Collected by E. Leacock. pp. 13~29. New York: Monthly Review Press.

———. 1981b. "Introduction to Lewis Henry Morgan, Ancient Society, Parts I, II, III, IV." In *Myths of Male Dominance*. Collected by E. Leacock. pp. 85~132. New York: Monthly Review Press.

———. 1981c. "Seventeenth-Century Montagnais Social Relations and Values." In *Handbook of North American Indians, Vol. 6. Subarctic*. J. Helm, ed. pp. 190~195. Washington, D. C.: Smithsonian Institution.

———. 1982a. "Relations of Production in Band Society." In *Politics and History in Band Societies*. E. Leacock and R. Lee, eds. pp. 159~170. Cambridge: Cambridge University Press.

———. 1982b. "Marxism and An-thropology." In *The Left Academy: Marxist Scholarship on American Campuses*. B. Ollman and E. Vernoff, eds. pp. 242~276. New York: McGraw-Hill.

———. 1993. "On Being an Anthropologist." In *From Labrador to Samoa: The Theory and Practice of Eleanor Burke Leacock*. C. Sutton, ed. pp. 1~31. Arlington, Virginia: Association for Feminist Anthropology/American Anthropological Association.

Leacock, Eleanor and Nan Rothschild, eds. 1993. *William Duncan Strong's Labrador Winter*. Washington D. C.: Smithsonian Institution.

Lowie, Robert. 1920. *Primitive Society*. New York: Boni and Liveright.

———. 1927. *The Origin of the State*. New York: Harcourt, Brace, and Co.

Rapp, Rayna. 1993. "Eleanor Leacock's Contributions to the Anthropological Study of Gender." In *From Labrador to Samoa: The Theory and Practice of Eleanor Burke Leacock*. C. Sutton, ed. pp. 87~94. Arlington, Virginia: Association for Feminist Anthropology/American Anthropological Association.

Solecki, R. and C. Wagley. 1963. "William Duncan Strong 1899~1962." *American Anthropologist* 65: 1102~1111.

Speck, Frank. 1915. "The Family Hunting Band as the Basis of Algonkian Social Organization."

American Anthropologist 17: 289~305.

————. 1923. "Mistassini Hunting Territories in the Labrador Peninsula." *American Anthropologist* 25: 452~471.

Speck, Frank and Loren Eiseley. 1939. "The Significance of the Hunting Territory Systems of the Algonkian in Social Theory." *American Anthropologist* 41: 269~280.

Sutton, Constance and Richard Ree. 1993. "Eleanor Burke Leacock, 1922~87." In *From Labrador to Samoa: The Theory and Practice of Eleanor Burke Leacock*. C. Sutton, ed. pp. 131~149. Arlington, VA: Association for Feminist Anthropology/American Anthropological Association.

Winter, Christopher, ed. 1981. *International Dictionary of Anthropologists*. New York: Garland Publishing.

제5부 구조, 상징, 의미

1) Ortner 1984: 126~127.

2) Clifford 1988; Clifford and Marcus 1986.

3) Marcus 1992; Marcus and Fischer 1986; Marcus and Myers 1995.

4) Fischer and Abedi 1990.

5) Marcus and Fischer 1986: ix.

Clifford, James. 1988. *The Predicament of Culture: Twentieth-century Ethnography, Literature and Art*. Cambridge, MA: Harvard University Press.

Clifford, James and George E. Marcus, eds. 1986. *Writing Culture: The Poetics and Politics of Ethnography*. Berkeley: University of California Press. (이기우 역. 2000. 『문화를 쓴다』. 한국문화사.)

Fischer, Michael M. J. and Megdi Abedi. 1990. *Debating Muslims: Cultural Dialogues in Postmodermity and Tradition*. Madison: University of Wisconsin Press.

Marcus, George E. 1992. *Rereading Cultural Anthropology*. Durham, N. C.: Duke University Press.

Marcus, George E. and Michael M. J. Fischer. 1986. *Anthropology as Cultural Critique: An Experimental Moment in the Human Sciences*. Chicago: University of Chicago Press.

Ortner, Sherry. 1984. "Theory in Anthropology since the Sixties." *Comparative Studies in Society and History* 26: 126~166.

17 클로드 레비—스트로스—구조주의

1) Murphy 1970: 165.

2) Steiner 1977: 241.

3) Sontag 1966: 69~81.

4) de Gramont 1970: 8.

5) Steiner 1977: 239.

6) Murphy 1970: 165.

7) Lévi-Strauss and Eribon 1991: 91~92.

8) Scholte 1970: 146.

9) Lévi-Strauss 1974: 80.

10) Lévi-Strauss and Eribon 1991: 5.

11) Lévi-Strauss 1974: 154.

12) 1987: 1~3.

13) de Gramont 1970: 16.

14) Lévi-Strauss 1974: 58~59.

15) 1963a: 3.

16) 1963a: 18.

17) Leach 1970: 21.

18) Lévi-Strauss 1963: 73, 85.

19) 1963a: 296.

20) Lévi-Strauss and Eribon 1991: 41.

21) Lévi-Strauss 1963: 83~84.

22) 1963a: 34.

23) 1963a: 50.

24) 1963a: 21.

25) 1969a: 489.

26) 1963a: 40.

27) 1963a: 46.

28) 1966: 18.

29) 1966: 21~22.

30) 1976: 172.

31) 1976: 173.

32) 1969b: 10.

33) Lévi-Strauss and Eribon 1991: 5.

34) Bohannan and Glazer 1988; Dundes 1984; Leach 1967.

35) Lévi-Strauss 1976: 149~152.

36) 1976: 161~165.

37) 1976: 173.

38) 1976: 173.

39) Nordquist 1987.

40) Douglas 1980: 129.

41) Leach 1983: 10.

Bohannan, Paul and Mark Glazer, eds. 1988. *High Points in Anthropology*. New York: McGraw-Hill.

Douglas, Mary. 1980. *Edward Evans-Pritchard*. New York: Viking Press.

Dundes, Alan, ed. 1984. *Sacred Narrative: Readings in the Theory of Myth*. Berkeley: University of California Press.

de Gramont, Sanche. 1970. "There Are No Superior Society." In *Claude Lévi-Strauss: The Anthropologist as Hero*. E. Hayes and T. Hayes, eds. pp. 3~21. Cambridge, MA: MIT Press.

Leach, Edmund, ed. 1967. *The Structural Study of Myth and Totemism*. London: Tavistock

Publications.

──. 1970. *Lévi-Strauss*. London: Fontana/Collins.

──. 1983. "Roman Jakobson and Social Anthropology." In *A Tribute to Roman Jakobson*. P. Gray, ed. pp. 10~16. Berlin: Mouton Publishers.

Lévi-Strauss, Claude. 1963a. *Structural Anthropology*, Vol. 1. New York: Basic Books. 〔김진욱 역. 1983.『구조인류학』. 종로서적〕.

──. 1963b. *Totemism*. New York: Basic Books. 〔Originally published as *Le Totemisme aujourd'hi*, 1962.〕

──. 1966. *The Savage Mind*. Chicago: University of Chicago Press. 〔Originally published as *La Pensée sauvage*, 1962.〕〔안정남 역. 1996.『야생의 사고』. 한길사.〕

──. 1969a. *The Elementary Structures of Kinship*. Boston: Beacon Press.

──. 1969b. *The Raw and the Cooked*. New York: Harper & Row. 〔Originally published as *Le Cru et le cuit*, 1964.〕

──. 1973. *From Honey to Ashes*. New York: Harper & Row. 〔Originally published as *Du Miel aux cendres*, 1967.〕

──. 1974. *Triste Tropiques*. New York: Atheneum. 〔박옥줄 역. 1998. 『슬픈 열대』. 한길사.〕

──. 1976. *Structural Anthropology*, Vol. 2. New York: Basic Books.

──. 1978. *The Origin of Table Manners*. New York: Harper & Raw. 〔Originally published as *L'Origine des Manieres de Table*, 1968.〕

──. 1981. *The Naked Man*. New York: Harper & Row. 〔Originally published as *L'Homme nu*, 1971.〕

──. 1985. *The View from Afar*. New York: Basic Books. 〔Originally published as *Le Regard eloigne*, 1983.〕

──. 1987. *Anthropology and Myth, Lectures 1951~1982*. Oxford: Basil Blackwell.

──. 1988. *The Jealous Potter*. Chicago: University of Chicago Press. 〔Originally published as *La potiere jalouse*. 1985.〕

──. 1995. *Saudades do Brasil: A Photographic Memoir*. Seattle: University of Washington Press.

Lévi-Strauss, Claude and Didier Eribon. 1991. *Conversations with Lévi-Strauss*. Chicago: University of Chicago Press.

Murphy, Robert. 1970. "Connaissez-vous Lévi-Strauss?" In *Claude Lévi-Strauss: The Anthropologist as*

Hero. F. Hayes and T. Hates, eds. pp. 164~169. Cambridge, MA: MIT Press.

Nordquist, Joan. 1987. *Claude Lévi-Strauss: A Bibliography*. Santa Cruz, CA: Reference and Research Services.

Pace, David. 1983. *Claude Lévi-Strauss: The Bearer of Ashes*. Boston: Routledge & Kegan Paul.

Scholte, Bob. 1970. "Lévi-Strauss's Unfinished Symphony: The Analysis of Myth." In *Claude Lévi-Strauss: The Anthropologist as Hero*. F. Hayes and T. Hates, eds. pp. 145~149. Cambridge, MA: MIT Press.

Sontag, Susan. 1966. "The Anthropologi st as Hero." In *Against Interpretation*. pp. 69~81. New York: Farrar, Straus & Giroux

Steiner, George. 1977. "Orpheus with His Myths: Claude Lévi-Strauss." In *Language and Silence: Essays on Language, Literature and the Inhuman*. pp. 239~250. New York: Atheneum.

18 빅터 터너—상징, 순례, 드라마

1) Turner 1974: 238~239.
2) 예를 들어 Turner 1974: 21~32 참조.
3) Turner 1985a: 180~181.
4) E. Turner 1985: 1.
5) Turner 1981: 10.
6) E. Turner 1985: 4.
7) Turner 1974: 31.
8) 1974: 31~32.
9) 1974: 3.
10) E. Turner 1985: 5.
11) 1985: 5.
12) Turner 1974: 33.
13) 1985b: 74.
14) 1974: 34.
15) 1985b: 74.
16) 1974: 33.
17) 1967, 1969.
18) 1985b.
19) 1985c: 295.
20) White 1949: 22.
21) Sapir 1929.
22) Turner 1967: 20.
23) 1974: 55.
24) 1967: 20.
25) 1967: 298.
26) 1974: 55.
27) 1967: 93.
28) 1969: 95.
29) 1969: 96.
30) 1969: 96.
31) 1969: 106~107.
32) 1974: 166~167.
33) 1974: 243.
34) 1974: 166.
35) Swartz et al. 1966.

36) Turner 1984.
37) E. Turner 1985: 8.
38) Turner 1984: 19.

Sapir, Edward. 1929. "The Status of Linguistics as a Science." *Language* 5(4): 207~214.

Turner, Edith. 1985. "From the Ndembu to Broadway." In *On the Edge of the Bush*. E. Turner, ed. pp. 1~15. Tucson: University of Arizona Press.

Turner, Victor. 1957. *Schism and Continuity in an African Society*. Manchester: Manchester University Press.

――――. 1967. *The Forest of Symbols: Aspects of Ndembu Ritual*. Ithaca: Cornell University Press.

――――. 1969. *The Ritual Process: Structure and Anti-Structure*. Ithaca: Cornell University Press.

――――. 1974. *Dramas, Fields, and Metaphors: Symbolic Action in Human Society*. Ithaca: Cornell University Press.

――――. 1981. *The Drums of Affliction: A Study of Religious Processes among the Ndembu of Zambia*. Ithaca: Cornell University Press.

――――. 1984. "Liminality and the Perfomative Genres." In *Rites, Drama, Festival, Spectacle: Rehearsals Toward a Theory of Cultural Performance*. J. Mac-Aloon, ed. pp. 19~41. Philadelphia: Institute for the Study of Human Issues.

――――. 1985a. "The Anthropology of Performance." In *On the Edge of the Bush*. E. Turner, ed. pp. 177~204. Tucson: University of Arizona Press.

――――. 1985b. "An Anthropological Approach to the Icelandic Saga." In *On the Edge of the Bush*. E. Turner, ed. pp. 71~93. Tucson: University of Arizona Press.
〔저자가 직접 인용하지는 않았지만 터너의 저서 가운데 1982년에 출판된 *From Ritual to Theater* (New York: Performing Arts Journal Publications)가 번역되어 있다. 이 기우·김익두 공역. 1996.『제의에서 연극으로』. 현대미학사.〕

Turner, Victor and Edith Turner. 1978. *Image and Pilgrimage in Christian Culture: Anthropological Perspectives*. New York: Columbia University Press.

White, Leslie. 1949. *The Science of Culture*. New York: Farrar, Straus & Giroux.

19 클리퍼드 거츠—해석인류학

1) Brettell 1993에서 논의된 사례들을 보라.
2) Johnson and Ross 1991: 150.
3) Geertz 1963a: vii.
4) Higgins 1963.
5) Geertz 1963a: 154.
6) 1963b: 10~11.
7) 1965: 153~154.
8) 1973: 5.
9) Barrett 1991.
10) Johnson and Ross 1991: 151.
11) Geertz 1973: 10.
12) 1973: 10.
13) 1973: 9.
14) 1973: 9~10.
15) 1973: 11~12.
16) 1973.
17) 1973: 144.
18) 1973: 145.
19) 1973: 145.
20) 1973: 147.
21) 1973: 154.
22) 1973: 154.
23) 1973: 169.
24) 1973: 10.
25) 1983: 58.
26) 1988: 140.
27) Marcus and Fischer 1986: 26.

Barrett, Richard. 1991. *Culture and Conduct: An Excursion in Anthropology*. Belmont, CA: Wadsworth Publishing.

Brettell, Caroline, ed. 1993. *When They Read What We Write: The Politics of Ethnography*. Westport, CT: Bergin and Garvey.

Geertz, Clifford. 1960. *The Religion of Java*. New York: The Free Press.

——. 1963a. *Peddlers and Princes: Social Change and Economic Modernization in Two Indonesian Towns*. Chicago: University of Chicago Press.

——. 1963b. *Agricultural Involution: The Process of Ecological Change in Indonesia*. Berkeley: University of California Press.

——. 1965. *The Social History of an Indonesian Town*. Cambridge, MA: MIT Press.

——. 1973. *The Interpretation of Cultures*. New York: Basic Books. 〔문옥표 역. 1998. 『문화의 해석』. 까치.〕

——. 1983. *Local Knowledge: Further Essays in Interpretive Anthropology*. New York: Basic Books.

——. 1988. *Works and Lives: The Anthropologist as Author*. Stanford: Stanford University Press.

Higgins, B. 1963. "Preface." In

Agricultural Involution: The Process of Ecological Change in Indonesia. By C. Geertz. Berkeley: University of California Press.

Johnson, A. and W. Ross. 1991. "Clifford Geertz." *Contemporary Authors*, New Revision Series 36: 148~154.

20 메리 더글러스—상징과 구조, 오염과 순수

1) *Contemporary Authors* 97~100: 144.
2) Guthnow et al. 1984: 13.
3) Douglas 1966: 35.
4) 1980.
5) 1963: 68~85, 202.
6) 1951, 1952, 1955, 1957, 1960.
7) 1955.
8) 1973: 9.
9) 1973: 9.
10) 1973: 9.
11) 1966: 53.
12) 1966: vii, 10~28; 1968a.
13) 1966: vii.
14) 1975: 9~13.
15) 1975: 13.
16) 1975: 13~15.
17) 1968a: 338.
18) Leviticus xi: 2~4.
19) Douglas 1966: 64.
20) 1966: 57.
21) 1966: 114~128.
22) 1966: 112.
23) 1966: 99.
24) Wuthnow et al. 1984: 78.
25) Douglas 1970: viii.
26) 1970: viii.
27) 1982b: 191.
28) 1982b: 192.
29) Bateson and Mead 1942.
30) Mead 1942: 10.
31) Douglas 1982b: 192.
32) 1970, 1982a, 1982b.
33) 1982b: 205~206.
34) 1982b: 207.
35) 1982b: 207.
36) 1982b: 207~208.
37) 1970: 14.
38) 1982b: 210.
39) 1982b: 210.
40) 1982b: 210~211.
41) 1982b: 210.
42) 1982b: 212.
43) 1982b: 212.
44) 1982b: 214~226.
45) 1982b: 198.
46) 1982a: 7.
47) 1982b: 199~200.
48) 1982a.
49) Douglas 1985; Douglas and Wildavsky 1982.
50) Douglas 1982: ix~x.

Douglas, Mary. 1950. *Peoples of the Lake Nyasa Region*. London: Oxford University Press. (Published under maiden name Mary Tew.)

――――. 1951. "A Form of Polyandry among the Lele of the Kasai." *Africa* 21(1): 1~12.

――――. 1952. "Alternate Generations among the Lele of the Kasai." *Africa* 22(1): 59~65.

――――. 1955. "Social and Religious Symbolism of the Lele of the Kasai." *Zaire* 9(4): 385~402.

――――. 1957. "Animals in Lele Religious Symbolism." *Africa* 27(1): 46~58.

――――. 1960. "Blood Debts Among the Lele." *Journal of Royal Anthropological Institute* 90(1): 1~28.

――――. 1963. *The Lele of Kasai*. London: Oxford University Press.

――――. 1966. *Purity and Danger: An Analysis of Concepts of Pollution and Taboo*. New York: Praeger Publishers. 〔유제분·이훈상 공역. 1997. 『순수와 위험』. 현대미학사.〕

――――. 1968a. "Pollution." In *International Encyclopedia of the Social Sciences*, Vol. 12. D. Sills, ed. pp. 336~342. San Francisco: MacMillan and Company and the Free Press. 〔Reprinted In *Implicit Meanings: Essays in Anthropology*. pp. 47~59. London: Routledge & Kegan Paul, 1975.〕

――――. 1968b. "Dogon Culture: Profane and Arcane." *Africa* 38: 16~25.

――――. 1968c. "The Social Control of Cognition: Some Factors in Joke Perception." *Man* (n. s.) 3: 361~375.

――――. 1970. *Natural Symbols: Explorations in Cosmology*. New York: Pantheon Books.

――――. 1971. "Do Dogs Laugh?: Cross-Cultural Approach to Body Symbolism." *Journal of Psychosomatic Research* 15: 387~390.

――――. 1973. *Rules and Meanings: The Anthropology of Everyday Knowledge—Selected Readings*. Harmondsworth, England: Penguin Books.

――――. 1975. *Implicit Meanings: Essays in Anthropology*. London: Routledge & Kegan Paul.

――――. 1982a. "Introduction to Group/Grid Analysis." In *Essays in the Sociology of Perception*. M. Douglas, ed. pp. 1~8. London: Routledge & Kegan Paul.

――――. 1982b. "Cultural Bias." In

In the Active Voice. M. Douglas, ed. pp. 183~254. London: Routledge & Kegan Paul.

―――. 1982c. "Preface." In *In the Active Voice.* M. Douglas, ed. pp. vii~xi. London: Routledge & Kegan Paul.

―――. 1985. *Risk Acceptability According to the Social Sciences.* Occasional Reports on Current Topics, 11. New York: Russell Sage Foundation.

―――. 1986. *How Institutions Think.* Syracuse: Syracuse University Press.

Douglas, Mary and Aaron Wildavsky. 1982. *Risk and Culture: An Essay on the Selection of Technical and Environmental Dangers.* Berkeley: University of California Press.

Harris, Marvin. 1974. *Cows, Pigs, Wars and Witches: The Riddles of Culture.* New York: Random House.

Wuthnow, Robert, James D. Hunter, Albert Bergesen, and Edith Kurzweil. 1984. *Cultural Analysis: The Work of Peter L. Berger, Mary Douglas, Michel Foucault, and Jürgen Habermas.* Boston: Routledge & Kegan Paul.

21 제임스 페르난데스―수사의 작용

1) Hassan 1985.

2) Harvey 1989: 44.

3) Marcus and Fischer 1986: 46.

4) Fernandez 1991: 1.

5) 1986: vii.

6) 1982: xx.

7) 1982: 28.

8) 1966b, 1970, 1972.

9) 1977a.

10) 1963.

11) 1986: 6.

12) 1986: 24.

13) 1986: ix.

14) 1986: ix.

15) Harris 1979: ix (제15장 참조).

16) Fernandez 1986: ix.

17) 1982: 43.

18) 1986: 60~61.

19) 1982: 292.

20) 1982: 292.

21) 1982: 6.

22) 1982: 87.

23) 1982: 87.

24) 1982: 301.

25) 1982: 73.

26) 1982: 309.

27) 1982: 6.

28) 1982: 347~367.

29) 제례의 절차에 대해서는 Fernandez 1982: 436~469를 보라.

30) Fernandez 1982: 470~493.

31) 1982: 485.

32) 1982: 529.

33) 1982: 530.

34) 1982: 310.

35) 1982: 303~304.

36) 1982: 563.

37) 1982: 29~73.

38) 1986: 172~173.

Fernandez, James. 1963. *Redistributive Acculturation and Ritual Reintegration in Fang Culture*. Ph. D. Dissertation, Northwestern University.

——. 1964. "African Religious Movement—Types and Dynamics." *Journal of Modern African Studies* 3: 428~446.

——. 1965. "Symbolic Consensus in a Fang Reformative Cult." *American Anthropologist* 67: 902~927.

——. 1966a. "Unbelievably Subtle Worlds: Representation and Integration in the Sermons of An African Reformative Cult." *Journal of the History of Religions* 6: 43~69.

——. 1966b. "Principles of Opposition and Vitality in Fang Aesthetics." *Journal of Aesthetics and Art Criticism* 25: 53~64.

——. 1969. *Microcosmogony and Modernization*. Occasional Papers, Center for Developing Area Studies. pp. 1~34. Montreal: McGill University Press.

——. 1970. "Rededication and Prophetism in Ghana." *Cahiers d'Etudes Africaines*. Vol. 10(38): 228~305.

——. 1972. "Tabernanthe Eboga and the Work of the Ancestors." In *The Flesh of the Gods: The Ritual Use of Hallucinogens*. P. Furst, ed. pp. 237~260. New York: Praeger Publishers.

——. 1975a. "On the Concept of Symbol." *Current Anthropology* 16(4): 652~654.

——. 1975b. "On Reading the Sacred into the Profane: The Dramatic Fallacy in the Work of Victor Turner." *Journal for the Scientific Study of Religion* 14: 191~197.

——. 1977a. *Fang Architectonics*. Working Papers in the Traditional Arts, No. 1. Philadelphia: Institute for the Study of Human Issues.

——. 1977b. "The Performance of Ritual Metaphors." In *The Social Uses of Metaphors*. J. Sapir and C. Crocker, eds. pp. 100~131. Philadelphia: University of Pennsylvania Press.

——. 1978. "African Religious Movements." *Annual Review of Anthropology* 7: 195~234.

——. 1982. *Bwiti: An Ethnography of the Religious Imagination in Africa*. Princeton: Princeton University Press.

——. 1986. *Persuasions and Performances: The Play of Tropes in Culture*. Bloomington: Indiana University Press.

——. 1991. "Introduction: Confluents of Inquiry." In *Beyond Metaphor: The Theory of Tropes in Anthropology*. J. Fernandez, ed. pp. 1~13. Stanford: Stan-ford University Press.

Hassan, I. 1985. "The Culture of Post-Modernism." *Theory, Culture and Society* 2(3): 119~132.

맺음말—오늘날의 논쟁

1) Marcus and Fischer 1986: 16.
2) American Anthropological Association 1996a, 1996b, 1996c, 1996d.
3) 1996b: 11.
4) 1996a: 52.
5) 1996b: 10.
6) 1996b: 10.
7) 1996a: 48.
8) Weiner 1976, 1988.
9) Spiro 1982.
10) Battaglia 1986; Brindley 1984; Hutchins 1980.
11) Reck 1996: 7.

American Anthropological Association. 1996a. "Commentary: Science in Anthropology." *Anthropology Newsletter* 36(3).

——. 1996b. "Commentary: Science in Anthropology." *Anthropology Newsletter* 36(4).

——. 1996c. "Commentary: Science in Anthropology." *Anthropology Newsletter* 36(5).

——. 1996d. "Commentary: Science in Anthropology." *Anthropology Newsletter* 36(6).

Battaglia, Deborah. 1986. *Bring Home to Moresby: Urban Gardening and Ethnic Pride among Trobriand Islanders in the National Capital*. Boroko, Papua New Guinea: Institute of Applied Social and Economic Research.

Brindley, Marianne. 1984. *The Symbolic Role of Women in Trobriand Gardening*. Pretoria: University of South Africa.

Hutchins, Edwin. 1980. *Culture*

and *Inference: A Trobriand Case Study*. Cambridge: Cambridge University Press.

Marcus, George E. and Michael M. J. Fischer. 1986. *Anthropology as Cultural Critique: An Experimental Moment in the Human Sciences*. Chicago: University of Chicago Press.

Reck, Gregory. 1996. "What We Can Learn From the Past." *Anthropology Newsletter* 36(4): 7. American Anthropological Association.

Spiro, Melford. 1982. *Oedipus in the Trobriands*. Chicago: University of Chicago Press.

Weiner, Annette. 1977. *Women of Value, Men of Renown: New Perspectives in Trobriand Exchange*. Austin: University of Texas Press.

———. 1988. *The Trobrianders of New Guinea*. New York: Holt, Rinehart and Winston.

찾아보기

지은이 **제리 무어** Jerry D. Moore

캘리포니아 대학 샌타바버라 분교에서 박사학위를 받았다.
현재 고고학자이자 작가이며 캘리포니아 주립대학 도밍게즈 힐스의 교수로
재직 중이다. 그는 페루, 멕시코, 미국 등지에서 고고학 조사를 실시했으며,
페루와 멕시코에서 민족고고학적·민족사학적 연구를 수행했다.
저서로는 『선사시대 안데스의 건축과 권력: 공공건물의 고고학』
(*Architecture and Power in the Prehistoric Andes: The Archaeology of Public
Buildings*) 등이 있다.

옮긴이 **김우영** 金宇榮

서울대학교 고고미술사학과를 졸업하고 동 대학교 대학원 인류학과와
코넬 대학 대학원 인류학과에서 인류학을 전공했다. 제리 무어의
『인류학의 역사와 이론』, 케이트 크리언의 『그람시·문화·인류학』,
셰리 오트너의 『문화의 숙명』, 아일린 파워의 『중세의 사람들』 등을 번역했다.

인류학의 거장들
인물로 읽는 인류학의 역사와 이론

지은이 제리 무어
옮긴이 김우영
펴낸이 김언호

펴낸곳 (주)도서출판 한길사
등록 1976년 12월 24일 제74호
주소 10881 경기도 파주시 광인사길 37
홈페이지 www.hangilsa.co.kr
전자우편 hangilsa@hangilsa.co.kr
전화 031-955-2000~3 **팩스** 031-955-2005

부사장 박관순 **총괄이사** 김서영 **관리이사** 곽명호
영업이사 이경호 **경영이사** 김관영 **편집주간** 백은숙
편집 노유연 김지연 김대일 김지수 최현경 김영길
마케팅 정아린 **관리** 이주환 문주상 이희문 원선아 이진아
디자인 창포 **CTP출력 및 인쇄** 예림 **제본** 예림바인딩

제1판 제1쇄 2002년 7월 20일
제2판 제1쇄 2016년 12월 20일
제2판 제4쇄 2021년 9월 13일

값 22,000원
ISBN 978-89-356-7013-0 03900

● 잘못 만들어진 책은 구입하신 서점에서 바꿔드립니다.
● 이 도서의 국립중앙도서관 출판시도서목록(CIP)은 서지정보유통지원시스템 홈페이지(seoji.nl.go.kr)와
  국가자료공동목록시스템(www.nl.go.kr/kolisnet)에서 이용하실 수 있습니다.
  (CIP제어번호: CIP2016021228)

.